辛未年　辛丑月　己卯日　甲子時

此八字己土配合柱中重重金水食神傷官之格

人生得此丰姿洒落天性温存紫袍金帶無心恋

紅粉嬌娘莫去親其為人也六親少倚須難靠骨

肉無緣離寡陳學問有成执簡當育朝帝閥英材

喙亮頂冠披服禮天尊六甲風雪蔵寶録一壺天

地雜生灵初限中年還不遂暮晚能煉寶冊成此

則棄俗之命篤悕三分子嗣難榮運行初庚子己

亥拋離宗業學道皈依戊戌運中書符祛神冤灾

非破自身丁酉運中酒熟茶香依舊灾危丙申運

中道高龍虎伏德重冤神欽乙未運中怒若雷聲

神冤怕令驅将帥濟生灵甲午運中星冠霞服野

鶴孤雲癸巳運中爍然光霽夢入仙踪

辛未年　辛丑月　庚午日　庚辰時

此八字庚金相配火土雜氣官印之格女人值此

多智慧有機関勝丈夫之氣懸育男子之才權翁

姑難久倚妯娌少相睦性映猶如風捲浪心安儼

似月當天錦繡花開家富貴、琅玕竹根日平安此

則掌家之命良人頗老先分别子嗣無多一果妍

運行初壬寅紅花緑柳娩苑春山癸卯運中紅葉

溝中傳寄意赤蠅月下有良緣甲辰運中世情濃

処淡人事羨中妍乙巳運中但使行藏有慶不妨

静裡迍邅丙午運中頃刻風波滂須史又致安丁

未運中藁砧何處光陰淡然戊申運中悠悠安享

己酉運中夢入九泉

辛未　辛丑　甲戌　丁卯

此八字甲戌日相配柱中金土雜氣才官之格人生得此丰姿洒落處用多機椿萱雙老壽鴻鴈有随飛學識粗通書史智謀能別是非祖業加新慶才囊自積齊湖海市廛財兩旺何須身到鳳凰池此則富貴之命鴛幃配合須年少桂子秋來三兩枝運行初庚子上人庇下有何是非己亥運中有心生貨利無志讀詩書戊戌運中但覺英雄敬仰不妨人事蹉跎丁酉運中世事儼如新折柳人情渾似半開毒丙申運中一番風雲過金玉積多餘

乙未運中晚年盈旺倉廩豐肥甲午運中依然昌樂癸巳運中帰去來兮

辛未年　辛丑月　丁丑日　辛亥時

此八字雜氣才官之格遇斯命者生於良善之家長於清和之族堂上椿視榮傑天邊鴻鴈飛鳴其為人也天資明敏性格乖能行藏慷慨學問精神北海蛟横嶄然而出頭角南山豹變燦然而露文英威風凜冽祿位崢嶸此則克達之命鴛幃魚水合桂子蘇衣運行初庚子只宜庇下何慮生平己亥運中欲跨騰雲驥思囊脫露螢戊戌運中到此始知文學好長安道上馬蹄輕丁酉運中耿耿聲名重紛紛雨露榮丙申運中錦衣駿馬重重貴一

度風波一度驚乙未運中正宜扶社稷未許返鄉城甲午運中春光留不住一夢返鄉城

辛未年　辛丑月　辛未日　乙未時

此八字辛未日相配柱中之木雜氣才官之格人生得此手姿穩俊天性聰明椿萱皓首难双奉鴻鴈天邊有各鳴般般好事件件不精祖業增新慶才囊自積成但頗門閑才業旺何須天府沐恩榮此則富貴之命鴛幃酌合須年少桂子秋來有挺英運行初庚子無思無慮庇下昇平己亥運中財囊雖有慶苔滑馬難行戊戌運中到此重加慶賀花紅柳綠山青丁酉運中世事儼如新折柳人情還似半開英丙申運中一番風雪過家業愈峥嵘

乙未運中老當益壯子秀孫榮甲午到癸巳運中歸去也

辛未年　辛丑月　癸酉日　壬子時

此八字癸酉日相配柱中金土雜氣殺印之格喜逢日祿以歸時人生得此手姿慷慨天性剛忠錦繡胃蔵賢聖學珠璣口吐武文風椿親榮耐晚鴻鴈各西東萬里扶搖騰彩鳳一聲霹靂躍潛龍一朝騰踏去身跨五花驄此則承帶之命鴛幃金玉質子嗣桂蘭叢運行初庚子上人庇下詩禮從容己亥運中雪晴雲路達未擬步蟾宮戊戌運中禹浪連三躍龍門步九重丁酉運中祿元階進肅氣英雄丙申運中一番風雪過金紫職加封乙未運

中晚年大用祿享千鍾甲午運中懸車解組癸巳運中夢入巫峯

辛未　辛丑　己丑　丙寅

此八字雜氣財官之格主人生於望族長於華宗椿萱春土沾春澤棠棣花零怯冷風其爲人也衣冠濟楚禮貌恩恭乃東京之才子文章之鉅公萬里扶摇博去鳳一聲霹靂躍潛龍長安春似海高跨五花騘此則承芳繼顯之命鴛幃得配名門女子嗣芬芳有孝忠運行初庚子春風習習化日融融已亥運中須奮懸頭志當加映雪功戊戌運中傳家文業盛早上五雲中清風揚遠近名德振西東當此之際瑞雪騰空丙申運中佇看名揚萬里酌然禄享千鍾乙未運中正擬當朝爲柱石未許舍下樂從容甲午運中香鬼帰閒苑高塚秀孤松

辛未　辛丑　戊戌　壬戌

此八字戊戌魁罡之日相配柱中金土雜氣才官之格人生得此年姿穩重處用多機生於茂盛之族長於華黌之居椿萱皓首方分別鴻鴈天邊有共飛祖業增華黌財囊自慳齊不須跨馬長安道且向田園樂有餘此則穩富之命鴛幃宜帶硬桂子秀枝枝運行初庚子上人庇下何是何非已亥運中華堂氣轉喬木陽回戊戌運中才源來滚滚名勢自輝輝丁酉運中白雪却嫌春色晚故穿庭柳浪花飛丙申運中樓臺儘漢禾黍連堤乙未運中豐年田舍木盈醫腸日山家酒滿卮甲午運中孫賢子秀癸巳運中歸去來兮

辛未年　辛丑月　丁巳日　辛亥時

此八字丁巳日相配柱中金水雜氣財官之格女人得此福足以榮注人儀容嬌媚性格果剛生於喬木配于文房椿萱棠棣難齊戚妯娌翁姑侍不常深明閨壼理頗識古今章立業掌家有道相夫教子多方佇看來晚節沛澤兩封昌此則榮淋女命良人獲配秉龍客桂子生成奮錦郎運行初壬寅閨門毓秀冬暖夏涼癸卯運中紅絲牽綉幙翠帶綰鴛鴦甲辰運中玄門輝煥財源旺風雪無端攙一場癸巳運中羅錦千般色珎羞百味香甲午運中沛澤榮沾臻福慶西風吹雪灑斜陽已未運中蘭階春育化閨閣夜荒涼丙申運中一度逡巡過滔滔福勢昌丁卯運中粧樓人去也

辛未　辛丑　庚寅　丁丑

此八字庚寅日相配柱中火木雜氣財官之格人生得此丰姿蕭灑性格剛忠椿萱堂上雙雙老鴻鴈天邊不共踪祖業增華麗才囊自積隆江湖多意趣閭里有威雄晚年自得無窮樂豪傑相交酒數鍾此則富貴之命鴛幃金玉潤子嗣桂蘭叢運行初庚子上人庇下樂享從容已亥運中春園風雨過桃杏發新紅戊戌運中財源來滚滚氣勢自雍雍丁酉運中一番黎雨初晴後湖海名揚貨利通丙申運中何慮暗中有失自然眼界豪洪乙未運中晚年安享快樂無窮甲午運中桃源人去也蓬島信難通

辛未　辛丑　己丑　乙亥

此八字己丑日相配柱中金木食神制殺之格人生得此仕路聲揚椿萱榮養鸖年耄鴻雁天邊各奮翔年姿洒落天性明良學問三冬足詩書萬卷藏一朝騰踏飛黃去此是男兒當自強此則顯榮之命鴛幃全正副桂子發天香運行初庚子上人庇下快樂何當已亥運中尋章摘句入室升堂戊戌運中風雲相際會三跳上天堂丁酉運中一番風雪過眈列大夫行丙申運中位遷金紫威鎮一方乙未運中大才大用未擬還鄉甲午運中黃花綠酒癸亥運中夢度石梁

辛未年　辛丑月　己卯日　壬申時

此八字己土配格中金傷何助財之格女人得此生於盛族長於高門姿容清秀天性聰明有針線之竹立業之能萬里無雲天一色三秋好景月長明萬象光華沾瑞澤四時佳趣樂昇平此則榮旺之命良人年合子嗣秀春美運行初庚壬上人庇下何論升沉癸卯運中匹配名門交從錦上增南此之際祿丙美情甲辰運中聰明聞進德仰識古今情乙巳運中光華疊〻滯落紛〻丙午運中紅日點穿湘水碧白雲堆破楚山青丁未運中夫賢妻子秀戊午運中銃掩晨明

辛未　辛丑　己卯　乙亥

此八字己卯日相配柱中酉木食神制殺之格如人得此姿顏清麗聯格賢良椿萱棠棣風前葉妯娌翁姑庭上霜立業掌家有道相夫教子多方錦綉花開富貴琅玕竹報安康佇看來晚節福氣自洋洋此則旺家之命良人得合先歸去桂子庭前有秀香運行初壬寅不寒不暖樂守蘭房癸卯運杏艷桃迸娟鶯歌鳳亦翔甲辰運夫門才業融融旺無奈衰寒釀雪霜乙巳運才来人利業旺處有悲傷丙午運列席珍羞百味不妨浪蕩風狂丁未運晚年臻福堂下舞班裳戊申運雲開山有色行樂尚淒涼己酉運歷過苦網滑庚戌運臺鏡掩清光

辛未　辛丑　庚辰　丁亥

此八字庚辰魁罡之日配合柱中火土襍氣官印之格值此象者女人容顏清秀性格能為生於豐阜之族長於仁德之門堂上姑親雖皓首庭前妯娌有聯馨待翁親而行孝順待良人以盡其誠衣冠濟濟三從循家業昂昂四德貞克勤而克儉處事果慇懃叢砧土命英雄客子嗣生來顯一麟此則旺夫榮子女命運行初壬寅香閨毓秀地晦處逅鶯音癸卯運中帳前合巹兜央帶堂上初開孔雀屏其中突險而過山青東君报道春光至九天聖母送孩嬰家門壯觀樂意如心甲辰運中助夫之立業長自己之精神丙午運中月掛碧天光皎潔人逢好景越精神有子榮身揚閭里簪金帶玉受皇恩丁未運中鋪桃已熟瑶池宴一夢巫山再不醒歸去也

辛未　辛丑　壬午　庚子

此八字壬午日相配柱中之土雜氣　殺之格女人得此儀容秀美天性明良椿萱棠棣齊榮耄妯娌翁姑分愈昌立業掌家有道相夫教子多方萬里無雲天一色三秋好景月揚光佇看未晚勘羅綺積千箱此則榮秀女命良人配合須年長桂子秋來吐異香運行初壬寅庇佑之下快樂安詳癸卯運中匹配成佳偶鸞歌鳳亦翔甲辰運中萬象回春紅紫麗無端風雪又飄揚乙巳運中羅綺臨風麗裙釵綸日光丙午運中滔滔旺家業人事有悲傷丁未運中晚年光霽其樂何當戊申運中依然享用己酉運中猿斷人傷

辛未年　辛丑月　己巳日　辛未時

此八字己巳日相配柱中金火食神重犯傷官用印之格人生得此嚴毅資稟慷慨行藏堂上椿萱榮且耄天邊鴻鴈有分翔錦綉胸藏今古珠璣口吐文章一日風雲濟會果然騰路飛黃一從沾寵渥肅氣凜風霜此則高榮之命鴛幃金玉麗子嗣桂蘭香運行初庚子尋章摘句入室升堂己亥運便擬攀龍附鳳雲霄阻節鷹揚戊戌運中禹浪連三躍威風振紀綱丁酉運中職列大夫金紫貴山河萬里藹春陽丙申運中重重加祿位疊疊振雄衡乙丑運中老當大用甲申運中夢入仙鄉

辛未　辛丑　甲戌　甲戌

此八字甲木相配柱中金土雜氣才官之格女人值此体貌清奕儀容綽約生於良善之家長配仁門之宅堂上嚴慈延壽永天邊鴈侶下鳴飛克勤克儉處事操持待夫盡禮訓子成規此則長家發福女命良人配合無妨克子嗣森、旺宅居運行初壬寅上人庇下細雨飛、癸卯運中雖然家有慶來許踏青時甲辰運中佳配承鸞友鶯吟舞鳳幃乙巳運中助起夫門添𣴓業財源滾、起家肥丙午運中從此陽春應有奄其中也自耗非、丁未運中驅奴使婢樂享桑榆戊申運中愈老黃花景古栢挺寒威己酉運中落花隨水去夢裏幾時歸

辛未年　辛丑月　辛丑日　戊子時

此八字朝陽生於季月乃為印綬之格人生得此仕路騰身椿萱榮贈雖双老鴻鴈天邊各奮雲半姿洒落天性和溫心明賢聖理學貫古今文萬里扶摇騰彩鳳一聲霹靂化潜鱗閶闔開黃道衣冠拜紫宸此則顕揚之命鴛幃獲配名門女桂子生成錦綉蓁運行初庚子初承尊庇化日陽春巳亥運中詩書窮萬卷舉足上天津戊戌運中一從宴錫瓊林後日日趨朝拜聖恩丁酉運中政引風霜成物色語四天地到陽春丙申運中藩臬聲威重邊城政令新乙未運中大才當大用未擬便閑身甲午運中孫榮子秀快樂精神癸巳運中香䰟歸閬苑高塚臥麒麟

辛未　辛丑　乙亥　戊寅

此八字乙木配合辛金偏官之格時支暗蓄傷官深有制伏之意女人得此椿萱含晚翠棠棣向春妍其為人也姿顏清秀性格機関勝丈夫之處置有男子之才權軒開化日增光彩蘭蕙捲香風進福元佇看夫子顕沛澤滿門閫此則益旺之命良人榮傑桂子英賢運行初壬寅縭褵之下春苑春山癸卯運中之子于歸光景好一團和氣居之安甲辰運中門楣壯觀福慶淵泉乙巳運中天上三陽太人間五福全丙午運中千里関山千里念一番

風雨一番寒丁未運中富貴榮華當此際陽春和氣樂怡然戊申運中春光如過隙一夢永難旋

辛未年　辛丑月　辛丑日　戊子時

此八字朝陽生於丑月廼為雜氣印綬之格人生得生此富上加榮椿樹高榮萱耐壽鴈行天際有飛騰丰姿磊落天性聰明學識粗通書史智謀能壓賢英笙歌沸處曾行樂羅綺叢中幾醉醒不入文場非案牘如何頭角也峥嶸此則因富顕貴之命鸞幃配合須招副桂子秋來吐異香運行初庚子庇佑之下月白風清己亥運中僕馬從行樂笙歌擁醉醒戊戌運中門迎珠履三千客坐列金釵十二英丁酉運中時來機會從天降頭角軒昂勢

要生當此之際風雪嚴凝丙申運中不獨金輝玉閭尚祈桂馥蘭馨乙未運中重加寵渥甲午運中夢入蓬瀛

辛未年　辛丑月　甲戌日　乙丑時

此八字甲戌日配乎柱中之金雜氣財官之格亦有金神之意人生得此案牘有聲椿萱堂上雙年耄鴻鴈天邊有各鳴學識粗通書史筆鋒能理寃情九載功成考最果然身沐恩榮此則顯榮之命鴛慵水屬須年少桂子庭前有錦英運行初庚子不榮不辱庇下昇平己亥運中詩書雖有志債利亦閑情戊戌運中時來逢貴助筆力理寃情丁酉運中一番風雪過天府沐恩榮丙申運中政化東西洽仁風遠近清乙未運中再加祿位百里馳聲甲午到癸巳運中歸去也

辛未年　辛丑月　己卯日　戊辰時

此八字己卯日相配柱中金土雜氣才官之格女人得此儀容朗麗天性明良生於善族配於高堂椿萱双耐晚鴻鴈有分翔立業持家有道相夫教子多方心靜似月明霄漢性急如風捲滄浪佇看未晚節家業愈豐昌此則旺家女命良人同屬同年耄桂子森森吐異香運行初壬寅上人庇下快樂何當癸卯運中匹配成佳偶鸞歌鳳亦翔甲辰運中虽則裙釵壯麗樂中尚有悲傷乙巳運中片雲掩月何損其光丙午運中到此精神豁爽亦高百味馨香丁未運中孫賢子秀樂守安康戊申運中歸去也

辛未年　辛丑月　乙卯日　戊辰時

此八字乙卯日相配柱中水木雜氣財官之格女人得此儀容媄麗天性聰明椿親帶疾萱同耄妯娌翁姑分有榮有針綴刺繡之機功掌家立業之良能一筅杏蔬呈錦繡滿山松柏映闌屏佇看晚年羅綺麗華堂安享福昌榮此則旺夫益子之命良人同處雙諧老桂子庭前三兩英運行初壬寅上人底下毓秀閨庭癸卯運中配匹成佳偶鸞歌鳳亦鳴甲辰運中雖則夫門才業旺樂中尚有悲生乙巳運中裙釵濟濟羅綺層層丙午運中家業多豐富斯須晦有驚丁未運中孫賢之子秀快樂崢嶸戊申到己酉運中歸去也

辛未年　辛丑月　癸未日　壬子時

此八字癸未日相配柱中金土殺印之格喜逢日祿以歸時禀得五行之秀氣人生得此丰姿英俊天性果剛椿萱榮壽難雙耄鴻鴈天邊有共翱理貫古今之學心明賢聖之章一舉可冲天之勢片言有折獄之良姓字登黃甲衣冠侍聖王此則榮耀之命篤情全正嗣桂子有標香運行初庚子初承工庇佚樂何當己亥運中尋章摘句入室升堂戊戌運中禹浪達三躍威風肅四方丁酉運中一書風雲遇貺列大夫行丙申運中權衡千萬里全業列蘭堂乙未運中大才大用威振邊疆甲午運中榮回故里癸巳運中夢入仙鄉

辛未　辛丑　辛未　戊子

此八字朝陽生於季月印綬之格女人得此姿容清爽天性聰明椿萱棠棣俱榮耄妯娌翁姑福尚榮立業掌家有道相夫教子多能錦綉蒼閨春富貴琅玕盺報日安康佇看夫榮子秀輝、羅綺千層此則榮秀女命良人配合英雄客桂子生成俊秀英運行初壬寅上人庇下天朗氣清癸卯運中配匹成佳偶鸞歌鳳亦鳴甲辰運中夫榮才旺多光霽一度風霜辛不驚乙巳運中百味珍蓄列席万般光彩盈庭丙午運中一番風雪過依舊福崢嶸丁未運中晚年沖擊月入雲屏戊申運中孫賢子秀己酉運中香夢蓬萊

辛未年　辛丑月　丙戌日　癸巳時

此八字丙戌日相配柱中之金雜氣才官之格人生得此半姿英俊天性良能椿萱双晚翠鴻雁有分明學問三冬足詩書萬卷精一舉可充天工之志片言有折獄之能霹靂一聲雲霧合果然躍過浪三層此則榮顯之命鴛幃全正副桂子秀金英運行初庚子庇佑之下黃卷青燈己亥運中讀殘窓下月行落泮林星戊戌運中一從姓字傳揚後榮沐恩波氣歛騰丁酉運中一番風雪過祿位又階升丙申運中列戰大夫權任重水中阻節不爲驚乙未運中重金重案飽鮮簪纓甲午運中孫賢子貴癸巳運中夢入蓬盈

辛未年　辛丑月　庚辰日　丁亥時

此八字庚辰日相配柱中火土雜氣財官之格人
生得此丰姿洒落性格良賢堂工椿萱皓首天邊
鴻雁飛聯粗知今古事稍識聖賢篇遊山玩水生
財利交貴親賢聲譽倚佇看来晚節富貴自双全
此則豪華之命鴛幃全正副柱子發秋蘭運行初
庚子庇佑之景不煖不寒已亥運中詩書雖有志
馬得工長安戊戌運中倦讀来湖海財源便勝前
丁酉運中風雪初晴天似洗行藏何處事栄華丙
申運中門闌壯觀車馬喧喧乙未運中冲擊之鄉
才祿旺聲耿耿子孫賢甲午運中依然發旺癸巳
運中夢入九泉

辛未　辛丑　丁丑　庚子

此八字丁火日元配合柱中土水辰神制水之格
如子得此生於善族過于高堂翁姑得倚妯娌聯
行儀容秀爽神氣清涼侍夫惟盡禮教子總成行
萬里無雲天一色三秋好景月長明疊疊生涯濟
月輝輝羅綺此則福貴之命良人配賢士子嗣有
豪郎運行初壬寅只宜庇下毓秀閨房癸卯運共
結絲蘿山海固永諧琴瑟地天長甲辰運漸漸陽
光布宸極融融瑞色滿門墻乙巳運家門壯冠福
祿榮昌丙午運洛陽三月花如錦曾被顛風攪一
場丁未運一番閑駁雜依旧不為傷戊申運花落
水流春已去蘭雖玉醉恨何當

辛未年　辛丑月　壬辰日　庚子時
此八字壬辰日德之辰相配柱中金土雜氣官印
之格火命椿親詣毋壽春風棠棣向陽榮其為人
也丰姿磊落天性忠誠盈科後進仲尼學海觀瀾
孟文子名利必從天上降財源自向遠方生政化
東西洽仁風遠近清此則顯達之命鴛幃魚水洽
子嗣錦衣新運行初庚子雙親襁褓化日陽春巳
亥運中欲騰雲漢路須下仲舒心丁酉運中時送
風送滕王閣從此聲華遍野聞丙申運中耿耿聲
華振騄騄祿秩陞當此之際舉雪滿空乙未運中
人民称父母名譽動公卿甲午運中解印歸来春
夢重訃音播也衆傷情

辛未年　辛丑月　壬午日　壬寅時
此八字壬午日相配柱中金木雜氣官印之格人
生得此生於將府長於轅門丰姿清楚標格精神
椿萱顯壽鴻鴈分群深明韜畧法熟味古今文萬
騎弓刀聽印令一方天下沐深恩此則貴顯之命
鴛幃金玉質子嗣桂蘭蓁運行初庚子上人福庇
化日陽春巳亥運中雖有戚棱肅振未應志壓三
軍戊戌運中行藏倜儻威拳重濟濟旌旗擁淵門
丁酉運中皇恩有感重加貴汗馬功成德望新丙
申運中揔一方之重柄伏萬馬之精神乙未運中
老當益壯甲午運中夢入紅塵

辛未年　辛丑月　癸未日　甲寅時

此八字癸未日相配柱中金土雜氣殺印之格人生得此丰姿洒落天性賢良萱毋早歸親耐壽厲行天際有成聯學識知今識古智謀近貴親不向仕途求閒達却来湖海旺財源祖業增新光華勝舊此則冨實之命鴛幃配合須年少桂子秋来朶朶妍運行初庚子身衣蘆花絮傷心只為寒已亥運中學識不勤雪案機謀多向市經戊戌運中財帛来多旺人情覆又番丁酉運中恰似洛陽三月景牡丹開錦柳飄綿丙申運中滔滔臻福慶日日會英賢乙未運中冲擊之所一度逡遭甲午運中鳥啼花落盡春夢不能還

辛未年　辛丑月　壬申日　癸卯時

此八字壬申日相配柱中之金土雜氣官印之格人生得此本顕功名只嫌運入背鄉不冨而貴萱毋早歸椿耐晚庭前棠棣各生枝丰姿英俊處用多機才囊宜自積祖業必新齐湖海市廛才帛旺英雄豪傑擁門閭此則冨厚之命鴛幃年少須猪属桂子金風三四枝運行初庚子上人庇下無慮無恩已亥運中身衣蘆花絮寒来只自知戊戌運中才喜两全人事廣一番行樂有趣姐丁酉運中成四時之佳趣立萬古之根基丙申運中金珠雜滿目風雪一番飛乙未運中孫賢子秀快樂怡、甲午運中依然發旺癸巳運中帰去来兮

辛未年　辛丑月　壬辰日　丁未時

此八字壬辰魁罡之日相配柱中金土雜氣官印
之格人生得此生於旺族長於高門萱毋先歸還
有繼椿親耐晚始歸程其為人也丰姿清秀天性
聰明知高下識重輕出火黃金重長價離雲皎月
倍清明祖基祖業添新慶財帛財囊厚積豐日祿
日業自有順天之慶常安常樂豈無福地之深門
外田疇千古計庭前花木四時新福布江山外名
聞湖海中身將隱賢文何用不知之味覺古人但
願財源富足任他身外無名此則穩厚之命鶯幃
聯珠高一載子嗣榮門有喜盈運行初庚子上人
庇下化日陽生己丑運中世事容如春梦人情薄
侶秋雲戊戌運中雖則財源来愈旺旺中尚有事
虧盈丁酉運中到此始知時運好萬物光華百事
通須史紫耗何慮晦侵丙申運中簾捲香風生百
福軒門化日祿元增一番風雪雨過山青乙未運
中財愈旺福駢臻甲午運中晚年子貴樂享無穷
癸巳運中歸去也

辛未年　辛丑月　甲申日　乙丑時

此八字甲申專權之日相配柱中旺金雜氣財殺
之格人生得此生於良族長於高居同屬椿萱秀
茂庭前棠棣聯枝其為人也丰姿清秀天性操持
善決善斷不勇不慈行藏果斷作事三思祖業添
新慶根源異昔時花盈上苑果盈圃稻滿平疇水
滿池才源富足家業盈餘但願業陳并貫朽何須
跨馬入雲衢此則旺益之命鶯幃有犯須重續子
嗣秋来有出奇運行初庚子上人庇下未斷高低
己亥運中雖則行藏有慶還愁絃斷傷悲戊戌運
中有得有失有喜有悲丁酉運中正是太平光霽
景還愁素耗與閑非丙申運中才源富足第宅崔
嵬乙未運中晚年閒快樂會友以圍棊甲午運中
春光去也花落月西

辛未年　辛丑月　壬子日　戊子時

此八字壬子日元相配柱中火土雜氣官印之格只嫌運背減我功名主人生於良善長於名門椿萱有倚先亡母天邊鴻鴈各行飛其為人也丰姿清秀天性聰明粗知禮義少識古今有近貴親賢之德應上和下之能重成新事業再整舊門庭生涯湖海上藝術武西東消閒恭一局遣興酒三鍾時有財源旺家應須福祿催嵬此則發旺之命鴛幃有犯須年敵子嗣生来有顯榮運行初庚子上人庇下未斷平生巳亥運中淡烟楊柳岸薄霧杏花村戊戌運中幾度樂中有悶數番靜裏越超丁酉運中夜冷水寒魚不食滿船空載月明歸丙申運中柳梢忽報春消息始到陽和滿太虛乙未運中歲寒松尚茂秋老柏還齊甲午運中桃李春光去夕陽山外歸

辛未年　辛丑月　癸酉日　壬戌時

此八字癸酉日元相配柱中金土雜氣殺之格殺印相生功名顯達主人生於右族長於名門椿萱難共老鴻鴈何能對對鳴其為人也丰姿清秀禮樂英權高出類學問似淵源揚清激濁祛惡除奸清明已在雲霄上銳氣還冲宇宙間綉衣日煥朝金闕寶殿雲開識聖顏此則榮貴之命鴛幃春有慶子嗣晚光榮運行初上人蔭下花發風生巳亥運中十年窓下志於棻與寒氈戊戌運中行藏盟德心念時来獨步上雲間丁酉運中搢紳朝比闕簪笏拜金鑾丙申運中雖則職廷金紫還愁柳絮飛綿乙未運中有才應大用未許便辭榮甲午運中水流花謝春不再延

辛未年　辛丑月　壬申日　丙午特
此八字壬申長生之日相配柱中金木雋氣杀印之格杀印相生功名显達只嫌運行北方不理文場主人生於右族長於高門椿親耐悦萱先別天邊鴻雁各行鳴其為人也丰姿清秀天性聰明頗知礼義稍識古今親賢近貴理白分清閑處愛走冷處不行莫向鬧中淹歲月好未仕路覓功名特未借得吹嘘力也應禄馬旺前程佇看頭角聳光耀旧門庭幸得顔曾力終為發禄人此則摑鼓有声之命外帰火合須斗小子嗣秋来朶朶栄運行

初庚子上人庇下未断平生己亥運中風帶雪来應竟冷鳥啼花落始知春戊戌運中鬧中得利还愁素耗亏盈乙酉運中歳署待特特必達特未謀望尽如心當是特也風雨無驚丙申運中聞名則名显達聞利則利豐盈片雨風雨須刻逡巡丁未運中栄華當此際綠楊汀外馬蹄軽戊午運中栄帰故里癸巳運中春夢無憑

辛未年　辛丑月　丙戌日　己亥
此八字丙戌日玄相配柱中金水雋氣才杀之格女人得此生於右族長於名門萱母先帰椿耐悦天邊鴻雁各行鳴其為人也姿容清致髮皃超群有針綫之巧立業之功春入水光戊嫩綠日匀花蕚發新紅滔滔無阻滞步步助夫門楊柳無風妓婀娜梅花有月蕚精神难觸难犯旁喜旁嗔夫栄何足羨子貴又光栄此則栄益之命良人木合栄華好子嗣秋成貴显門運行初壬寅上人庇下飙秀閨門癸卯運中路入桃源花爛熳橋橫銀漢水

澄景清甲辰運中雖則夫門多快楽还愁微雨洒晴空乙巳運中裙釵济济家居好五夜清風未放晴丙午運中正是太平當霽景須臾風雨片特晴丁未運中夫栄子貴福享無穷戊申運中悦斗閑快楽己酉運中一枕入巫峯

辛未年　辛丑月　戊戌日　丙辰時

此八字戊辰魁罡之日相配柱中金水傷官助才之格人生得此生於右族長於名門椿父先別萱耐晚天邊鴻鴈各飛遥其為人也丰姿消洒天性風騷般般稍覺件件不高學問不親顏孟功名須繼蕭曹溪澗豈能留得住終歸大海作波濤信看頭角聳天府拜恩饒此則吏貴之命鴛幃宜有贈子嗣晚抽條運行初庚子上人庇下瑞雪飄飄己亥運中雖然未沐天邊寵且向公門走一遭戊戌運中跨馬登雲路光榮莫嘆勞丁酉運中皇恩重感黎庶滔滔丙申運中莫言高貴無科甲職位重加着綠袍乙未運中急流須猛退籬下酌香醪甲運中子貴重榮贈癸巳運中迢迢仙路遥

辛未年　辛丑月　己亥日　戊辰時

此八字己入亥宫相配柱中金水雜氣財官之格人生得此丰姿清俊性格聰明生於秀族長於名庭木命椿萱雙耐晚同胞鴻鴈各飛騰猷猷都歷覽件件不全精祖業有依須華故才囊還擬自磨成但願一生多逸樂何須跨馬上神京此則榮秀之命鴛幃帶硬雙諧老桂子秋來一果榮運行初庚子上人庇下風月雙清己亥運中幾歎思高慕遠身還困守家庭戊戌運中雲開華岳千峯秀水到瀟湘一樣清丁酉運中不獨財源滚滚尚祈樓閣層層丙申運中威儀有振財帛豐盈乙未運中孫賢子秀樂享昇平甲午運中人生從此去無復見儀形

辛未年　辛丑月　辛卯日　己亥時

此八字辛卯日元相配柱中水木傷官助才長格
殺生印綬之論主人生於邃室長於名門金水椿
萱双晚茂天邊鴻鴈各行鳴其為人也丰姿清淡
天性聰明源流三峽誰能及筆掃千軍孰與倫太
山北斗千年在和氣春風四座傾鰲逐玉蟾攀桂
去馬隨青地踏花行一朝騰踏飛黃去此際不羞
鮀佗龍此則榮貴之命鴛幃有犯須年少子嗣金
風有提榮運行初庚子幼年之下未必評論己亥
運中雪業雖留岩志天街未許榮登戊戌運中莫
愁雪阻藍關道時來頃刻便飛騰丁酉運中躍過
禹門三汲浪粉署聯班識聖容當此之際風雪還
生丙申運中江山迎五馬花柳拂双旌乙未運中
頭擢大加名譽重藩臬階陞職任尊甲午運中榮
回故里一道訃音

辛未年　辛丑月　戊戌日　丙辰時

此八字戊戌魁罡之日相配柱中金水傷官而才
之格傷官者剛毅之物也主人生於右族長於高
門椿父先歸萱耐晚天邊鴻鴈各摶風其為人也
丰姿清秀天性聰明李閱頗知今古筆鋒稍有
威棱有近貴親賢之德應上和下之能終是功名
客豈為田舍翁不費十年苦李豈應三載成名
佇看頭角聳德澤惠黎民此則榮貴之命鴛幃
有犯須招副子嗣秋來有提榮運行初庚子上人
庇下來斷平生己亥運中貴人相指引祿馬旺前
程戊戌運中皇恩有感声名顯幾載勞繁棲
送迎丁酉運中雪晴雲散天如洗万里振儲日
用心丙申運中除奸革惡声名重佐政琴堂德
望新乙未運中天邊無沛澤蘿下樂高情甲午
運中落花寂寂歸山鳥香梦悠悠入九重

辛未年　辛丑月　辛巳日　戊戌時

此八字辛巳日相配柱中火土雜氣殺印之格人生得此生於喬木長於名門金水椿萱榮且壽天边鴻鴈有飛騰其為人也丰姿清秀天性聪明學問老誠筆底源流三峽水英材敏捷胸中素傑一天星驪珠朏耀雅光掩雷劍生風氣自充終是傳房之客豈為避世之灵鵬路高搏之健翼龍門深躍見僑鱗一從叅瓊宴金紫重笏拜

明君望尊四海禄享千鍾此則榮繼之命鴛幃有犯須年毓子嗣森枝朶朶榮運行初庚子上人庇下未断升沉已亥運中十年窓下業黄巻典青灯戊戌運中霹靂一声雲霧合禹門躍過浪三層丁酉運中千里霜感金斧重三秋風色綉衣輕丙午運中戢迁金紫声名重風雪飛来傷惨情乙未運中錦衣肥馬重重貴天上恩波浩浩新甲午運中有材應大用未許向離東癸巳運中春光去也啼鳥無声

辛未年　辛丑月　壬申日　丙午時

此八字壬申長生之日相配柱中金火禄氣杀印之格殺印相生功名顕達只嫌運行北方不顕文場主人生於右族長於高門椿親耐晚萱先别天边鴻鴈各行鳴其為人也丰姿清秀天性聪明頗知礼義稍識古今親賢近貴理白分清閑中愛志泠處不行莫向閑中淹歳月好来仕路覔功名時来借得吹嘘力也應禄馬旺前程佇看頭角聳光耀旧門庭不劳區區力終為發福人此則過鼓有声之命死幃火命須年小子嗣秋来朶朶荣運行初庚子上人庇下未断平生巳亥運中風帶雪来應竟泠鳥啼花落始知春戊戌運中雖則閑中得意还愁素耗亏盈丁酉運中蔵器待時時必達時来謀望尽如心富是時也風雨無驚丙申運中問名則名顕達問利則利豊盈片時風雨須刻逡巡乙未運中富貴栄華當此際緑楊汀外馬嘶輕甲午運中荣回故里癸巳運中春梦無憑

辛未年　辛丑月　壬午日　乙巳時

此八字六壬生臨午位號曰祿馬同鄉雜氣官印之格人生得此何不成名豈不發福主人生於右族長於名門木命椿萱連珠別天邊鴻雁各棲風其為人也丰姿清秀性格氷清知高下識重輕有近貴親賢之德應上和下之能重成新事業再整舊門庭不向仕途求進用却來湖海覓黃金英雄相對劍三尺豪傑相逢酒一鍾祿元成景致威勢耀門庭此則旺足之命鴛幃金命須年小子嗣秋來旺宅門運行初庚子上人庇下天朗氣清己亥運中寒向梅中畫春從柳上生戊戌運中世情濃又淡淡處又还濃丁酉運中到此始知特運好萬象光華百事通當此之際素耗还生丙申運中威權有布人欽服才帛興隆福祿增須史風雨望外逡巡乙未運中延賓玩物會友開樽甲午運中百年繾綣成何用一日無常萬事空

辛未年　辛丑月　壬辰日　庚子時

此八字壬辰魁罡之日相配柱中金土雜氣官印之格人生得此生於右族長於名門椿萱半道先亡父天边鴻雁各行鳴其為人也丰姿清秀天性聰明學問貿先覺群書貫一經麗句妙為天下白高材俊似海東青終是功名之客豈為田舍之翁際會風雲應有日定沾雨露沐皇恩舒長化日桑麻茂財薄仁風雨露春此則榮貴之命鴛幃火命須年小子嗣榮門晚節馨運行初庚子上人庇下未斷平生己亥運中踏破泮攀霜幾板讀殘茅店月三更當此之際三載諒陰戊戌運中時來名姓就遠馬入神京丁酉運中仁風播遠近德化施西東丙申運中一番風雪初晴後金紫重重雨露塗乙未運中正欲忠心輔國何期解組思尊甲午運中晚年離下落會文以開樽癸巳運中春光如過隙一恍了平生

辛未年　辛丑月　癸酉日　乙卯時

此八字癸酉之日相配柱中金土雜氣才官之格人生得此椿萱双悦茂鴻雁各行聯其為人也丰姿清雅天性機關雖不成名得禄亦庇近貴親賢曰福曰榮自有順天之慶常安常樂豈無福地之深江湖風景好鄉黨始名傳重成新事業再整旧根源琴樽風月閑伴計金玉松筠旧歲寒自然才禄旺何必与金寒此則旺足之命鴛鴦偉定雨散子嗣脫珠蘭運行初庚子上人庇下未論寒暄乙亥運中軽豈軽煖日石雨不晴天戊戌運中但遇貴人拾才知勝紫年丁酉運中門蘭多壮觀禄何始閑關丙申運中雨過亀重山有色雲開千里月娟嬋當此之際柳葉飄綿乙未運中阜邑金絟細湿花枝欲動春風客甲午運中如拾亦成抑抑堅癸巳運中花落水流春已失月摧玉赴起無边

辛未年　辛丑月　己卯日　戊辰時

此八字己卯專禄之日相配柱中金木食神制杀之格女人得此生於酒館長配花居椿父先帰萱耐晥天边鴻鴈各行飛其為人也姿容清俊体態豊腴頻施粉袋廣抹胭脂能歌能舞品竹彈絲富貴宛如富貴風春賤似土泥綉房夜夜燃花烛情意人人然可知一朝貴客相携起從此滔滔福禄餘此則富旺之命良人更有重為次子嗣秋来有貴奇運行初壬寅上人庇下未斷高低癸卯運中不必求謀擇良婿囊中有寶是夫妻甲辰運中离合悲歡當此際夫嗣多恩我少恩乙巳運中抛却管絃攻紡績須曳風雨幸何悲丙辰運中狐駕虎威而獲福蛇居龍穴以施威丁巳運中罗綺千般色珍羞百味奇伐午運中晥年閑快閑己未運中一枕入仙衢

辛未年　辛丑月　丁丑日　戊申時

此八字丁火日元配合柱中金土傷官助才之格女人得此生於右族配於名門姿容清秀髮貌精神勝丈夫之氣槩有男子之材能翁姑有倚妯娌聯群萬象光華沾沛澤四時佳趣瑞祥生濟濟裙釵恂日輝輝羅綺臨風此則旺夫益子之命良人年長方偕老子嗣生成俊傑見運行初壬寅只宜庇下毓秀閨門癸卯運中紅葉溝中得密意赤繩月下結良姻甲辰運中不用高燒銀燭月明添倍精神乙巳運中夜雨自添池水滿春風吹綻海棠紅丙午運中綠中加綠色紅上贈紅英丁未運中悠悠晚景樂享兒孫戊申運中機深閒畫景明月照黃昏

辛未年　辛丑月　甲申日　戊辰時

此八字甲申專權之日相配柱中金土雜氣才官之格女人得此生於良族長配仁門椿萱雙脱别鴻鴈不同群其為人也丰姿清秀髮兒精神有肝食宵衣之懊惱治家立業之勤能霜為輕粉憑風付露作胭脂伏日旬自有順天之慶豈無福地之深溺溺無阻滞步步旺夫門玉產崑崗藏韞色蘭生楚節散清雲難觸難犯易喜易嗔雖不鳳冠瑕披自然穩旺平生此則發福之命良人連珠低一載子嗣生成跨灶人運行初壬寅上人庇下未斷平生癸卯運中紅葉溝中傳密意赤繩月下結良姻甲辰運中乍雨乍晴留客景或寒或暖困人天乙巳運中雖則夫門多快樂幾多人事尚虧盈丙午運中萬疊好山雲乍斂一輪明月雨初晴丁未運中福若泉源擁才如春氣生戊申運中機絲閒畫景明月是黃昏

辛未年　辛丑月　丙戌日　己丑時

此八字丙戌日元相配柱中金土傷官助才之格人生得此生於温潤之族長於遷變之居椿萱有倚成無倚鴻鴈聯飛又斷飛其為人也丰姿清秀天性能為般般稍覓件件粗知學問不窮今古深知表裏精粗行藏果断作事三思見善則持於己當仁不讓於師消閑碁一局遣興酒三巵親不我疎而自遠祖非我破而還移將身寄托妻身側折取楊枝作柳枝時來富貴從天降何須跨馬入京畿此則離祖榮家之命鶯幃贅得同庚女子嗣秋成貴顯兒運行初庚子上人庇下未断高低己亥運中嚴霜積雪都經過次第春風到故廬戊戌運中莫作千年調還生一度悲丁酉運中財旺福興家業廣須更風雨尚憂疑丙申運中英雄維贈劒三尺豪傑相逢酒一巵當此之際風雨相欺乙未運中花盈上苑果盈圃稻滿平疇水滿池甲午運中陽刃之地歸去來兮

辛未年　辛丑月　丁丑日　辛丑時

此八字丁丑日辰相配柱中金土傷官助財之格人生得此生於右族長於名門萱親先別還招繼椿父蒼年独去程天邊鴻鴈有隻隨鳴其為人也丰姿清秀天性老誠知高識下理白分清過火黄金重長價雛雲敵月倍清明祖業有依重再整財源厚積晚豊盈花無桃李非春色人有笙歌是太平不以功名為念豈將冠冕簪纓福布江山外名聞湖海中但願粟陳并貫朽何必天邊沐寵榮此則發福之命鶯幃木命須奔長子嗣秋未朶朶馨運行初庚子椿親庇下風雪满庭己亥運中雪晴天未暖行樂未如心戊戌運中寒向梅中盡春從柳上生丁酉運中着意種花花不發無心插柳柳成陰丙申運中財源富足家業餘盈當此之際風雪满庭乙未運中簾捲香風生百福軒開化日禄元增甲午運中無慮盡傳詩禮樂有朋來自遠方親癸巳運中夕陽有限春夢無憑

辛未年　辛丑月　己卯日　甲子時

此八字己卯專權之日配合柱中金木傷官助財之格值斯象者生於右族長於名門椿父先歸後別天邊鴻鴈各行鳴其為人也丰姿清秀天性乖能有博古今之智截長補短之能般般好覽件件不精謀君子威伏小人祖基宜再整事業必重讚花無桃李非春色人有笙歌是太平施恩惹怨布德成嗔但愿時來財祿旺何必天邊沐寵榮自將隱奚文何用人不知之味更真此則穩厚之命鴛有耙須年敵子嗣生成貴顯人運行初庚子上人庇下未斷平生己亥運中洛陽三月花如錦等我來時不遇春舞雪謾空此際幾多人事尚虧盈戊戌運中精神又憔悴憔悴又精神丁酉運中幾番駁雜經過從此滔滔財祿增丙申運中福若泉源湧財如春氣生乙未運中子貴榮門沾寵涯何愁第宅不光榮甲午運中心事數莖之白髮生涯一片之閑情癸巳運中夕陽有限春夢無憑

辛未年　辛丑月　丙申日　乙未時

此八字丙申日元相配柱中金水傷官印才格人生得此生於右族長於仁門椿父先歸萱後別天邊鴻鴈各行鳴其為人也丰姿清秀天性聰明非無設計較時有貴人欽重興新事業再整舊門庭福布江山外名聞四海中田園桑柘茂畝畝稻粱與花無桃李非春色人有笙歌是太平但願粟陳并貫朽何須道馬入青雲此則離祖成家之命鴛幃有犯須招硬子嗣秋來有繼榮運行庚子上人庇下月朗風清己亥運中風雪滿庭輕拂掃趑趄歷過始如心戊戌運中繡花看有艷魚水叶無声丁酉運中才源立業好須吏素耗生丙申運中天上三陽泰人間五福臻乙未運中門楣壯觀福祿駢臻甲午運中晚年閑快樂癸巳運中一枕入巫峯

辛未年　辛丑月　丁亥日　辛亥時

此八字丁亥日貴之辰相配柱中金水雜氣才官之格人生得此生於右俗長於仁門金木椿萱双晚茂天边鴻鴈各行鳴其為人也半姿清秀天性聰明世事頗能將就般般學只精通萬里無雲天一色三秋好景月長明祖業添新慶根原勝風門外田疇千古計庭前花落四時新不以功名為念豈將冠冕磨磐两鄙秋色皆喬木稽舊风流有幾人花無桃李飛春色人有笙歌是太平但願一生才禄旺何必天边沐寵荣此則穩厚之命篤幃年長和偕老子嗣枝枝朶朶宗運行初庚子上人庇下化日陽春已亥運中登林雨後賞玩春陰戊戌運中秀花看有艷畫水聽無聲丁酉運中才源滾滾家居好風雪飛来尚不驚丙申運中天上三陽泰人間五福增一氣轉洪鈞乙未運中富連阡陌行樂如心甲午運中無憂無慮癸巳運中花落月沉

辛未年　辛丑月　庚寅日　己卯時

此八字庚寅日相配柱中火土祿氣殺印之格女人得此生於右族長配名門椿文先歸萱後别天边鴻鴈不同鳴其為人也貌容清秀德性明純勝丈夫之氣槩有男子之才能衣冠濟濟三從備家業昂昂四德新紅日照牢湘水碧白雲堆破楚山青滔滔無阻滞步步助夫門玉產崑崗藏韞色蘭生楚澤散清馨可惜青春年少女却将玉体配殘婚雖不鳳冠帔服自然金谷豊盈此則穩厚之命篤良人金命須年長子嗣枝頭有秀馨運行初壬寅上人庇下毓秀閨門癸卯運中鴛合翠鸞成好夢奩緣紅葉是良姻甲辰運中雖則家門多快樂五夜金風未放晴乙巳運中羅綺臨風曾壯觀片時風雨尚悲人丙午運中不用高燒銀燭照月明添陪精神當此之際風雨还生丁未運中夫賢子貴樂意忘情未字之中花放風生戊申運中晚年快樂己酉運中歸去来兮

辛未年　辛丑月　乙酉日　丙戌時

此八字乙酉專權之日相配柱中金水雜氣官印之格殺印相生功名顯達只嫌身弱減吾科第功名主人生於右族長於高門金土椿萱双晚茂天邊鴻雁各行鳴其為人也手姿清爽天性聰明學問不親顏孟筆鋒稍有威稜終是功名之客豈為田舍之翁不費十年苦學定應九載成名晚年光霽景德澤惠黎民比則榮貴之命鴛幃金命須年敵子嗣枝頭損後盈運行初庚子上人庇下未斷平生已亥運中世事宛如新折柳人情还似半開英戊戌運中雖則勞形案牘幾多人事因循須臾素耗不損精神丁酉運中幾年多困守一旦便沾恩丙申運中雲晴雲散天如洗從此滔滔雨露均乙未運中佐政琴堂民悅服未應解組向離東甲午運中晚年安享癸巳運中一枕清風

辛未年　辛丑月　丁亥日　庚子時

此八字丁亥日貴之辰相配柱中金水雜氣才殺之格傷官制殺有助遇斯命者生於右族長於名門萱母先歸椿存晚天邊鴻雁各行鳴其為人也手姿清雅天性聰明知高識下理白分清世事頗能將就般般學欠精通曰福曰榮自有順天之慶常安常樂豈無福也之深重成新事業再整舊門庭花無桃李非春色人有笙歌是太平但頗財源富足任他身外無名此則穩厚之命鴛幃燭夜添新慶子嗣秋來朵朵馨運行初庚子上人庇下風雪滿庭己亥運中風帶雪來應覺冷鳥啼花落始知春戊戌運中着意種花花不活無心插柳柳成陰丁酉運中才旺生官家業旺福星臨照喜非輕丙申運中雖則財源旺足尚愁風雪滿庭乙未運中延賓玩物會友鬧樽甲午運中晚年快樂癸巳運中一枕巫峯

辛未年　辛丑月　壬辰日　壬寅時

此八字壬辰魁罡之日相配柱中金土雜氣官印之格女人得此生於平淡之族長配溫潤之門椿父先歸萱耐晚天邊鴻鴈各行鳴姿容魁系髮貌精神有針綴紡績之巧治家立業之勤雲衣華岳千山秀水引湘江一樣清重成新事業再整舊門庭不曉三從理豈全四德情難鍋難把易喜易嗔処世素無榮辱生來更不廉貞無恩負作牆邊蓋半露紅英惹蝶蜂未申多番覆子亥樂無窮此則旺益之命良人得配仁門友子嗣生成孝義人運行初壬辰上人庇下未斷升沉癸卯運中紅葉溝中傳客意赤繩月下結良姻丙寅運中一帶曉烟迷芍藥半泓秋水浸芙蓉乙巳運中萬疊好山雲作歛一輪明月雨初晴丙午運中滔滔無阻滯步步助夫門丁未運中子秀夫賢家業旺何愁人事有虧盈戊申運中春光去也花鳥無聲

辛未年　辛丑月　庚子日　丁丑時

此八字庚子日元相配柱中火土雜氣官印之格人生得此生於古族長於高門椿親先別萱茂晚天邊鴻鴈各行鳴其為人也手姿清秀天性聰明高謀遠見機關別懷慨春風一妙人自有順天之慶豈無福地之深祖業添新慶財源晚積存不必覓珠來水府何須求劍到豐城年豐田舍禾盈罍臘日山家酒滿斟江湖有意軒冕無心莫道桂枝難結果東君留意更慇懃此則發福之命鴛幃有兔須年啟子嗣榮門晚節馨運行初庚子上人庇下風雪初晴己亥運中爆竹聲催殘臘盡折梅香引早春逢戊戌運中雖財財源有進幾多人事虧盈丁酉運中精神又憔悴憔悴又精神丙申運中翔凌雲之樓閣擬漢之雕甍乙未運中樽罍有酒延佳客蘭室存書教子孫甲午運中春光一去無消息流水潺潺不住聲

辛未年　辛丑月　辛巳日　乙未時

此八字辛巳日元相配柱中火木雜氣財官之格有官有印無破作廊廟之財只嫌身弱比肩太重事不十全主人生於高堂長於名門椿父先帰萱後别天边鴻雁各西東其為人也丰姿清秀立性聰明濟人慈詳慨慷処友消洒交情有近貴親賢之德承上和下之能祖業添新慶替名勝旧風福布江山外名揚湖海中花無桃李非春色人有些款是太平好意番成恩真心换得嗔終是功名之客豈為田舍之翁非吏非儒非汗馬也應獻彙沐

皇恩此則因富得貴之命兆幃有碍須招副子嗣生成俊秀英運行初庚子上人庇下未断平生已亥運中雪晴天未暖行樂未如心戊戌運中家蔵金玉為豪富名播江湖氣味深當此之時雨過山青丁酉運中財源富足家居好風雨連宵又惱人丙申運中富貴榮華當此際何人事一番榮乙未運中庭前梅竹堪宜賞晚景從容覔是春甲午運中華堂特納慶癸巳運中無常又促程

辛未　辛丑　庚辰　丙戌

此八字庚辰日德之辰相配柱中火土雜氣殺印之格陽刃合殺為宜主人生於右族長於名門金上椿萱双挽茂天边鴻雁各行鳴其為人也丰姿清秀天性聰明頗知礼義積識古今有近貴親賢之德居上和下睦之能祖業添新慶財源勝旧風萬里無雲天一色三秋好景月長明福布江山外名揚湖海中花無桃李非春色人有些款是太平豐年田舍禾盈豐勝日山家酒満樽但願才源富足任他身外無名此則發福之命兆幃有配須年小子嗣榮門晚欝新出行庚子運中上人庇下未断平生已亥人運中須則行藏有慶也愁人但閉零戊戌運中春風布煖

微雨初晴丁酉運中才源浩浩家居好須史素耗不為驚丙申運中庭前竹报平安日擋外花開富貴春當此之際風木初晴乙未運中不独才源富足尚祈声勢豪洪甲午運中晚年教子癸巳運中一枕入巫峯

辛未年　辛丑月　丙子日　壬辰時

此八字丙火相配柱中金水祿氣財剎之格女人得此容顏美秀軀貌清奇其為人也生於舊族長配高門堂上翁姑難並翠娋娌行中我自馨羅綺層層家富貴金玉盈盈衣錦豐三從有偹閨門玉四德無偏女内珎侍夫而有禮訓子晚方成針線之巧幹家之勤初限中年災產厄暮年子顯必封身此則顯夫榮子女命良人兩敵如魚水桂子生來出秀英運行初壬寅花房之内災恼無侵癸卯運中月老傳書催喜兆承鸞喜合險災驚甲辰運中崎嶇俱歷過奴婢亂紛紛乙巳運中簪金帶玉家道豐盈丙午運中嚴霜消盡着錦穿綾丁未運中有子朝鳳閣老養日精神戊申運中不胥堂前事無常緊促程

辛未年　辛丑月　辛巳日　己亥時

此八字辛巳日元相配柱中火土祿氣官印之格四柱两冲棫吾貴氣主人生於右族長於仁門萱母先归椿後別天邊鴻鴈各行鳴其為人也丰姿清秀天性老誠頗曉三分道理文章一竅不通自有順天之慶豈無福地之深祖基宜革古事業必重新不以功名為念豈将冠冕磨襲是非莫管門前容得失須憑塞上翁時来才祿旺運至福無窮晚年光霽景第宅又增新此則晚福之命鴛幃消犯須年敵子嗣秋来旺宅門運行初庚子上人庇下未断平生己亥運中雪晴天未煖行樂未如心戊戌運中乍雨乍晴留客景或寒或暖困人春丁酉運中不意之中曾得意用心之處不如心丙申運中到此始知時運好萬物光乖百事通須臾風雨雨過山青乙未運中天上三陽泰人間五福增甲午運中晚節黄花香馥郁癸巳運中春帰花落鳥無声

辛未年　辛丑月　庚子日　庚辰時

此八字雜氣印綬之格兩干不雜秀氣挺然堂上椿萱秀天邊鴻鴈聯其為人也寛宏之度量明敏之機関理窮今古事李貫聖賢篇魚佩玉鱗光照地鵲啣瑞帶勢冲天須史親玉陛咫尺覲天顔此則累世衣冠之命鴛幃真淑子嗣芳妍運行初庚子但宜蔭佑未問寒暄已亥運中股刺芸窓應継夜埋頭雪案不知寒戊戌運中清名已在雲霄上逸氣還充宇宙間丁酉運中風聲烈烈介威勢昂昂然丙申運中西風捲浪驚人險浪静風消禄又遷乙未運中恩受鸞凰誥玉立鴛鷺班甲午運中正好懸車田里樂胡為一夢又登仙

辛未年　辛丑月　戊辰日　辛酉時

此八字戊辰日德之辰相配柱中旺金傷官助財之格人生得此生於右族長於名門椿萱含暁翠鴻鴈各行鳴其為人也丰姿清秀天性聡明胸羅今古事學識聖賢心麗句妙為天下白高才俊似海東生終是功名客豈為田舍翁北海蛟横頭角聳南山豹变爪牙新一從姓字傳揚後九天雨露沐皇恩此則榮貴之命鴛幃燭夜添新瓞子嗣秋来朶朶成運行初庚子上人庇下未斷平生已亥運中欲逐班超投筆志潜須董子下帷功戊戌運中雪案須留苦志天階未許榮登辛酉運中到此始知文學好長安道上馬蹄輕丙申運中自沐天遷沐朝班立縉紳梨花帶雪雨過山青乙未運中佇看官封三級酌然禄享千鍾甲午運中有才應大用未許便辭榮癸巳運中夕陽有限春夢無憑

辛未年　辛丑月　丁酉日　甲辰時

此八字丁酉日貴相配柱中金火傷官印財之格女人得此生於右族長於名門萱母先歸椿晚茂天邊鴻鴈各行鳴其為人也姿容清秀髮貌精神有針線之功鑽助之德雲收華岳千山秀冰泮江湖一派清箕帚頗存礼節相夫誨子聰明雪為肌體憑風掃霞作唇腮任月勻有丈夫之氣藥男子之胞襟雖觸難犯易喜易嗔雖不鳳冠帔服自能享福安榮此則豐潤之命良人結髮多能子嗣秋成顯耀運行初壬寅上人庇下未断平生癸卯運中路入桃源花爛熳橋横銀漢水澄清甲辰運中雖則賞花天氣好須憂風雨恐愁人乙巳運中精神增百倍心志樂怡愉丙午運中一輪明月遥空皎又被狂風頃刻生丁未運中夫賢子孝家裕居安戊申運中梨花帶雨經春老柳絮因風舞夕陽己酉運中白雲遶綉閣明月照黄昏

辛未年　辛丑月　甲午日　甲戌時

此八字甲午日元柱配金土襍氣才官之格傷官存柱減我功名主人生於右族長於仁門椿父先歸萱耐晚天邊鴻鴈各行鳴其為人也丰姿清秀天性老誠頗曉三分道理文章一縠不通重成新事業再整舊門庭不為商賈不作經營世事每從忙裏就財源自向遠方生時至自然財祿旺運來才隅始駢臻一朝但得人呼喚從此財源倍有增此則離祖成家之命鸞幃有犯須年敵子嗣秋来有挂榮運行初丙子上人庇下未断平生乙亥運中雪晴天未煖行樂未如未戊戌運中世情濃又淡淡處又還濃丁酉運中財如春水滔滔長福若秋蟾皎皎明當此之際素耗還生丙申運中成四時佳趣立萬古門庭乙未運中高朋満座美酒盈樽甲午運中春光去也一枕難醒

辛未年　辛丑月　庚子日　癸未時

此八字庚子日元相配柱中旺土雜氣印綬之格人生得此生於右族長於高門火命椿萱雙晚茂天遐鴻鵬不行同其為人也手姿清秀天性聰明源流三峽誰能及筆掃千軍孰與論不待驪珠能照乘還應趙璧擬連城禮樂縱橫字詩書典雅文馬蹄塵土三千里鵬翼風雲九萬程瑤池晚鞭靜秉笏拜明君此則榮貴之命鸞幃連珠須配長子嗣生成貴顯人運行初庚子上人庭下未斷平生已亥運中黃灯應驚志何愁不顯名戊戌運中到此始知文學好果然秉笏近明君丙午運中三度君恩重丙書風木驚丙申運中不道雪晴天不凌鳳池終待理絲綸丁未運中雖不金甌福介何胡鮮組恩尊甲午運中春光歸去也一枕了平生

辛未年　辛丑月　癸丑日　壬子時

此八字癸丑日元相配柱中金土雜氣然印之格然印相生功名顯達遇斯命者生於望族長於宦門金土椿萱雙晚贈天邊鴻鵰有摶風其為人也手姿清秀天性聰明源流三峽誰能及筆掃千軍孰與論終是錦衣肥馬客豈為田舍鑒耕人龍飛九五青霄近鵬翼三千翰海中一旦風雲相會際九天雨露沐皇恩此則榮貴之命鸞幃有犯須協硬子嗣秋來有顯榮運行初庚子上人庭下詩禮趨庭已亥運中不負寸陰之惜光瑩題柱之功戊戌運中莫愁雲阻藍關道時來頃刻躍潛鱗丁酉運中令重奸邪伏威嚴泣臍鸞丙申運中封妻蔭子掛紫拴金當此之際風木愁情乙未運中山河歸舊國官轎總離空甲午運中歸去松菊三徑晚欣然鮮組樂籬東癸巳運中花已落月尤沉

辛未年　辛丑月　庚子日　丙戌時

此八字庚子日元相配柱中丙火偏官之格陽刃合
殺有功主人生於右族長於名門火土椿萱榮晚茂
天邊鴻鴈各行鳴其為人也丰姿清秀天性聰明頗
知礼義稍識古今有近貴親賢之德應上和下之能
爭長名園過旧竹花開上苑勝先春終是功名之客
豈為田舍之翁不費十年苦學豈應三載成名停看
頭角聳光耀旧門庭晚年光霽景咫尺到腰銀此則
榮貴之命鴛幃有犯須年敵子嗣生成貴顯人運行
初庚子上人庇下天朗風清巳亥運中藏器待時〻
必逢時来遇貴入公門戊戌運中幾載辛勤甘
苦學一朝天府便光榮丁酉運中曉日迎未旆
春風但去程皇恩有威重有威聲當此之際風
雪滿庭丙申運中除奸去惡聲名顯佐政琴書
德望新乙未運中天邊少息澤籬下高樂情甲
午運中春光去也花落月沉

辛未年　辛丑月　丙戌日　己丑時

此八字丙戌日之相配柱中金土傷官分才之
格生於右族長於名門椿萱有倚成無倚鴻鴈
聯飛又斷飛其為人也丰姿清秀天性能為般
般稍覽件件精知李問不窮今古深知素礼精
粗行藏緊斷作事三思尚可棊一局遣興酒三
鍾彩不戒餘而自造於非乱破又迁移将身寄
托番身側折取楊枝作柳枝時来高貴深知路
何添随馬上京畿此則離離之命死憐同座子
女秋成戊戌運中莫作千年調丕生一度悲乙
酉運中行樂又添風生丙申運中英雄惟贈劍
三尺豪傑相逢酒一盃當此之際風雨相侵乙
未運中花盈上苑終有圃稲滿平疇水滿池甲
午運中何用之地帰去来兮

辛未年　辛丑月　癸巳日　壬子時

此八字癸巳貴人之日相配柱中金土雜氣殺印
之格人生得比生於族長於名門金土格荁双晚
茂天邊鴻雁有隨鳴其為人也丰姿清秀天性剛
忠知高識下趨吉避凶曰福曰榮自有順天之慶
常安常樂豈無福地之深祖業添新慶根源勝
旧風月離海嶠山山秀春入园林處處英歌為
商賈思慕功名花無桃李非春色人有笙歌是
太平才源富足家居好何必天邊沐寵榮此則發
福之命鴛幃重錦障子嗣桂蘭榮運行初庚
子上人庇下来断平生巳亥運中如花向日似月
離雲戊戌運中春園雖雨過桃李未生英丁
酉運中梅須遜雪三分白雪亦輸梅一段春丙
申運中才源富足家業豐盈當此之際風雪
満庭乙未運中不獨才源旺尚祈声勢豪洪甲
午運中安明快樂癸巳運中花落月沉

辛未年　辛丑月　癸巳日　癸丑時

此八字癸巳貴人之日相配柱中金土雜氣殺印
之格氣數禀乎重濁生於南地土轄藏吾貴氣主
人萱母先帰播耐悅天邊鴻雁各行鳴其為人也
丰姿清秀天性聰明頗知礼義稍識古今高謀遠
見機閱別慷慨情懷學識深祖基祖業添新慶財
帛資囊自琢成萬里無雲天一色三秋好景月常
明不向仕途求閔達却来湖海覓黃金田園桒拓
茂畝畆稻粱馨花無桃李非春色人有笙歌是太
平但願財源富足任他身外無名此則穩富之命
鴛幃有犯須招副子嗣榮門悅鄧馨運行初庚子
上人庇下未断平生巳亥運中雪晴天未煖行樂
未如心戊戌運中春風播奕微雨美晴丁酉運中
着意種花花不發無心插柳柳成陰丙申運中威
權有布人欽伏財帛興隆福祿增當此之際風雪
満庭乙未運中延賓玩物會友開樽甲午運中無
憂無慮癸巳運中一枕清風

辛未年　辛丑月　乙未日　乙酉時

此八字乙未日元相配柱中旺金雜氣才殺之格從殺之論人生得此生於戈矛之族長於穩厚之命椿父先帰萱後別天邊鴻鴈不同鳴其為人也丰姿清秀天性聰明源流三峽誰能及筆掃千軍孰與論衣冠濟濟人中傑和氣怡怡席上珎終是功名之客豈為田舍之翁鰲逐玉蟾攀桂去馬隨青帝踏花行一從姓字傳揚後九五天門面聖容此則榮貴之命篤幃有犯須招硬子嗣全風有挺榮運行初庚子幼年之下未斷平生己亥運中十年窓下業黄卷與青燈戊戌運中繼鼎終無間何愁不顯名丁酉運中報道是龍還不信果然奪得錦陝新丙申運中寒拂紫衣催驛騎光生玉節下雲層乙未運中重紫童金布德施仁甲午運中榮帰故里癸巳運中花落月沉

辛未年　辛丑月　丁丑日　庚子時

此八字丁火相配柱中金水襍氣財殺之格人生得此生於盛族長於仁門金土椿萱双脱茂天邊鴻鴈有聯郡丰姿清秀天性聰明高謀遠見機関別慷慨性懐奇識深豈是池中物九未席上珎際會風雲應有日也教沐寵拜丹庭此則穩榮之命篤幃連理合子嗣桂蘭馨運行初庚子上人庇下未斷升沉己亥運中欽道平生志冝加灯火心戊戌運中貴人相指引祿馬旺前程丁酉運中聽陽関之三疊達天府之九重丙申運中一番風雪初晴後依舊權名倚有增乙未運中正冝食祿未許思尊甲午運中悠悠籬下癸巳運中春夢無憑

辛未年　辛丑月　丙子日　丙申時

此八字丙子日元相配柱中金水稱氣財官之格人生得此生於右族長於名門椿萱雙晚茂棠棣各數榮其為人也丰姿清雅天性老誠頗知礼義稍識古今有近賢親賢之德應上和下之能祖業添新慶根源勝舊風節長名園過舊竹花開上苑勝先春終是功名之客莫為田舍之翁不費十年苦學定應九載成名佇看頭角聳光耀舊門庭此則榮貴之命髣髴有犯須年歉子嗣秋來朶朶榮運行初庚子工人庇下未必詳論已亥運中世事究如春夢人情薄似秋雲戊戌運中勞形案牘多光彩尚有趨赴未順情路爲起程登上國始知冠冕可榮身當此之際風雪滿空丙申運中皇恩有感重光霽拜授除書雨露均乙未運中蓮幕聲名多振頻紛紛德澤惠黎民甲午運中榮回故里癸已運中一枕難醒

辛未年　辛丑月　甲午日　乙亥時

此八字甲午日相配柱中金土雜氣才官之格喜逢卯綬生身主人生於右族長於高門椿萱雙晚茂鴻鳳各行鳴其為人也丰姿瀟洒天性聰明般般精曉件件不精親賢近貴理白分清算長名園過舊竹花開上苑勝先春三級浪中難變化九年場上卦馳名佇看頭角聳光耀舊門庭此則榮貴之命髣髴同屬宜招贈子嗣花前果後成運行初庚子上人庇下未斷平生已亥運中藏器待時時如顯時來遇貴入公門戊戌運中勞形案牘生財祿一度趨赴又進京丁酉運中幾載辛勤甘吾守一朝天府沐皇恩梨花帶雪雨過山青丙申運中腰銀不用三場舉治政須憑九載功乙未運中重陞祿位當斯際未許蘺邊樂性情甲午運中榮重回故里癸已運中一枕夢清風

辛未年　辛丑月　庚寅日　丙戌時

此八字庚金相配柱中火土雜氣殺印之格人生得此丰姿倜儻天性平怜上和下睦之德待人接送之能其為人也生於淡族長於仁門雙親難並耋鴻雁有聯飛學問少知今古理生平平角侍高賓非獨家門田業產闊處安身遊白銀初限中年災非耗綮年勝祖不泯親此則成家立業之命妻招年小女子嗣又香馨運行初庚子上人庇下也學經書巳亥運中當直往來豪賓客災險官非破素憂戊戌運中本分為人兼老實主翁宅眷盡歡忻才源有進官耗災逃丁酉運中掀置立業好雨雪洒門庭丙申運中田園茂盛鄉里相欽乙未運中子孫之樂甲午運中一夢南柯

辛未年　辛丑月　丙申日　戊子時

此八字丙火配合柱中金水雜氣才官之格人生得此丰姿豪邁天性清奇高識遠見機関別慷慨情懷志氣深其為人也生於望族長於權門堂上椿萱難並耋鴻雁行中挺出鳴學問聰明潤屋雕梁真富貴英材敏捷才囊萬斛足珠珍非獨家門名望重堆金積玉有聲名初限中年災非耗晚年蹁達子腰金此則富貴雙全之命鴛幃正副方偕老子嗣麒麟顯祖親運行初庚子蔭居之下學禮趨庭巳亥運中正是撥雲方見方災非憂耗不傷身戊戌運中富貴榮華當此際非災憂破險危逃丁酉運中四遠貴賢相仰敬門迎車馬闊階前丙申運中西風掃盡天邊雪重重權耀不非輕乙未運中得子必然朝帝闕門迎官誥又封榮甲午運中紅羅姓字黄土儀靈

辛未年　辛丑月　丁丑日　戊申時

此八字丁丑日相配柱中之金雜氣才官之格人生得此丰姿英雅處事多機椿萱堂上猴蛇屆鳴雁天邊只獨飛般般好學件件粗知祖業添新慶才囊自積齊湖海市壘才兩旺果然田野稻粱肥此則殷富之命鴛幃配合須年少庭桂森森三兩枝運行初庚子上人庇下有何是非己亥運中才源來有路何必讀詩書戊戌運中禁中生出閭閻過旺家資丁酉運中世事光華行樂順英雄豪傑擁門閭丙申運中一番風雪過日日醉扶歸乙未運中老當發旺倉廩豐肥甲午運中孫賢子秀癸巳運中歸去來兮

辛未年　辛丑月　辛未日　辛卯時

此八字雜氣財官之格天元一氣為榮金命椿萱同秀聯行鴻雁前鳴其為人也丰姿闓朗智慧英能衣冠雅麗學問聰明准擬南山豹变定須北海蛟横一朝但得風雲便名譽昭彰雨露榮此則脱白掛緑之命鴛幃賢順子嗣秀馨運行初庚子雖居庇下未必為寧己亥運中款伸男子志加勉對韓榮戊戌運中報道是龍還不信果然变化見雲層丁酉運中政化東西洽仁風遠近清丙申運中權高曾損福依舊輔皇明乙未運中麥秀兩岐吾快樂菊開三徑我安寧甲午運中夕陽有限春夢無憑

辛未年　己丑月　辛未日　辛卯時

此八字辛金相配柱中之土印綬之格金命椿萱双皓首西風鴈字独居先其為人也能擺布有機関天資明敏智行方方圓曰福曰荣自有順天之慶常安常樂豈無福地之緣留心於仕路誇馬出清朝此則福貴之命鴛帏合連理子嗣舞班蘭運行初戊子双親襁褓秋氣藹然丁亥運中寒雪柳中畫春風柳上還丙戌運中報道春光明媚果然桃杏芳研乙酉運中富足以潤其屋依然心事未安甲申運中旺中生歐雜靜處有逃運癸未運中金玉盈囊底福祿湧淵泉壬午運中春光尽也一夢五方

辛未年　辛丑月　乙酉日　己卯時

此八字乙未日元相配柱中之金偏官之格喜逢日祿帰特一對椿萱双别母錢行鴻鴈有聯飛其為人也行藏知進退動止有操持好務貨值不讀詩書花盈上苑果盈園稻滿田疇水滿池不思仕路登雲去一世安和樂自如此則守成之命鴛幃同屬如魚水子嗣枝枝孝義如運行初庚子輕烟漠漠細雨霏霏已亥運中登臨雨凝賞翫春歸戊戌運中至此始知行樂順貴人提挈称心機丁酉運中豊年田舍禾盈譽騰日山家酒滿斟丙申運中莫作千年調且生一度悲乙未運中青松秀北嶺黄菊綻籬東甲午運中夕陽有限春夢無憑

辛未年　辛丑月　甲申日　甲子時

此八字甲申日相配柱中之金雜氣才官之格人生得此多機多智不柔不剛椿萱双皓首鴻雁有聯行稍有賢良之志粗知禮義之方祖業添新慶才囊自積藏但願門迎湖海客自然金玉滿華堂此則富厚之命鴛幃配合双諧老桂子秋來朶朶芳運行初庚子上人庇下何論炎涼己亥運中尋財覓利倦讀文章戊戌運中但覺財源來旺不妨風雪飄揚丁酉運中交四方之豪傑整一簇之門墻丙申運中延賓訖物車馬喧爭乙未運中悠悠霎樂甲申運中夢入仙鄉

辛未年　辛丑月　乙酉日　丙子時

此八字乙丑日相配柱中之金偏官之格人生得此丰姿洒落天性維新椿萱棠皓首棠棣有連蕃理窮古今之學心明賢聖之文萬里扶搖騰彩鳳一聲[illegible]躍潜鱗闔閭開黄道衣冠拜紫宸此則顯榮之命鴛幃全正副桂子發芳蓁運行初庚子上人庇下化日陽春己亥運中芸窓篤志雪案棲身戊戌運中風雲相際會三跳沐皇恩丁酉運中一番風雪過化日照軍民丙申運中萬里權衡振振不妨風浪遶巡乙未運中秉持重柄甲午運中夢入風塵

辛未年　辛丑月　庚子日　丁亥時

此八字庚子之日相配柱中火土雜氣官印之格
女人得此生於右族長於仁門椿萱双眺茂鴻鴈各
行鳴其為人也姿容清秀髮皃精神有針綫之
巧立業之勤雲妝華岳千山秀水到湘江一樣清翁
姑有倚妯娌行輕箕箒頻繁存礼節相夫教子
踏賢明頗曉三從理惟全四德清萬里無雲天
一色三秋好景月長空克勤克儉易喜易嗔滔滔
無阻滯步步阻夫門但願才源旺足何須恩贈
加封此則助旺之命良人大命須少子嗣枝枝孝

義忠運行初壬寅上人庇下天朗風清癸卯運中
路入桃源花爛爆腰横雲漢水深清甲辰運中
一抹曉烟迷芍藥半江秋水浸芙蓉乙巳運中天
上三陽泰人間五福增丙午運中明月當天生氣
奕光無萬象色尤春丁未運中夫賢子貴樂意
忘情戊申運中晚年快樂己酉運中春光去也
花落月沉

辛未年　辛丑月　戊戌日　丙辰時

此八字戊戌魁罡之日相配柱中金水傷官助才
之格主人生於右族長於名門土木椿萱曾享禄
天邊鴻鴈各行鳴其為人也丰姿清秀天性聰明
胸羅今古事孝識聖賢心麗句妙為天下白高材
俊似海東青終是功名客豈為田舍翁一朝但得
風雲便九天雨露沐皇恩舒長化日桑麻茂融蕩
仁風雨露青此則青出於藍之命篤幃同屬方諧
老子嗣秋来朶朶榮運行初庚子上人庇下未斷
平生己亥運中一旦貫通諸事覓特来有路有前

程戊戌運中雲程坦坦登天去夆足悠悠名利成
丁酉運中錦衣肥馬重重貴天上恩波浩浩新丙
申運中雪晴雲散天如洗從此滔滔福禄增乙未
運中正欲忠君輔国未應解組思尊甲午運中晚
年籬下桑會友開樽癸巳運中夕陽有限春梦
無憑

辛未年　辛丑月　庚子日　甲申時

此八字庚金相配柱中旺土傷官用印之格運行背地減我功名主人生於右族長於高門椿萱有倚棠棣聯英十姿清爽天性聰明善尖善斷多見多知算長名團過舊竹花開上苑勝先春但願粟陳弃貫朽何必天邊沐寵榮此則發福之命鴛幃有碍須年敵子嗣先虧後有盈運行初庚子春風駘蕩夏日炎蒸己亥運中雨過山方秀雲開月始明戊戌運中近水樓臺先得月向陽花木易逢春丁酉運中踈雲玷日不損其明丙申運中旺中尚有盈虧雪霽才源倍有乙未運中三盃遣興五斗解醒甲午運中一枕黃粱千年芳塚

辛未年　辛丑月　己丑日　甲子時

此八字己丑日元相配柱中金木傷官助才之格傷官者剛毅之物也主人生於右族長於宦門椿萱双晚茂鳴鳫各飛鳴其為人也丰資清秀天性聰明世事頗能將就般般學只精通曰福曰祟自有順天之慶常安常樂豈無福地之保祖業添新慶才源後積存琴憎風月閑生計金玉松筠旧歲春欲為閣貫思慕功名兩部秋色皆皆舊木舊旧風流有幾人施恩惹怨布得成填時來自有淵淵福運至還教路路通一旦逢幾會滔然沐顯榮此則異量之命鴛幃正副方偕老子嗣秋成奪錦人運行初庚子上人庇下未斷平生己亥運中水向石邊流出冷風從花底過來馨戊戌運中挑李千餘錦江山一畫屏頃史秉耗頃刻逢巡丁酉運中問名則名顯逐閏利則利豊盈當是時也風雪瀟庭丙申運中富貴榮華當此際何愁微雨舞晴空乙未運中庭前竹報平安福攏外花開富貴春甲午運中晚年子貴閑安樂癸巳運中一枕黃粱永不省

辛未年　辛丑月　壬午日　辛亥時

此八字六壬生午位號曰祿馬同鄉襟氣官印之格人生得此生於右族長於名門椿萱有倚先虧母天邊鴻雁各行鳴其爲人也丰姿清秀天性聰明胸藏今古事學識聖賢心聽句妙爲天下白高才俊仕海東青終是功名之客之豈爲田舍之翁北海蛟龍頭角聳南山豹變爪牙新一日風雲相際會九天雨露沐皇恩此則榮貴之命鴛幃水命須年長子嗣秋來有擬榮運行初庚子上人庇下天朗氣清已亥運中欲向雲中攀足須從蹬下留

心戊戌運中時來風送滕王閣頃刻高搏萬里程丁酉運中欲折片言民訟息九重雨露再加陞丙申運中腰橫金作帶符剖玉爲鱗當此之際風雪滿乙未運中赤心扶日月素志展經綸甲午運中鮮組回田里離邊樂性情癸巳運中春光去也一枕雞醒

辛未年　辛丑月　庚辰日　壬午時

此八字庚辰日德之辰相配柱中火土襟氣官印之格人生得此生於仁厚之族長於迁变之門椿萱有倚成無倚鴻雁聯群又斷群其爲人也丰姿清秀天性聰明有近貴親賢之德應上和下之能藕穿平地生荷葉笋出新梢過北庭黃金過火倫高價白屋離塵色更明生涯湖海上道路或西東是非莫管門前客得失須憑塞上翁時至自然成事業運來才祿愈興隆但願才源富足何須天府求榮此則離祖成家之命鴛幃有犯須招副子嗣

榮門晚節馨運行初庚子上人庇下未斷平生已亥運中稅地栽花多艷麗移桃接李色鮮明戊戌運中晝水無聲空有浪綉花雖艷不聞馨丁酉運中才源滾滾家居好尚有閑非素耗生丙申運中成權有布人欽服才帛興隆福祿增乙未運中簾捲香風生百福軒開化日祿元增甲午運中高朋滿座美酒盈樽癸巳運中百年繾綣成何用一日無常萬事空

辛未年　辛丑月　戊寅日　壬戌時

此八字戊寅專權之日相配柱中金木傷官制殺之格人生得此生於右族長於名門萱母先歸椿萱晚天邊鴻鴈有行鳴其為人也丰姿清雅天性聰明頗曉三分道理文章一竅不通自有順天之慶豈無福地之深祖基宜再整事業必重增有心於貨利無意慕攻名是非莫管門前客得失須憑塞上翁過險終無險逢凶幸不凶好意成惡意真心換得嗔時來財祿旺運足福駢臻無辱心常足何須問利名此則豐盛之命鴛幃有犯須招副子嗣秋來朶朶成運行庚子上人庇下未斷平生巳亥運中雪晴天未暖行樂不如心戊戌運中乍雨乍晴留客景或寒或煖困人春丁酉運中着意種花花不發無心揷柳柳成陰時來風雨雨過山青酉字運中財源旺足家居好素耗鬧非尚惱人乙未運中經霜松柏依然秀冒雨芝蘭分外清戊辰運中無恩無慮不辱不榮癸巳運中歸去也

辛未年　辛丑月　壬申日　辛丑時

此八字壬申長生之日相配柱中金土雜氣官印之格四柱孤神隱隱五行寡宿潛藏主人生居右族長在禪房若說六親事清清淡似霜其身不榮不羼不柔不剛足踏如来地身穿忍辱裳天雨寶花盈佛座龍盤香鉢臥禪床林泉自得清高趣駿馬金鞍只泛常此則清隱之命鴛幃春裏夢子嗣板橋霜運行初庚子上人庇下未斷災祥巳亥運中從師指破昏迷路許我高登選佛場戊戌運中雖則佛天護佑還愁平地丘坑丁酉運中波浪層層終不險幸然不失釣魚舡丙申運中高人提携起主席坐中間乙未運中山中老衲依然在業上撐嚴已不看甲午運中徒孫滿目夢入西方

辛未年　辛丑月　壬辰日　丁未時

此八字壬辰魁罡之日相配柱中金土殺氣官印之格有官有印無破作廊廟之才主人生於右族長於名門萱毋先歸椿後别天邊鴻鴈各行鳴其為人也丰姿清秀天性聰明般般稍覧件件不精有近貴親賢之德應上和下之能重成新事業再整舊門庭福布江山外名聞湖海中兩都秋色皆喬耆舊風流有幾人但願一生富足何須天府求名此則穩厚之命鴛幃有亿須年敵子嗣秋來朵朵紫運行初庚子上人底下雲月朦朧己亥運中

雪晴天未暖行樂未如心戊戌運中雖財源富足還入事虧盈丁酉運中天上三陽泰人間五福臻丙申運中富之以潤其屋德之以顯其身乙未運中延賓玩物會友開樽甲午運中楚臺雲散空留夢漢院香消不返䰟

辛未年　辛丑月　乙未日　丙子時

此八字乙未日元相配柱中金水襍氣殺印之格女人得此生於右族長於仁門萱毋先歸椿後别天邊鴻鴈各行鳴其為人也丰姿清秀髮貌精神有針綴之巧立業之勤春入水光成嫩緑日匀花蕚發紅英每懷丸膽意時抱擇隣心克勤而克儉易喜而易嗔雖不鳳冠霞帔自然福禄駢臻此則旺益之命良人火命須年長子嗣主成孝義人運行初壬寅上人底下未斷年生癸卯運中淡烟楊柳岸薄霧杏花村甲辰運中雖則夫門多快樂幾

多人事尚虧盈過此乙巳運中正是太平光霽景還愁花枝尚風生黎花舞雪雨過山青丙午運中萬疊好山雲乍斂一樓秋月正清明當此之際風雨還侵丁未運中子貴夫賢家業旺何愁第宅不光榮戊申運中晚年開快樂己酉運中臺鏡掩晨明

辛未年　辛丑月　癸未日　己未時

此八字癸未之日相配柱中金土雜氣殺印之格值斯命者生於右族長於名門嚴親荣晚茂鴻鴈兩行鳴其為人也丰姿清秀天性聰明頗知禮義稍識古今右近貴親賢之德應上和下之能祖業添新慶根源勝旧風水光浮坐盃盤瑩花氣侵人笑語馨欲為商賈思慕功名算因落籜方成竹魚為奔波始化龍一朝但得風雲便貴人一箇也荣身此則擊石生烟之命鴛幃春麗須年敵子嗣秋來桑桑荣運行初庚子上人庇下天朗氣清已亥運中雪晴天未暖行樂未如心戊戌運中金距闘鷄三市北王鞭跨馬五陵春須吏風雨傾刻逡巡丁酉運中金勒馬嘶芳草地玉楼人醉杏花天丙申運中富貴荣華當此際何愁風雪滿門庭乙未運中延賓誑物會友開樽甲午運中子貴晚年光景癸巳運中春歸花落鳥無声

辛未年　辛丑月　丙戌日　己亥時

此八字丙戌日元相配柱中水土傷官制杀之格雜氣才杀之論女人得此生於右族長配名門椿萱雖並耄鴻雁各西東其為人也姿容清秀髮鬢精神勝丈夫氣緊有男女才能一苑杏桃鋪錦綉滿山松栢映幃屏箕帚蘋蘩存礼節相夫教子撼賢能滔滔無阻滯步步旺夫門玉産崑崗藏韞色藍生楚澤散清馨雖觸雖犯馬喜馬嗔雖不鳳冠披服自然金穀豊盈可惜春青年少女却将玉躰配殘婚此則旺益之命良人得配殘婚客子嗣生成貴顯人運行初壬寅上人庇下未斷平生癸卯運中氣合翠鸞成好夛薈綠紅葉是良姻甲辰運中雖則夫門多快樂幾番人事尚虧盈乙巳運中既濟尤防未濟得經尤慮失經過此丙午運中夫賢子貴當斯際還愁花放尚鳳生丁未運中晚年閑快樂戊申運中高塚卧麒麟

子平遺書

辛未年　辛丑月　戊子日　壬戌時

此八字戊子日元相配柱中金水傷官助才之格
人生得此生於右族長於名門萱親先別还招繼
椿父年高晚贈榮天边鴻鴈各有飛騰其為人也
手姿清秀天性聰明筆端雄健千人敵和氣風流
四座傾衣冠濟濟人中傑和氣怡怡席上珍終是
功名客豈為田舍翁鰲遊玉蟾攀桂去馬隨青帝
踏花行一從姓字傳臚金紫榮看次第陞此則榮
貴之命鴛幃有碍須年敵子嗣秋來孫孫榮連行
初庚子上人庇下未斷平生己亥運中何事不辞
今日苦時來頃刻躍潛鱗戊戌運中禹浪三層都
躍過果然東笏拜金門丁酉運中試把嚴威權酷
更更將仁政惠黎民丙申運中職位迁金紫權衡
出等倫當此之際風雪滿庭乙未運中藩臬一方
起二品山河十郡仰威雄甲午運中解組歸田里
癸巳運中一枕入巫峯

十三

子平遺書

辛未年　辛丑月　壬午日　乙巳時

此八字六壬生臨午位號曰祿馬同鄉雜氣官印
之格人生得此生於右族長於高堂堂上椿萱同
屬晚天邊鴻鴈各行飛其為人也手姿清秀天性
能為般般稍覽件件粗知有近貴親賢之德應上
和下之能祖業添新廢根原勝舊聲江湖揚姓字
閭里姓名齊田園桑柘茂畝畝稻粱肥滿世功名
身外事五湖風月樂平生此則豐壯之命鴛幃連
理低一載子嗣生成孝義兒運行初庚子上人庇
下何論高低巳亥運中淡烟楊柳岸薄霧杏花堤
戊戌運中正是梅青月白還愁人事超趑丁酉運
中財源富足家居好還愁耗悔尚憂愁丙申運中
梅梢發報春消息始覺陽和滿太虛須臾風雨雨
過光輝乙未運中門楣壯觀福祿崔嵬甲午運中
無思無慮癸巳運中花落月西

十四

辛未年　辛丑月　癸酉日　壬戌時

此八字癸酉日元相配柱中金土雜氣殺印之格殺印相生功名顯達主人生於文望長於名門椿萱晚贈一期耄天邊鴻鴈各搏風其為人也手姿清秀天性聰明書底詞源三峽遠胸中瑩潔一天星豈是池中物尤來座上珎龍門变化三春浪鵬路逍遥萬里程一日風雲相際會九垂天門沐寵榮此則榮中金紫之命宜有贈子嗣有光榮運行初庚子上人庇下未斷平生己亥運中歆向空中應足須從灯下用心戊戌運中執卷幾回空探月特來有日始升騰丁酉

運中到此始知文章好長安道上馬蹄輕須叟素耗頃刻逡巡丙申運中承恩帰莫業三世弄整衣冠拜九重乙未運中正宜侍明主未許解簪纓甲午運中雖下悠悠樂癸巳運中春帰島不吟

辛未年　辛丑月　戊子日　己未時

此八字戊子日元相配柱中金土傷官助才之格傷官者剛毅之物怜变之星主人生於右族長於仕門椿父先歸萱晚別天邊鴻鴈各行鳴其為人也丰姿清秀天性聰明學問稍知今古筆鋒稍有成積祖業添新慶根源勝舊風閑處覺走冷處不行田園桑柘茂畝畝稻粱馨花無桃李非春色人有笙歌是太平好意番成惡真心換得嗔雖然不是青雲客筆耕為業福才增此則閑處生才之命鴛幃有犯須年獻子嗣秋來朶朶榮運行初庚子

上人庇下未斷平生己亥運中雪晴天未暖行樂未如心戊戌運中乍雨乍晴留客景或寒或煖困人天丁酉運中才源旺足家居好須叟素耗晦非生丙申運中欣四時佳趣立萬古門庭片時進退頃刻逡巡乙未運中晚年至發祿才祿愈駢臻甲午運中無憂無慮癸巳運中春夢無憑

辛未年　辛丑月　己丑日　壬申時

此八字己丑日元相配柱中金水傷官助才之格人生得此生於平淡之族長於清白之鄉椿萱有倚如無倚鴻鴈聯群又斷群其為人也丰姿清秀天性乖能頗曉三分道理文章一竅不通重成新事業再整旧門閭開處受走冷處不行常親貴客每近高人是非莫香門前客得失須憑塞上翁時來才祿旺運至福泉湧嶺道枯枝難結果東君前意要殷勤此則成家之命鴛幃有犯須年敵子嗣秋來旺足門運行初庚子上人庇下未斷升沉己亥運中無限憂愁來又去幾番才聚又成空戊戌運中狼虎窠中得食荊棘叢裏安身須叟風雨頃刻逡巡丁酉運中美景好山雲下斂一輪明月雨初晴當此之際素耗還生丙申運中成四時佳趣立萬古門庭乙未運中晚年多快樂甲午運中一枕入巫峯

辛未年　辛丑月　辛卯日　己亥時

此八字辛卯之日相配柱中木火襍氣財官之格喜逢印綬生自遇斯命者生於右族長於名門椿萱有倚難雙耄天邊鴻鴈各行鳴其為人也丰姿清秀天性聰明知高下識重輕有理白分清之智截長補經之能行藏覓消洒笑傲任枯榮重成新事業再整舊門庭笋因落籜方成竹魚為奔波始化龍君若有心於仕路文場終許顯功名此則擊石生烟之命鴛幃連珠須配長子嗣榮門朵朵馨運行初庚子上人庇下雲月朦朧己亥運中世事究如春夢人情薄似秋雲戊戌運中欲速不達揚帆待風丁酉運中問名則名顯問利則利豐酉字之中素耗還生丙申運中威權有布人欽服財帛具隆雨露增一番風雪三載諒除乙未運中英雄惟贈劍三尺豪傑相逢酒一鍾甲午運中快年快樂癸巳運中一枕清風

辛未年　辛丑月　壬申日　辛亥時

此八字壬申長生之日相配柱中金土裸氣官印之格女人得此生於右族配於仁門椿萱雖並耄鴻鴈洒行分其為人也姿容清秀髮皃精神有針線之巧立業之能衣冠濟濟三從备家業昂昂四德新滔滔無阻滯步步助夫門楊柳無凨枝嬝娜梅花有月萼精神难觸难犯易喜易嗔雖不鳳冠帔服自然福禄無窮此則穩厚之命良人連理合子嗣晚光荣運行初壬寅上人庇下未斷平生癸卯運中雖則夫門多快樂幾番微雨幾番晴甲辰運中淡烟楊柳岸薄霧杏花村乙巳運中梅須遜雪三分白雪案輸梅一段馨丙午運中天上三陽泰人間五福增丁未運中夫貴子秀樂意忘情戊申運中花落水流春已失蘭摧玉折恨何明

辛未年　辛丑月　壬申日　甲辰時

此八字壬申長生之日相配柱中金土雜氣殺印之格八生得此生於右族長於名門少離父與母幼失弟和兄其為人也丰姿清秀天性聰明頗曉三分道理文章一竅不通曰福曰荣自有順天之慶常安常樂豈無福地之深梅開白雪甄閑圃笋出新梢過北庭是非莫管前門客得失須平寨上翁財來才禄旺運中福禄盈雖不健侯封爵自然潤屋潤身此則穩厚之命鶯有犯須年敵子嗣秋來旺顯門運行初庚子上人庇下未斷升沉己亥運中稅地栽花英艷媚移挑接柳色鏻明戊戌運中雖則行藏而有慶幾多人事尚虧盈丁酉運中天上三陽泰人間五福臻丙申運中成四時佳趣立萬古門庭乙未運中富之以潤屋德之以顯其身甲午運中晚年閒快樂會友以開樽癸巳運中春光去也一枕清風

辛未年　辛丑月　丙子日　壬辰時

此八字丙火相配柱中金水雜氣才殺之格為人得此生
於温潤之族長於青白之門大命椿萱双晚茂庭前
棠棣各苗生姿容清秀動用年能有治家立業
之道針綫紡績之勤翁姑不相倚妯娌豈同群錦
綉花開春富貴琅玕何根日昇平此則旺益之命
良人贅得英豪客子嗣花開果有成運行初壬寅
只宜庇下毓秀閨門癸卯運中紅葉溝中傳密意赤
繩月下結良姻甲辰運中片風雨頃刻波平乙巳運中
不用高燒銀燭月明添倍精神丙午運中滚滚財源
旺滔滔福祿騰丁未運中綵中加綵色紅上增紅
戊申運中機絲閑昼景明月照黄昏

辛未年　辛丑月　甲戌日　庚午時

此八字甲木日元相配柱中金土雜氣才官之格
官殺混雜減我功名主人生於右族長於良門金
木椿萱雙晚茂天邊鴻鴈獨飛鳴其為人也丰姿
清雅性格平能雖無深計較頗有淡聰明萬里船
華世事每從忙裏就一聯美景才源自向遠方生
重成新事業再整旧門庭得意江山詩句健忘情
日月酒盃深田園有意公卿小廊廟無心宇宙輕
英雄維贈劍三尺豪傑相逢酒一鍾滿世功名身
外事五湖風月樂平生此則發福起家之命篤情
連理高一載子嗣森枝有挺茉運行初庚子上人
庇下操祿平生己亥運中雲籠皓月水泛浮萍戊
戌運雖則遨遊湖海才源得失相停一番風雪雨
過山青丁酉運中才如春水滔滔長福似秋蟾皎
皎明丙申運中雪晴雲散才祿愈增乙未運中延
賓翫物會友開尊甲午運中孫賢子顯梅白山青
甲午運中春光去也一枕巫峯

辛未年　辛丑月　甲申日　甲子時

此八字甲申專權之日相配柱中金土雜氣才官之格女人得此生於右族長於名門萱母先歸椿顯達天邊鴻鴈有飛騰其為人也姿容清雅髮貌精神治家知表裏作事會操持能撫布會女吾鮮同於妯娌不並侍翁姑過如男子勝如丈夫桃李紛紛嬌媚才源滾滾來多壽如山峙常蒼翠福似淵流不涸枯此則榮旺之命良人有犯須年長子嗣生成貴顯兒運行初壬寅上人庇下無慮無思癸卯運中路入桃源花爛熳橋橫雲漢水漣漪甲辰運中片雲掩日景色昏迷乙巳運中雨過萬重山有色雲開千里月揚輝丙午運中一聯美景均須記正是橙黃橘綠時丁未運中羅綺千般色彩羞百味奇戊申運中才源旺足福祿多餘己酉運中清風明月不用一錢買玉山自倒非人推

辛未年　辛丑月　壬辰日　甲辰時

此八字壬辰魁罡之日雜氣才官之格食神制殺有功女人得此生於右族長於高居姿容窈窕髮貌不低有針線之巧立業之機萬里無雲天一色三秋好景月明時天上三陽泰人間五福齊青春美女不正匹卻與人家作小妻此則亨福之命良人年長方偕老子嗣生成俊俏兒運行初壬寅上人庇下安樂何知癸卯運中契合翠鸞成好夢寅緣紅葉是佳期甲辰運中滾滾財源旺滔滔福祿齊乙巳運中春園雨過花木芳菲丙午運中羅綺千般色彩羞百味奇丁未運中桑榆暮景戊申運中花落月西

辛未年　辛丑月　乙未日　戊寅時

此八字乙未日元相配柱中金水雜氣官印之格人生得此生於右族長於仁門椿萱雙晩茂鴻鴈各行鳴其為人也精神炯烱智慧明明錦綉胸藏賢聖學珠璣口吐武文風北海蛟横頭角聳南山豹変爪牙新一朝但得風雲便九天雨露沐洪恩此則榮貴之命鴛幃重合鸞子嗣有光榮運行初庚子上人底下未斷升況己亥運中欲遂平生志須加董子功戊戌運中禹浪三層都躍過風生鐵面鬼神驚丁酉運中腰横金作帶符剖玉為麟丙申運中雪情雲散天如洗金鸞光照紫薇堂乙未運中有材應大用未許便歸榮甲午運中籬下黄花晩鬢邉白雪生癸巳運中春光去也啼鳥無聲

辛未年　辛丑月　己卯日　甲戌時

此八字己卯專權之日相配柱中金木傷官帶印之格運行背地事不十全主人生於右族長於名門椿父先歸萱後别天邉鴻鴈各行鳴其為人也半姿清秀性格聰明知高下識重輕有近貴親賢之德應上和下之能重成新事業再整舊門庭自有順天之慶豈無福地之深欲為商賈思慕功名莫向江湖滄歲月好來仕路覓功名此則擊石生烟之命鴛幃有犯須年敵子嗣技技發後英運行初庚子上人底下未斷平生己亥運中風騰為聲碎日髙花影重戊戌運中名園初雨過桃李盡生英丁酉運中漸漸精神豁達看看氣宇增新丙申運中成四時之佳趣立萬古之門庭乙未運中棒墨有酒延佳客蘭室存書教子孫甲午運中晩年快樂子貴孫榮癸巳運中一夕不來都是夢落花流水各西東

辛未年　辛丑月　丁丑日　乙巳時

此八字丁丑日元相配柱中金土雜氣財官之格傷官在柱減我功名主人生於溫潤之於長於近変之門椿萱有倚成無倚鴻雁聯群又斷群其爲人也丰姿清秀天性弁能知高識下理白分清有近貴親賢之德應上和下之能雖成新事業难把舊門庭是非管莫門前客得失須憑塞上翁時至財源旺足運来第宅增新但領一生家業長何須跨馬入青雲此則離祖成家之命篤幃瓜葛成婚配子嗣秋来有挺榮運行初庚子上人庇下未斷平生巳亥運中雨過山方秀雲開月始明戊戌運中雖則行藏有慶幾多人事虧盈丁酉運中報竹聲傳殘臘盡折梅香引早春逢丙申運中成四時佳趣立萬古門庭乙未運中福若泉淵湧財源春氣生甲午運中晚年閑快樂癸巳運中春夢無憑

辛未年　辛丑月　丙申日　丙申時

此八字丙申日元相配柱中金土傷官助官之格人生得此生於右族長於高堂椿父先帰萱耐晚天邊鴻雁各翱翔其為人也丰姿清秀禮樂辟壁聰明書藝廣倜儻世情真口吐珠璣言語胸藏錦綉文章終是功名之客豈爲田舍之郎一從姓字揚傳後滾滾衣冠拜聖王此則崇貴之命篤幃有祀須相副子嗣秋来朶朶香運行初庚子上人庇下未斷炎涼巳亥運中雪晴天未煖且向守寒窓戊戌運中時来名利就跨馬入朝堂丁酉運中千里霜威金斧重三秋風色錦衣凉丙申運中職近金紫声名重風雪飛来幸不妨乙未運中正欲忠君輔國未許辭組还鄉甲午運中西風起処尊節義晚節閑時菊酒香癸巳運中春光書也一枕黃粱

辛未年　辛丑月　壬午日　庚戌時

此八字六壬生臨午位號曰祿馬同鄉禩氣來印之格人生得此生於右族長於名門椿萱有倚一期別天边鴻鴈各行鳴其為人也丰姿清秀天性聰明鮫鮫稍隨件件不精謀動君子威伏小人行藏果斷作事老誠万里春風行樂頌四時佳趣瑞祥生祖基宜再整事業必重新花無桃李非春色人有筆歀是太平江湖有意公卿小廊廟無心宰宙輕英雄推贈劍三尺豪傑相逢酒一鍾雖不建侯封爵自然金谷豐盈此則旺益之命鴛幃有托

須年獻子嗣秋來旺宅門運行初庚子上人庇下雲月朦朧已亥運中青帰柳葉晴初变紅入桃花暖來匀戊戌運中雖則行藏而有慶还忌閑非素耗生丁酉運中才源富足家居好須史人事尚亏盈丙申運中堤柳已敷新幹綠園梅不改旧時春當此之際一番風雨乙未運中不独才源富足尚祈声势豪洪甲午運中子貴家門增益旺癸巳運中訃音一播衆傷情

辛未年　辛丑月　甲申日　乙丑時

此八字甲申專權之日禩氣才官之格亦有金神之意女人得多機變會操姿容清雅髮貌不俗有針綴之巧立業之機妯娌難完聚翁姑不共依萬里無雲天一色三秋好景月揚輝初運中年只平淡晚年財祿沒盈虧此則平穩之命良人雨獻子嗣子秋枝運行初壬寅幽閑綉户毓秀除閨癸卯運中匹配名門友花紅柳綠時甲辰運中寒向梅中盡春從柳上帰乙巳運中天上三陽泰人間五福齊丙午運中一番風雪過行樂尚趑趄

丁未運中依然光彩處樂自如戊申運中安樂晚景己酉運中帰去来兮

辛未年　辛丑月　戊寅日　乙卯時

此八字戊寅日專權之辰相配柱中金木傷官助杀之格女人得此生於右族長配名門椿萱一享永壽鴻鴈各搏風其為人也丰姿清秀髮皃超群有針綴之巧主業之勤雲收華岳千峯秀水到湘江一樣清箕箒頻繁存礼節相夫教子蹈贒明春入水光成嫩綠日勻花萼發新紅难觸难犯易喜易嗔泞看夫荣子貴也應同沭皇恩此則荣益之命良人得配荣華客子嗣生成貴显人運初壬寅幼承庇下恭膺母訓癸卯運中路入桃源花爛熳橋撗銀漢水澄清甲辰運中精神又憔悴憔悴又精神乙巳運中家門沾沛澤福祿愈遵崇須史風雨雨過山青丙午運中羅綺千般色裙釵化日明丁未運中光華叠叠沛澤紛紛戊申運中享子孫之福夢杳杳之佳城

辛未年　辛丑月　己卯日　己巳時

此八字己卯專權日配乎柱中金木傷官助杀之格人生得此雖不成名亦能發祿主人生於温潤之族長於清白之門椿萱难並耄鴻鴈各行鳴其為人也丰姿清秀天性剛忠有微微之計較淡淡之聰明重成新事業再整旧門庭世事每從忙裏就才源自得閙中生英雄惟贈劍三尺豪傑相逢酒一鍾不必覔珠来水府何須求劍到豐城時来逢貴助才祿愈豐盈此則穩厚之命鴛幃重合丞子嗣晚光荣運行初庚子上人庇下未斷升沉己亥娟娟雲裏月灼灼葉中英戊戌運中不意之中曾得意用心之處不如心丁酉運中到此始知時運好万物光華百事通丙申運中天上三陽泰人間五福增當此之際素耗還生乙未運中成四時佳趣主万古門庭甲午運中楚臺雲散空留夢花落香消不返魂

辛未年　辛丑月　丁丑日　庚子時

此八字丁火相配柱中金水樵氣財杀之格人生得此生於盛族長於仁門金土椿萱双脫䒭天邊鴻鴈有聯郡丰姿清秀天性聰明高謀遠見機関別慵慨情懷季識深瑩是池中物尤未席上珍除會風雲應有日也交沐寵拜丹庭此則穩荣之命鴛幃連理合子嗣桂蘭馨運行初庚子上人庇下未斷升沉巳亥運中欲遂平生志宜加灯火心戊戌運中貴人相指引祿馬旺前程丁酉運中聽陽関之三疊連天府之九重丙申運中一番風雪初晴後依旧權名倍有增乙未運中正宜食祿未許思甲午運中悠悠蘿下癸巳運中春夢难憑

辛未年　辛丑月　戊寅日　癸亥時

此八字戊寅專權之日相配柱中金水偽官助才之格人生得此生於右族長於名門椿萱有倚雛双耄天邊鴻鴈各行鳴其為人也丰姿清秀天性聰明有近貴親賢之德應上和下之能重成新事業再整舊庭門過火黃金顯十分之色離雲皎月布萬里之清明不向仕途求聞達都来湖海覓黃金此則穩足之命鴛幃春麗子嗣虧盈運行初庚子上人庇下雲月朦朧已亥運中春帰枷葉晴初處紅入桃花煖未匀戊戌運中始知春晝永方竟瑞祥生乙酉運中成四時佳趣立莫大門庭丙申運中雪晴雲散天如洗從此滔滔福祿增乙未運中有田皆種穀無樹不生英甲午運中帰去也

辛未年　辛丑月　辛未日　戊子時

此八字朝陽生於季月印綬之格女人得此姿容清典天性聰明椿萱棠棣俱榮妯娌翁姑福尚榮立業當家有道相夫教子多能錦繡花開春富貴琅玕竹報日平安停看夫榮子秀輝輝羅綺千層此則榮秀之命良人配合英雄客桂子生成後秀英運行初庚寅上人庇下天朗氣清癸卯運中配匹成佳偶鸞歌鳳亦鳴甲辰運中夫榮財旺多光寵一度風霜幸不驚乙巳運中百味珍羞布列萬般光彩盈庭丙午運中一番風雪過依舊福崢嶸丁未運中晚年沖擊月入雲屏戊申運中孫賢子秀己酉運中香夢蓬瀛

辛未年　辛丑月　辛丑日　戊子時

此八字辛金相配格中水土食神帶印之格亦有朝陽之意人生得此生於右族長於高居椿萱有倚棠棣分校手姿清秀天性能為舌底瀾番千尺浪角中相塞五車書庭向月宮攀桂子便從天上頒春歸長化桑麻茂馳蕩仁風雨露儒此則英貴之命鸞幃得配名家女子嗣生成貴显見運行初庚子上人庇下負笈從師己亥運中招道是能不信果然冀得錦衣歸戊戌運中衣冠正在權衡處不料天邊雲作堆丁酉運中已把嚴威權酷吏更將仁將釋完冤丙申運中耿耿声重滔滔雨露儒乙未運中思心尤壯義膽未灰甲午運中歸去也

辛未年　辛丑月　戊寅日　乙卯時

此八字戊寅專權之日傷官之格女人得此資容清雅髮皃不低勝丈夫氣概有男子之操持万里無雲天一色四時佳趣勝常時椿萱棠棣霜晞日妯娌翁姑侍不齊性急如江濤春壯心安似秋月揚輝处世無乖生平少是非此旺則足之命良人有碍須年敵子嗣秋来有出奇運行初壬寅上人庇下無憂無思癸卯運中共結絲蘿山海同永偕琴瑟地天齊甲辰運中片雲蔽日景色昏迷乙巳運中淡烟楊柳岸薄霧杏花天丙午運中一番風雪過依旧樂多危丁未

運中桑榆暮景戊申運中歸去来兮

壬申年　壬寅月　甲寅日　乙丑時

此八字甲寅日配乎柱中金水殺印之格亦格金
神之用人生得此刀筆成名椿父先帰萱耐晚鷗
行分隊有分情丰姿洒落天性聰明學識窮通今
古事筆鋒能理憲條情機會来特劳案牘天官考
最沐恩榮此則顯身之命鴛幃年少尤招别袪广
庭前晚吐榮運行初癸卯上人庇下詩礼趨庭甲
辰運中詩書多勉力劍筆便馳声乙巳運中足馬
飛天路悠悠都下行丙午運中荣霑新寵渥光耀
滿門庭丁未運中声振威揚黎庶伏一番風雪洒
門庭戊申運中仁風揚百里祿位又加榮己酉運
中榮回慶樂庚戌運中夢入蓬

壬申年　壬寅月　壬寅日　庚子時

此八字壬寅日相配柱中金木傷官用印之格人
生得此丰姿俊偉天性英豪椿萱荣贈雙雙老鴻
鴈天邊各奮逞筆底詞源三峽遠胸中學業五車
高一從折得蟾宮桂三疊陽關换紫袍此則顯揚
之命運行初癸卯上人庇下快樂滔滔甲辰運中
刺股芸窓夜繼夜埋頭雪案不知劳乙巳運中風
雲相際會鷹蹬上青雲丙午運中宴厭沾恩寵威
聲播聖朝丁未運中一番風雪過紫綬束金貂戊
申運中威飛虬浪怒令布虎風號己酉運中黃花
綠酒庚戌運中夢入九霄

壬申年　壬寅月　戊辰日　庚申時

此八字戊辰日相配柱之中木偏官之格食神制伏爲良人生得此半姿洒落天性明良椿萱皓首難全奉鴻鴈西風吹散行學問有成終是功名之客筆鋒雄健豈爲田舍之郎馬啼催工長安道崇沐恩波聲振揚此則崇貴之命鴛幃有杞須年少桂子秋來吐錦芳運行初癸卯幼承上庇冬暖夏凉甲辰運中陞堂入室摘句尋章一巳運中威振名揚財祿旺風霜歷過上天堂丙午運中到此始之光景好春華從此播風彊丁未運中寵渥崇加後仁風散四方戊申運中老當持重柄未擬便還鄉己酉運中悠悠處樂庚戌運中費入仙鄉

壬申年　壬寅月　己巳日　己巳時

此八字己巳日相配柱中木火官印之格惜乎刑沖太重不貴而富木火椿萱雙皓首鴻鴈兩分飛半姿穩重天性公平不受一毫曲節半容半點私祖業有依宜整麗財囊還擬自生成但願英雄尊手段筆鋒掃出妙通靈此則富旺之命鴛幃水命須年少桂子秋來三四英運行初癸卯無榮辱不雨不晴甲辰運中詩書未必登科試且把天涯筆下生乙巳運中喜從天上降財籍貴人生丙午運中風雲一番心緒亂依然安享旺門庭丁未運中不獨英雄來濟濟尚祈倉廩積盈盈戊申運中蘭桂挺芳輝第宅始知此際福昌榮己酉運中子規啼斷處花落草青青

壬申年　壬寅月　戊午日　癸亥時

此八字戊午日月之辰配乎柱中之木偏官之格人生得此本有功名只嫌用杀帶財减虧福力椿萱半道相虧奉鴻厲天邊有各鳴羊姿濟楚性格剛明學問不深知禮義知謀宏遠動賢英祖業添新慶財囊自　成湖海有心生貨利仕途無志問功名此則守成之命鴛幃配合須年少桂子秋來吐兩英運行初癸卯上人庇下風雪嚴凝甲辰運中有心生貨利無志守書燈乙巳運中幾度樂中生悶依然悶過財生丙午運中交遍貨利生一度風波不致驚丁未運中交四方之豪傑立千古之門庭戊申運中老當昌樂財旺福興己酉運中惟有猿啼處山空月自明

壬申　壬寅　辛酉　戊戌

此八字辛酉日配乎柱中之木財旺生官之格人生得此刀筆名成椿萱雙耐晚棠棣有聯英手資英秀天性聰明理貫古今之學筆分究抑之情自有英雄敬仰豈無名勢峥嵘棠櫝功成沾寵溢輝輝德化脈民情此則榮貴之命鴛幃馬屬須年長桂子秋來三兩英運行初癸卯幼承尊庇暮史朝經甲辰運中有心生貨利無志守書灯乙巳運中時來逢貴助業績旺財名丙午運中雪晴登上國切切望恩榮丁未運中政化除奸惡財名日日增戊申運中沖擊之所便解脅纓己酉運中悠々處樂庚戌運中一夢難醒

壬申 壬寅 甲戌 壬申

此八字殺生印綬之格本乎重紫重金只嬪寅申沖破事不十全主人名門長於喬木丰姿平穩性格乖饒交明納善近貴親賢椿萱暢茂鴻鴈行聯日福日崇自有順天之理多歡多慶豈無福地之緣但使一樽花下醉何須騎馬去朝天此則豐足之命鴛幃對對相和順桂子枝枝襲慶妍運行初癸卯乍晴乍雨輕煖輕寒甲辰運中窓下論詩礼灯前習兩篇乙巳運中里閭声望重湖海姓名香丙午運中万疊好山雲乍斂一輪皓月自嬋娟丁未運中正宜享用一枕難还

壬申年 壬寅月 甲寅日 壬申時

此八字甲寅專禄之日相配柱中金水煞印之格人生得此宜乎仕路崇登注人生於古族長於高門丰姿秀俊禮樂維新椿親顕貴萱萦晚鴻鴈天邊有出群理窮今古事書讀聖賢文萬里扶摇騰去鳳一聲霹靂躍潛鱗閶闔開黄道衣冠拜紫宸此則継崇之命鴛幃金玉麗子嗣桂蘭馨運行初癸卯崇庇之下化日陽春壬辰運中雖則清雲得路未應深沐黄恩乙巳運中三登黄甲後肅氣散天津丙午運中一番風雪過金紫職加新丁未運中十郡山河隨掌握一方天下鎮軍民戊申運中重重振顕何畏風塵己酉運中香蒐歸閬苑高塚臥麒麟

壬申　壬寅　甲辰　壬申

此八字甲辰日配柱中水木煞印之格人生得此富貴兩全椿萱皓首相芳奉鴻鴈西風行有聯儀形特達天性良賢學識粗通書史筆鋒能理龍蛇祖業添新慶財囊自積妍植棗榆八百交珠履三千佇看來晚節恩澤潤綿綿此則富貴之命篤幃有碍次偏正桂子榮看拂九天運行初癸卯上人覆庇快樂自然甲辰運中詩書心力倦便擬旺財源乙巳運中僕馬從行樂笙歌擁醉眠丙午運中財源來滚滚名勢動英賢丁未運中時來機會至頭角聳嶄然巳酉運中滔滔旺家業蘭桂芳妍庚戌運中悠悠延樂辛未運中夢入九泉

子平遺書　九

壬申　壬寅　甲辰　壬申

此八字甲辰日配柱中水木殺印之格人生得此富貴兩全椿萱皓首相對奉鴻雁西風聯有行儀形特達天性良賢學識粗通書史筆鋒能理龍祖業添新慶財源自積妍植棗榆八百交珠履三千佇看來晚節恩澤潤綿綿此則富貴之命篤幃有碍須偏正桂子榮看拂九天運行癸卯上人福庇快樂自然甲辰運中詩書心力倦便擬旺財源乙巳運中僕馬從行樂笙歌擁醉眠丙午運中財源來滚滚名勢動英賢丁未運中時來機會至頭角聳嶄然巳酉運中滔滔旺家業蘭桂挺芳妍庚戌運中悠悠宴樂辛亥運中夢入九泉

子平遺書　十

壬申年　壬寅月　丁丑日　己酉時　庚戌

此八字歲官之格丑酉之金助官得福豈不貴乎況有龍吟虎嘯風雨助其禎祥其爲人也丰姿敦厚立性安詳學問聰明英才浩〻十年窓下淹留志一日聲名達
帝都此則繡衣之命鴛鴦兩〻鸞凰會子嗣雙〻鸑鷟金運行癸卯甲辰趨庭學禮看古追今乙巳丙午運中螢窓新脫迹雁塔淡書名丁酉戊申己酉運中一聯美景秋光好万里無雲月正明歸去莫辭行路遠江南二月又逢春

壬申年　壬寅月　丁卯日　庚戌時

此八字丁卯日相配柱中水木官印之格亦有三奇之秀氣女人得此儀容娟麗性格和温生於茂族死於宦門椿萱有倚分年耄妯娌行中情尚分有立業掌家之道針指刺繡之勤一苑杏花傾麗日滿山松柏挺長青竹看脫節沛澤自沾身此則福崇女命良人配合英華客桂子生成顯宦人運行初辛丑運中庇佑之下喜氣臻〻庚子運中便有裙釵壯麗何愁人事迭巡己亥運中盈囊皆錦繡列席盡奇臻戊戌運中滔滔旺家業風雪又沾身丁酉運中到此居臻五福果然福享兒孫丙申運中崇加沛澤乙未運中夢入蓬瀛

壬申　　壬寅　　甲寅　　乙亥

此八字甲寅專祿之辰六甲趨乾之格提綱建祿爲奇主人生於邃室長於高居椿萱兼有壽鴻鳫有聯飛其爲人也雖無深智慧頗有淡操持一苑杏桃鋪錦繡滿山松栢映屏帷莫思仕路登雲險且喜田園有餘此則守成之命然幃似魚水子嗣辭斑衣運行初癸卯高人庇下快樂何如甲辰運中梅梢忽報春消息始覺陽和滿太虛乙巳運中滚滚財源旺悠悠福慶彌丙午運中花開春又早徽雨不晴時丁未運中遠望漁舟深入汨不須重問武陵溪戊申運中有茶留客有酒盈卮己酉運中花殘月缺歸去来兮

壬申　壬寅　丁卯　癸卯

此八字丁卯日相配柱中水木殺印之格正渭有来有甲方看黄極入生得此半姿英偉天性良能椿萱荣耐順棠棣有聯英李問三冬足詩書萬巻精黄道之秋騰足青霄千里奔鵬程長安人似蟻争看錦衣荣此則顕耀之命鴛幃全正副桂子秀邇、運行初癸卯上人底下快樂昇平甲辰運中明窓淨几黄巻青灯乙巳運中一從姓字傳揚後日、趨朝侍聖明丙午運中荣加祿位金紫光荣丁未運中劍光飛赤電肅氣凜邊城戊申運中志當登宰輔未許返鄉城己酉運中黄花綠酒庚戌運中清史留名

壬申　壬寅　辛丑　甲午

此八字時上偏官之格人生得此丰姿雅淡處用多機椿親先别萱重姓鴻鴈天邊不共飛粗知韜畧法觧讀聖賢書祖基難老財帛自加綏佇看來晚節門巷擁旌旗此則守成之命鴛幃配合須年少桂子秋來舞綵衣運行初乙卯上人庇下風雪相欺甲辰運中雛巢雛燕還傍梁飛乙巳運中雖則行藏順水也防人事趑趄丙午運中汗馬有功沾沛澤紛紛士卒擁門閭丁未運中財源滚滚名勢輝輝戊申運中老當益壯己酉運中帰去来兮

壬申年　壬寅月　癸卯日　癸亥時

此八字癸卯日配乎柱中之木傷官之格人生得此丰姿俊秀天性聰明椿萱雙耐晚棠棣有聮英學識窮今古之事筆鋒理習㧾之情定擬仕途騰達宣教華野躬耕九載功成沾寵渥輝輝德化洽民情此則顯用之命鴛幃雙白首桂子吐金英運卯癸亥上人庇下何論枯榮甲辰運中財源來未旺書史少年姸精乙巳運中時來逢貴助案牘便勞形丙午運中財源來旺處駸馬沭恩榮丁未運中德政宜民加祿柱一當風雪又飄零戊申運中仁風揚百里便擬解磐纓己酉運中榮回止饗悠悠樂杜宇無端三兩聲

壬申年　壬寅月　乙丑日　己卯時

此八字日祿歸時沒官星號曰青雲得路值斯象者生於名門長於宦室椿萱宜祿養棠棣有聯枝丰姿標俊氣宇高巍筆底詞源三峽水胞中學業五車書一從折得蟾宮桂次第聲名達鳳池此則宦業之命鴛幃有犯重羅帳桂子花繁果怎稀運行初癸卯春風習習化日遲遲甲辰運中汗簡留神久青藜照誦初乙巳運中幾年困志書窓下一旦芳名播試闈丙午運中化中日雍雍開後學恩波湫湫潤黔梨丁未運中井田均賦後栢府振威儀戊申運中政引風霜成物色須臾樂處反為悲己酉運中欲全晚節當如此不待秋風始見機庚戌運中香夢不知何處去空山雲路暮猿啼

壬申年　壬寅月　辛丑日　壬辰時

此八字辛金相配格中水木傷官助財之格人生同此生於茂族長於華居椿萱金水郭外倚鴻鴈天邊不共群丰姿清秀天性乖能斷高理直瑶車和并黄金過火重增價白璧離塵色更明雖不得名福祿自狀粟帛豐盈此則穩足之命鴛幃金玉潤子嗣秀不聲運行廊癸卯只宜庇下祿保平生午辰運中漸漸精神淨爽看看弟宅與乙巳運中豐年田舍禾盈疊臈日山家酒滿斟丙午運中人生正在風光處只恐天邊雲滿空丁未運中依照光彩行樂從容戊申運中人生風彩如此前世復與伏利

壬申年　壬寅月　甲子日　乙丑時

此八字甲子日元相配柱中金水發生印綬之格食神帶印時坐金神非格非局減我功名主人生於右族長於名門豈毋先歸椿萱別天邊鴻雁各行鳴其為人也丰姿清秀天性乖能雖無深計較稍有淺聰明自有順天之慶豈無福地之深重成新事業再整舊門庭遊山玩水携詩卷對月觀花把酒酬財源旺足平生好何須天府沐皇恩此則旺足之命鴛幃有犯須弄敵子嗣金風有損棠運行癸卯春風駘蕩夏日炎蒸甲辰運中雪晴天來煖行樂未如心乙巳運中精神又樵悴樵悴又精神丙午運中財源旺足家居好序時素耗尚能人丁未運中夜雨自添池水滿春風吹綻海棠紅當此之際風雪遲生戊申運中初凌雲之樓閣當撥漢之雕亮己酉運中晚年閑快樂子貴顯門庭庚戌運中夕陽有限春夢無憑

壬申年　壬寅月　戊申日　壬戌時

此八字戊申長生之日相配柱中水木才殺之格喜逢印綬生身刑沖太重減我功名大命椿萱速珠為天邊鴻雁各飛騰丰姿雅淡天性乖能雖無深計較稍有淺聰明万里韶華世事每從忙裏就一腔美景才源自向遠方生月掛碧天多皎潔名揚湖海有光棠不須跨馬長安道但願才源福祿增此則穩孚之命鴛幃木命須弄長子嗣生成有幾人運行癸卯上入底下來斷平生甲辰運中來覲能李色且喜光水晴乙巳運中遨遊湖海才源旺還能素耗序時生丙午運中天上三陽泰人間五福增丁未運中序段篤奮連野綠週迴甲第徵雕亮未字之中一蓑風雨戊午運中延賓玩物會友閑樽己酉運中夕陽有限春夢無憑

壬申年　壬寅月　癸丑日　辛酉時

此八字癸丑日相配柱中金木傷官用印之格人生得此金紫光榮椿親榮耄萱先別鴻鴈天邊有奮鳴手姿洒落性格剛明學問胷中廣詞源筆下精一舉可冲天之勢片言有折獄之能一從姓字傳臚後榮沐恩波肅氣清此則肅憲之命鴛幃金玉裂子嗣桂蘭榮運行初癸卯庇佑之下黃卷青燈甲辰運中萱花零落後泮水有書聲乙巳運中禹浪三層連躍過光生玉節上丹廷丙午運中一番風雪後金紫戢加陞丁未運中儀刑尊德望四海仰威稜戊申運中身膺瑚璉貴權任棟樑榮己酉運中安榮処樂庚戌運中青史留名

壬申年　壬寅月　癸丑日　癸亥時

此八字拱祿之格兩干不雜之論其爲人也行藏英氣作事果剛風月屡交瀟洒多情雙親終半道鴻鴈獨飛楊祖業三番四覆根原九破十成平生雖見崎嶇事亂得無凶致太平此則傑人之命鴛幃有赳重交永已子嗣花多一果蘭運行初癸卯甲辰安享滔滔之福不分人世虧盈乙巳運中窪道雖無杳鄉閭自有名丙午運中得失尤有失樂屡也生驚丁未運中縱無親骨肉養老有墳塋戊甲運中寒松秀茂晚菊尤馨己酉運中何分寒暑不問昇沉庚戌運中藍閑雪擁積善延生辛亥運中歸去來也

壬申年　壬寅月　庚戌日　丙子時

此八字庚戌魁罡之日相配柱中木火才殺之格女人得此姿容玉潤天性金剛椿親棠棣敷榮秀妯娌舅姑顯異常有相夫之理道教子之賢良心都似月明霄漢性急如風捲滄浪夫旺子榮臻福慶果然帔服麗霞裳此則福榮女命良八年火双諧老桂子秋來吐異香運行初辛丑幼年之景氣秀蘭房庚子運中配匹成佳偶花從錦上添已亥運中裙釵光絢日羅綺色凝霜戊戌運中一番梨雨過錦繡積千箱丁酉運中家業多豊富金珠積滿囊丙申運中老當享用沛澤加昌乙未運中刑加恩結甲午運中錠掩晨光

壬申年　壬寅月　丙午日　戊子時

此八字丙午日丑之辰去官留殺之格人生得此丰姿濟楚礼樂業雍容生於喬木長於華家椿萱敷晚年棠棣奋翻風比海蛟横頭角聳南山豹變爪牙椎騰踏飛黃天上去風雲際會緑旗江此則榮貴之命鴛㦗蕤蕤桂子蕤蕤運行初癸卯雲龍皓月霧鎖晴空甲辰運中投筆班超爲負志下惟董子必成功已巳運中超騰三汲浪高聳五花驄丙午運中滔滔祿位承恩享黙黙耳泉下九重丁未運中衣冠正在權衡處瑞雲無端舞朔風戊申運中陣雲輕拂漢千古立边功乙酉運中香魂歸閬浪苑香夢遶瑶峯

壬申年　壬寅月　己未日　甲子時

此八字己未日相配柱中之木正官之格喜逢財祿以歸時稟得五行之秀氣人生得此丰姿洒落天性仁慈椿親榮耐晚鴻鴈有分飛學業窮今博古筆鋒理直分毫可向天門沾寵果然名爵挺輝輝此則顯揚之命鴛幃配合双双耄桂子生成朶朶奇運行初癸卯上人光庇學禮聞詩甲辰運中讀殘官舍月未擬上天梯乙巳運中到此風雲相際會果然变化在斯時丙午運中一番梨雨過千里振威儀丁未運中職列大夫金紫貴一番風浪又驚悲戊申運中秉持重柄己酉運中歸去來兮

壬申年　壬寅月　庚午日　丙戌時

此八字食神知殺之格女人得此亦足以潤其身翁姑有倚妯娌聯群裙釵濟楚性格聰明治家近理作事機深深明閨閫理洞識古今情揚柳無風知婀娜梅花有月夢精神處世無虧無辱平生愈福愈隆此則堂家之命良人須配高年交處世無虧無辱桂子枝頭綻粟英運行初辛丑香閨樂意綉閣樂心庚子運中夫唱婦隨魚共水春光景媚燕和鶯己亥運中不必高燒銀漢月明添倍光虧戊戌運中花燈柳條無氣力淡晴花柳吞分明丁酉運中子秀夫賢多快足滿庭和氣瑞禪多丙申運中生涯疊疊羅綺層層乙未運中千歲琵琶作胡分明怨恨曲中論歸去也

壬申年　壬寅月　庚戌日　乙酉時

此八字庚戌魁罡之日配合柱中木火才盛生官之格財盛生官終身有慶人生値此注人手姿厚重天性聰明有慈祥愷悌之德無酷毒害人之心其為人也生於仁族長於名庭一對椿萱先剋母雁上下有鳴清父置根基稀輿罕吾當彰整不秪親季閔愽親刀筆健紫續功名可顯身非獨家居而有慶生平自有貴人欽性不受餡心不藏機初限中年多跋涉晚年子顯祿元增此則貴秀之命鷥憺有犯宜招硬桂子遲来奪錦人運行初癸卯閔究憂耗處李礼便功書甲辰運中貴人來指榮華路官究破妻未爲身乙巳運中片忙穩又登天路榮身冠帶播鄉鄰究憂非惱謹己無使丙午運中威權有布人欽伏黎庶沾恩盡伏遵丁未運中嚴霜積雪都消盡門迎車馬積堆金戊申運中有子韶帝闕快樂效淵明己酉運中英雄何處去一夢逐佳城

壬申年　壬寅月　甲子日　癸酉時

此八字甲子日之相配柱中金水殺生印綬之格喜逢時值食神遇斯命者生於石族長於仁門椿萱有倚先亡父天邊鴻雁各行鳴其為人也丰姿清秀天性無能雖無深計較稍有浩聰明自有順天之慶豈無福地之深水天浮座盃盤瑩花艷侵人咲語馨重成新事業再整舊門庭是非莫管門前客得失添愁塞上賓時至才源高厚近来福祿無窮保願一生之旺定任他身外沒功名此則穩盛之命外憐有犯添招硬子女森枝字幾深運行癸卯幼年之下未斷平生甲辰運中雖則行藏有慶还愁乙巳運中正是撥去月日風雪还生丙午運中着意種花、不發無心栽柳、成陰片時風雨過山青丁未運中成四特佳趣立萬古之名戊申運中晚年快樂會友開樽己酉運中帰去也

壬申年　壬寅月　戊午日　乙卯時

此八字戊午日丑之辰相配柱中木火傷官助印之格女人得此生於良族長於仁門椿萱雖並耄鴻鴈各行鳴其為人也姿顏清秀天性聰明女工機巧惟全晚婦道頗繁盡極能雖是女流之輩過如男子之材每懷九牖意時抱擇隣心青入水光成姬色日勻花蕚發清馨喜則春陽和煦怒則霹靂雷轟財源旺足家居好何必天邊受贈封此則發旺之命良人連珠須配長子嗣榮門晚茂戊運行初辛丑香閨之內毋訓針功庚子運中契合翠鳳成好夢負緣紅葉結良姻當此之際須吏風雨巳亥運中一陣晚烟迷藹落半湾秋水浸芙蓉戊戌運中羅綺臨風多快樂還愁微雨景晴寒丁酉運中一輪明月當秋夜無限奇花正遇春丙申運中松尚茂柏尤青乙未運中粧樓人去也臺鏡掩晨明

壬申年　壬寅月　戊辰日　壬子時

此八字戊辰日德之辰相配柱中木火杀生印綬之格杀印相克功名显達只嫌才神在柱事不十全主人生於右族長於名門椿父先帰萱尉晚天邊鴻鴈各行鳴其為人也丰姿清秀天性老誠般般稍覺件件不通有近貴親賢之德應上和下睦之能終是功名客豈為田舍翁時未機會好捉筆入公門佇看頭角聳光耀旧門庭不労區區力終為發福人此則榮貴之命外婦有招須招副子嗣秋未有显榮運行初癸卯上人庇下未斷平生甲辰運中雪晴天未煖行樂未如心乙巳運中牆茱遇貴方如意幾載辛勤事未亨丙午運中雨晴雲路遠跨馬入神京當是特也風雪滿庭丁未運中雖則崢嶸頭角还愁花發風生戊申運中皇恩有感声名重幾朝昔繁續送迎己酉運中榮帰故里美酒盈樽庚戌運中一握清風

壬申年　壬寅月　乙巳日　戊寅時

此八字乙巳日相配柱中水火傷官用印之格人生得此本顯功名日爐才印相混不貴而富椿萱榮且壽鴻雁有隨知丰姿穩重處用多機般般都好學件件只粗知祖業加新慶才裹自積齊但願門迎車馬客何須身到鳳凰池此則富貴之命鴛幃配合須年少桂子金舞綵衣運行初癸卯上人庇下有何是非甲辰運中欲遂平生志書窗懶下帷乙巳運中才源來旺處人事有傷悲丙午運中交四方之豪傑整一獲之門閭丁未運中家業多饒裕風霜一旦飛戊申運中沖擊之所月被雲迷己酉運中人生從此別無復見容儀

壬申年　壬寅月　甲辰日　壬申時

此八字甲辰日配于柱中金水殺印之格人生得此丰姿洒落天性明良椿萱分皓首鴻雁有分翔般般都好學件件只平常祖基祖業添新慶財帛財囊自積藏但願門迎車馬客何須天府沐恩光此則富厚之命鴛幃年少双諧老桂子秋來吐異香運行初癸卯庇佑之下何論炎涼甲辰運中辣辣烟雨過日日旺財囊乙巳運中交四方豪傑生一度悲傷丙午運中樓臺疊疊生涯富豪傑相逢酒一觴丁未運中不獨金輝玉潤尚祈桂馥蘭香戊申運中人生從此別無復再返鄉

壬申年　壬寅月　壬寅日　癸卯時

此八字傷官之格本顯功名只嫌寅申冲破滅吾貴氣金火椿萱榮耐晚春風棠棣有聯英其爲人也能言能語不勇不慈君子敬貴人携事安和之福壽承遺蔭之根基不是雲霄之上客也應閭里有光輝此則豐足之命鴛幃得合連理之枝子嗣有成金風之粟運行初癸卯雙親庇下有何是非甲辰運中惜花春起早愛月夜眠遲乙巳運中正是園林三月景牡丹開遍柳花飛丙午運中財源雖浩浩心事又區區丁未運中莫作千年調還生一度悲戊申運中延賓酌酒會友吟詩己酉運中春光歸去也花落鳥空啼

壬申年　壬寅月　己巳日　甲戌時

此八字己巳日配平柱中之水木正官之格人生得此仕路可行椿萱双耐晚雁序有介鴒丰姿穩俊天性聰明學識粗通書史筆鋒能理寃庭時來假得風雲力足馬登天沐寵榮此則顯達之命鴛幃同屬双偕老桂子初凋後發英運行初癸卯上人庇下何論枯榮甲辰運中志思登仕路也讀聖賢經己巳運中時來逢貴助暴績有旁形丙午運中足馬登天路悠悠樂意情丁未運中葉沾新寵遲光耀舊門庭戊申運中冲擊之所政贊絜席己酉到庚戌運中歸去也

壬申年　壬寅月　甲辰日　甲子時

此八字甲辰日相配柱中金水殺印之格兩干不雜最為奇人生得此丰姿俊雅樑幹能為椿萱双耐晚鴻雁有分飛般般好學件件粗知祖業添新慶才源自積存湖海市塵才兩旺果然晚節旺門閭此則富旺之命鸞幃匹配須年少桂子金花舞彩衣運行初癸卯工人庇下燕語鶯啼甲辰運中馬過霜橋防蹶足徐徐步履不成悲乙巳運中交四方之豪傑立千古之根基丙午運中一番風雪過日日旺家貲丁未運中晚年發旺倉廩豐肥戊申運中粟陳貫朽己酉運中歸去來兮

壬申年　壬寅月　丙午日　戊子時

此八字丙午日刃之辰相配柱中火土食神制殺之格正貴逢沖反成其福金命椿萱赤壽庭前棠棣有敷半姿秀奕体貌精神豈是池中物尤來席上珎學問資先覺英才出等倫萬里扶搖騰鸞鷟一聲霹靂躍潛鱗闈闥開黃道衣冠拜紫宸此則肅顯之命鸞幃配合名門女子嗣生成奪錦人運行初癸卯上人庇下化日陽春甲辰運中螢窗篤志雪案勞神乙巳運中騰身離泮水牽足上雲津丙午運中榮沾雨露權衡重風雪無端亂點身丁未運中重重祿位深沐皇恩戊申運中沖擊之所勢重迭遇乙酉運中香魂歸閬苑高塚臥麒麟

壬申年　壬寅月　戊午日　壬子時

此八字戊午日刃之辰偏官之格過此象者生於邃室長於高門椿父先歸萱耐晚春風棠棣有[illegible]榮丰姿磊落天性忠誠准擬南山豹變定教[illegible]海蛟橫此則既白掛綠之命篤悌得配很門女子嗣生成奪錦人運行初癸卯只宜庇下何論非沉甲辰運中讀書漂麥觀史引燈乙巳運中龍門變化三春浪鵬路逍遙萬里程丙午運中奸邪屏息宇內澄清丁未運中權高損福慎則無驚戊申運中莫戀恩波洽宜思故里榮己酉運中花已落月尤沉

壬申年　壬寅月　戊申日　丙辰時

此八字才盛生殺之格柱中有制為良主人生於盛族長於良家椿親顯姓萱先別棠棣有前異氣青其為人也丰姿俊秀天性聰明學成必是登庸之客英才特達必為步月之女滿路爭看錦衣新此則榮華之命外子嗣光爭運行初癸卯淨几觀賢聖明篇甲辰運中威儀赫赫初拔桂氣宇名乙巳運中一番風雪過三度聖恩中重金重紫施布德丁未運中才權三加榮戊申運中閑歸田里[illegible][illegible][illegible]情春光歸盡也花落鳥啼空

壬申年　壬寅月　己亥日　丙寅時

此八字己亥日相配柱中水木才殺透格入生得此生於清淡之室長於遷變之居丰姿平穩動止能為椿親先別萱棠晚鴻雁天邊各奮飛祖業難相倚才囊自整齊扰地栽花多艷麗移桃接杏倍芳菲佇看來晚節衣祿有盈餘此則遷移之命鶯幃配年少子嗣發秋枝運行初癸卯上人庇下風雲相欺甲辰運中寒雲依古樹淡月浸平池乙巳運中雖則行藏有慶也防八事縈紆丙午運中一番風浪過才帛自來 戊丁未運中與大厦植桑榆

戊申運中沖擊之所有被雲迷己酉運中歸去也

壬申年　壬寅月　壬寅日　辛亥時

此八字日祿歸時之格人生得此本顯功名比劫太多減其分數萱母西房椿早別森枝棠棣一枝殊其為人也丰姿清俊斷置標奇時向恩中惹怨每從是處生非門外生涯隨分足庭前花木四時齊此則守成之命死幃得合連理之枝桂子有成斑衣之慶運行初癸卯萱親庇下無益無虧甲辰運中清風鮮篁韡微雨潤花枝乙巳運中財權振作世業週迴丙午到丁未運中行藏得意動用称機未字運末香飄何退

壬申年　壬寅月　己未日　甲子時

此八字己未陰刃之辰財官之格終身有慶値斯
象者生於右族長於宦門丰姿俊秀志氣高明英
才而出類學問以淵深必是錦衣之客豈為白屋
之人一朝但得風雲便頭角崢嶸氣象新此則跨
灶之命允韡玉潤氷清潔桂子榮門緑舞成運行
初癸卯春和景媚花暗花明甲辰運中篤志於青
燈之下留心於黃卷之中乙巳運中豹變南山霧
鵬搏北海風丙午運中富貴榮華當此際人民樂
業境昇平丁未運中声名赫赫氣宇英英戊申運
中冲撃之所月入雲於己酉運中花落春光暮黃
梁夢不醒

壬申年　壬寅月　壬子日　辛亥時

此八字壬子日刃之辰配全柱中木金日禄歸時
之格喜把文才伏之助人生得此丰姿厚重天性
聦明上和下睦之德截長補短之能其為人也生
於舊宅長於豐庭双親雖並老鴻鴈我鳴清學問
有成終是利名之客英才出類豈為田舍之郎非
獨家門田園富郷里馳名福不輕一日貴人来扶
豈起晚年雅帶治人民此則貴顕之命驚偉宜敵
桂子麟麒運行初癸卯上人之下學禮攻書田辰
運中自有高賢相攜擧实宦憂破險來尋己巳運
中他日權威從此振实險官非素耗驚丙午運中
嚴霜消盡耿耿權能丁未運中黎庶人民欽仰敬
門迎車馬閙皆聽戊申運中有才大用子又升騰
己酉運中留名千載一夢巫峯

壬申年　壬寅月　壬寅日　丙午時

此八字壬水相配柱中重重寅木食神作傷官助才之格女人得此姿顏秀聚標格精神具為人也性於仁族長配良居翁姑有倚終無倚妯娌販行又失行楊柳無風枝婀娜梅花有月色精神性急起来如火発妥然便似月離雲當家有理立業勤能針綫之巧訓子晚成初限中年多灾厄晩年子顯必榮身映則幹家立業女命良人火命招年長子嗣先傷後出英運行初辛丑酉餘山路滑未許賞花春庚子運中柳緑花紅景憂喜不傷身己亥運中一對鴛鴦常並立厄難憂灾仔細行戊戌運中正是助夫立業處仍見憂迍險未寧丁酉運中嚴霜消盡帶玉簪金丙申運中出入僕童前後擁歸則紛紛便女兩邉泿乙未運中得子馳名甲午運中王母来迎

五

壬申年　壬寅月　庚午日　丁亥時

此八字庚午日貴之辰相配柱中木火才旺生官之格正理才盛生官終身有慶值斯象者手姿清致天性純和生於詩書之族長於安樂之鄉椿親榮耋萱西室鴻雁天邊行有多令古皆通達詩書善琢磨一朝騰踏去玉殿听鳴珂此則榮貴之命鸞幃配合仁門女桂子庭前秀色多運行初癸卯聞詩學礼快樂雍和甲辰運中光陰飛似漸肯把志蹉跎乙巳運中詩書窮萬卷一舉便登科丙午運中恩屋新沾後清風動碧波已未運中山河開壯麗還擬步臺波戊申運中金魚初綰帶来許濡岩何已酉運中黃花翠竹咲傲如何庚戌運中春光短也夢入南柯

六

壬申年　壬寅月　癸丑日　丁丑時
此八字財官印綬全脩傷官帶財之格值斯象者焉得不貴豈得不榮其爲人也丰姿消落智量寬宏源流三峽誰能及筆掃千軍孰可倫泰山北斗千年在和氣春風四座傾爽理陰陽資盛德弥綸天地有奇功此則英官之命篤帷簇桂子叢叢運行初癸卯紅花綠柳煖日和風甲辰到乙巳運中一旦飛黃騰路去長安花映綵旗紅丙午運中威風凜凜氣象雍雍丁未運中一番波浪息三度聖恩封戊申運中富貴榮華皆若此不如解綬問籬東己酉運中龜遊上苑三千界夢逸巫三十二峯

壬申年　壬寅月　庚午日　庚辰時
此八字庚午馬頭帶顯之日相配柱中金水傷官用印之格人生值此丰姿清秀標格精神上和下睦之德截長補短之能其爲人也生於富室長於名居椿萱含翠晚棠棣有香馨學問聰明富貴必從天上降英才敏捷才源必向閙中尋非獨田園豪麻富鄉里馳名福不輕初限中年灾耗跌晚年富貴子馳名此則成立之命篤濂冝入贅子嗣出金英運行初己卯蔭祐之下不足語論甲辰運中讀書努力非悔無侵乙巳運中自有貴人來接引灾厄憂非破損驚丙午運中卿邦人仰敬才祿有進增丁未運中嚴霜消盡耿耿声名戊申運中門迎車馬客珎宝旺門庭己酉運中子朝帝闕庚戌運中一夢巫峯

壬申年　壬寅月　己巳日　辛未時

此八字己土相配柱中金木傷官助才之格傷官者歷事風雲之象行藏拾变之能人生得此年姿明敏志氣機深高謀遠見機関别慷慨情懷遠士欽其爲人也生於舊族長於名門嚴慈雖並耄棠棣我枝馨祖業有何希興罕才禄人情自用心學問也知類益語平生出類遠聞名非獨家門豪勢廣田連阡陌積堆金此則強宗勝祖之命為悼智犯添贈子嗣龍門必顯親運行初癸卯蔭庇奉下未論升沉甲辰運中螢窓曾讀誦爲得有声名乙已運中此則必然才禄茂实瘢非憂耗素侵丙午運中福如春水滔滔漲禄似秋蟾皎皎明丁未運中嚴霜消盡四海權能戊戌運中門迎珠履三千客再歷堂樓産業新己酉運中子孫威顯耀官誥贈門庭庚戌運中良田將不去一夢入西沉

壬申年　壬寅月　庚午日　丁亥時

此八字庚金馬頭帶劍之日配合柱中重重壬水食神傷官助才之格傷官者傲物氣高值斯象者年姿倜儻稟性威稜順之一團和氣逆之千里霜氷其爲人也生於望宅長於良庭嚴慈雖並老鴻鴈挺鳴清學問聰明潤屋雕梁真富貴英材持達財囊萬斛足珠珍威風凜凜人中罕氣宇昂昂四遠聞初限中年灾非耗晚年富貴子榮身此則强爺勝祖之命鴛幃宜散子嗣麒麟運行初癸卯幼年之下不足談論甲辰運中螢窓辛苦灾難平平乙巳運中高人引領筆名路官非灾險破憂驚丙午運中生涯滚滚才源富貴相欽福不輕丁未運中梨梅謝盡珍宝盈庭戊申運中堆金積玉田園茂紛紛貴客賀家門己酉運中子朝鳳閣官誥封身庚戌運中英雄歸去夢見閻君

壬申年　壬寅月　甲辰日　壬申時

此八字甲辰日相配柱中金水煞印之格人生得此手姿英俊天性果剛椿親榮壽萱填室鴻雁天邊有列行學問三冬足詩書萬卷藏擎開水府珠生彩掘出豐城劍有光一從姓字傳揚後濟濟衣冠拜衮章此則榮顯之命鴛幃全正副桂子有承芳運行初癸卯庇佑之下摘句尋章甲辰運中讀殘官舍月披出禁門霜乙巳運中霹靂一聲隨变化峥嵘頭角現朝堂丙寅運中雪晴天伏麗化日照農桑丁卯運中權衡千萬里樂處事乖張戊申運中金魚初綰帶未許便還鄉己酉運中落日青山外猿啼人斷腸

壬申年　壬寅月　戊申日　壬戌時

此八字戊申日配乎柱中木水財殺之格人生得此多機多变不柔不剛椿樹先凋萱耐晚雁行天際不同翔梢識古今之李粗知礼義之方祖業添新改旧才源旋積豐藏佇看江湖才利旺田園與趣樂優長此則穩富之命鴛幃年少双諧老桂子秋來吐異香運行初癸卯上人庇佑何論炎凉甲辰運中風雪初消後才源便滿囊乙巳運中四遠英雄敬仰一番人事乖張丙午運中滾滾才源來旺輕輕風雪飄揚丁未運中文三千珠履誓一族門墻戊申運中老當益壯蘭桂呈芳己酉運中悠悠处樂庚戌運中夢入仙鄉

壬申年　壬寅月　丁卯日　丙午時

此八字丁卯日配乎桂中水木官印之格女人得此儀嬌容體德茂行貞椿萱棠棣分年耄妯娌翁姑半有盟學識素諳姻訓機巧頗得窮精性急如江濤春壯心安似水月秋清晚年光霽景錦綉絢霞明此則榮淑女命良人配合須年長桂子須看秀晚英運行初辛丑無思無慮庇下昇平庚子運中配匹成佳偶鸞歌鳳亦鳴己亥運中家業多豐富風霜淡淡生戊戌運中世事光華財福旺桂蘭森森喜尤生丁酉運中精神加豁奐家業愈添增丙申運中沖擊之所人事悲驚乙未運中華堂安享金玉盈盈甲午運中閨空人去也機械寂無聲

壬申年　壬寅月　庚子日　壬寅時

此八字庚子日配乎桂中金木食神重化傷官用印之格人生得此儀形特達天性聰明椿萱年耄難双擬鴻鷹天边各奮鳴學識粗知礼義知謀能合賢英祖基重整驪財帛自生成湖海市廛生計廣田園世業倍添增此則富旺之命鴛幃帶硬霜添鬢桂子秋未綻錦英運行初癸卯不榮不辱庇下昇平甲辰運中砥遂平生志潛心對短檠乙巳運中倦雪生財利風霜不致驚丙午運中世事光華財業旺風波些少不傷情丁未運中英雄推贈劍三尺豪傑相逢酒一鍾戊申運中老加壯驪蘭桂芳榮己酉到庚戌運中歸去也

壬申年　壬寅月　辛丑日　丙辰時

此八字辛丑日相配杜中木火傷官助印之格女人得此福足以授榮封椿萱棠棣榮还壽妯娌翁姑情尚濃儀容嬌娟天性雍容有立業掌家之道針綴刺綉之功錦綉花開富貴琅玕竹報雍容夫榮子秀沾恩寵冕服榮看秀氣鐘此則封榮女命良人土命秉配客桂子秋來綜錦叢運行初辛丑庇佑之下快樂從容庚子運中藍田種玉綉幞之中己亥運中雖則家居安泰尚防風雪濛空戊戌運中裙釵壯麗福氣豪洪丁酉運中一番風雪遇金玉贈儀容丙申運中再加寵渥福氣豪洪乙未運中悠悠享用甲午運中人去閣空

壬申年　壬寅月　庚午日　戊寅時

此八字庚金相配杜中木火才盛生官之格才盛生官終身有顕人生值此半姿瀟洒天性聰明高謀遠見機関别慷慨襟懷學識深其為人也生於名族長於豪庭椿萱有慶难並耄鴻鳫行中獨挺鳴學問有成龍虎動處千山振奕才出類丹桂開時萬里馨九天閶闔開黄道萬國衣冠拜冕旒佇看重金重紫顕亟居尊位棟梁臣此則貴顕之命鴛幃正副子有奇榮運行初癸卯上人之下不足談論甲辰運中然有凌雲志憂悔不傷身乙巳運中禹門俱躍過朝班立縉紳災險非素謹已而行丙午運中皇恩陞禄佐狼虎盡潛行丁未運中腰横金帶千里威名戊申運中嚴霜消盡身近明君己酉運中有才大用解印回程庚戌運中留名萬載一夢西沉

壬申年　壬寅月　庚午日　戊寅時

此八字庚金相配柱中木火才盛生官之格終身有顯人生值此手姿瀟洒天性聰明高謀遠見機閑别慷慨胷襟學識深其為人也生於名族長於豪庭椿萱有慶难並

壬申年　壬寅月　乙巳日　庚辰時

此八字乙巳日相配柱中水木傷官用印之格人生得此任路聲揚萱堂上分年耄鴻鴈天邊有共翔手姿洒落天性明良筆下龍分曲直胷中頗識文章機會来時逢貴助劳形案牘沭恩光此則貴顯之命駕幃配合須偏正桂子秋来吐異香運行初癸卯上人庇下何論炎凉甲辰運中貴人相薦引便擬入公堂乙巳運中驥足飛騰上道果然身沭恩光丙午運中政化東西洽仁風遠近揚丁未運中一番風雪過化日照琴堂戊申運中黄花緑酒己酉運中夢入仙鄉

壬申年　壬寅月　癸丑日　癸丑時

此八字癸丑之日相配柱中木火傷官印日之格人生得此生於良族辰門水火椿萱壹歲長天邊鴻鴈各行鳴其為人也丰姿清雅天性聰明智高下試重輕右理白分清智智也載長補短之能水光浮座盃盤荳花氣侵人咲語聲祖業添新慶恨原勝舊風月掛碧天多皎潔名揚湖海有光榮不以功名為念豈將冠冕磨礱但願一生才祿旺何必天邊沐寵榮此則穩厚之命鴛幃少須年少子嗣秋來桑桑榮運行初癸卯上人庇下未斷平生甲辰運中世宇宛如昏夢人情薄似秋雲乙巳運雖則財源旺足幾番人事虧盈丙午運中天上三陽泰人間五福增須史風雨過山青丁未運中不独財源旺足尚祈声势豪洪梨花舞雪不孫精神戊申運中引鶴作行格脫物探同一喜己丑運中子貴明年樂振榮庚戌運中一枕清風

壬申年　壬寅月　庚戌日　乙酉時

此八字庚戌魁罡之日相配柱中木火才殺之格人生得此生於右族長於仁門椿萱双晚茂鴻鴈各行鳴其為人也丰姿清雅天性聰明頗知礼義稍識古今親賢近貴知重識輕生涯湖海上道路或西東不以功名為念豈將冠冕磨礱簾幙垂珠光不夜綾花剪綵景長春時至自然成事業運来家業一時新此則穩厚之命鴛幃有犯須招敵子嗣秋来好義深運行初癸已上人庇下淡淡春雲甲辰運中盡水無聲空有浪繡花雖艷不聞馨乙巳運中須史雲掩月頃刻月離雲丙午運中[illegible]不辭千里遠貿財性喜四方通丁未運中霊精雲散天如洗從此財源倍有增戊申運中心事数莖白髮財源一片閑情己酉運中約梅同醉引鶴徐行庚戌運中夕陽有限春夢無憑

壬申年　壬寅月　丙辰日　壬辰時

此八字丙辰日德之辰相配柱中水木殺生印綬之格人生得此生於右族長於高居水金椿萱萱晚茂鴻鴈後隨鳴其為人也丰姿清秀天性聰明般般稍覽件件不精行藏果斷作事三思重成新事業弃整舊根基田園桑柘茂畝稻粮肥遊山玩水携詩卷對月觀花把酒卮羅綺飄香風蕩蕩壺列坐草凄凄濟世功名身外事五湖風月樂多餘此則穩原之命鴛幃土命須年長子嗣生成孝義人運初行癸卯上人庇下有何是非甲辰運中不為惜花春起

甲也應愛月夜眠遲乙巳運中雖則行藏有慶發多人事赵趄丙午運中幾番駁雜都驚過次第春風到故廬丁未運中財旺福與家業廣也愁飛絮滿空飛戊申運中但使家園富足何愁白髮罷貫己酉運中消閑基一局遣興酒三鐘庚戌運中歸歟歸歟

壬申年　壬寅月　丁巳日　乙巳時

此八字丁火日元相柱之中金火傷官助才之格刑冲太重減我功名主人生於右族長於名門其為人也丰姿清秀天性機關知高識下近貴親賢行藏果斷作事方員琴操風月閑生計金玉松筠舊歲寒重成新事業弃整舊根原萬里無雲天一色三秋好景月嬋娟福布江山外名聞湖海間處士星擬輕世俗大夫松好賦官馳才源有分生涯好官貴無緣誓不貪晚年鄉黨聲名播果然富足勝為官此則穩厚之命鴛幃得合年

敵子嗣生成蘭桂馨運行初癸卯上人庇下未斷非況甲辰運中世事宛如春夢人情薄似秋烟乙巳運中幾欲登暮遠還愁人事迍邅丙寅運中幾度醉歸明月夜笙歌引入畫堂前丁卯運中一番風雪過福禄愈閒闊戊申運中得過且過得閑且閑己酉運中世事浮生皆若似不如高卧且加飡庚戌運中晚年快樂辛亥運中一枕難還

壬申年　壬寅月　庚午日　戊寅時

此八字庚午貴人之日相配柱中木火才官之格人生得此生於右族長於名門土木椿萱双晚茂天邊鴻雁各行鳴其為人也丰姿清秀天性聰明理窮古事知今事詩對賢經與聖經辭鋒頗利疑無歛筆刀縱橫君有神衣冠濟、人中傑和氣怡、席上珍終是文場掀桂客豈為田舍鑿耕人北海鼓横頭角聳南山豹変露文英一從娃子傳臚後九五天門為聖容此則崇肅之命鴛幃連珠低一載子嗣森枝朶朶馨運行初癸卯上人庇下天朗風清甲辰運中讀殘芳店月乙巳運中不貝寸陰之惜豈喜題捲之功甲午運中禹門三層都曜遇聯珠轉显娃名揚丁未運中戰還金紫室内澄清當此之際風木之驚戊申運中信看官封二品果然祿位千鍾己酉運中一方宰政声名重後見龔能任董鄉庚戌運中花巳落月尤沉

壬申年　壬寅月　己未日　丙寅時

此八字己未陰刃日元相配柱中木火才官印三奇之格刑冲太重減戒科第成名主人生於右族長於高居同屬椿萱雙晚茂天邊鴻鴈各行飛其為人也丰姿清秀天性操持頗知今古稍識詩書善決善斷不勇不慈豈無高士敬時有貴人携終是功名之客豈教田里耕鋤六曹知古律三語覺今非一日風雲相際會跨馬天邊沐寵歸此則榮貴之命鴛幃有犯須年長子嗣生成奪錦児運行初癸卯上人庇下如玉在石人不易知甲辰甲中退不後去進不前馳乙巳運中機會来時逢貴助高揮劍筆向曹司須史風雨頃刻趑趄丙午運中雨晴雲路達頭角聳崔嵬當此之際風雪還飛丁未運中幾年困守家門内一朝天府聽荣除戊申運中黎民歸父母政化洽東西己酉運中子貴重榮贈庚戌運中春歸鳥不啼

壬申年　壬寅月　丙午日　丙申時

此八字丙午日刃之辰相配柱中水木殺生印綬刑冲大重戕我功名主人生於右族長於高門椿父先歸萱後别天邊鴻鴈各行鳴其爲人也丰姿清秀天性老成世事頗能將就般般學欠徹通行藏果斷作事老成祖基宜革舊事業再重新五湖四海生涯好萬水千山道路通雖不成名利生平近貴人花無桃李非春色人有笙歌是太平施恩惹怨布德成嗔時來自有淵淵福運至還教路路通一朝遇貴相提挈也應富貴樂平生此則機會顯揚之命鴛幃金土方偕老子嗣生成貴顯人運行初上人庇下未斷平生甲辰運中雪晴天未暖行樂如未心乙巳運中雖則行藏而有慶还忌開非素耗生丙午運中才源富足家居好五夜金風未放晴丁未運中問名則名顯達問利則利豐盈戊申運中庭前竹報平安日檻外花開富貴春己酉運中子貴沾榮贈庚戌運中春歸鳥不鳴

壬申年　壬寅月　丙辰日　壬辰時

此八字丙辰日德之辰相配柱中水木殺生印綬之格亦印相生功名顯達主人生於右族長於名門椿萱有倚先斷父天邊鴻鴈各行鳴其爲人也丰姿清秀天性聰明五車書富三冬足兩石弓當萬騎冲雷仁不讓見善則欽終是功名之客豈爲田舍之郎定擬南山豹變准教北海蛟横一從揚姓字職位秉拳衡此則榮貴之命鴛幃有紀須招副子嗣秋來桑桑馨運行初癸卯上人庇下未必評論甲辰運中書窗雖篤志雲路未升騰乙巳運執卷幾回空探月時来有路入神京丙午運中躍過禹門三汲浪秉笏趨朝拜聖明丁未運中雪晴雲散天如洗金紫煌煌雨露墜戊申運中拳高擢福慎則無驚己酉運中歸去松筠三徑足佇看軒冕一毫輕庚戌運中訃音一播酹酒三鍾

壬申年　壬寅月　丙午日　戊子時

此八字丙午日刃之衣相配柱中水木殺生印綬之格殺印相生功名顯達四柱有冲有合五行变凶為祥主人生於詩書之族長於名望之堂椿親榮耀鴻鴈翱翔其為人也丰姿清秀天性果剛聰明書藝遠倜儻世情長驪珠照魏光難掩雷劒生豐氣莫藏終是功名之客豈為田舍之郎一朝馬上衣冠別此是男兒當自强清映梅窓蕙玉雪寒生栢府稟秋霜此則傳芳之命鴛幃春嚴須招副子嗣生成貴顯即運行初癸卯上人庇下擒句尋章甲辰運中十年窓下笛心志時至天邊遠奮揚乙巳運中純學科場鷲試院英才翰苑沐恩光丙午運中慶事但憑三尺法理刑渾似九秋霜丁未運中職遷金紫聲顯風雪飛来牵不妨戊申運中紫詔頻笛重用未應鮮組返家鄉己酉運中春光去也一夢黃粱

壬申年　壬寅月　乙巳日　甲申時

此八字乙巳日元相配柱中金火傷官助財之格刑冲太重減我功名主人生於右族長於名門萱母先歸椿晚茂天邊鴻鴈各行詳其為人也丰姿瀟洒天性聰明般般稍覧件件不精謀動君子威伏小人祖業添新慶根源勝舊風有心於貨利無意等功名琴樽風月為生計金谷松筠舊歲青時至財源富足運来福禄無窮施恩惹怨布湯成嗔黎民仰德閭里推尊此則旺足之命鴛幃有犯須招硬子嗣生来旺宅門運行初癸卯上人庇下朱必評論甲辰運中古樹寒風常帶雨寒岩四月始知春乙巳運中精神又憔悴憔悴又精神丙午運中財源旺足家君好還愁素耗斥時生丁未運中成四時佳趣立萬古門庭心懷未樂如月入雲戊申運中再粉烟霞三畝宅重添甲第一時新下五年花放風生己酉運中百年纏綣風何月一日無常萬事空

壬申年　壬寅月　癸卯日　丁巳時

此八字癸卯日貴之辰相配柱中木火傷官助才之格
才旺輕生官旺主人生於右族長於仁門椿親先別萱
存晚天邊鴻鴈各行鳴其爲人也天性志誠雖無深
計較稍有淡聰明般般稍覺件件不精藕穿平地生
荷葉筍出新梢過北庭不以功名爲念豈將冠冕磨
礱過火黄金重長價離雲皎月倍青明財源有益逢
好何必天邊沐寵榮此則發福之命鴛幃有花須
招副子嗣秋来貴顯門　運行初運行初上人庇下
未斷平生甲辰運中登臨雨滯貴敲春陰乙巳運
中木意之中常德意用心之處不如心丙午運中天上三陽
開泰運人間一氣轉鴻鈞丁未運中才源富足家業
愈盈戊申運中雪晴雲散天如洗從此才源福有
增己酉運中晚年快樂庚戌運中一枕黄粱

壬申年　壬寅月　辛亥日　甲午時

此八字辛金相配柱中火木才殺之格人生得此
生於右族長於仁門椿萱雙晚茂鴻鴈不聯群手
姿磊落天性乖能世事將就曉件件學欠精水光
浮座盃盤瑩花氣侵人咲語馨福布江山生秀麗
名閒湖海豈無榮嚴霜積雪都經過從此滔滔福
祿增此則穩足之命鴛幃春麗須達配子嗣秋来
孝義深運行初癸卯上人庇下春淡風輕甲辰運
中不怕金風吹葉落只慊秋雨打梧桐乙巳運中
萬里烟雲收歛一樓秋月光明丙午運中花闇春
苑風光好不料西風椰紫傾丁未運中才旺生官
家業旺福星臨照喜輕盈戊申運中萬象光華沾
沛澤四時佳趣樂昇平己酉運中安樂晚景庚戌
運中花落月沉

壬申年　壬寅月　丁未日　丙午時

此八字丁未陰刃之日相配柱中水木官印之格人生得此生於右族長於名門椿萱有倚先歸父天邊鴻雁各行鳴其為人也丰姿清秀天性聰明頗知禮義稍識古今有近貴親賢之德應上和下之能祖業添新慶根原勝舊風開處好走冷處不行水光浮座盃盤瑩花氣侵人笑語馨不以功名為念豈將冠冕磨礱時至財源富足運來第宅增新莫道枯枝難結菓東君留意更殷勤此則穩旺之命鴛幃有犯須年敵字嗣榮門孝且忠運行初癸卯上人庇下未斷平生甲辰運中狼虎窠中得食荊棘林內安身須史素耗不損精神乙巳運中着意種花花不發無心插柳柳成陰當此之際風雪还生丙午運中成四時佳趣立萬古門庭午字之中風波些少丁未運中天上三陽泰人間五福增戊申運中晚年閑快樂己酉運中一枕了平生

壬申年　壬寅月　丁卯日　庚子時

此八字丁卯日元相配柱中水木殺生印綬之格女人得此生於右於族長於名門萱母先歸椿別晚天边鴻雁各翺翔其為人也姿容清雅髮兒是常其篤嶺繁存礼節相夫教子韜賢良風送芰荷香滿月同花萼發新粧心靜似月明雲漢性急如風捲滄浪錦綉花開家富貴琅玕竹根日平康才源富足福祿洋江此則穩享之命良人火命須年長子嗣生成貴是郎運行初辛丑上人庇下其樂何當庚子運中竹窓花蝴蝶花衾竹鳳凰須史風雨頃刻灾殃己亥運中水向石边流出冷風從花底過禾香戊戌運中子蓋子筍乃積乃倉丁酉運中裙釵濟濟家業昂昂丙申運中冲擊之所日入雲囊乙未運中子貴夫賢家業廣珠蓋百味勝平常甲午運中一梦黃梁

壬申年　壬寅月　戊午日　丙辰時

此八字戊午日刃之辰相配柱中木火未生印綬之格刑冲太重嶽我功名主人生於右族長於名門椿親耐晚萱先别鴻雁天邊各自鳴其為人也丰姿清秀天性聰明知高識下理白分清有近貴親賢之德應上和下之能祖業添薪慶根源勝旧風般般稍蒐件件不精不向江湖滄歲月却來湖海覔黃金得意江山詩句捷妾情日月酒盃深好意番成惡有心換得嗔滿世功名身外事五湖風月樂怡情此則豐厚之命鴛幃有犯須招小子嗣

秋來象象成運行初癸卯上人庇下未斷平宝甲辰運中風帶雪來應竟令鳥啼花落始知春乙巳運中遨遊湖海多與旺幾多人事尚虧盈丙午運中才源滾滾家居好素耗閑非尚惱人丁未運中山前山後皆風月江北江南總是春未字之中一番風雨戊申運中富連阡陌行樂如心己酉運中桑榆暮景庚戌運中春夢無蹤

壬申年　壬寅月　癸亥日　壬子時

此八字癸亥日元相配柱中木火傷官助才之格人生得此生於右族長於名門椿萱榮贈雖双耄天邊鴻雁各行鳴其為人也精神烱烱智慧明明行藏果斷作事老誠機謀輒伏夆用人欽第長名園過舊竹花開上苑勝先春驪珠照耀光難掩雷劍生豐氣自充擊開水府珠生彩掘出豐城劍始明時來借得吹嘘力頃刻天門沐寵榮此則剖石逢玉之命鴛幃重合巹子嗣晚光榮運行初癸卯上人庇下天朗氣清甲辰運中欲遂平生志須加

繼晷功乙巳運中藏器待時時必達時來有日便升騰丙午運中一自天官奏最後紛紛德澤惠軍民丁未運中一天膏雨隨車至千里仁風逐扇生當此之際風木惱情戊申運中正欲忠國輔國何期解組思尊己酉運中夕陽有限春夢無憑

壬申年　壬寅月　戊申日　丙辰時

此八字戊土長生之日食神制殺之格人生得此生於望族長於名門其為人也丰姿清秀天性聰明椿萱雙挽茂鴻鴈各搏風行截果斷作事乖能高仕敵貴人欽春入水光成嫩綠日匀花影綴新紅一朝時運至樓閣聳凌雲此則穩足之命鴛幃連理合子嗣縱金英運行初癸卯上人庇下雲淡風輕甲辰運中漸漸精神爽看看氣象新乙巳運中水光浮座盃盤瑩花氣侵人笑語馨丙午運中片段谿禽連野綠迴甲弟聳雖霓丁未運中一番風雪過依舊瑞祥生戊申運中延賓酌酒會友交盟己酉運中落日西風急哀猿三兩聲

壬申年　壬寅月　癸亥日　戊午時

此八字癸亥日元相配柱中木火傷官制才之格戊癸作合有印人生得此生於右族長于名門椿萱有倚還無倚鴻鴈天邊各自飛其為人也丰姿清雅賦性老誠頗知禮義稍識古今親賢近貴理白分清自有順天事豈無福深祖業添新慶根源勝旧風福布江山外名聞江海中得意江山詩句捷忘情日月酒盃深施恩惹怨有德成嗔但願一生財祿旺何必天邊受帝恩此則豐饒之命鴛幃年長須年敵子嗣秋來朶朶成運行初癸卯上人庇下未斷平生甲辰運中世事短如春夢人情薄似秋雲乙巳運中風帶雪來應竟冷鳥啼花落始知春丙午運中雖則財源富足还愁素耗相親丁未運中天上三陽泰人間五福增來字之中如日入雲戊申運中松尚茂柏尤青當是特也如履薄氷己酉運中晚年多快樂庚戌運中變入巫峯

壬申年　壬寅月　丙辰日　己亥時

此八字丙辰日德之辰偏官之格提綱寿值長生值此格者生於富室長於高堂金命椿萱合晚翠聯枝棠棣独標香手姿清秀性格果剛筆底倒流巫峽水胸中李孰錦雲章一朝馬上衣冠別此際男兒當自強此則显達之命鴛幃正嗣桂子芬芳運行初癸卯只宜庇下未斷炎涼甲辰運中讀書映雪觀史偷光乙巳運中到此始知文章好長安道上錦衣郎丙午運中声名千里振威德四方楊丁未運中正欲重茵列鼎誰知履雪軽霜戊申運中重沐恩波鳳地裏朝朝染翰侍君王丁未運中一时化鶴逕入仙卿

壬申年　壬寅月　甲辰日　乙丑時

此八字甲木相配柱中金火傷官制煞之格亦有金神之意人生得此生於温潤之族長於深邃之居椿萱有倚難雙荖鴻鴈天邊不共飛手姿清爽天性操持頗知今古事稍識聖賢心盈沼芰荷香馥郁滿園花木自芳菲羅綺飄香風淡蕩畫觴列座草萋萋倘若留心文墨仕途穩許光輝此則特達之命鴛幃春罷桂子秋香運行初癸卯上人庇下祿祿之特甲辰運中如花向日似筍穿籬乙巳運中正是梅青并月白何愁第宅不增輝丙午運中豊年田舍禾盈豐曠日山家酒滿巵丁未運中一番風雨過依舊樂怡怡戊申運中冲擊之所旺處生非己酉運中花已落月沉西

壬申年　癸卯月　丙子日

[illegible]字陽[illegible]相配柱中水木殺生印[illegible]
像此等[illegible]清秀性格乖能生於華[illegible]豐
潤之庭椿萱有倚分半遂妯娌行[illegible]性急
如江濤春壯心安似水月秋清妙[illegible]色
三秋好景月長明佇看未晚節，[illegible]小
益旺之命良人配合須年長子[illegible]
行初壬寅樂享清平辛丑運、[illegible]
那知花放又風生庚子運中、[illegible]紅惡[illegible]
風柳絮又飄飄己亥運中旺中多跋涉[illegible]亂葉
英戊戌運中片雲能發千山雨雨過千山色愈青
丁酉運中提綱冲擊樂極悲生　丙申運中晚年無
俗友山空月淡明

壬申年　癸卯月　癸未日　壬戌時

此八字癸未日元相配柱中木土食神制殺之格
人生得此生於右族長於高居椿萱有倚一期別
天邊鴻鴈各行飛其為人也丰姿清秀天性操持
行藏果斷作事三思有心於貨利無復習詩書重
戌新事業再整舊根基自有順天之慶豈無福地
之時羅綺飄香風蕩蕩壺觴列座草萋萋生涯湖
海上道路各東西時至財源富足運來福祿崔嵬
滿世功名身外事五湖風月樂有餘此則旺足之
命鴛幃木合須年長子嗣秋來重幾枝運行初甲
辰上人庇下有何是非乙巳運中寒向梅中盡春
從柳上時丙午運中有得有失有喜有悲丁未運
中財源富足家居好片時索耗事盈虧戊申運來
花盈上苑菓盈園稻滿田疇水滿池當此之際一
度趑趄己酉運中從使家國富足何愁白髮龐眉
酉字之中花放風欺庚戌運中春光去也逝水無
迴

壬申年　癸卯月　辛丑日　丑時

此八字辛丑日元相配柱中水木傷官助才之格人生得此生於右族長於名門土木椿萱雙晚茂天邊鴻鴈後隨鳴其為人也丰姿清秀天性聰明世事頗能將就般般學欠精通學問頗知今古筆鋒稍有成枝梅開白雪飄東閣筍出新梢過北庭終是功名之客豈為田舍之翁律法久諳勞案牘功名須藉筆刀成佇看頭角聳光耀舊門庭此則成名之命鸞幃同偶須年啟子嗣秋來孫孫榮運行初甲辰幼年之下未必評論乙巳運中世事宛如春夢人情薄似秋雲丙午運中機會來時吾快足高揮劍筆向公門丁未運中雨晴雲路遠跨馬入神京當此之際風雪滿庭戊申運中雖則光榮此際依然困守門庭己酉運中皇恩重有感運暮姓名馨庚戌運中天邊少恩澤籬下樂閑情辛亥運中夕陽有限春夢無憑

壬申年　癸卯月　庚辰日　乙酉時

此八字庚辰日德之辰相配柱中水木傷官助才之格人生得此生於右族長於高居椿萱分別後鴻鴈各行飛其為人也丰姿清秀天性操持斷曲理直不勇不懃般般稍覽件件粗知行藏果斷作事三思重成新事業再整舊根基萬里無雲天一色三秋好景月光輝田園桑柘茂畝畝稻粱肥有心於貨利無意讀詩書羅綺飄香風蕩蕩壺觴列座草萋萋但願一生財旺足何須跨馬入雲衢此則穩盛之命鸞幃有化須相敵子嗣扶來願幾枝運行初甲辰幼年之下有何是非乙巳運中白雪却嫌春色晚故來門外作花飛丙午運中得未喜失未悲丁未運中嚴霜積雪都經過從此財源有積餘戊申運中花盈上苑菓盈園稻滿田疇水滿池須臾風雨頃刻趑趄己酉運中曾觀庾亮三秋月下盡羊曇兩局棋酉字之中花放風顛庚戌運中子貴宜歡樂花殘鳥下吟

壬申年　癸卯月　戊寅日　癸亥特

此八字戊申專權之日相配柱中水木財殺之格人生得此生於良族長於名門椿萱雙晚別鴻鴈有行鳴其為人也丰姿清秀性格和能雖無淶計較稍有淡聰明曰福曰榮自有順天之慶常安常樂豈無福地之深祖業添新慶根源勝舊風有心於貨利無意慕功名豐年田舍禾盈礬膽日山家酒滿斟滿世功名身外事五湖風月足怡情此則旺足之命鴛幃有祀頃年敵子嗣生成貴顯人運行初甲辰上人庇下未斷平生乙巳運中青婦梆葉晴初变紅入桃花幔未勻丙午運中風布雪飛應覓冷鳥啼花落始知春丁未運中得中有失晦後還明戊申運中天上三陽泰人間五福增丁酉運中門楣壯觀福祿駢臻戊戌運中一桃悠悠隔年夢斜風吹落楚山雲

壬申年　癸卯月　己丑日　己巳時

此八字己丑日元相配柱中水木才殺之格女人得此生於古族長配名門椿萱有倚先斷父天邊鴻鴈各行鳴其為人也姿容清秀髮兒精神勝丈夫之氣槩有男子之材能一笵杏桃鋪錦綉滿山松栢映幃屏每懷无膽意時抱撵憐心玉產崑崙藏韞色蘭生楚澤散清英雅觸雅犯易喜易嗔雖不屬冠帔服也應福祿無窮此則益旺之命良人土合須年長子嗣森枝有挺榮運行初壬寅上人庇下毓秀閨門辛丑運中契合翠合成好夢賡緣紅葉作良姻庚子運中雖則夫門才業旺幾番人事尚虧盈己亥運中萬疊好山雲乍斂一樓明月雨中晴戊戌運中羅綺千般色弥羞百喙新丁酉運中子貴夫賢家業旺丙申運中春光去也春鳥無声

壬申年　癸卯月　甲申日　甲子時

此八字甲申專權之日相配申金陽刃合杀之格女人得此生於右族長配名門椿父先帰萱耐歲天邊鴻鴈各飛鳴其爲人也姿容清秀髮兒精神勝丈夫氣槩有男子材能深明閨壼理洞識古今情衣冠濟濟三從倫家業昂昂四德新每懷尤瞻意特抱憫憐心難觸難犯易喜易嗔夫榮子貴多如意滔滔福禄享無窮此則榮益之命良人金合須年長子嗣金風有継榮運行初壬寅上人庇下頒秀閨門辛丑運中路入桃園花爛熳橋横銀漢

水澄清庚子運中雖則天門多快樂幾多人事向弓盈過此己亥運中梅須遜雪三分白雪亦輸梅一段馨亥字之中花放風生戊戌運中不用高燒銀燭月明添倍精神丁酉運中冲擊之行如履薄冰丙申運中子貴重沾福禄乙未運中春帰啼鳥無声

壬申年　癸卯月　戊寅日　癸亥時

此八字戊寅專權之日相配柱中水木才杀之格人生得此生於右族長於宦門椿頻先帰萱晚贈天邊鴻鴈各凌雲其爲人也手姿清秀天性聰明胸羅今古事學識聖賢心驪珠照耀光難掩雪劔生豐氣自充緫是功名之客宣為田舍之翁龍門変化三春浪鵬鷟道遥萬里程一日風雲相際會九天雨露沐皇恩此則榮貴之命鶯傳燭夜添新蚕子嗣金風孝且忠運行初甲辰上人光庇未斷平生乙巳運中十年窓下留心志他時有日便升

騰梨花舞雪雨過山青丙午運中到此始知文學好長安道上馬蹄輕丁未運中令重奸邪伏威嚴凫膽驚戊申運中西風吹過天邊雪從此滔滔福禄增己酉運中有材應大用未許便辭榮庚戌運中榮帰故里美酒盈樽辛亥運中春光去也一枕清風

壬申年　癸卯月　丙子日　甲午時

此八字丙子日元相配柱中水木殺生印綬之格人生得此生於右族長於名門椿萱雙晚茂鴻鴈各行鳴其為人也半姿清秀天性聰明胸羅今古事學識聖賢心蘊句好為天下白高材俊似海東青終是功名之客豈為田舍之翁北海蛟龍頭角聳南山豹變爪牙新一朝但得風雲際九天雨露沐皇恩此則榮貴之命鶯幃春色麗子嗣桂蘭崇

運行初甲辰上人庇下未斷平生乙巳運中欲遂平生志須加董子功丙午運中禹浪三層都躍過濟濟衣冠拜聖明丁未運中腰横金作帶符剖玉為鱗戊申運中雪晴雲散天如洗金鱗光照紫微官己酉運中權高損福慎則無驚庚戌運中天邊無沛澤籬下有高情辛亥運中楚臺雲散空留夢漢苑香消不返魂

壬申年　癸卯月　丁丑日　辛亥時

此八字丁丑日元相配柱中水木殺生印綬之格人生得此生於右族長於名門水土椿萱三皓首天邊鴻鴈有同群其為人也半姿清秀天性聰明學問不親顏孟筆鋒猶有威積有近貴親賢之德應上和下之能豈無高仕致時有貴人欽祖基宜整事業必重增萬里無雲天一色三秋好景月長明欲為商賈思慕功名兩都秋色皆喬木耆舊風流有幾人好意番成惡真心換得嗔莫向江湖淹歲月好來仕路是功名一朝但得吹嘘力也應光耀舊門庭不費區區力終為湖海人此則擎石生烟之命鶯幃有犯須招火子嗣秋來有顯榮

運行初甲辰上人庇下未斷平生乙巳運中猿虎禀中得食荊棘叢裏安身丙午運中守閑識得經商路来往江湖氣味馨須臾素耗頃刻逡巡丁未運中才源富足行藏好風雪閑非一夜驚戊申運中威權有布人欽伏才帛豐盈福祿增己酉運中薰捲香風生百福軒開化日祿元增庚戌運中安閑晚景辛亥運中一枕清風

壬申年　癸卯月　庚寅日　庚辰時

此八字庚寅日元相配柱中水木爲官印才之格女人得此生於右族長配名門椿萱双晚茂棠棣各數榮其爲人也姿容清秀髮貌精神翁姑雖有倚妯娌尚情雖雖是女流之輩過如男子材能雲收華岳千山秀水到湘江一樣清每懷九腸意時抱擇憐心克儉而克勤易喜而易嗔雖不冠鳳帔眼自然歸綉罩盈此則晚旺之命良人連珠滇配小子嗣秋来朶朶成運行初壬寅上人庇下毓秀閨門辛丑運中痴雲藏月色妬雨損花容過此庚子運中正是梅青月白还愁花放風生已亥運中萬疊好山雲作斂一樓明月雨初晴戊戌運中滔滔無阻滯步步狂夫門丁酉運中愈老黄花香馥郁歲寒松栢耐長青丙申運中夕限有限春夢無憑

壬申年　癸卯月　乙未日　丙子時

此八字乙未日元相配柱中金水官印之格木在春生處世安然必壽過斯命首生於温潤之族長於廷浚之門椿萱有倚成無倚鴻鴈聯群又斷群其爲人也手姿清秀天性聰明高謀遠見機關別懷慨春風一好人行藏活動處置多能必得其祿必得其名不須持劍戢不用對青灯時来自有淵淵祿運至還教絡路通一旦貴人相指引也應光耀舊門庭此則榮貴之命鴛幃有犯須招副子嗣秋来朶朶榮運行初甲辰幼年之下未斷平生乙巳運中風塵滾滾世事昏昏丙午運中瀟登泰城方造亨程須史風雨雨過山青丁未運中皇天豈不依人頷臈蓋寒消尽是春未字之中風雨還侵戊申運中榮華當貴當此際財帛共隆福祿增己酉運中琴尊風月金玉松筠庚戌運中悠悠蝶梦杳杳香魂

壬子年　癸卯月　癸卯日　己未時

此八字癸卯日貴之辰配合木土傷官帶殺之格人生值此注人年姿清致天性聰明堂椿顯貴名馳遠吾又簪纓不忝親詩禮傳家業青雲必致身抱濟世安邦之策懷經天緯地之心北海蛟横頭角聳南山豹变小牙新李問有成筆底詞傾三峽水文章敏捷胸中背記五車經閭闔開黄道衣冠拜紫宸此則職兼文武之命駕幃宜有贈子必跳龍門運行初甲辰上人之勢下有晦却無驚乙巳運中早向黌中習舉業宜當秉燭用心勤丙午運中执卷幾回空自嘆特未騰踏到神京就此時也進退不寧丁未運中報道是龍還不信秋闈宴罷赴瓊琳其中小節雨過山青戊申運中玉節豸冠山嶽動綉衣烏府冕神驚己酉運中山河開十郡腰必帶金榮庚戌運中榮回故里五斗解醒辛亥運中歸去也

壬申年　癸卯月　己亥日　壬申時

此八字己土日元相配柱中金木傷官制殺之格財神在柱贼我功名主人生於右族長於仁門萱親先別還招繼椿文蒼年從去程天邊鴻鴈有不同群其為人也年姿清秀天性聰明有微微之計較淡淡之材能知高識下理白分清自有順天之慶豈無福地之深豐年田舍禾盈疊騰日山家酒滿斟財源有分生涯好有利無名也稱情晚年光霽景福祿享無窮此則穩富之命駕幃連珠合子嗣孝還忠運行初甲辰上人庇下未斷平生乙卯運中雨晴天未燒行樂未如心丙午運中小池雨過添新綠深谷春來發舊馨丁未運中春色滿園關不住一枝紅杏出墻東戊申運中買載不辭千里遠貨財惟喜四方通當此之際風雪重重己酉運中財源富足人欽服子貴孫賢受贈封庚戌運中安閑晚景辛亥運中花落月沉

壬申年　癸卯月　丙子日　丁酉時

此八字丙子日元相配柱中木火殺生印綬之格女人得此生於右族長於名門翁姑無倚妯娌行輊其為人也丰姿清秀髮皃精神勝丈夫之氣槩有男子之才能一苑杏花鋪錦綉滿山松栢映幃屏每懷九轉意時抱憫憐心玉座昆崙藏韞色蘭生楚澤散清馨滔滔無阻滯步步助夫門心靜似月明雲漢性急如風捲殘雲雖不鳳冠帔服自然福祿無窮此則旺益之命良人連迷須配少子嗣秋来有挺荣運行初壬寅上人庇下蔭秀閨門辛丑運中契合翠鳳成好多寅綠紅葉是良姻庚子運中疾雲藏月色妬雨損花容過此己亥運中萬疊好山雲作歛一樓明月兩初情戊戌運中羅綺千般色裙釵沁日明丁酉運中夫榮子貴樂意忘情丙申運中無思無慮乙未運中鏡掩晨昏

壬申年　癸卯月　丁丑日　壬寅時

此八字丁火相配柱中水木氽生印綬之格人生得此生於戚族長於華居椿萱雙挽茂棠棣不縣枝丰姿清秀天性操持行藏果断作事三思祖業須重整才囊厚積余市廛生計廣湖海祿元齊雖然不是功名客也應名譽播鄉閭此則旺福之命鴛幃配合須年敵子嗣秋来秀幾枝運行初甲辰上人庇下何是何非乙巳運中不為惜花春起早多應愛月夜眠遲丙午運中梅梢或報春消息始覺陽和滿泰虛丁未運中一番風雪過行樂勝常特戊申運中羅綺飄香風蕩蕩壺觴列座草萋萋己酉運中且安且樂無慮無思庚戌運中清風明月不用一錢買玉山自倒無人推

壬申年　癸卯月　庚辰日　丁亥時

此八字庚辰之日相配柱中木火才官之格傷官在柱減我功名主人生於右族長於名門萱母先歸播耐晚天邊鴻鴈各行鳴其為人也丰姿清秀性格聰明般般精覺件件不精有抵雪欺霜之志截長補短之能重成新事業再整舊門庭祿布江山外名聞湖海中英雄惟贈劍三尺豪傑相逢酒一鍾好意番成惡真心換得嗔才源旺足平生好何必天邊沐寵榮此則穩盛之命鴛幃土命須生敵子嗣秋來有栗英運行初甲辰上人庇下未斷

平生乙巳運中古樹含風帶帶雨寒岩四月始知春丙辰運中精神又樵捽樵捽又精神丁未運中才源旺足家居好風雪官非尚又生戊申運中祿若泉源湧才如春氣生當是時也一番風雨己酉運中延賓玩物會友開樽酉字之中如履薄冰庚戌運中安閑晚景辛亥運中花落月沉

壬申年　癸卯月　癸未日　庚申時

此八字食神制殺之格亦有合祿之意人生得此生於仁門長於良族椿萱中道別鴻鴈各行飛其為人也有見識會支吾頗識聖賢今古心知表裏精神丰姿消洒氣岸高倚藉穿草地生荷葉芦出東家作籬竹才源富足家業盈餘江湖多饒何必上雲衢此則增益之命鴛幃春色聚子嗣晚標奇運行初甲辰上人庇下繼祿之時乙巳運中登臨或值珠雨未孫尋芳拾翠時丙午運中梅傳春信至萬物增光輝丁未運中一番風雪過事業再添齊戊申運中富貴榮華當此際豈愁福祿不多餘己酉運中安閑晚景庚戌運中歸去來兮

壬申年　癸卯月　己亥日　甲子時

此八字己亥之日相配柱中水木才殺之格只嫌自弱滅我功名主人生於石族長於仁門金火搭萱雙晚茂天邊鴻雁各吋鳴其為人也丰姿清秀天性老成多智慧稍聰明般般稍覽件件不精重成新事業再整舊門庭自有順天之慶豈無福地之深生涯湖海上道路或西東得意江山詩句健忘情日月酒盃深但賴財源富足何須天府求榮此則發福之命鴛幃土命須年長子嗣秋來桑梓榮運行初甲辰上人庇下化日陽春乙巳運中娟娟雲裏月灼灼華中英丙午運中雖則行藏有慶也愁花放風生過此丁未運中財源滾滾家居好風雪飛來幸不驚戊申運中簾捲香風生百福軒開化日福元增已酉運中延賓玩物會友開樽庚戌運中晚年閑快樂辛亥運中一枕入巫峯

壬申年　癸卯月　庚辰日　丁亥時

此八字庚辰日時之辰財官之格傷官在柱滅我功名主人生於良族長於仁門搭親耐晚萱光別天邊鴻雁各行群其為人也丰姿清淡天性平能學淡雖知礼義智謀能近賢英祖業添新慶振源勝舊風遇大黃金重長價離雲皓月倚清風田園桑拓茂畝畝稻粱馨春入園林香遍座家之藹月離海嶠光揚宇宙之明晚年必霽景子疊耀門庭此則銳秸之命鴛幃大命須年長子嗣生成貴顯人運行初甲辰搭親庇下未斷平生身衣蘆花絮寒來只自禁乙巳運中天上麒麟從此得天生福祿掌中珍行藏樂順意人事尚無思丙午運中風帶雪來應覺冷鳥啼花落始知春丁未運中財臨庫墓人多福官遇長生命必榮戊申運中一番風雪初晴後子貴孫賢樂太平己酉運中光華疊疊沛澤紛紛庚戌運中晚年多享福辛亥運中一枕了平生

壬申年　癸卯月　壬午日　辛亥時

此八字祿神生於午位號曰祿馬同鄉傷官助才之格人生得此生於右族長於仁門椿萱有倚生雙鬓天邊鴻鴈各行鳴其為人也丰姿清秀天性聰明世事頗能將就俯伏孝欠精通自有近貴親賢之德應上和下之能終是功名客豈為田舍翁三級浪中难变化九年塲上却馳名佇看頭角聳光耀舊門庭此則榮貴之命鴛幃有犯須招副子嗣秋来有挺榮運行初甲辰上人庇下未斷平生乙巳運中蔵氣待時時必達時来遇貴入公門丙午運中旁刑案牘天光彩尚有閑非耗生丁未運中雖則嶒嵘頭角還宜困守家門戊申運中皇恩有感聲名顯紛紛德澤化軍民己酉運中正宜加爵祿何許便辞榮庚戌運中子貴樂田里辛亥運中一跳入巫峯

壬申年　癸卯月　甲戌日　戊辰時

此八字甲木相配杜中之金陽刃合殺之格木在春生處世安然必壽遇斯命者椿萱双晚茂棠棣独光榮丰姿清秀天性聰明高謀遠見機関别懷慨情懷孝識克終是功名客豈為田舍翁一朝騰蹦飛黄去凛凛威風四海清此則榮貴之命鴛幃全正副子嗣挂蘭馨運行初甲辰上人庇下淡淡青雲乙巳運中螢窓宜篤志他日九霄冲丙午運中報道是龍還不信果然奪得錦標新丁未運中乱浪怒虎風生當此之際一番風雪戊申運中耿耿聲名重滔滔祿位陞己酉運中冲擊之所推重生驚寅戌運中田里悠悠樂辛亥運中黄梁夢不醒

壬申年　癸卯月　甲申日　甲戌時

此八字羊刃合殺之格主人丰姿俊雅性格聪明椿萱含晚翠棠棣謁春荣從古覓珠成水府自来求劍到豐城倘若留心於仕路必然富貴顯其身此則碩石藏金之命鴛幃得配良門女子嗣生成跨灶人運行初甲辰上人庇下負笈趋庭乙巳運中牵足須從窓下留心丙午運中機會忽從天下降果然禄馬旺前程丁巳運中威風凜、氣宇奂、戊申運中正欲一方布德誰知三載凉陰己酉運中有丁皆黄甲滿門無白丁庚戌運中三盃遣興三斗觧醒辛亥運中春光苦短一夢难醒

壬申年　癸卯月　乙酉日　丙戌時

此八字乙酉專權之月相配柱中金火傷官印殺之格人生得此生於右族長於仁門椿萱双晚别鴻鴈不同行其為人也丰姿清淡天性果明稍有賢良之智粗知礼義之方李問不親顏孟業生平常履貴人鄉重成新事業再整旧門墻逢兇有救遇难無妨時来才禄旺運至置田庄但欲人生新貴客何必思登天子堂此則開处生才之命兆幃有犯須招硬子嗣秋来朵朵荣運行初甲辰上人庇下未断灾祥乙巳運中月明園翳花放風狂丙午運中不是一番寒徹骨焉得梅花噴鼻香丁未運中財源旺足家居好还愁素耗有時生戊申運中戌四時之佳趣立萬古門庭己酉運中脫年閑快樂會友以流觴庚戌運中春光去也一枕黄粱

壬申年　癸卯月　乙亥日　甲戌時

此八字乙亥日元相配柱中水木才殺之格各得
得此生於良族長於仁門播萱有倚一期壽天邊
鴻鴈有行鳴其為人也丰姿清秀天性乖能世事
頗能將就般般李欠精通水光浮座盃盤瑩和氣
侵人笑語馨　祖業添新慶根源勝舊風福布江
山外名問湖海中得意江山詩句就忘情日月酒
盃深逢危有救遇難無凶才源時至長第宅近來
興鄉民仰德閭里推尊此則豐潤之命鴛幃有犯
須重續子嗣秋來孕孕成運行初甲辰上人庇下

未斷平生乙巳運中世事宛如春夢人情薄似秋
雲丙午運中雖則行藏有慶還愁素耗相侵製花
舞雪佳斷重声丁未運中才源雖旺足花放尚風
生當是時也風雪蒲空戊申運中到此始知時運
好萬物光華百事通片時風雨須刻逡巡己酉運
中如松含晚翠似菊吐金英壬戌運中春光去也
花落月沉

壬申年　癸卯月　戊戌日　己未時

此八字正官之格正官者貴氣之物主人生於溫
潤之族長於仁門萱母先歸椿耐晚天邊鴻鷹獨
超群丰姿磊落天性聰明行藏果斷作事老誠曰
福曰榮學問勤中應有得常安常樂名聞朝野豈
無榮一朝但得風雲便也教祿馬旺前程此穩達之
命鴛幃貿洲宜招副子嗣春英有秀馨運行初甲
辰上人庇下繼祿之中乙巳運中鼓搥清韻動不
擊紫烟生丙午運中驪珠終照魏雷匏豈藏豐丁
未運中旺中尚有盈頭雪雪霽依然福祿增戊申

運中天工三陽開泰運人間一氣轉鳩鈞己酉運
中約梅同醉引鶴徐行庚戌運中春光一去無消
息花落黃昏月已沉

壬申年　　癸卯月　　甲申日　　甲戌時

此八字羊刃合殺之格主人丰姿俊雅性格聰明椿萱含桃翠棠棣鍋春榮從古覓珠成水，府自來求劍到豐城，倘若留心於仕路，必然富貴顯其身。此則硯石藏金之命，鴛幃得配良門女子，嗣生成跨灶人。運行初甲辰，上人庇下負笈遊庭。乙巳運中欲向雲中峯足，須窗下留心。丙午運中機會忽從天下降，果然祿馬旺前程。丁巳運中威風凜凜，氣宇英英。戊申運中正郎一方，布德黎民，三載涼陰。己酉運中有丁背黃甲蒲門，無白丁。庚戌運中三盃遺興三斗觴醒。辛亥運中春光若短一夢難醒。

壬申年　　癸卯月　　戊子日　　癸亥時

此八字戊子日元相配，柱中水木才官之格。人生得此生於右族，長於名門，椿萱双晩，茂鴻鳫各播風。其為人也丰姿清秀，天性聰明，胸羅今古，事李識聖賢，心纔句好，為天下白高才，俊似海東青。終是綉衣驄馬客，豈為田舍鑿耕人。驚遂玉攀蟾桂去，馬隨青帝踏花行，一從姓字傳揚後，九五天門拜聖君。此則榮貴之命。鴛幃有碍須偏正，子嗣榮門孝且忠。運行初甲辰，上人庇下，未斷平生。乙巳運中欲遂平生志，須加董子功。丙午運中擒身高泮水，奉步入雲津。丁未運中錦衣肥馬，重重貴天上恩波浩蕩。新戊申運中幾度君恩，金紫貴兩番風木便人鳴。己酉運中權高損福，慎則無凶。庚戌運中錦衣歸故里，蘿邊樂性情。辛亥運中春光去也，一枕难醒。

壬申年　癸卯月　戊子日　癸亥時

此八字戊子日元相配柱中水木才官之格只嫌身弱減我功名主人生於右族長於高門椿萱双晚茂鴻鴈不同群其為人也丰姿清秀天性聰明般般精覧件件不精行藏應消洒笑傲任枯榮萬里春風行樂領四時佳趣瑞祥生幾番酒醉思吞海數次心高欲步雲得意江山詩句絶忘情日月酒盃深時至才源富足運來福祿騈臻但顧一生家富足何必天府沐皇恩此則厚穩之命鴛幃有紀須年小子嗣秋來朶朶榮運行初甲辰上人庇下未必談論乙巳運中世事短如春夢人情薄似秋雲丙午運中才源雖旺足人事尚舒盈丁未運中慕利不辞千里遠貨才惟顧四方通戊申運中英雄惟贈劍三尺豪傑相逢酒一鍾當此之際風雪重重己酉運中冲擊之所如月入雲庚戌運中一枕餘香隔年夢斜風吹落楚山雲

壬申年　癸卯月　甲申日　乙亥時

此八字甲申專權之日羊刃合之格主人生於文望長於高堂椿萱敫晚翠鴻鴈各翱翔丰姿清秀禮樂鏗鏘學問三冬足詩書萬卷藏終是功名客豈為田舍郎一朝馬上衣冠別此是男兒當自強此則穩榮之命鴛幃簇簇桂子芬芳運行初甲辰上人庇下襲慶迎祥乙巳運中趨庭賡級摘句尋章丙午運中騰身離泮水峯足上朝堂丁未運中衣冠正在風光處只恐西風雪滿堦戊申運中皇恩重有感祿位再加昌己酉運中皇恩未許懸車轉留作朝中作棟樑庚戌運中榮回故里辛亥運中一夢黃粱

壬申年　癸卯月　己丑日　己巳時

此八字己土天元相配柱中金木傷官合殺之格亦有金神之意主人火命椿萱含晩翠天邊鴻鴈不行聯芉姿清秀天性機関英材而出類學問以淵源定是功名之客豈敎豹隱龍蟠學問有成名必著衣冠殊別性強堅機會就来多快樂紫騮嘶過玉樓前此則榮貴之命鴛帏春麗子嗣班蘭運行初甲辰上人庇下木断暑寒乙巳運中窮古今之事理讀聖人之簡編丙午運中鰲遂玉蟾攀桂去馬隨青帝踏花還丁未運中衣冠正在權衡處

只恐西風雪滿嶺戊申運中名聞萬里獄折片言己酉運中文章飄逸金闈奪標格風生玉筍班庚戌運中紫袍金帯無心恋綠水青山有意覩芸窓運中春殘花落一夢黄粱

壬申年　癸卯月　己卯日　壬申時

此八字己卯之日相配柱中旺才偏官之格人生得此生於右族長於宦門椿萱榮晩別鴻鴈各行分其為人也丰姿清秀天性聰明胸藏今古事學識聖賢心驪句好為天下白高材俊似海東青終是功名之客豈為田舍之翁壯海蛟騰頭角聳崙山豹変爪牙新一朝騰踏身榮去整肅衣冠拜九重此則榮貴之命鴛帏有把須招副子配秋来駐顕門運行初甲辰上人庇下木断平生乙巳運中欲遂平生志須加董子功丙午運中莫愁雪阻藍

関道時来頃刻便飛騰丁未運中躍過禹門三級浪秉笏天門拜聖明當此之際風雪滿空戊申運中戕廷金紫貴權任愈增隆己酉運中赤心扶日月素志展經綸庚戌運中春光去也殘月西沉

壬申年　癸卯月　戊戌日　辛酉時

此八字戊戌魁罡之日相配柱中水木才官之格人生得此擔豈有倍処奚雅贈歲枝棠棣秀庭柯其為人也丰姿清雅詩礼冷戌太鵬視宴思莊子積不蔽殊憶下和懸知承寵日金殿听鳴時此則榮貴之命鴛幃有碍子嗣榮華運行初甲辰上人庇下安樂如何乙巳運中忘前事業應加習灯下功夫可切磋丙午運中梅須遜雪三分白雪安輸梅一段丁未運中東蜀金階近明主还有西風起緑波戊申運中錦衣肥馬重重貴須足雲障擁塞歲己酉運中敘簡紫袍真羨玉階似仗听行庚戌運中福祿壽山春探蘭孫桂子娑娑辛亥運中春光老也

子平遺書　三三

壬申年　癸卯月　辛丑日　癸巳時

此八字辛丑日元相配柱中木水傷官助才之格才旺轉生官旺主人生於右族長於名門鴻鴈幾行各裔椿萱一字相聯其為人也丰姿清秀天性操持研窮今古涉獵詩書行藏果斷作事三思終是功名之客豈應田舍耕鋤北海蛟騰頭角聳南山豹变爪牙齊一日風雲相際會九天雨露沐恩帰此則光揚之命運鴛幃連理合子嗣晚標棠運行初甲辰上人庇下福祿之時乙巳運中欲邀平生志潜心下董帷丙午運中執卷幾迴空採月依然困守讀書帷丁未運中男兒志氣當如此袖拂爐香天下知梨花舞雪頃刻趦趄戊申運中金魚初縮帶三度戢加除己酉運中背祿之地權重生非庚戌運中遠帰千里驥閑釣五溪魚辛亥運中訃音一播逝水無迴

子平遺書　三四

壬申年　癸卯月　乙未日　乙酉時

此八字乙亥日元相配柱中金水官印之格木在春生處世安然必壽遇斯命者生於良族長於名門椿父先歸萱晚別膺行天邊除各凌雲其為人也手姿清雅天性本能知高下識重輕過火黃金頭十分之貴色離雲皎月布萬里之清明重成新事業再整舊門庭有心於貨利無意慕功名是非莫管門前客得失須憑塞上翁時至運通財祿旺地靈人傑財祿綿增滿世功名身外事五湖風月樂怡情此則發福之命鴛幃春麗須年啟子嗣金風孝且忠運行初甲辰上人庇下來斷平生乙巳運中春樹金風常帶雪寒岩四月始知春丙午運中精神又憔悴憔悴又精神丁未運中財源滾滾家居好須吏素耗尚愁人戊申運中天上三陽泰人間五福增己酉運中門楣壯觀福祿駢臻需字之中如履薄氷庚戌運中人生從此別無復見儀形

壬申年　癸卯月　癸酉日　乙卯時

此八字癸酉之日相配柱中木火食神助才之格人生得此生於古族長於名門萱毋續絃椿頭逢天邊鴻雁各行鳴其為人也手姿秀淡天性聰明有博古通今之智窮書攬史之能太山北斗千年在和氣春風四座傾終是功名之客豈為田舍之翁雲程坦坦登天去學足悠悠名利成一日風雲相際會九天雨露沐皇恩舒長化日桑麻茂融蕩仁風雨露春此則榮貴之命鴛幃有伦須招副子嗣榮門朵朵馨運行初甲辰上人庇下淡淡青雲乙巳運中欲向雲中奪足須從灯下留心丙午運中時來名始就誇馬入神家丁未運中政化東西洽仁風遠近清戊申運中一天膏雨隨車至千里仁風逐扇生當此之際風雲滿庭己酉運中有才應大用未許便辭榮庚戌運中晚年籬下樂辛亥運中一枕入巫峯

壬申年　癸卯月　乙亥日　丙子時

此八字乙丑日元相配金水官印之格人生得此生於右族長於名門椿萱雖並耄鴻鴈各行鳴其為人也丰姿清秀天性聰明頗窮今古事稍識聖賢經太山北斗千年在和氣春風四座傾終是功名之客豈為田舍之翁三跳御葦沾龍渥千家燈火樂昇平風生紫塞秋横劍月落黄河夜渡兵此則榮貴之命鴛幃金玉潤子嗣彩衣新運狩初甲辰上人庇下未断平生甲辰運中續英登上國相繼祖先功丙午運中声名耿耿氣宇英英丁未運中不入天上路當資將有功戊申運中心源落落堪為將膽氣堂堂合用兵己酉運中　庚戌運中英雄都盡也商塚臥麒麟

壬申年　癸卯月　丙子日　壬辰時

此八字丙子日元相配柱中水木殺生印綬之格女人得此生於右族配於名門椿萱双晚茂鴻鴈不同群其為人也姿容清秀髮鬒精神勝丈夫之氣槩有男子之材能雪為輕粉憑風傳霞作胭脂仗日匀每懷九膺意時抱擇隣心磨穿鐵硯非吾事綉折金針却有功春入水光成嫩緑日匀花萼發新紅性急如江濤湧浪心安似山月秋雲俱顧子貴夫榮贈晚年福禄享無窮此則子貴夫賢之命良人土命須早長子嗣生成貴顯人運行壬寅上人庇下未断并沉辛丑運中契合翠鳶成好婁寅緣紅葉是良姻庚子運中幾度樂中有悶數歯歡哀突生己亥運中桃李千谿錦江山一畫屏戊戌運中子貴家門多壯觀果然弟宅愈光榮丁酉運中羅綺千般色珍羞百味新丙申運中光華疊疊沛澤紛紛乙未運中歸去也

壬申年　癸卯月　癸酉日　癸丑時

此八字癸水相配柱中金木食神帶印之格人生得此生於良族長於名門椿父先歸萱母晚西風鴻鳳陣行分其為人也丰姿清俊天性聰明立仁立義多見多聞梅開白雪飄東閣爭出新梢過北庭田園茂盛生涯好閭里聞名活計頻此則旺足之命鴛幃得配須年敵子嗣金風孝且忠運行初甲辰萱親庇下未斷平生乙巳運中春風猶與徵雨弄晴丙午運中陽回喬木氣轉鴻鈞丁未運中富貴榮華當此際西風瀟洒滿門庭戊申運中才

源旺足喜慶重重己酉運中沖擊之所如月入雲庚戌運中花落水流春已失蘭摧玉折恨何明

壬申年　癸卯月　丙子日　己亥時

此八字丙子日元相配柱中水木殺生印綬之格正謂殺印相生功名顯達遇斯命者生於右族長於名門椿親榮且壽鴻鴈陣行雅其為人也精神烱烱智慧明明奉問有成錦綉胸藏賢聖奉珠璣口吐武文風太山北斗千年在和氣春風四座傾珪璋自是清朝器律呂偏諧治世音終是傳芳之客豈為避世之災一朝騰踏飛黃去金紫榮看次第陞此則榮継之命鴛幃金玉潤子嗣桂蘭榮運行初甲辰上人庇下天朗氣清乙巳運中十年窓

下業一舉便成名丙午運中禹浪三層都躍過風生鐵面鬼神驚丁未運中三度錦衣歸故里兩扶日月上天庭當此之際風木之驚戊申運中佇看官封三級酌然祿享千鍾己酉運中沖擊之所摧重生凶庚戌運中春光去也一枕清風

壬申年　癸卯月　丁丑日　辛丑時

此八字丁丑之日相配柱中水木殺印之格人生得此生於右族長於仁門椿父先歸宾路萱親適與他人天邊鴻雁有各行鳴其為人也丰姿清秀天性乖能行藏究消洒笑傲任枯榮雖成新事業准守舊門庭是非莫管門前客得失須憑塞上翁處事素無榮辱生平幸不富貧一朝時運至才祿有餘盈此則守成之命鴛幃有犯須遣配子嗣枝頭脫節戌運行初甲辰雪晴天未暖行樂未如心乙巳運中娟娟雲裏月灼灼葉中英丙午運中不是一番寒徹骨焉得梅花噴鼻馨丁未運中片段翻奮運野祿迴迴草莽聳彫悲戊申運中門楣壯觀福祿駢臻己酉運中愈老黃花香馥郁歲寒松栢耐長青庚戌運中約梅同醉引鶴徐行辛亥運中春光去也一枕清風

壬申年　癸卯月　甲午日　辛未時

此八字甲午日元相配住中金土才殺之格陽刃合殺為良主人生於右族長於仁門椿父先歸萱後別天邊鴻雁各飛騰其為人也丰姿清秀天性聰明知高下識重輕親賢近貴理白分青重成新事業再整舊門庭福布江山外名聞湖海中兩都秋色皆喬木耆舊風流有幾人不以功名為念豈將冠冕磨礱是非莫管門前客得失須憑塞上翁但願田園富足任他身外無名此則穩享之命鴛幃有犯須年敵子嗣森枝孝義深運行初甲辰上人庇下未斷平生乙巳運中風帶雪來應覺冷鳥啼花落始知春丙午運中正是梅青月白還愁微雨弄晴丁未運中嚴霜積雪都經過始覺陽回萬物生戊申運中庭前竹報平安日檻外花開富貴春己酉運中心事數莖之白髮生涯一片之閑情酉字之中花放風生庚戌運中人生從此別無復見儀形

壬申年　癸卯月　甲戌日　己巳時
此八字甲戌日元相配柱中金火傷官制殺之格喜逢時值金神遇斯命者生於良族長於名門椿萱分別早鴻鴈各行鳴其為人也丰姿清秀天性剛忠知高下識重輕有近貴親賢之德應上和下之能算長名園過舊竹花開上苑勝先春花無桃李非春色人有笙歌是太平田園桑柘茂財祿愈豐盈兩都秋色皆喬木耆舊風流有幾人財源富足平生好何況天邊沐寵榮此則穩足之命鴛幃連珠須配小子嗣秋來有顯榮運行初甲辰上人庇下雲月朦朧乙巳運中雪晴天未暖行樂未如心丙午運中世情濃又淡淡處又還濃丁未運中正是太平光霽景須臾風雨尚愁人戊申運中滾滾財源來正旺旺中風雨不為驚己酉運中富連阡陌行樂如心酉字之中花放風生庚戌運中一枕餘香隔年夢斜風吹散楚山雲

壬申年　癸卯月　丁亥日　辛丑時
此八字丁亥日貴人之辰相配柱中水木殺生印綬之格殺印相生功名顯達主人生於右族長於玄門椿萱一壽鴻鴈分群其為人也手姿清雅智慧明明般般好李件件不精高人理敬貴人相欽萬里無雲天一色三秋好景月長明難入春園折柳好來仙洞誦經談玄揮塵主花雨散遥空道高龍虎伏德重鬼神欽莫道吾家受冷淡仙花仙果樂無窮時未逢貴恥羽仕我為尊此則清貴之命運行初甲辰上人庇下霽月光風乙巳運中好法幽而投蓋地棄塵俗以入空門丙午運中過戶清風為益友可庭明月丁未運中漸漸精神爽看看氣象椎戊申運中才擁東芙沛澤淵門己酉運中執簡當朏朝
玉帝簪冠披服礼天尊庚戌運中有名閑冨貴何用苦思尋辛亥運中桃源春去也蓬島信來追

壬申年　癸卯月　乙亥日　丙子時

此八字乙木日元相配桂中金水官印之格木在春生處世安然必壽人生得此生於右族長於高門椿親耐晚萱先別天邊鴻鴈有行鳴其爲人也丰姿清秀性格雍容有剛断明敏之材理白分清之智重成新事業再整旧門庭梅開白雪飄東閣筝出新梢過北庭田園桑柘茂畝畝稻梁馨無慮冬傳詩礼樂有朋來自遠方親滿世功名身外事五湖風月樂怡情此則發福之命鴛幃春麗須招副子嗣先虧後有益運行初甲辰風雪初晴後行歲未遂心乙巳運中片雲弊日雨過山青丙午運中始知春晝永方覔瑞祥生丁未運中簾捲香風生百福軒開化日祿元增戊申運中雪晴雲散天如洗從此滔滔福祿均己酉運中愈老黃花香馥郁歲寒松柏耐長青庚戌運中才權兼美声勢豪洪辛亥運中黃梁未熟清夢先行

壬申年　丙午月　庚戌日

此八字庚戌魁罡之日相配柱中比土殺生印綬之格合官留殺之論主人生於右族長於名門萱母先歸椿李晚天邊鴻鴈各行鳴其為人也半姿清秀天性聰明胸羅今古事學識聖賢心麗句妙為天下樂高才俊似海東青終是功名之客豈為田舍之翁北海蛟撗頭角聲南山豹變爪牙新一朝偶得風雲便九天雨露沐皇恩此則榮貴之命鴛幃宜正副子嗣晚年榮運行初丁未運中上人庇下未斷生平戊申運中雪晴天未暖芹泮聲書聲己酉運中未道此時多跋涉時來有路入青雲庚戌運中處事須評三尺法理刑渾似一團春辛亥運中雪晴閒闔金紫職加陞壬子運中有財應大用未許便辭榮癸丑運中黃粱夢杳一枕無醒

壬申年　丙午月　辛酉日　甲午時

此八字辛酉專祿之日相配柱中木火才官之格人生得此生於右族長於仁門椿萱雙晚茂鴻鴈各摶風其為人也半姿清秀天性老誠有理白分清之知截長補短之能祖業添新慶根源勝舊風田園桑柘茂畎畝稻粱馨威權有布人欽服財帛興隆福祿增晚年光霽景鄉黨衆推尊此則穩厚之命鴛幃春覺須招硬子嗣榮門孝且忠運行初丁未上人庇下淡淡春雲戊申運中春園雖雨過桃李未生英己酉運中寒向梅中盡春從柳上青庚戌運中近水樓臺先得月向陽花木早逢春辛亥運中一番風雪初晴後從此滔滔福祿增壬子運中財源富足家業愈盈癸丑運中家運阡陌行樂如心甲寅運中一枕餘香隔年夢斜風吹落楚山雲

壬辰年　丙午月　辛卯日　癸巳時

此八字辛金相配柱中旺火才官之格傷官在柱藏我功名主人生於良族長於名門椿父早歸萱後別天邊鴻雁各行群其為人也年從清爽天性老誠行藏果斷拳用人欽福佑江山外名聞湖海中祖業添新立才源自豫茂遊山翫水携詩卷對月觀花把酒酌雖不達侯封爵自然鄉黨推尊此則豐饒之命鸞帳連珠低一截子嗣花前果後生運行初丁未上人旋下未斷平生戊申運中娟娟雲裏月灼灼葉中英己酉運中才源滾滾家居好片時風雨不為驚庚戌運中須叟風雨過依舊瑞祥生辛亥運中旺中曾駁祺福祿自聯孫壬子運中哥擊之所索耗相侵癸丑運中搏翼有酒延佳客蘭室行書教子孫甲寅運中春光去也一道訃音

壬辰年　丙午月　丙午日　丙申時

此八字丙午日刃之辰相配柱中水土傷官雜印之格人生得此生於右族長於名門金命椿萱雙晚贈天邊鴻雁有行鳴其為人也丰姿清爽天性聰明錦綉胸藏賢聖學珠璣口吐武文風麗句妙為天下白高才俊似海東青終是文場折桂客豈為田舍鑿耕人鰲逐玉蟾攀桂去馬隨青帝踏花行一日風雲相際會九五天尹面聖容此則榮貴之命鴛幃全正副子嗣有光榮運行初丁未上人花下花放鳳生戊申運中篤學十年窓下時來一舉成名己酉運中躍過三層浪朝班立縉紳庚戌運中塵拂紫衣催驛騎光生玉節下雲層辛亥運中戢還金紫聲名重風雪飛來便怯情壬子運中有才應大用未許便辭榮癸丑運中官情都似秋霜薄到此不如歸興濃甲寅運中春光去也一道訃音

壬辰年　丙午月　丙辰日　丙申時

此八字丙辰日逢之辰相配柱中水土傷官制殺之格主人生於右族長於名門椿萱有倚一耐饒天邊鴻雁各行鳴其為人也丰姿清秀天性聰明源流三峽詞傾水筆陣千軍然與論太山北斗千年在和氣怡悅座上珍終是功名之格豈非田舍之翁福享南山路祿沾北海風一朝騰達飛升玄九重雨露沐皇恩此則榮貴之命也怫配合須正副桂子秋來有挺成初行戊寅運中上人庇下未斷平生己酉運中欲遇班超投筆志須憑董子下帷功庚戌運中挽卷幾田空採月特來濟會始升騰辛亥運中到此始之文章好長安道上馬蹄輕壬子運中三度君恩喜兩番風不驚己未運中遷金紫樂布德施恩癸丑運中榮中有阻一枕清風

壬辰年　丙午月　癸巳日　甲寅時

此八字癸巳之日喜辰相配柱中火土才殺之格人生得此生於右族長於名門金水椿萱椿有壽天邊鴻雁各行鳴其為人也丰姿清秀天性聰明千古文章邊榮耀一天星斗煥心胸珪璋自是清朝器律呂偏治世音終是功名之客豈為田舍之翁三汲浪中龍變化九重雲外鳳飛騰一朝騰踏飛黃去金紫榮看次第陞此則榮貴之命鴛幃有配須偏正子嗣金風孝且忠運行初丁未上人庇下詩礼趣庭戊申運中十年窗下業時至便陞名己酉運中躍過禹門三汲浪秉笏天門拜聖明庚戌運中折獄片言民訟息九天雨露加陞辛亥運中職遷金紫聲名顯風雲飛來尚恊人壬子運中沖繫之所權重生凶癸丑運中榮歸籬下樂一枕了平生

壬申年　丙午月　丁夘日　乙巳時

此八字丁夘日元相配柱中水土傷官之格女人得此生於良族長配名門椿萱双晚别鴻鴈各行鳴其爲人也姿容清秀髮貌精神有針綴之巧立業之勤雲收華岳千山秀水到湘江一樣清萬里無雲天一色三秋好景月長明相夫應有道訓子挹成群憂福自能辭肉味愛琴應解辨絃聲克勤而克儉易喜而易嗔若非二次明花燭天定先來取舊姻此則益旺之命良人配舊須年長子嗣先虧後有盈運行初乙巳上人庇下未斷平生甲辰運中紅葉溝中傳密意赤繩月下結良姻須曳風雨頃刻逡巡癸夘運中萬里烟雲收斂一樓秋月光明壬寅運中淡烟楊柳岸薄霧杏花村辛丑運中羅綺千般色珎羞百味新庚子運中冲擊之厄如月入雲已亥運中一枕餘香隔年夢斜風吹落楚山雲

壬申年　丙午月　丙午日　己丑時

此八字丙午日丑之戾相配柱中水土傷官制殺之格人生得此生於良族長於仁門椿萱水土雙存晚天邊鴻鴈有聯鳴其爲人也丰姿清秀天性聰明般般好覧件件不精有理白分清之智裁長補短之能曰福曰榮自有順天之慶常安常樂豈無福地之深門外田疇千古計庭門活計四時新歆爲商賈思慕功名祖業添新立才源厚積存第困落敎方成竹魚爲奔波始化龍君若有心於仕路也應光耀舊門庭此則擊石生烟之命鴛幃春麗須招副子嗣森枝晚節榮運行初丁未上人庇下寄月光風戊申運中隱隱輕雷抽碧笋微微細雨潤紅英己酉運中水府不敵珠怎登豊城不掘劍無明庚戌運中威權有布人欽服才帛興隆福禄増辛亥運中一番風雪初晴後從比滔滔福禄均壬子運中延賓玩物會友開樽癸丑運中安閑悦景甲寅運中春夢無憑

壬申年　丙午月　庚申日　丁丑時

此八字庚申專祿之日合殺留官之格女人得此生於右族配於仁門椿萱双晄茂棠棣不聯英姿容清秀天性聰明有針綫之巧立業之勤一苑杏桃鋪錦繡滿山松柏映幃屏雖不鳳冠霞帔自然財帛豐盈此則旺足之命良人水命須年長子嗣秋來孝義深運行初乙巳上人庇下未斷平生甲辰運中匹配名門友花從錦上增當此之際微雨弄晴癸卯運中萬疊好山雲乍斂一樓明月雨初晴壬寅運中天上三陽泰人間五福臻辛丑運中濟濟衣裙絢日輝輝羅綺臨風庚子運中沖擊之所如月入雲己亥運中春光去也花落月沉

壬申年　丙午月　癸亥日　甲寅時

此八字癸亥日元相配柱中火土才殺之格女人得此生於右族長配名門椿親榮且貴鳩鴈各搏風其爲人也姿容清秀髮貌精神翁姑有倚妯娌情輕一苑杏桃鋪錦綉滿山松栢映幃屏滔滔無阻滯步步助夫門楊柳無風枝婀娜梅花有月弄精神雖觸难犯易喜易嗔檻外花開春富貴琅玕竹報日升平此則穩厚之命良人木命須年長子嗣森枝朶朶榮運行初乙巳上人庇下毓秀閨門甲辰運中未英桃李紅紅色且喜湖光淡淡晴癸卯運中淡烟楊柳岸薄霧杏花村壬寅運中羅綺臨風宴珎肴百味新辛丑運中一輪明月光秋夜無限紊花正遇春庚子運中子貴孫賢家業旺何愁白髮鬢邊生己亥運中人生須此別無復見儀形

壬申年　丙午月　丁巳日　辛亥時

此八字丁火日元相配桂中金水木才官之格傷官助才才旺轉生官旺女人得此生於仁厚之族長於豐潤之門椿萱有倚雖雙飛天邊鴻雁各行鳴其為人也丰姿清秀天性聰明知高識下別重分輕勝丈夫之氣槩有男子之材能雪為輕粉湮風傳露作脂胭依日匀箕箒頻繁存禮節相夫教子濟暍能萬多兇華沾沛澤四時佳趣瑞祥生充勤而克孝易喜而易嗔子貴夫賢多快樂滿門祥瑞氣氳氳此則榮旺之命良人連珠須配小子嗣榮門孝且忠運行初乙巳上人庇下毓秀閨門甲辰運中匹配名門後友憂悲尚在其中癸卯運中雖夫門多快樂幾多人事尚匆匆壬寅運中萬疊好山雲飲潔一樓明月兩初精辛丑運中天上三陽泰人間五福增庚子運中歲寒松尚茂秋老菊尤馨子字之中花放風生巳亥運中九地可憐增片玉五雲無後見儀刑

壬申年　丙午月　甲子日　乙亥

此八字甲木日元相配柱中金火傷官制殺之格喜逢印綬生身主人生於右族長於宦門土木椿萱榮晚節天邊鴻雁後隨鳴其為人也丰姿平淡而帶疤痕虛老實假至誠般般稍覽件件不精有近貴親賢之德應上和下睦之能曰祿曰榮自有順天之慶常安常樂豈無福地之深重成新事業再整舊門庭過火黃金重長價離雲皎月倍清明欲為商賈思慕功名鼓隘清韻動石擊紫烟生一朝借得吹嘘力也應祿馬旺前程此則穩厚之命鶯啼有把須年敵子嗣森枝有挺榮運行初丁未上人庇下災晦未伸戊申運中世事宛如春夢人情薄似秋雲己酉運中雖則行藏有慶也應人事虧盈庚戌運中簾捲香風生百福軒開化日祿元增辛亥運中才旺福興家業廣也愁飛絮襲衣襟壬子運中延賓玩物會友開樽癸丑運中晚年安樂甲寅運中一枕秋風

壬申年　丙午月　辛酉日　乙未時

此八字辛酉專祿之日財官之格去官而留殺之意人生得此生於茂族長於高居火命椿萱雙挽茂天邊鴻雁独飛分丰姿清雅天性操持善決善斷多見多知北海蛟横頭角崢南山豹变爪牙齊一朝騰踏飛黄去管取麻衣換禄衣此則榮貴之命鴛幃金玉潤子嗣桂蘭奇運行初丁未上人庇下未断高低戊申運中欲遂平生志潜心下董惟己酉運中奮身鉉白屋平步入雲衢庚戌運中一番風雪過禄位再加寵辛亥運中耿耿声名重滔滔雨露濡壬子運中衝擊之所權重生非癸丑運中夕陽有限夕水無迴

壬申年　丙午月　丙寅日　壬辰時

此八字丙寅長生之日陽杂合杀之格人生得此生於茂族長於高門椿萱不並祿養鴻鴈有不聯群其為人也丰姿清秀天性聰明筆底辞源三峡水胸中瑩潔一天星奮身辞白屋平步入青雲鴻臚三唱聯班礼帽插宫花錦服新此則榮貴之命鴛幃燭夜添新瓞子嗣秋來茶且忠運行初丁未上人庇下祿祿平生戊申運中不負寸陰之惜豈奪題柱之功己酉運中時來名始显騎馬入神京庚戌運中獄析片言民訟息九天恩詔再加陞辛亥運中一番風雪過金紫再加陞壬子運中沖擊之所權重生凶癸丑運中故園光景好甲寅運中一夢返佳城

壬申年　丙午月　壬子日　辛丑時

此八字壬子日司辰相配柱中火土才官之格冲刑太重声卯扶身女人得此生於右族長於名門椿父先帰萱別晩天边鴻鴈各行鳴姿容清秀髮皃精神有針綫之巧立業之勤雲收華岳千山秀水到湘江一様清每懷丸膽意時抱撑憐心玉產昆岡蔵愠色蘭生楚畹散清馨克勤而克儉易喜而易嗔佇看子貴夫榮早也應福禄世無尋此則旺益之命良人大命須年長子嗣秋来大抵衆運行初乙巳上八庇下来断平生甲辰運中契合翠鸞成好奚絲纒紅葉是良姻癸巳運中雖則夫門多快樂还愁花放尚風生壬寅運中羅綺生香添氣象欲披陰風不放腈幸丑運中明月當天生氣爽光華晩景色尤新當是時也一番風雨庚子運中子貴夫榮重喜慶他時行樂沮行程已亥運中春帰去也一枕南醒

壬申年　丙午月　癸卯日　丁巳時

此八字癸卯日貴之辰財殺之格值斯命者生於盛族長於高門椿親耐晩萱先別天邊鴻鴈不聮鳴手姿清秀天性剛忠高謀遠見機関別慷慨情懷學識深驪珠照魏光難掩雷劍蔵豊氣自充一朝但得風雲便秉笏金門拜聖明此則脫白之命鴛幃魚水合子嗣桂蘭馨運行初丁未身良蘆花絮寒来自只禁戊申運中鼓樞清韻動石擊紫烟生己酉運中問名則名顯達問利則利豊盈庚戌運中一番風雪初晴後依舊雲妝月倍明辛亥運中富貴榮華當此際緑楊風送馬蹄輕壬子運中冲擊之所旺處生驚癸丑運中黃梁未熟清夢先行

壬申年　丙午月　丁卯日　丁未時
此八字丁卯日元相配柱中水土傷官助財之格
喜逢建祿為奇主人生於右族長於高門搘父先
歸萱耐脫天邊鴻鴈各行鳴其為人也丰姿清秀
天性聰明般般稍覽件件欠精謀動君子威伏小
人行藏果斷作事老誠祖業添新慶財源加倍增
花無攏李非春光人有生歌是太平歆為商賈思
慕功名時來自有渊渊福運至還教路路通　着意
求名名必遂用心覓利利還豐貴貴匾匾之力終為
發福人　此則鑿石生烟之命鴛幃有犯須招副子
嗣秋來旺宅門運行初己未上人庇下未斷平生
戊申運中雪晴天未發行樂未如心己酉運中精
神又熊悴熊悴又精神庚戌運中陽回泰樂家君
好尚有閑非素耗生辛亥運中到此始知行樂順
名成利就盡如心一番　風雨壬子運中門楣壯觀
福祿駢臻癸丑運中安閑　快樂甲寅運中春夢無
慿

壬申年　丙午月　戊午日　甲寅時
此八字戊午日刃之辰相配柱中木火來生印綬
之格人生得此生於右族長於高門搘萱早晚別
鴻鴈各搏風其為人也丰姿清秀天性聰明雖無
深計較稍有淡平能水光浮座盃盤堂花氣侵人
咲語馨不向仕途求闡達却來湖海覓黄金五湖
生計好四時祿元增福元成岳瀆威勢靂鄉民此
則旺足之命鴛幃有犯須早敵子嗣森枝朵朵榮
運行初丁未上人庇下未斷平生戊申運中幾欲思
高慕遠番成剪雪裁冰己酉運中幾番斂襟都經
过從此才源倍有增庚戌運中旺中尚有盈虧設
雪霽雲開景色異辛亥運中庭前竹振平安月攏
外花開富貴春壬子運中門招壯觀福祿駢臻癸
丑運中晚年閑快樂命友以開樽甲寅運中歸去

壬申年　丙午月　乙卯日　己卯特

此八字乙卯專祿之日偏官助才之格歸祿逢才之論主人
生於右族長於仁門椿父先歸萱謝晚西風鴻雁不聯群
丰姿清秀天性乖能有微微之計較淡淡之聰明曰福曰榮
自有順天之慶常安常樂豈無福地之深樓臺疊疊生涯
富才常興隆福祿增只恐幼年多阻滯索然不損舊藏
積此則富貴之命鴛幃得合如魚水子嗣生成誇灶
人運行初丁未上人庇下寄月光風戊申運中月明雲
翳花放風生己酉運中漸漸精神爽爽氣象新庚戌
運中簾捲香風生百福軒開化日福元增辛亥運中英
雄堆贈劍三尺豪傑相逢酒一鍾壬子運中無慮尽傳
詩礼樂有朋還向遠方親癸丑運中歸去也

壬申年　丙午月　壬申日　辛亥特

此八字壬申長生之日相配柱中火土才官之格人生得
此生於右族長於高門火命椿萱連珠薦天邊鴻雁各
行鳴其為人也丰姿清秀天性聰明般般精攬件件不
精機謀輒腰牽用人欽祖業添新慶根源勝舊門
水光浮座盃盤瑩花氣侵人咲語馨福布江山外名
聞湖海中是非莫晉門前客得失須憑塞上翁
不以功名為念豈將冠冕磨礱拙於自己巧與
他人但願才源富足何須天府求榮此則狂足之
命鴛幃有犯須爭敵子嗣生成孝義人運行初
丁未上人庇下襁褓平生戊申運中春園雖雨
過乾李未生英己酉運中乍雨乍情留客景
或寒或煖困人春庚戌運中才源雖有旺素耗尚
逐生辛亥運中成四特佳趣立萬古門庭須吏風
雨雨過山青壬子運中有田皆種玉無地不栽花
子字之中花放風生癸丑運中暁年閑快樂一枕
了平生

壬申年　丙午月　戊申日　甲寅時

此八字戊申長生之日相配柱中木大杀生印綬之格女人之命一貴可作良人遇斯命者生於右族長配高堂椿萱双晩茂鴻鴈不𨻶行其為人也姿容清秀髮皃異常有針黹之巧立業之良風送芙荷香満院日匀花秀飯魚悠心静似月明雲漢性急如風捲滄浪錦綉花開家富貴琅玕竹報日平安此則益旺之命良人水命須年小子嗣秋来朶朶香運行初乙巳上人庇下毓秀閨房甲辰運中雖則夫門快樂还愁花放風狂癸卯運中萬里烟雲将歛一楼秋月光輝壬寅運中羅綺千般色珎羞百味香辛丑運中于簏于筥乃積乃倉庚子運中冲擊之所月入雲褱己卯運中黄梁未熟清夢先行

壬申年　丙午月　丁未日　庚子時

此八字丁未陰刃之日相配柱中水土傷官食神制殺之格刑冲太重事不十全主人生於良族長於仁門姿容清雅髮貌精神治家雖尽礼訓子挖成群雲妝華岳千山秀水到湘江一派清萬里無雲天一色三秋好景月光明雖非正聘亦不言奔葵藿有心終向日楊花無力暫随風春入水光成嫩緑日匀花蕚發新紅時来才福旺晩年光霽景福禄無窮此則發福之命良人土命須年長子嗣生成貴显人運行初乙巳上人庇下化日熈春甲辰運中奩取名門芰花從錦上生癸卯運中幾度閑中有悶数番静裡憂生丁巳運中不用高燒銀燭月明添倍精神辛丑運中錦綉滿身塵不犯金蓮無力韋娉婷庚子運中食則珎羞百味衣則羅綺千箱己亥運中晩年多快樂戊戌運中一梦入佳城

壬申年　丙午月　戊申日　辛酉時

此八字戊申長生之日傷官帶印之格生於宦族長於名門椿萱榮倚雅双耄鴻鴈天邊不共群半姿清秀天性聰明學問有成定向月宮攀桂子英材敏捷管教沐寵拜明君此則榮貴之命鸞幃春麗桂子金英運行初丁未驚濤乱水脉驟雨暗峯紋戊申運中欽遂班超投筆志須棲童子下帷功已酉運中鵬路高搏知健翼能深躍見脩鱗庚戌運中虎風鸞郡縣化雨潤双旌辛亥運中重重祿位声名振一番風雪使人驚壬子運中山河帰旧国管籥换離宮癸丑運中約梅同醉引鶴徐行甲寅運中訃音一播醉酒三鍾

壬申年　丙午月　辛亥日　乙酉時

此八字辛亥日九相配柱中水火金煞印用官之格喜逢印綬生身遇斯命者生於右族長於名門椿萱享期頤壽鴻鴈天邊不共群其為人也丰姿清秀天性聰明卆問知先覺群書貫一經終是功名客豈為田舍翁雲程坦坦登天府李早悠悠名利成一朝但得風雲便九天雨露沐深恩此則榮貴之命鸞幃大命須拾副子副秋來孝且榮運行初丁未上人庇下來斷平生戊申運中何事不愁今日昔時未傾刻便升騰己酉運中到此始知文章好長安路上馬蹄輕庚戌運中黎民皎父母政化洽西東戊字之中花放風生辛亥運中一天慶雨隨車至千里仁風遇扇生梨花舞雪雨過山青壬子運中沖擊之所旺處生驚癸丑運中夕陽有根春夢無憑

壬申年　丙午月　壬子日　辛亥時

此八字壬子日刃之辰相配柱中火土才官之格只嫌冲破減吾科第成名主人生於右族長於仁門椿萱有倚難雙耄天邊鴻鴈各行分其為人也丰姿磊落天性果剛聰明書藝少倜儻世情長孝問不親顔孟業生平常履貴人鄉終是功名之客豈為田舍之郎一枝刀筆健九載姓名揚佇看頭角聳光耀舊門墻此則榮貴之命篤幃宜有贈子嗣晚光祥運行初丁未上人庇下未斷炎涼戊申運中時来逢貴助桿筆入公堂已酉運中雖則勞

形案牘還愁人事悠揚庚戌運中天府榮沾新雨露門前瑞雪幾番寒辛亥運中皇恩有感達慕名彰壬子運中此運雖然陞位何期一旦還鄉癸丑運中訃音一播酹酒三觴

壬申年　丙午月　乙巳日　己卯時

此八字乙巳日元相配柱中木火傷官助才之格帰禄得財而獲福人生得此生於温潤之族長於穩厚之門萱毋先帰椿耐晚天邊鴻鴈各行鳴其為人也丰姿清秀天性老成雖無深計較稍有洪聰明自有順天之慶豈無福地之深祖業般南就北根原草市鼎新東嶺栽松西嶺秀南園種樹北園青有心於貨利無意慕功名得意江山詩句健忘情日月酒盃深遇險終無險逢凶幸不凶但願一生財禄旺何須天府沐皇恩此則穩厚之命篤

幃火命須年小子嗣生成貴顯人運行初丁未上人庇下未断平生戊申運中登臨值雨賞玩春陰己酉運中雖則行藏有慶還愁素耗相侵庚戌運中才源旺足家居好風雪飛来尚惱人辛亥運中成四時佳趣立萬古門庭亥字之中如月入雲壬子運中愈老黃花香馥郁歲寒松栢耐長青當是時也花放風生癸丑運中子貴家居多快樂春帰花落鳥無声

壬甲年　丙午月　乙丑日　己卯時

此八字木生火傷官之格喜逢日祿以歸時椿萱
耐晚棠棣聯枝丰姿清秀天性能為自有高人起
敬豈無貴客提攜運至鼎新茅宅時來壯觀門閭
渴驥思千里飢鷹待一呼此則擊石生烟之命鴛
幃正副桂子標奇運行初丁未但宜衣下未斷吳
衰戊申運中世事宛如新折柳人情渾似早開梅
己酉運中莫愁行樂無光彩自有高人與指迷庚
戌運中才權秉美福餘多餘辛亥運中貫粟而陳
括衣冠以整齊壬子運中沖擊之所須刻趦趄癸
丑運中人生從此長為別江水東流何日西

壬申年　丙午月　戊午日　甲寅時

此八字戊午日刃之艮相配柱中木火杀生印綬
之格陽刃合殺有功遇斯命者生於右族長於名
門椿父先歸萱耐晚天邊鴻雁各飛騰其為人也
丰姿清秀天性聰明理窮古事無今事書對賢經
与聖經策長名園過旧竹花開上苑勝春紅終是
丈場榮貴之客豈為田舍鑿耕人萬里扶搖驚臙
蟄一声霹靂躍潛鱗風傳五漏金闈曉花映千旗玉
襲春佇看官封三級酌然祿享千鍾此則榮貴之
命鴛幃宜有贈子詞晚昰榮運行初丁未上人庇
下未断平生戊申運中雲晴天未燰困守對客桀
己酉運中多道前程难通達雲霄風便任飛騰庚
戌運中禹浪三層都躍過風生鉄面鬼神驚辛亥
運中既沭皇恩重还愁白雪親壬子運中權高損
福慎則無驚癸丑運中晚年離下樂會友以閑樽
甲寅運中春光如過隙一枕了平生

壬申年　丙午月　壬戌日　壬寅時

此八字壬戌日德之辰相配柱中火土才官之格女人得此生於右族配於名門椿萱双脫茂鴻雁各行群其為人也姿容清雅德茂行真勝丈夫之氣禀有男子之材能翁姑有侑妯娌行輕萬里無雲天一色三秋好景月長明一苑杏桃紅錦點半溪山水綠羅新有遺訓斷機之智相夫教子之能春入水光成嫩綠日匀花蕚發新紅喜則春陽和煦怒則電掣雷轟晚年夫子貴福祿享無窮此則穩旺之命良人同属如魚水子嗣生成奪錦人運

行初乙巳上人在下毓秀閨門甲辰運中紅葉瀟中傳密意赤繩月下結良姻癸卯運中正是梅青月白也應微雨舞晴空壬寅運中濟濟裙釵約日輝輝羅綺臨風辛丑運中才旺生官家業長福星臨煦喜非輕庚子運中夫榮子显樂意忘情己亥運中晚年快樂戊戌運中一枕难醒

壬申年　丙午月　丁巳日　庚戌時

此八字孤鸞之日相配柱中水土傷官助才之格人生得此生於右族長於名門椿萱双脫秀方鴻雁各群鳴其為人也丰姿清秀髮貌精神勝丈夫之氣慨助男子之材能磨穿鉄硯非吾事綉忻金針却有功冥冥蕃顗繁存禮節助夫教子踏賢賢明玉產崑岡藏粹色蘭生楚澤散清馨难觸难犯易喜易嗔嗔佇看子榮夫顯顯也應同沐天恩此則榮華之命良人須配名門客子嗣生成顯貴貴人運行初乙巳上人庇下毓秀

閨門甲辰運中青歸擲葉晴初变紅入桃花嬡未匀癸卯運中夫唱婦随多快樂还愁人事有虧盈壬寅寅運中羅綺臨風舞裙釵化日均辛丑運中子貴夫榮多壯觀何愁第宅不光榮庚子運中冲擊之所如履薄氷己亥運中春光去也一枕清風

子平遺書

壬申年　丙午月　甲寅日　甲子時

此八字甲寅專祿之日相配柱中金火傷官帶印之格年殺助印為奇女人得此生於右族長配高門椿萱先帰萱後别大雁鳴鴈各行飛其為人也姿容清秀体態豊温勝丈夫之氣槩有男子之材能萬里無雲天一色三秋好景月長明步步有助夫之樂滔滔無阻滯之能雖觸雖犯易喜易嗔雖不鳳冠披服晚年子貴光榮此則旺福之命良人丈命豪華客子嗣生成貴顯児運行初乙巳上人庇下毓秀閨門甲辰運中共結綺羅山海固永諧琴瑟地天音癸卯運中雖則夫門多快樂還愁人事尚覊盈過此壬寅運中天上三陽泰又開五福增片時風雨頃刻趦趄辛丑運中羅綺千艘色琛着百味新庚子運中夫貴夫榮須快樂何愁白髮鬢邊生已亥運中安閑脫景戊戌運中帰去也

子平遺書

壬申年　丙午月　丙辰日　壬辰時

此八字丙辰日德之辰相配柱中水土傷官制殺之格主人生於右族長於名門椿萱双晚茂鴻鴈各行鳴其為人也丰姿清秀天性聡明有博古通今之志窮書覧史之能般般精覧件件不精月掛碧天多皎潔名揚湖海有光榮祖業添新慶根原勝舊風身隱隱美之何用人不知之味更真不向仕途求聞達却來湖海覓黄金但願才源富足任他身外無榮此則穩厚之命鴛幃有犯須招小子嗣秋來有捷榮運行初丁未上人庇下末斷平生戊申運中春園雨過來稱登臨已酉運中始知春晝永斷覺瑞祥生庚戌運中一天似洗無雲翳萬里長空月正明辛亥運中雪晴雲散天如洗從此滔滔福禄增壬子運中高朋滿座美酒盈樽癸丑運中引鵲徐行三徑曉約梅同醉一壺春甲寅運中葩已落月尤沉

壬申年　丙午月　戊辰日　癸亥時

此八字戊辰日德之辰相配柱中金水食神助才之格印綬之論身旺宜是才顯女人得此生於右族長於宦門翁姑共倚翁先別妯娌情輕其為人也姿容清秀髮貌超群勝丈夫之氣槩有男子之材能春入氷光或嫩綠月句花影發新紅滔滔無阻滯步步旺夫門唯觸难犯易喜易嗔錦繡花開家富貴琅玕竹報日平安夫榮何足羨子貴又榮封此則榮貴之命良人年小榮華貴子嗣生或貴顯人運行初乙巳上人庇下毓秀閨門甲辰運中奚

合翠鸞成好夢夤緣紅葉是良姻癸卯運中雖則夫門多快樂幾多人事尚齟齬壬寅運中光華疊疊霈澤紛紛辛丑運中鞓中加彩色紅上贈紅英庚子運中羅綺千般色珠羞百味新已亥運中子榮家富足戊戌運中粧臺鏡掩晨

壬申年　丙午月　壬子日　辛丑時

此八字壬子日刃之辰相配柱中火金才盛生官之格女人得此生顏秀美髮貌清奇其為人也生於望族長配宦門奉翁姑能行孝道待妯娌以欠怡情羅綺層層家富貴金玉盈盈衣錦董三從有臨閨門王四德無偏女內承掌家貲曉天性聰明待夫有禮訓子有成初限中年防灾險著年顯子助夫身此則助夫顯子女命良人招貴配桂子出麒麟運行初乙巳閨門之內月白風清甲辰運中柳綠花紅景憂危未脫身貧加運中正在助夫立

業處灾險憂來仔細行壬寅運中良人豪撈廣奴婢亂紛紛辛丑運中嚴霜消盡帶玉替金庚子運中出則簪金而帶玉歸則使女兩邊銀已亥運中子朝鳳闕戊戌運中王母來迎

壬申年　丙午月　乙丑日　庚辰時

此八字水生木木生火傷官用印之格人生得此宜乎得祿得名主人生於喬木長於華宗丰姿俊俏天性剛雄椿萱雙耐晚鴻鴈少凌風學識窮今古英才振筆鋒一朝但得風雲便躍過禹門拜衮龍此則榮達之命鴛幃招賢允列副桂蘭還擬發秋叢運行初丁未上人庇下樂享無窮戊申運中欲遂平生志宜加董子功已酉運中天然一旦來機會疋馬駸駸上九重庚戌運中雪晴加壯麗千里播仁風辛亥運中權高損福慎則無凶壬子運中正在風光處焉能樂酒鍾癸丑運中人生從此別無復見儀容

壬申年　丙午月　丙辰日　壬辰時

此八字丙辰日相配柱中水火殺刃之格人生得此仕路馳聲椿萱堂上先虧父鴻鴈天邊各奮翔丰姿慷慨天性剛明理貫古今之學心明賢聖之經綸擬仕途騰踏豈教莘野躬耕姓字傳揚沾寵渥威聲肅肅播神京姓字登黃甲衣冠拜聖明此則顯榮之命鴛幃配合雙諧老桂子秋來有顯英運行初丁未上人庇下詩禮趨庭戊申運中欲遂平生志潛心對短檠己酉運中霹靂一聲雲霧合果然躍過浪三層庚戌運中一番風雪過祿位又階陞辛亥運中十郡山河開職掌九重恩命又榮徵壬子運中大才大用癸丑運中一夢難醒

壬申年　丙午月　戊申日　壬子時

此八字戊申日相配柱中水火棄印就財之格人生得此丰姿俊秀天性聰明椿萱難擬雙榮養鴻鴈天邊有各鳴學識窮通今古事筆鋒能理憲条情不向文場奮志可從案牘勞形佇看時来逢貴助天官奏最沐恩榮此則栄貴之命篤幃年少尤招副桂子庭前有錦英運行初丁未幼年之景詩禮趨庭戊申運中驀然機會從天降刀筆名馳風浪生己酉運中三疊陽関斟别酒九重天府沐恩榮庚戌運中一番風雪過黎庶仰威稜辛亥運中祿元重顯擢人事有悲驚壬子運中黃花綠酒癸丑運中夢入蓬瀛

壬申年　丙午月　癸亥日　庚申時

此八字癸亥日元相配柱中火土才殺之格人生得此生於藝業之族長於穩盛之門萱毋先歸椿耐晚天邊鴻鴈各西東其為人也丰姿敦篤天性聰誠頗知礼義稍識古今祖業須重立根源再整新行藏寬消洒咲傲任枯榮自有順天之慶豈無福地之深有心於藝業無意慕功名施恩惹怨布德成嗔身將隱矣文何用人不知之味更真但愿一生才祿旺何須天府沐皇恩此則穩厚之命篤幃運珠須配硬子嗣秋来始有戌運行初丁未上人庇下雲月朦朧戊申運中水向石邊流出冷風從花底過来馨片時素耗項刻逡巡己酉運中精神又憔悴憔悴又精神庚戌運中雖則行藏有慶止愁素耗非迷辛亥運中嚴霜積雪都經過從此滔滔福祿增風吹柳絮雨過山青壬子運中衝繫之鄉忽發福始知才祿有餘盈子字之中如履薄氷癸丑運中子秀家寬渠甲寅運中一枕入巫峯

壬申年　丙午月　乙卯日　丁亥時

此八字乙卯專祿之日相配柱中金火傷官助財之格女人得此生於右族長於名門姿容清爽鬓貌超群翁姑双悅成妯娌稍同心有針綫之巧立業之勤雪爲輕粉憑風付霞作胭脂仗日月深明閨壼理洞識古今心楊柳無風枝婀娜梅花有月倍精神滔滔無阻滯步步旺夫門雖是女流之輩過於男子材能克勤而克謹易喜而易嗔雖不鳳冠帔服終身祿享無窮此則旺益之命良人木命須年長子嗣榮門孝且忠運行初乙巳上人庇下化日陽春甲辰運中匹配名門交花從鄒上壻癸卯運中萬疊好山雲下斂一輪明月雨初晴壬寅運中片雲迷斷千山頂頃刻千山依旧青辛丑運中羅綺千般色珎羞百味新庚子運中一度愁心對蒼雲沙禽尤解報井平已亥運中夫賢子貴樂意忘情戊戌運中春光去也一枕清風

壬申年　丙午月　辛酉日　戊戌時

此八字辛酉日相配柱中之木雜氣才官之格人生得此宜乎得祿得名椿萱堂上及平耄鴻鴈天邊後有鳴羊姿英俊天性聰明理貫古今之學心明賢聖之經擊開水府珠生彩拙出豊城劍有聲一從揚姓字便擬顯威星此則榮耀之命鶯幃鴛屬尤招副桂子森森有繼榮運行初乙巳上人庇下月白風清丙午運中讀書漂麥觀史引燈丁未運中禹浪三層都躍過輝輝祿位振神京戊申運中雪情閒闔闔祿位兩加陞己酉運中權衡馳萬里未擬解簪纓庚戌運中老當大用辛亥運中夢入蓬瀛

壬申年　丙午月　丙寅日　甲午時

此八字丙寅之日身坐長生歲殺之格椿親顯姓偕萱秀雁字聯飛有出群其為人也行藏果决天性聰明高謀遠見機関別慷慨情懷學識渫麗白妙於天下白英才俊似海東清鼓挺清韻動石擊紫烟生着意求名名壯觀用心覓利利豊盈此則福荣之命如魚水子嗣光華森果新運行初丁未只宜庇下無辱無荣戊申運中欲跨騰雲騣恩囊忽露萤已酉運中名利必從天上降財源自向遠方生庚戌運中衣冠瀟洒名德斐英辛亥運中正好施權而布德一番風浪使人驚壬子運中苓秀丙歧吾快樂菊開三徑我安寧癸丑運中帰去也

壬申年　丙午月　癸亥日　癸亥時

此八字癸亥之日相配柱中火土才殺之格女人得此生於右族長於名門椿萱晚蒼崴鴻鴈各行鳴其為人也丰姿清秀天性聰明有針緣之巧立業之勤雲收華岳千山秀水到湘江一様清萬里無雲天一色三秋好景月長明此則穩厚之命良人本命須年長子嗣生成貴显人運行初乙巳上人庇下未断平生甲辰運中匹配名門交花從錦上錦生癸亥之中雨過山青壬寅之中滔滔無阻滯步步助夫門辛丑之中花放風生庚子之中冲繫之所如月入雲癸巳之中晚年快樂戊戌之中花落月沉

壬申年　丙午月　戊寅日　丙辰時

此八字戊土日元配合寅午戌火殺生印綬之格喜逢庫墓居時一對椿萱老別父单行鴻鴈向前飛其為人也治家能曉事處衆稍多機不受觸擊非受瞞欺宇宙春来咸煖熱林園陽王尽芳菲此則益貴旺業之命須年長子嗣森枝好義斉運行初乙巳輕風生綉幕淡月照屏幃甲辰運中鷺鷗對浴鸞鳳双飛癸卯運中未是尋芳景焉為可意時壬寅運中春草映輝春水緑福源争勝緑元嵬辛丑運中四景昇平之樂一番風木之悲庚子運中貴賢而子秀福禄喜無丐已亥運中一夢歸泉壤人生萬事飛

壬申年　丙午月　己巳日　乙亥時

此八字己巳日元相配柱中木火柔生印綬之格女人得此生於望族長配名門姿容閨朗体態豊腴治家多應变作事有操持過如男子勝似丈夫楊柳無風枝嫋娜梅花有月倍光輝治内而攝外肝食而宵衣當家常足儉歷事每區區然雖不作榮封婦且喜衣粮足有餘此則益旺家門之命良人得配名家友子嗣生成貴顯人運行初乙巳閨門之内姆訓之時甲辰運中紅葉詩中傳宻意赤繩月下會佳期癸卯運中世事宛如新折柳人情還似半開梅壬寅運中踈踈細雨過漸漸淡雲甲辛丑運中滿目韶華當此景福源浩蕩樂之餘庚子運中莫作千年調還生一度悲已亥運中子孫蟄蟄家門旺老景行藏勝少時戊戌運中菱花飛掮外寒月照機絲

壬申年　丙午月　癸卯日　丁巳時

此八字癸卯日貴之辰相配拄中火土才官之格喜逢值貴人遇斯命者生於右族長於良門椿萱有倚雙耄天遐鴻鴈各行鳴其爲人也丰姿清秀天性聰明胸羅今古事學識聖賢心麗句妙於天下白高材後似海東青終是錦衣肥馬客豈於田舍鑿耕人北海縱横出頭角南山豹變爪牙新一朝但得風雲慶騎馬天門沐寵榮此則榮貴之命篤悻冝有贈子嗣晚先榮丁未運中上人庇下榮辱未分戊申運中欲跨騰雲驥思囊照露螢己酉

運中時来機會好頃刻便升騰庚戌運中朝親玉佩日近明君皇恩有感重嘉禄一番風雪尚愁人壬子運中有材應大用未許便辭榮擣壘有酒延佳客蘭室存書教子孫甲寅運中春光去也花落日沉

壬申年　丙午月　丙辰日　己丑時

此八字丙辰日旺辰相配拄中水土傷官制殺之格人生德此生於右族長於名門萱母慎房椿顕建天边鴻鴈有飛騰其爲人也丰姿清秀天性剛强頗知礼義稍識古今般般好覧件件不精祖業添新慶才源勝旧風門外田疇千古計庭前花木四時新春入園林香座遍蕩月離雲喬光陽宇宙明威權有布人欽服才帛與隆福禄増雖不封侯封爵自然潤屋潤身此則穩厚之命篤悻有犯須招硬子嗣榮門采采馨運行初丁未上人庇下未断昇沉戊申運中擲

親孔孟多好踏青己酉運中爆竹声催殘臘冬折梅香引早春逢庚戌運中庭前竹報平安日檻外花開富貴春當此之際風雪盈庭辛亥運中豊年田舍禾盈畢臘日山前酒满斟壬子運中冲繫之所如月入雲癸丑運中子貴孫賢家業壯甲寅運中赴音一播衆傷情

壬申年　丙午月　丙寅日　己亥時

此八字丙寅長生之日時上偏官之格傷官制殺有功人生得此生於右族長於良門椿親耐晚萱先別天邊鴻鴈有聯鳴其為人也丰姿清俊天性聰明般般揹攬件件不精鬧處愛走冷處不行名利必從天上降才源自向閙中生祖業添新慶根源勝舊風一日貴人相揹引也教祿馬旺前程此則淘沙見金之命篤悼得配名家女子嗣生成貴顯人運行初丁未上人庇下襁褓平生戊申運中未得求謀多遂意先折萱花淚北庭己酉運中自有高人相逆道何愁名利不興隆當此之際報耗還生庚戌運中威權有布人欽服才帛興隆福祿增辛亥運中天上三陽泰人間雨露均壬子運中冲擎之名旺處生鶯癸丑運中安閑晚景甲寅運中春憂無憑

壬申年　丙午月　丁卯日　丁未時

此八字丁卯之日傷官之格其為人也行藏磊落天性從容怒則秋霜烈日喜則和氣春風椿萱晚蒼翠鴻鴈奮長空祖基重整頻事業再磨礱時至運通成事業驀然機會旺才名此則成立之命篤幃全正副桂子旺門風運行初丁未上人庇下雲月朦朧戊申運中正欲尋芳拾翠機多人事匆匆己酉運中座上客常歡撙中酒不空庚戌運中一番風雪卒不成囟辛亥運中才源滾滾氣宇雍雍壬子運中簾捲香風生百福軒開化日祿元豐癸丑運中桑於暮景甲子運中一枕清風

壬申年　丙午月　壬申日　癸卯時

此八字壬申之日身坐長生才官之格正謂才盛生官終身有慶女人得此生於良門長於右族椿父早帰萱晚举鴈鴻無倫又無群其為人也裙釵济楚髮鬼維新事旧姑而有道處妯娌以相親花無蕋李非春色人没昇沉是太平此則助夫益子之命良人士命方偕老子嗣名園花果成運行初乙巳梅月白柳風清甲辰運中春来人事樂氣轉瑞祥生癸卯運中衍螽斯之慶樂魚水之情壬寅運中旦夕風濤滾滾依然福氣臻臻辛丑運中梅須遜雪三分白雪亦輸梅一段馨庚子運中一枕香魂帰不得訃音播也夢难醒

壬申年　丙午月　癸亥日　癸亥時

此八字癸亥之日配合柱中火土才殺之格生於文望之族長於名顯之門椿萱曾享祿鴻鴈各行鳴其為人也半姿清秀天性聰明理窮古事兼令事書對賢經與聖經太山北斗千年在和氣春風四座傾定擬當朝顕朱紫豈教南畝務躬耕鰲逐玉蟾攀桂去馬随青帝踏花門一朝騰踏飛黄去令紫荣看次第陞此則青出於藍之命兆幃有犯須相贈子嗣荣門孝且忠運行初乙未上人光庇天朗氣清戊申運中雖則窮經覽史未應採月登雲巳酉運中到此始知文學好融融春浪躍三層庚戌運中千里霜威金釜重三秋風色綉衣輕辛亥運中承皇歸真荣三世再整衣冠拜九重職遷金紫宇內澄清壬子運中一番風雨初晴後金鑄光照紫微宫癸丑運中荣回籬下樂甲寅運中一枕入巫峯

壬申年　丙午月　庚申日　丁丑時

此八字庚申專祿之日相配柱中火土官印之格人生得此生於右俗長於名門椿父先帰萱耐晚天边鴻鴈各行群具為人也丰姿清秀性格剛忠行藏果斷作事老誠有微微之計較淡淡之聰明重成新事業再整舊門庭月掛碧天多皎潔名播湖海有光榮得意江山詩句絕忘情日月酒盃深莫雄惟贈劍三尺豪傑相逢酒一鍾非不建侯封爵自然潤屋潤身此則穩厚之命鴛幃火命須乙亥子嗣生成跨灶人運行初丁未上人庇下風雪滿庭戊申運中雪晴天未燦行樂未如心己酉運中正是梅青月白还愁微雨弄晴庚戌運中着意種花花不發無心栽柳柳却成陰辛亥運中才源雖富足風雪又盈庭壬子運中近寶玩物會文門樽癸丑運中無思無慮甲寅運中一枕巫風

壬申年　丙午月　丙辰日　丁酉時

此八字丙辰日德之辰相配柱中水土傷官制殺之格陽刃合殺有功人生得此生於右族長於名門金土椿萱雙晚贈天邊鴻鴈隻隨鳴其為人也丰姿清秀天性聰明理窮古史無今事書對賢經與聖經衣冠濟濟人中傑和氣怡怡席上珍終是文章折桂客豈為田舍鑿耕人萬里扶搖鶯睡鼇一聲霹靂躍潛鱗瑤池鞭靜朝南極五夜鍾停拱北宸此則榮貴之命鴛幃年長須年敵子嗣生成貴顯人運行初丁未上人庇下未斷平生戊申運中不負寸陰之惜豈辜題柱之功己酉運中莫愁雪阻蘭闈道時來頃刻躍潛鱗庚戌運中獄折片言明訟息九天雨露再加陞當是運中風雪滿空庚戌運停看官封三級酌然祿享千鍾壬子運中有材應大用未許便辭榮辛未運中安閑晚景甲寅運中一枕清風

壬申年　丙午月　丙寅日　辛卯時

此八字丙寅長生之日相配柱中水土傷官制殺之格女人得此生於右族長於名門椿萱難羹鴻鴈各行鳴其為人也姿容清秀髮兒精神有針綴之巧立業之勤一苑杏桃鋪錦綉滿山松柏映幃屏萬里無雲天一色三秋好景月常明心靜似月明雲漢性急如風捲浪花玉產崑崙藏蘊色蘭生楚澤散清馨一家井水難到老重向人家再續新絃年光霽景福祿享無窮此則旺盛之命良人有犯須年長子嗣秋來朶朶榮運行乙巳上人應下未斷平生甲辰運中雖則業成有慶還愁憂喜並行癸卯運中帳前復綰鴛鴦帶堂上重開孔雀屏須臾雨過山青壬寅運中正是知生明月還愁風雪滿庭辛丑運中不用高燒銀燭月明添倍精神庚子運中衝激之所如月入雲己亥運中春光去也花落月沉

壬申年　丙午月　辛酉日　丙申時

此八字專祿日相配柱中水木官印之格生身得此生於右族長於杏林萱母先歸椿耐悅天邊鴻鴈各行鳴其為人也手姿清秀天性果剛般般招覽件件平常學問不深知禮義青年常履貴人鄉重戒新事業不守舊門墻好術寧傳俗灵丹慣有藏一生自得清高趣萬古賢愚仰秘方此則九流中傑者之命鴛幃宜有贈子嗣悅光揚運行初丁未上人庇下紹襲迎祥戊申運中雪積天未燦行樂尚悠揚己酉運中水向石邊流出冷風從花底過來香庚戌運中妙術廣傳神効驗才源滾滾旺門墻當此之際風捲滄浪辛亥運中濟人陰德在才祿自盈囊壬子運中手箧手筒刀積刀倉癸丑運中晚年閑快樂一枕入黃梁

壬申年　丙午月　乙巳日　丁亥時

此八字乙巳日元相配柱中火土傷官助才之格
女人得此生於良族長配名門椿父先歸萱耐晚
天邊鴻鴈各行群其為人也丰姿清秀髮貌精神
有治家立業之志相夫教子之能鳳逆芰荷香滿
院日匀花蕚發新紅有遺訓斷機之智励勤几膽
之能萬里無雲天一色三秋好景月長明克勤而
克儉意喜而意嗔雖然不是榮封婦自然金谷足
豐盈此則旺益之命嘗怖木命須蚸屬子嗣秋来
旺宅門運行初乙巳上人庇下未斷非沉甲辰運
中詠桃夭之化冷魚水之情癸卯運中乍雨乍晴
留客景或寒或煖困人春壬寅運中雖則夫門才
業旺旺中尚有事虧盈辛丑運中羅綺臨風舞裙
敍化日明庚子運中子秀夫貿家業旺何愁第宅
不光榮己亥運中晚年快樂戊戌運中春夢無憑

壬申年　丙午月　庚申日　辛巳時

此八字庚申專祿之日相配柱中旺火傷刃合之格女人得
此生於右族長於名門椿萱有倚天邊鴻鴈各行鳴其
為人也丰姿清秀天性聰明勝丈夫之氣槩有男子之
財能玉産崑崗蔵蘊色蘭生楚漢散清馨每懷
九膽意時抱擇憐心难觸难犯易喜易嗔滔滔無
阻滯步步助夫門佇看夫榮子貴福祿享無窮此則
益旺之命良人連珠高一載子嗣生成是貴人運行初
乙巳上人庇下甑秀閨門甲辰運中契合翠鸞成好夢
寅緣紅葉是良姻癸卯運中雖則夫門多快樂还愁
人事有虧盈過此壬寅運中雨過園桃簇錦風和楊
柳拖金須史晦斷頃刻逡巡丁丑運中萬疊好山雲
乍嶺一樓明月雨初晴庚子運中子貴夫榮多快
何愁人事不光榮己亥運中晚年閑享福戊戌運
中一枕期為永不醒

壬申年　丙午月　戊申日　癸亥時

此八字戊申長生之日相配柱中旺火印綬之格只嫌才神在救減我功名主人生於良族長於仁門金火椿萱歲晚天邊鴻雁各行鳴其為人也丰姿清雅天性聰明知高下識重輕世事頗能將就般般等欠精通日福日崇自有順天之慶常安常樂豈無福地之深重成新事業再整舊門庭田園桑柘茂畝畝稻粱籌有心於貨利無意慕功名江湖有意人欽敬廟廟無心宇宙輕此則發福之命鴛幃同爲尤招剋子嗣秋來始有成運行初丁未上人庇下未斷平生戊申運中寒向梅中尽春從柳上生己酉運中作雨作晴留客意或寒或煖因人天庚戌運中雨晴雲散天如洗滚滚才源倍有增辛亥運中福若泉淵湧才如春氣生壬子運中晚年快樂會友開樽癸丑運中春光去也花落月沉

壬辰年　丙午月　己亥日　甲子時

此八字己亥日元相配柱中木火官印之格女人得此生於良族配於名門椿萱棠棣难全奉妯娌翁姑分尚輕其為人也姿容清秀髮兒精神治家有道處事克勤勝丈夫之氣槩有男子之才能衣冠濟濟三從備家業盈盈四德新每懷丸膽意時抱擇隣心憂禍自能滋肉味愛琴應聯離絃声难觸难犯易喜易嗔雖不鳳冠帔服自然福祿無窮此則稳享之命良人得配榮華客子嗣生成錦綉人運行初乙巳上人庇下未断平生甲辰運中四配名門友花從錦上增癸卯運中雖則夫門多快樂幾多人事尚虧盈壬寅運中一縷曉烟迷芍藥半湖秋水浸芙蓉辛丑運中須臾雲掩月頃刻月離雲庚子運中冲擊之所如履薄氷己亥運中晚年多快樂風浪凜層層戊戌運中帰去也

壬申年　丙午月　己未日　己巳時

此八字己未陰刃之日相配柱中旺火印綬之格人生得此生於右族長於仁門萱毋先歸還有繼天邊鴻鴈各行鳴其為人也丰姿清秀天性乖能頗知禮義稍識古今親賢近貴自是自能行藏覺瀟洒笑傲任枯榮重成新事業再整舊門庭江湖有生意閭里姓名馨花無桃李非春色人有笙歌是太平但願粟陳貫朽（何）須天府求榮此則穩厚之命鴛幃宜有贈子嗣晚森森運行初丁未上人庇下風雪滿庭戊申運中身衣蘆花絮寒來只自禁

己酉運中正是太平光齊景幾多人事尚斷盈庚戌運中財源滾滾家居好尚有鬧非囊耗生辛亥運中廣捲香風生百福軒開化日祿元增壬子運中愈老黃花香馥郁歲寒松栢耐長春癸丑運中夕陽有限春夢無憑

壬申年　丙午月　甲子日　乙亥時

此八字甲子日元相配柱中火土傷官制煞之格喜逢印綬生身遇斯命者生於右族長於名門上木椿萱晚榮天邊鴻鴈各行鳴其為人也丰姿清雅天性老成知高下識重輕過火黃金重長價離雲皎月倍澄清祖業添新慶根原勝舊風箏長名園過舊竹花開上苑勝先春生涯湖海上踪跡或西東但願財源旺足何須天府登榮此則穩厚之命鴛幃尅後重招水子嗣秋來有挺榮運行初丁未上人庇下花發風生戊申運中雖則行藏有慶

還愁絃斷重新己酉運中漸漸精神爽看看氣象新庚戌運中爆竹聲催殘臘去折梅香引早春逢辛亥運中財源富足家業愈增當此之際風雪滿庭壬子運中財源滾滾家居好須臾風雨不須驚癸丑運中晚年快樂甲寅運中一枕清風

壬申年　丙午月　辛亥日　癸巳時

此八字辛金相配柱中旺火正官之格女人得此生於宦族長於名門姿容清秀貌髮精神有針綴之巧立業之能雲汲華岳千山秀水到湘江一樣清名聞壼理洞識古今情翁姑有倚妯娌情輕楊柳無風枝孃娜梅花有月夢精神難觸難犯易喜易嗔佇看夫榮子秀滔滔享福無虧晚年更有升平福使婢驅奴樂自然此則榮旺之命良人年長榮華客子嗣金風有挺榮運行初乙巳上人庇下未斷平生甲辰運中紅葉溝中傳蜜意赤繩月下結良姻癸卯運中羅綺千般色珍羞百味新壬寅運中天上三陽開泰運人間一氣轉鴻鈞辛丑運中一輪明月當秋夜無限奇花正遇春庚子運中彩中加彩色紅上映紅英已亥運中滔滔享福疊疊光榮戊戌運中春光去也一枕了平生

壬申年　丙午月　乙丑日　丁亥時

此八字乙木相配柱中火土傷官助才之格女人得此生於良族配於衣纓姿容清致髮兒超群有針綴之巧立業之能雲收華岳千峯秀水到湘江一樣清雖非正聘亦不言棄萬里無雲天一色三秋好景月長明椿萱棠棣霜晞日妯娌翁姑不共群性急如風翻浪心安似月離雲上堂不敢專權勢入室方知我是尊晚年子秀多如意始知春日色融融此則正不足偏有余之命良人年長崇華客子嗣生成貴顯人運行初乙巳上人庇下毓秀閨門甲辰運中紅葉溝中傳密意赤繩月下結良姻癸卯運中雖則行藏有慶也愁人事虧盈壬寅運中狐假虎威而獲福蛇居龍穴逞精神辛丑運中羅綺臨風舞珍羞百味香庚子運中冲擊之所如月入雲已亥運中機絲閒畫景明月照黃昏

壬申年　丙午月　己酉日　庚午時

此八字火生土印綬之格印綬者上格也人生值此豈不為良椿萱晚景稚變秀鴻鴈西風少共其為人也恣涼犖犖膽氣堂堂但使柳營攻戰戰何須翰苑習文章仕勲世祿天生定百辛千軍屬欽豫此則武官之命鸞幃重合丞桂子發標香運行初丁未片雲蔽日何損其光戊申運中明月當天生秀麗森羅萬象盡榮昌己酉運中耿耿聲名著滔滔雨露長庚戌運中不奪驍勇為資将力強辛亥運中戈甲層層明塞域獲旌隊隊列疆場壬子運中三任且觀元亮菊五湖傭之子安航癸丑運中見曹承沛澤門户愈添芳甲寅運中華堂称壽乙卯運中蝶夢悠揚

壬申年　丙午月　乙丑日　己卯時

此八字木生火傷官之格喜逢日祿以歸時椿萱耐脫棠棣聯枝丰姿清秀天性能為自有高人救重豈無貴客提携運至羅新第宅特來壯觀門閭渴驥思千里飢鳶侍一呼此則繫石生烟之命鸞幃正副子嗣標奇運行初丁未但宜簷下求斷其衰戊申運中世事儼如新折柳人情還似半開梅己酉運中莫恐行樂無光彩自得高人與指迷庚戌運中才源秉美福慶多餘辛亥運中貲粟而速朽衰殘得整齊壬子運中沖繫之所須刻趣趣癸丑運中人生從此別江水東流何日西

壬申年　丙午月　辛亥日　丙申時

此八字正官之格正官者貴氣之物官多化殺傷官混雜事不十全主人先於望族長於名家椿萱先別父鴻雁各天涯半姿清秀性格驕奢學問有成終顯達英材敏捷祿元賒曆聘定須須詔鄞趑趄不待貽黃麻一朝但得風雲便去除巾幘換烏紗此則榮貴之命鴛幃全正副子嗣長奇葩運行初丁未上人庇下安樂何加戊申運中欲遂平生志須還覽五車已酉運中到此始知時運好雲程坦坦上皇家庚戌運中一番風雪過化日照桑麻辛亥運中耿耿聲威重滔滔祿位加壬子運中沖擊之所須刻趑趄癸丑運中春光去也仙鬼來搓

壬申年　丙午月　丙寅日　乙未時

此八字丙寅長生之日生午月未時為傷官用印之格女人得此姿容闓朗髮兒異常椿萱棠棣霜晞日妯娌翁姑不共竹風送浮雲歸古洞雨滋花蔓發粧新錦秀花開春富貴琅玕竹報日安康此則平穩之命良人配合須年敵子嗣秋來朵朵香運行初乙巳上人庇下冬煖夏涼甲辰運中竹恋花蝴蝶花貪竹鳳凰癸卯運中雖則竹藏有慶還愁雪擁門墻壬寅運中旺中尚有盈虧事事妥依然倍勝常辛丑運中羅倚千般色珎羞百味香庚子運中孫賢子秀其樂何當己亥運中滔滔享福戊戌運中一夢黃粱

壬申年　丁未月　已亥日　丁卯時

此八字已土日元相配亥卯未木局官之格印綬生身五行清正主人生於詩礼長於衣纓椿親光顕棠棣敷榮精神炯々智惠明々衣冠濟々翰墨騰々龍門变化三春浪鵬路逍遥萬里程閶闔開黄道鳴玲瓏　聖明此則維榮之命鴛幃玉潤桂子金風運行初戊申只宜強祿淡々平生巳酉運中讀漂黄卯灯庚戌運中躍過禹門三級浪芳名英耆四方聞辛亥運中面帶霜威鋒鳳閣口傳天語到鵷林當此之際風雲盈庭壬子運中錦衣肥馬重々貴牘上尭符字々明癸丑運中英輝有限早捲經綸甲寅運中花已落月尤沉

子平遺書　二

壬申年　丁未月　癸未日　壬戌時

此八字癸未日元相配柱中火土禩氣才殺之格人生得此生於右族長於高門火土椿萱双晚茂天邊鴻鴈有聯群其為人也丰姿清爽天性聰明學問有成一峯有冲天之勢英材敏捷片言有拆獄之能一從姓字傳揚後凛々威風郡縣新此則榮貴之命鴛幃金玉閨子嗣晚鄧馨運行初戊申上人庇下未斷平生已亥運中十年窓下業黄卷興青灯庚戌運中起鳳騰蛟從此始玉堂金殿豈难登辛亥運中処事但憑三尺法理刑渾如一團春壬子運中一番風雨過三慶沐皇恩癸丑運中停看官封三級酌然祿享千鍾甲子運中春光也花落月沉

子平遺書　二

壬申年　丁未月　甲戌日　壬申時

此八字甲戌日元相配柱中金土雜氣財殺之格喜逢印綬生身遇斯命者生於良族長於名門椿萱雉並耄鴻鴈伴行分其為人也丰姿清秀天性聰明胸羅金石事季試聖賢心太山北斗千年在和氣春風四座頃終是功名客豈為田舍之翁奮身離白屋牽步入青雲一朝騰達蹈飛黃去滾滾衣冠拜九重此則崇貴之命鴛鴦幃重合卺子嗣襟衣新運行初戊申上人庇下未斷平生己酉運中十年窗下留心志他特雲路显明燈庚戌運中禹浪三濤都約過濟濟衣冠拜九重辛卯運中帆浪恐令重虎風生壬子運中只廷金子声名显風雲飛來尚挹人癸丑運中正宜侍明主來許解簪纓甲寅運中一帆黃梁夢十年不復醒

壬申年　丁未月　壬寅日　戊申時

此八字壬寅之日相配柱中火土襍氣才殺之格人生得此生於右族長於名門椿父先歸萱耐晚茂天邉鴻鴈各行鳴其為人也丰姿清秀天性聰明錦秀胸蔵賢學聖味幾口吐武文風堅鑑穎利穎無段筆刀縱横名有之神早登蟾宮攀册精快向頭門奪錦繡獨步黃金辟身朗白玉京一從姓字傳揚後直上金鑾輔聖明此則榮貴之命鴛鴦幃有犯須招副子嗣駐門聯鄰聲運行戊申上人庇下未斷平生己酉運中何事不辞今日苦時來恐刻便升騰辛亥運中到此始知文學好長安道上馬蹄縱壬子運中獄㧜片言民訟息九天雨露亦加陞當此之際風雪滿庭癸丑運中錦衣肥馬重重貴天上恩波浩浩新甲寅運中歸古松筠三籟足錦來軒冕一磨輕乙巳運中九地可慣埋片烏雲萬復見儀刑

壬申年　丁未月　戊戌日　己未時

此八字戊戌魁罡之日相配柱中水木雜氣才官之格喜逢印綬生身遇斯命者生於古族長配名門椿萱有犯先亏母天邊鴻鴈各行鳴其為人也姿容清秀標格精神有針綴之巧立業之勤雖是女流之輩過如男子為能一苑杏桃鋪錦綉滿山松栢映幃屏風送芰荷香滿院日匀花蕚發新紅克勤而克儉易喜而易嗔揚椰舞風枝嫋娜桂花有月罢精神夫榮子貴福祿無窮可惜青春年少女却將玉體配残婚此則榮旺之命良人火命勞身容子嗣森森火挺榮運行初丙午上人庇下毓秀閨門乙巳運中紅葉溝中傳密意赤繩月下結良姻須叟風雨花放風生甲辰運中羅綺千搬色珎羞百味新片時晦耗頃刻逡巡癸卯運中簾捲香風生百福軒開化日祿緣增壬辰運中不用高燒銀燭月明添倍精神辛丑運中晚年子貴顯同沐帝王恩庚子運中粧樓人去臺鏡掩神明

壬申年　丁未月　乙酉日　乙酉時

此八字乙酉專權之日相配柱中金土雜氣才殺之格喜逢印綬生身人生得此生於古族長於高門金木椿萱雙晚茂天邊鴻鴈各行鳴其為人也丰姿清雅天性乖能世事頗能將就般般學欠精通曰福曰榮自有順天之慶常安常樂豈無福地之深重成新事業再整舊門庭豐年田舍禾盈礐臘日山家酒滿斟花無桃李非春色人有笙歌是太平財源時至長第宅運来與雜不建侯封壽自然潤屋潤身此則饒裕之命鴛幃同居須年敵子嗣森枝晚節馨運行初戊申上人庇下未斷平生巳酉運中寒向梅中盡春從柳上生庚戌運中正是梅青月白還愁人事虧盈辛亥運中財源旺足家居好還愁素耗片時生壬子運中福若泉源湧財如春氣生梨花帶雪雨過山青癸丑運中富足以潤其屋德足以顯其身甲寅運中心事數筌之白髮生涯一片之閑情乙卯運中歸去也

壬申年　丁未月　癸未日　庚申時

此八字癸未日元相配柱中火土雜氣才殺之格人生得此生於右族長於高門椿萱有倚先虧父天邊鳴鴈各行鳴其為人也丰姿清秀天性聰明般般稍覽件件不精機謀輙伏舉用人欽祖業添新慶根源勝舊風門外田疇千古計庭前花木四時春遊山翫水携詩卷對月觀花把酒斟福布江山外名聞湖海中身將隱矣文何用人不知之味更莫雖不綺羅衣錦綉也應鄉黨晉人民此則特達之命鴛幃水金須年小子嗣秋來狂宅門運行

初戊申上人庇下風雪未晴己酉運中雪晴天未煖行樂未如心庚戌運中三陽同宇宙一氣轉鴻鈞須史風雨素耗還生辛亥運中才旺福興家業廣也愁人事有虧盈壬子運中庭前竹報平安日檻外花開富貴春癸丑運中豊年田舍禾盈壘臘日山家酒滿斟甲子運中延賓玩物會友開樽乙丑運中歸去也

壬申年　丁未月　己丑日　己巳時

此八字己丑日元相配水木祿官才官之格人生得生於右族長於名門水土椿萱雙晚戊天邊鴻鴈谷行群其為人也丰姿清雅天性聰明頗知礼義稍識古今有近貴親之德應上和下之能曰福曰榮自有順天之慶常安常樂豈無福地之深重成新事業拜整舊門庭門外田疇千古計庭前花木四時新花無桃李非春色人有笙歌是太平鄉民仰得閭里推尊此則穩厚之命鴛幃年長須招木子嗣秋來朵朵榮運行初戊申上人庇下來斷平生己酉運中春園雖

雨過桃李未生英庚戌運中雖則行藏有慶錢多人事虧盈辛亥運中才源滾滾家居好尚有閑非素耗生壬子運中嶺捲香風生百福軒開化日祿元增癸丑運中威權有布人欽服才帛興隆福祿增甲寅運中享子孫之福慶乙卯運中夢香杳之佳域

壬申年　丁未月　丙戌日　己亥時

此八字丙火相配柱中水土傷官制殺之格丁壬作合有功人生得此椿萱双晚茂棠棣藹春蒂芊姿清秀天聰明世事頗能將就般般李欠精通萬里春風行楽頌四時佳趣瑞祥生笋因落籜方成竹萸爲奔波始化龍君若有心於仕路也教禄馬旺前程玉產崑崗藏韞色蘭生楚澤散清馨此則擊石生烟之命鴛幃得配名門女子嗣生成孝感人運行初戊申且宜庇下未斷平生己酉運中欲思登仕路須用對青灯庚戌運中有路必達有志必伴辛亥運中威權有布人欽伏才帛興隆福禄增壬子運中人生正在風光処只恐天边雪滿途癸丑運中引鶴徐行三徑暁約梅同醉一壷春甲寅運中春光去也一枕難醒

壬申年　丁未月　癸未日　癸丑時

此八字癸未日元相配柱中火土襍氣才殺之格人生得此生於右族長於名門萱母先歸椿耐晚天邊鴻鴈各行鳴其為人也丰姿清秀天性聰明般般稍覧件件不精豈無高仕敍時有貴人欽萬里無雲天一色三秋好景月長明田園桑柘茂猷詠稻粱聲遊山翫水携詩卷對月觀花把酒斟不以功名為念豈冠冕磨礱琴樽風月平生好金玉松筠旧歲寒䘵恩慈悲布德成嗔雖不建諸封爵自然潤屋潤身此則穩享之命鴛幃有犯須招副子嗣秋来朶朶荣運行初戊申上人庇下未断平生己酉運中風带雪度霅冷鳥啼花落始知春痕戌運中雖則行藏而有慶還忌鬧非素耗生辛亥運中財源旺足家居好須臾風雨尚愁人福若泉滔旺財如春氣生壬子運中如履薄氷癸丑運中約樽同醉别鵲偶行甲申運中安閑晚景乙未運一夢難醒

壬申年　丁未月　甲申日　辛未時

此八字甲申專權之日相配柱中金土雜氣才殺之格人生得此生於右族長於仁門宣丹續經椿晚茂天邊鴻雁有行鳴其為人也卞姿清秀天性聰明頗知礼義稍識古今有近貴親賢親之德應上和下之能水先浮座盆盤瑩花氣侵人咲語馨祖業添新慶根源勝舊風五湖生計好四海祿長憎清閑棊一局遣興酒三鍾好意脊成惡真心換得嗔雖然不是全歡客也應才祿足豐盈此則豐饒之命鶺幃高一截子嗣秋來顯榮運初戊申上

人底下天朗風清己酉運中淡烟楊柳岸薄霧杏材花庚戌運中嚴霜積雪都經過始覺陽春萬物生辛亥運中小池雨過添新綠深花未發紅盡當先綿風雪還生壬子運中才源富足享樂愈盈斤實掩日頃刻逡巡癸丑運中晚年閑快樂會友以開樽甲寅運中無思無慮乙卯運中一枕難醒

壬申年　丁未月　丁酉日　乙巳時

此八字丁酉日貴之辰相配柱中金水雜氣財官之格人生得此生於右族長於名門金水播萱双晚別天邊鴻雁各行鳴其為人也卞姿清秀天性聰明頗知礼義稍識古今有近貴親賢之德應上和下之能祖業添新慶根源勝旧風福布江山外名聞湖海中兩都秋色皆喬木看旧風流有幾人英雄惟贈劍三尺毫傑相逢酒一鍾蕭穟香風生百福軒開化日福元贈旦願一生財祿旺何必天邊沐寵榮此則穩厚之命鶺幃宜有贈子嗣晚光

榮運行初戊申上人底下未斷平生己酉運中寒向梅中冬春從木上生庚戌運中雖則行藏有慶還愁素耗相侵辛亥運中萬累好山雲作飲一輪明月兩初情壬子運中不得財源富足向祈声勢毫洪當此之際風雪滿庭癸丑運中富足以潤其屋得足以潤其身甲寅運中晚年閑快樂會友以開樽己卯運中夕陽有向春夢無憑

壬申年　丁未月　辛卯日　壬辰時

此八字辛卯日元相配柱中火土雜氣殺印之格傷官合殺有功遇斯命者生於右族長於仁門椿萱雙晚茂鴻鴈各行鳴其為人也丰姿清秀天性乖能般般精覽件件不精有近貴親賢之德應上和下之能祖業添新慶根源勝舊風終是功名之客豈為田舍之翁律法必諍勞案牘功名須藉筆刀成一朝機會至跨馬入神京此則榮貴之命篤幃宜有贈子嗣晚光榮運行初戊申上人庇下雲月朦朧己酉運中世事短如春夢人情薄似秋雲庚戌運中貴人相指引揮筆入公門辛亥運中跨馬起程登上國始知冠冕可榮身壬子運中藏器待時時必達何必區區費盡心癸丑運中皇恩有感德洽民心甲寅運中晚年閑故里會友以閒㨗乙卯運中歸去也

壬申年　丁未月　丁丑日　辛丑時

此八字丁丑日元相配柱中金水雜氣才官之格傷官助才主人生於右族長於名門金土椿萱雙晚別天邊鴻鴈各搏風其為人也丰姿清秀天性聰明頗知礼義稍識古今有近貴清賢之德應上和下之能芦長名園過舊竹花開上苑勝先春終是功名之客豈為田舍之翁一旦謀為遂還揚三考名佇看頭角聳光耀舊門庭晚年重沐寵德澤恩黎名此則榮貴之命篤幃有犯須年長子嗣秋來桑桑榮運行初戊申上人庇下未斷平生己酉運中藏器待時時必達時來機會入公門庚戌運中勞形案牘多光霽雪晴跨馬入神京辛亥運中去除巾幘簪烏帽榮沾雨露耀門庭壬子運中皇恩有感声名顯幾載勞繁困沮心癸丑運中耿耿声名重滔滔祿位陞甲寅運中春光去也一運訃音

壬申年　丁未月　甲午日　戊辰時

此八字甲木日元相配柱中金土雜氣才殺之格申辰會印生身主人生於良族長於仁門金水精薈運珠屬天边鴻鴈不同鳴其為人也丰姿清雅天性聰明般般精覧件件不精有理白分清之智應上和下之能市塵生計廣湖海福元豐第長名園過旧竹花開上苑勝先紅祖業添新慶根奇勝旧鳳萬里無雲天一色三秋好景月長明雖丕青雲得路也應金谷豐盈此則穩旺之命鴛幃同属如夫小子嗣森枝有挺榮運行初戊申上人庇下月白風清己酉運中世事究如春夢人情薄似秋雲庚戌運中漸漸精神豁爽看看氣象增新辛亥運中福布江山生秀麗名聞湖海有光榮壬子運中才源滾滾家居好第宅豐饒喜慶增當此之際風雪滿庭癸丑運中成四時佳趣立為吉門庭子宗孫秀梅白淵清甲寅運中無慮終傳詩礼樂有時来自遠方親乙卯運中桃源春去也逢島信来迎

壬申年　丁未月　壬寅日　甲辰時

此八字棵氣才官之格木星明健為奇女人得此生於右族配於宦門椿萱难並耄鴻鴈各行鳴其為人也姿容憕朗髮皃精神有宵衣旰食之志治家立業之勤一完杏桃鋪錦綉滿山松柏映帷屏雖非正聘亦不言奔克勤而克儉易喜而易嗔仔看夫榮子貴也應福祿無窮此則穩榮之命良人得配榮華客子嗣生成貴显人運行初丙午上人庇下毓秀閨門乙巳運中紅葉譜中傳密意赤繩月下結良姻甲辰運中扶駕虎威而雀躍龍居蛇亢還精神爽卯運中天上三陽泰人間五福增壬寅運中不獨裙釵濟尚祈子貴光榮辛丑運中一輪明月當秋夜無限奇花正遇春庚子運中粧楼人去也臺鏡掩晨明

壬申年　丁未月　壬寅日　甲辰時

此八字雜氣才官之格夫星剛健女人得此生於右族配於高門椿萱難並鸞鴻羅各行嗚其為人也丰姿清朗髮貌精神有肝食宵衣之慨恬治家立業之持能一苑杏桃鋪錦綉滿山松柏映幃扉針綴之巧立業之勤萬里無雲天一色三秋好景月長明克勤而克儉易喜而易嗔行看夫榮子貴也交福祿無窮此則穩榮之命良人得配榮華容子嗣生成貴顯人運行初丙午上人之下未斷平生乙巳運中紅葉溝中傳密意赤繩月下結良姻甲辰運中狐入虎窠添氣像蛇居龍穴逞精神癸卯運中天上三陽泰人間五福增壬寅運中不獨欽裙濟濟尚祈子貴孫榮辛丑運中一輪明月當秋夜萬朵奇花正遇春庚子運中精神有限夢入巫峯

壬申年　丁未月　丙申日　丁酉時

此八字丙申之日柱中相配水土傷官合制殺之格值斯象者椿萱榮贈難雙鸞鴻隨風奮碧霄其為人也丰姿清秀天性風騷既就聖賢學還應祿位高溪澗豈能留得住終居大澤作波濤有心篤志發文苑好把文章教胄一朝姓名傳揚後金紫陞遷掛錦袍此則榮貴之命篤憚兩歡霜滿鬢子嗣班衣孝義高運行戊申上人庇下快樂滔滔己酉運中潛心篤志雪案螢窗庚戌運中幾回夢裏曾攀桂未許承恩佐聖朝辛亥運中到此始知文學好長安道上跨金鞍壬子運中威風奪奸弊祿位又加高癸丑運中風雲初霽後皇門沛澤饒甲寅運中大抵功名只有限不如鞭下飲香醪乙卯運中執淡生平過蓬島仙來格

壬申年　丁未月　己丑日　庚午時

此八字己丑日元相配柱中雜氣殺印之格女人得此生於右族配於名門椿萱有倚雌双毫天邊鴻鴈各行鳴其爲人也丰姿清秀髮見精神勝丈夫之氣緊有男子之材能雲收華岳千重水到湘江一樣清無懷九瞻意常抱擇隣心求冠濟濟三從備家業昂昂德澤新雌鸐雉花易喜易嗔佇看夫榮子貴也應重沐皇恩此則榮貴之命良人得配榮貴容秋來子嗣有顯榮運行運初丙午幼年之下藏秀閨門己巳運中契合金臺成好夢黃緣紅葉足良姻甲辰運中雖則夫門多快樂幾當人事尚盈虧庚子運中夫榮子秀多歡樂片時風雨尚愁人壬寅運中光榮疊疊福祿綿綿辛巳運中綵中多綵色紅上贈紅英庚子運中旺中喜氣常豈足壬寅運中一枕黃粱未不醒

壬申年　丁未月　乙酉日　丙子時

此八字乙酉專權之日相配柱中金水雜氣殺印之格只嫌身弱減吾科第成名主人生於右族長於宦門椿親榮貴萱栢副天邊鴻鴈各行鳴其爲人也丰姿清秀天性聰明般般稍覽件件不精謀動君子威伏小人機關輙伏舉用人欽箏長名園過舊竹花開上苑勝先春琴樽風月爲生計金玉松筠舊歲春時來自有渊渊福運至還教路路通一旦時來機會好貴人薦引顯功名不廢區區力終爲發福人此則機會榮身之命鸞幃有犯須招副子嗣生成貴顯人運行初戊申上人庇下未斷平生己酉運中幾欲思高慕遠沓成捉月捕風庚戌運中精神又憔悴憔悴又精神辛亥運中到此始知時運好時來遇貴有功名壬子運中耿耿聲名重滔滔雨露均梨花舞雪雨過山青癸丑運中威權有布人欽伏祿進才高雨露增甲寅運中子貴晚年閑快樂乙卯運中水流花落鳥無聲

壬申年　丁未月　丙戌日　戊戌時

此八字丙戌日元相配柱中傷官制殺之格人生得此生於右族長於仁門椿親耐晚萱先別天边鴻雁各風鳴其為人也丰姿清秀天性聰明頗知礼義稍識古今有近貴親賢之德應上庇下之能祖業添新慶根原勝旧原月掛碧天多皎潔名源湖海有老榮是非莫管門前客得貴須憑塞上翁時至才源富足運來福禄無窮自則穩厚之命鸞幃有犯須招冨副秋來旺宅門運行初戊申上人庇下來斷平生乙酉運中雪情天未綬行樂未如心庚戌運中雖則行藏右變幾多人事對盈庚辰運中着意種花花不活無心揷柳柳成陰壬子運中成四時佳趣之萬古門庭癸丑運中晚年多快樂甲寅運中夕陽有限春夢無憑

壬申年　丁未月　庚子日　丁亥時

此八字庚金相配柱中火土襍氣官印之格人生得此生於藝苑長於高門木火椿萱晚茂天邊鴻雁聯辟丰姿瀟洒天性聰明行藏知進退作事識重輕祖業添新慶才囊厚積存花無桃李非春色人没榮枯是太平此則平穩之命鸞幃得配名門女桂子生成跨灶人運行初戊申只宜庇下未斷平生己酉運中如日初出似月始升庚戌運中黃金過火重增價白壁離塵色更明辛亥運中水光浮座盃盤瑩花氣侵人咲語馨壬子運中錦綉花開春富貴琅玕竹報日昇平癸丑運中孫賢子秀暮景昇平甲寅運中花已落月尤沉

壬申年　丁未月　丙子日　戊子時

此八字丙子日元相配柱中水土傷官制殺之格人生得此生於右族長於仁門金水椿萱一期壽天边鳴鴈各行鳴其為人也丰姿清秀天性聰明般般稍覧件件不精雖无深計較頗有淡聰明曰福日榮自有順天之慶常安常樂豈无福地之深歆為高貴思慕功名祖業添新慶根基勝旧風莫向生涯誇歲月好來仕路覔功名一朝便得風雲際跨馬天門沐寵榮不貴區區力終為隱跡人此則淘沙見金之命鴛幃有犯須重續子嗣生成貴

顯人運行初戊申上人庇下未斷平生已酉運中雪晴天未煖行樂未如心酉字之中謀望方成庚戌運中天上三陽泰人間仕路通須臾風雨須刻遂退辛亥運中聞名則名显達問利則利豐盈壬子運中威權廣布声名重祿進才多雨露均癸丑運中声名耿耿氣宇英英甲寅運中春光去也一枕難醒

壬申年　丁未月　壬辰日　己酉時

此八字壬辰魁罡之日相配柱中火土雜氣才煞之格人生得此生於良族長於仁門同屬椿萱不同壽天邊鴻鴈各行鳴其為人也丰姿清雅天性乖能雖無讀書志且喜近高人世事頗能將就般般學欠精通田園桑柘茂畝畝稻梁馨自有順天之慶豈無福地之深是非莫管門前客得失須憑塞上翁但願一生財旺足何須天府沐皇恩此則穩厚之命鴛幃連珠底一載子嗣秋來朶朶成運行初戊申上人庇下未斷平生已酉運中世事好

如春夢人情薄似秋雲庚戌運中淡煙楊柳岸薄霧杏花村辛亥運中暫時風雨素耗還生財源旺足行藏好風雪閑非尚惱人壬子運中豐年田舍財盈罍臘日山家酒滿斟子字之中如履薄冰癸丑運中如松含晚翠似菊吐金英甲寅運中無恩無慮乙卯運中春夢無憑

壬申年　丁未月　己卯日　乙亥時

此八字己卯專權之日相配柱中木火雜氣殺印之格才神在柱弑我功名主人生於右族長於仁門萱母先歸椿耐晚天邊鴻鴈各飛鳴其爲人也丰姿清秀天性老成頗知禮義稍識古今有近貴親賢之德應上和下之能祖業添新慶根基勝舊風有心於貨利無意慕功名得意江山詩句健忘情日月酒杯深遇險終無險逢凶幸不凶擅於自己巧於他人雖不建侯封壽自然福祿駢臻此則穩厚之命鴛幃同屬如魚水子嗣秋來朶朶成運行初戊申上人庇下未斷平生己酉運中雪晴天未煖行樂未如心庚戌運中乍雨乍晴留客景或寒或煖困人春辛亥運中財源雖旺足素耗尚愁人壬子運中滾滾財源來正旺旺中尚有盈虧癸丑運中庭前竹報平安日檻外花開富貴春甲寅運中安閑晚景一枕入巫峯

壬申年　丁未月　癸酉日　己未時

此八字癸酉日元相配柱中火土雜氣財煞之格人生得此生於右族長於名門木火椿萱榮茂天邊鴻鴈各行鳴其爲人也丰姿清秀天性聰明知禮義識古今謀動君子威伏小人有理白分清之智裁長截短之能禮樂添新慶根源勝祖風曰福曰榮自有順天之慶常安常樂豈無福地之深無慮盡傳詩禮樂有朋來自遠方親若無桃李非春色人有笙歌是太平但頗財源富足何須天府求榮此則穩厚之命鴛幃火命須年敵子嗣秋來朶朶榮運行初戊申上人庇下未斷平生己酉運中世事宛如新折柳人情薄似半開英庚戌運中到此始知時運好萬物光華百事通辛亥運中須史風雨素耗還生壬子運中庭前竹報平安日檻外花開富貴春癸丑運中延賓賞翫會友開樽甲寅運中晚年快樂乙卯運中夢入巫峯

壬申年　丁未月　丙戌日　癸巳時

此八字丙戌之日配予柱中水土傷官制煞之格丁壬合煞留官女人得此生於右族長於名門椿萱雙晚茂鴻鴈各行鳴其為人也姿容清雅髮貌精神勝丈夫之氣志有君子之材能雲收華岳千山秀水到湘江一樣清萬里無雲天一色三秋好景月長明磨穿鐵硯非吾事綉折金針却有功克勤而克儉易喜而易嗔佇看夫榮子貴也應同沐皇恩此則榮益之命良人連珠榮貴客子嗣生成貴顯人運行初丙午上人庇下蔭秀閨門乙巳運中丙配名門友花從錦上增甲辰運中淡烟楊柳岸薄霧杏花村癸卯運中萬象光華主沛澤果然帔服受榮封壬寅運中食則珍羞百味衣則羅綺千箱乙丑運中光華疊疊沛澤紛紛一番風雨雨過山青甲子運中晚年快樂癸亥運中一枕佳城

壬申年　丁未月　乙未日　辛巳時

此八字乙木日元相配柱中金火食神制殺之格女人得此生於右族配於高門椿萱雙晚茂鴻鴈各行群其為人也姿容清雅髮貌超群翁姑姑有侍妯娌各行群有針綫之巧立業之勤風送荷香滿院日烘花萼色盈庭萬里無雲天一色三秋好景月常明雨過萬重山有色雲開千里月光明克勤而克儉易喜而易嗔霞帔鳳冠身外事平生財祿足豐盈此則發福之命良人大命須年少子嗣森枝一果榮運行初丙午上人庇下化日陽春乙巳運中桃夭之化魚水之情當此之際風雪無驚甲辰運中萬疊好山雲作歛一輪明月雨初晴癸卯運中桃李千溪錦江山一畫屏壬寅運中食則珍羞百味衣則羅綺千層當此之際風雪滿庭辛丑運中彩中加彩色紅上贈紅英庚子運中夫賢子美樂意忘情已亥運中粧樓人去也臺鏡掩空匳

壬申年　丁未月　癸未日　壬戌時
此八字癸未日元相配柱中火土雜氣才官之格主人生於右族長於名門火土樁萱双晚茂天邊鴻雁有聯群其為人也丰姿清爽天性聰明學問有成一舉可冲天之勢英材敏捷片言有折微之能一從姓字登黃甲凜凜威風郡縣驚此則榮貴之命鴛幃金玉潤子嗣有還聲運行初戊申上人庇下未斷平生已酉運中十年窓下業黃卷與青灯庚戌運中起鳳騰蛟從此始玉堂金馬宜難登辛亥運中處事但憑三尺法理刑渾似一團春壬子運中一番風雪過三度聖恩封癸丑運中佇看官封三級酌然祿享千鍾甲寅運中春光去也花落月沉

壬申年　丁未月　辛卯日　戊戌時
此八字辛卯日元相配柱中火土楳氣殺印之格人生得此生於右族長於高門金火樁萱双晚茂鴻鴈各行飛其為人也手姿清秀天性操持頗知礼義稍識詩書有近貴親賢之德應上和下之機見善則誇於己當仁不讓於師性不受觸心不蔵生涯湖海上道路或東西才源旺足平好生好何須騎馬上邦畿此則穩厚之命鴛幃有犯重嘗合巹子嗣有成晚節班衣運行初戊申上人庇下不益不虧己酉運中昏寒風料峭心急馬行遲庚戌運中洛陽三月春光好或寒或煖未如機辛亥運中爆竹聲催殘臘盡折梅香引早春歸當此之際風雪楳楉壬子運中才源旺足家業盈餘癸丑運中縱使家園富足何愁白髮龐眉甲寅運中晚年閑快樂乙卯運中帰鞍歸駛

壬申年　丁未月　丁亥日　癸卯時

此八字丁亥之日貴之辰配合柱中水土傷官制殺之格喜逢印綬生身傷官若用印官殺不為刑女人得此生於右族長配高門椿父先歸萱耐脫天邊鴻雁各搏風其為人也姿顏闓朗髮皃超羣有針線之巧立業之勤算幕蘋蘩存礼節相夫教子豁賢明滔滔無阻滯步步助夫門錦綉花開家富貴琅玕竹報日升平雖不屬冠帔服自然金谷豐盈此則旺益之命良人同屬魚水情深子嗣有成晚年奇虽運行初丙午上人庇下蔭秀閨門乙巳運中紅葉溝中傳寄意赤繩月下結良姻須史風雨未稱登臨甲辰運中雖則夫門財業旺还愁人事有齡盈癸卯運中旺中尚有趑趄事事安滔滔福祿增壬寅運中不用高燒銀燭月明添倍精神辛丑運中綠中加綠色紅上贈紅英庚子運中機綠閣登永明月照黃昏

壬申年　丁未月　甲午日　癸酉時

此八字甲午日元相配柱中金土雜氣財殺之格幸逢時值食神人生得此生於右族長於仁門萱母早歸椿有繼天邊鴻鴈各行鳴其為人也丰姿清秀天性老成雖無深計較稍有淡聰明曰祿曰榮自有順天之慶長安長樂豈無福地之深祖基宜再整事業必重新豐年田舍禾盈譽膽日山家酒滿斟莫向江湖淹歲月好来仕路就功名一朝逢貴相提挈也應祿馬旺前程不費區區力終為隐跡人此則擊石生煙之命鴛幃有碍須招副子嗣秋来有顯榮運行初戊申上人庇下未斷平生已酉運中雪晴天未暖行樂未如心庚戌運中既濟尤將未濟得経尤慮失経辛亥運中着意種花花不活無心插柳柳成陰須史風雨傾刻逡巡壬子運中財源雖旺足風雪滿門庭癸丑運中故園紅日千祥集簾捲香風百福增丑字之中如月入雲甲寅運中晚年閑快樂乙卯運中花落鳥無聲

壬申年　丁未月　庚寅日　壬午時

此八字庚寅之日相配柱中火土襍氣殺印之格丁壬作合有功女人得此生於卑門主賣長於酒舘花門一母幾多父此事世布聞其為人也姿妖嬈体窈窕姿美容無針綫紡績之巧有弹絲品竹之能女流之中濫物裙釵之下妖精洞房夜夜燃花燭情意人人皆可通難觸難犯易喜易嗔公子王孫来有意多自多情少我情一朝遇貴相提挈免教人在污泥中此則前濁後清之命良人多少後從一箇知心子嗣有成豈擬前花後果運行初丙午上人庇下未斷平

乙巳運中不必求媒擇方婿囊中有實是夫翁甲辰運中桃却管絃攻紡績須史風雨片時驚癸卯運中瓜駕虎威而獲福蛇帰龍穴逞精神當此特也風雨還生壬寅運中羅綺千般色珠羞百味𦵏辛丑運中子貴孫榮同享福何愁白髮鬓邊生庚子運中安閑晚景己亥運中臺鏡掩晨明

壬申年　丁未月　丙子日　戊子時

此八字丙子日元相配柱中水土傷官制殺之格人生得此生於右族長於名門金木椿萱　歳長天邊鴻鴈各行鳴其為人也丰姿清秀天性聡明世事頗能将就般般學又精通萬里春風行樂須四時佳趣瑞祥生不以功名為念豈将冠冕磨礱祖業添新慶根源勝舊風月掛碧天多皎潔名揚湖海有光榮是非莫晋門前客得失須憑塞上翁花無桃李非春色人有笙歌是太平但頋財源富足何須天府求榮此則穩旺之命鴛幃水命須年敵

子嗣秋来有挺榮運行初戊申上人庇下淡淡春雲己酉運中世事宛如花折柳人情薄侶半開英庚戌運中雖則財源旺足幾多人事厮盈梨花舞雪雨過山清辛亥運中天上三陽泰人間五福增壬子運中不獨財源富足尚祈声勢豪雄癸丑運中門楣壯觀福禄駢臻庚寅運中春光去也一枕難醒

壬申年　丁未月　癸未日　辛酉時

此八字癸未日元相配柱中火土雜氣才殺之格八生得此生於良族長於侯門萱母先歸還有繼天邊鳴雁各行鳴其為人也平姿清雅天性聰能世事頗能將就艇艇學文精通曰福曰祿自有順天之慶常安常樂豈無福地之深祖業添新慶根原勝舊風五湖四海生涯好萬水千山道路通不以功名為慮豈將冠冕磨礱時至才源富足運來福祿駢臻此則穩厚之命鴛幃連珠高一載子嗣生成蹉灶見運行初戊申上人庇下未斷平生已酉運中雪晴天未騣行樂未如心庚戌運中才源滚滚家居好尚有鬧非素耗生辛亥運中負載不辞千里遠貨才惟喜四方通當此之際晦耗還侵壬子運中桃李千豁錦江山一畫屏須史風雨雨過山青癸丑運中天上三陽泰人間五福增甲寅運中人生從此別無俺見儀形

壬申年　丁未月・辛卯日　庚寅時

此八字辛卯日元相配柱中火土樵氣殺印之格丁壬作合有功人生得此生於右族長於名門椿父先歸萱後別鴈行天際各搏風其為人也姿顏清致髮貌精神勤於紡績多務女工勝丈夫之志有男子材能衣冠濟濟三從偹家業昂昂四德新斷幾曾劾軻親訓剪髮能傳侃母心性急便如風捲浪片時言起片時停雖不鳳冠帔服也應錦綉滿身此則益旺之命良人火命須年長子嗣秋來有挺秀運行初丙午幽閑綉閣毓秀閨門乙巳運中紅葉溝中傳密意赤繩月下結良姻甲辰運中雖則夫門多快樂幾番微雨舞晴空癸卯運中錦綉滿身扶不起金蓮無力哉娉婷須史風雨雨過山青壬寅運中彩中加彩色紅上贈紅英辛丑運中夫賢子秀樂意忘情庚子運中晚年閑快樂已已運中一枕入巫峯

壬申年　丁未月　癸未日　癸亥時

此八字癸未日元相配柱中火土禄氣財殺之格人生得此生於右族長於名門同屬椿萱不同壽天邊鴻雁各行鳴其為人也丰姿清秀日月爵盈行藏果斷天性剛忠頗知禮義稍識古今高謀遠見機関引慷慨春風一妙人自有順天之慶豈无福地之深祖業添新慶根源勝旧風十年道路霜蓬鬢萬里乾坤一草亭不向仕途求聞達却來湖海覓黃金枉施恩德功與他人時至財源旺益運未福禄駢臻但願一生湖海樂何必天邊沐寵榮

此則穩泉之命鴛幃連珠低二載子嗣秋未朵朵成運行初戊申初年之下雲月朦朧己酉運中朧向梅中尽春從柳上生須史風雨進退共驚庚戌運中才源旺益家居好后時素耗尚愁人辛亥運中遨遊湖海才源旺風雨閑非一度生壬子運中成四時佳趣立萬古門庭子字之中如履薄冰癸丑運中天上三陽泰人間五福增甲寅運中夕陽肓限春夢无憑

壬申年　丁未月　己亥日　乙亥時

此八字己土相配柱中雜氣才殺之格人生得此宜乎仕路登榮主人生於右旋長於名門椿萱早晚水木命天邊鴻雁占先鳴其為人也丰姿清秀標格精神衣冠雅肅天性聰明學問異常一舉遂冲天之志英材敏捷片言有析獄之能一從姓字登黃甲聲霸衣冠禄

聖明仰看官封三級着然禄享千鍾此則榮貴之命鴛幃正幃乜添寵子嗣荅開果宮馨運行初戊午幼年之下榮辱未分己酉運中欲酬男子志須用對書灯庚戌運中霹靂一聲雲霧合禹門躍過浪三層辛亥運中令重奸邪伏威嚴鬼膽寒壬子運中錦衣肥馬重重貴天上恩波浩浩新當此之際風雲盈庭癸丑運中正宜秉笏匡朝野未許懸車故里甲寅運中榮題故里乙卯運中春夢無憑

壬申年　丁未月　乙亥日　丙子時

此八字乙亥日元相配柱中金土祿氣財官之格喜逢印綬生身只嫌身弱減我功名主人生於宦族長於高居椿父先歸萱耐晚西風鴻雁各行飛其為人也丰姿清秀天性操持能排布會施為當仁不讓見善不欺祖業宜脩葺財源晚積餘江湖風月閑生計朋友琴樽樂自如生涯湖海上道路或東西歡遊晚年光景好驟然發福振家資此則穩盛之命鴛幃春暖須年敵子嗣秋來秀幾枝運行初戊申幼年之下除晦之時己酉運中爭奈春寒風料悄也其心急馬行遲庚戌運中莫愁前路多惆悵自有高人與指迷辛亥運中不意之中臻喜慶用心之處反成悲壬子運中人生但听天然理財祿增添福祿餘癸丑運中軒闊化日千祥集簾捲香風百福齊甲寅運中一夢遊蓬島空山杜宇啼

壬申年　丁未月　癸卯日　己未時

此八字癸卯日貴之辰相配柱中雜氣才官之格女人得此生於右族長於名門椿萱難並耄鴻雁各行鳴其為人也姿容清秀德茂行貞勝丈夫之氣槩有男子之才能雲收華岳千山秀水到湘江一樣清每懷允贍意時抱撑鄰心玉產崑崗藏韞色蘭生楚澤散清馨克勤而克儉易喜而易嗔雖不鳳冠帔服自然福祿無窮此則旺益之命良人年小如魚水子嗣秋來朵朵榮運行初丙午上人庇下未斷平生乙巳運中契合翠鳶成好夢寅緣紅葉是良姻甲辰運中雖則夫門多快樂幾多人事尚勞盈癸卯運中羅綺千般色裙釵化日明須臾風雨過山青壬寅運中簾捲香風生百福軒闊化日福元增辛丑運中夫賢子貴樂意忘情庚子運中春光去也一枕清風

壬申年　丁未月　戊戌日　戊午時

此八字戊戌魁罡之日襍氣才官之格人生得此椿萱有倚難双髦满傌天邉獨出群其為人也丰姿清秀聰明高謀遠見機関别慷慨情懐學識深珪璋自是清朝器律吕偏諧治世音雲程坦坦登天去舉足悠悠名利成此則利名之命鴛幃重合蚤子嗣雖衣新運行初戊申只宜襍祿未論生平己酉運中欲遂平生志宜當對短檠庚戌運中富貴榮華當此際緑楊門外馬蹄輕辛亥運中耿耿声名重滔滔才祿增壬子運中衣冠正在風流處只恐天邉雪满庭癸丑運中沖撃之所旺處生驚甲寅運中楚臺雲散空留夢漢苑香消不返魂

壬申年　丁未月　戊辰日　丁巳時

此八字戊辰日旺之辰雜氣財官之格日祿歸時之助人生得此生於望族長於高門椿萱双晚茂棠棣不聯榮丰姿清秀天性聰明高謀遠見機関别慷慨情懐學識深豈是池中物尤來席上珎一朝但得風雲便九天雨露沭深恩此則榮貴之命鴛幃春色麗子嗣秀還馨運行初戊申上人庇下詩礼稍親己酉運中貴人相指引祿馬旺前程庚戌運中一旦奮力身名譽顯九年案讀不須親當此之際風末之驚辛亥運中政宜化柬未許愚西洽仁風四境閒壬子運中才権秉美祿位光榮癸丑運中正宜蒞政未許恩甲寅運中榮帰故里丁卯運中一枕難醒

壬辰年　丁未月　辛酉日　乙未時

此八字辛酉之日相配柱中火土棋氣生印之格人生得此生於右族長名門火土椿萱双耽茂天边鴻鴈各搏風其為人也丰姿清秀天性能為雖無深計較稍有淡聰明有近貴親賢之德應上和下之能萬里無雲天一色三秋好景月常明重成新事業再整旧門庭福布江山外名聞湖海中花無桃李非春色人有笙歌是太平才源富足平生樂何必天边沐寵榮此則穩厚之命鴛幃得配名門女子嗣生成孝且成運行初戊申上人庇下花

教風生己酉運中如日方出似月始明庚戌運中隱隱春雷抽碧芦撖微細雨潤紅英辛亥運中桃花千俗錦江山一昼屏壬子運中才帛盈囊人事廣也愁飛紫襲衣襟癸丑運中天上三陽泰人間五福增甲寅運中高朋滿座美酒盈樽乙卯運中人生從此别無復見儀形

壬申年　丁未月　乙亥日　癸未時

此八字棋氣才官之格人生得此生於旺族長於高門其為人也丰資清秀天性老誠有微微之計較淡淡之聰明曰福曰榮自有順天之慶常安常樂豈無福地之深重成新事業再整舊門庭不必覓珠来水府何須求劍到酆城但願一生財源旺何必天馬入青雲此則穩厚之命鴛幃有贈子嗣晚光榮運行初戊申上人庇下來断平生己酉運中寒向梅中盡春從枝上生庚戌運中乍雨乍晴留客景或寒或暖困人春辛亥運中財源旺足

人事對盈壬子運中雪晴雲散天如洗從此財源倍有增癸丑運中延賓翫物會友開樽甲寅運中心事數堂白髮生涯一片閑情乙卯運中春歸去也一桄清風

壬申年　丁未月　癸酉日　庚申時
此八字雜氣才官之格女人得此福足以庇其
身資頗穩厚髮免不輕翁姑双倚妯娌鮮同
群有針綫之巧立業之勤深明閨壼礙洞識古
今文錦秀花開春富貴琅玕竹報日昇平處
世無榮辱生涯富不貧此則旺夫益子之命良人
火命須年長子嗣生成貴显人運行初丙午
上人庇下毓秀閨逢乙巳運中琴調瑟美鳳舞
鸞鳴甲辰運中薰捲香風生百福軒開化日祿
元增癸丑運中片時風雨起頃刻又晴明壬寅
運中錦囊玉軸多余積輝輝羅倚輝層辛丑運
中一輪秋夜月萬里倍清明庚子運中帰去也

壬申年　丁未月　己卯日　甲子時
此八字己卯專權日相配柱中才官印綬之格正謂殺
合身雖遇三奇為一品之貴人主人生於文望之族長
於詩礼之堂土命椿萱榮且茂天边鴻鴈各飛翔其
為人也平姿清秀天性機関英材而出類李問似顏
渊衣冠雅麗頭角峥嵘揚清激濁袪悪除奸終是
功名之客豈教穩赴龍蟠春闈登虎榜秋選定争
先一從姓字傳揚後秉笏金鑾近聖顏此則榮繼
之命兆帰配合須年小子嗣榮門發桂枝運行初戊
申上人庇下花落青山己酉運中桃花已透三層浪
月桂高攀上九天庚戌運中已把嚴威推酷吏更
將仁政蘇黎民辛亥運中戰迁金紫声名显尚
愁風雪一番驚壬子運中日造天門下行聯鷗鷺
堆當此之際柳絮飄綿癸丑運中文章飄逸金閨
秀標榜風流不第班甲寅運中心閑當享真天
爵官旺無為即是仙乙卯運中晚年閑快樂一枕
入黄粱

壬申年　丁未月　甲午日　庚午時

此八字甲午專權日相配柱中金火傷官助殺之格人生得此生於右族長於高居椿萱双脫茂棠棣蕚根殊其為人也丰姿清秀天性聰明頗知礼義稍識古今知高識下不勇不慾有近書親賢之德應上和下之能祖業添新慶才源旺積餘戶長不同家過活新枝花上勝旧枝閭里声名播江湖姓字馳萬里春風行樂頌四時佳趣勝當時時来才祿旺運至福元齊此則旺益之命鴛幃有犯須招硬子嗣秋来朵幾枝運行初戊申上人庇下有何是非己酉運中不為惜花春起早豈應愛月夜眠遲庚戌運中有得有失有喜有悲辛亥運中才源滾滾家居好遷悉破耗與開非壬子運中咸四明佳趣立萬古根基癸丑運中豐年舍裏禾盈滿落日山家酒滿危甲寅運中晚年身快樂會友以圍棋乙卯運中落日沉西

壬申年　丁未月　辛丑日　癸巳時

此八字辛金相配柱中火土襍氣殺印之格女人得此生於茂族長配高門姿容清稚天性聰明有針線之巧立業之能克勤而克儉易喜而易嗔萬里無雲天一色三秋好景月長明佇看夫賢子秀滿門佳氣氤氳此則足穩之命良人年少方無剋子息花前果後成運行初丙午上人庇下未斷平生乙巳運中紅葉溝中傳密意赤繩月下結良姻甲辰運中萬疊好山雲乍斂一樓明月雨初晴癸卯運中錦繡花開多富貴琅玕竹根日昇平壬寅運中紅日點穿湘水碧白雲推破楚山雲辛丑運中安閑晚景庚子運中一枕难醒

壬申年　丁未月　癸未日　乙卯時

此八字癸未日相配柱中木火傷氣才官之格女人得此福足以榮主人生於茂族配於文房春萱棠棣多榮壽妯娌翁姑各一身有能便針綴之機巧助勤九膳之良方住看晚年光霽景輝輝羅綺積千箱此則榮福之命良人配獲英豪客桂子生成昱俊郎運行初丙午榮疧之下毓秀閨房乙巳運中泥融飛燕子沙煖睡鴛央甲辰運中雖則閨門增秀氣一番烟霧鎖垂楊癸卯運中食則珎羞百味衣則羅綺千箱壬寅運中風雪生寒家業變時來

依舊福洋洋辛丑運中晚年安享庚子運中饒捲屐鞋

壬申年　丁未月　庚辰日　壬午時

此八字庚辰之日德之辰相配柱中木火雜氣才官之格喜逢印綬生身過斯命者生於古族長於名門金水椿萱雙耀茂天邊鴻雁各行鳴其爲人也丰姿清秀天性老誠果則果決自是自能過火黃金重長漂離雲皎月倍清明祖業添新慶根原勝舊風月亦海嶠山山秀人有材能處處莫不以功名為念豈将冠冕磨磐身將隱矣文何用人不知之味真更但願一生才祿旺何必天邊沐寵榮此則發福之命鴛幃有犯須重續子嗣秋來朶朶

成運行初戊申上人之下天朗氣清己酉運中淡霧淡烟迷綠柳微風微雨舞精空當此之際絲斷之聲庚戌運中梅須遜雪三分白雪亦輸梅一段馨辛亥運中庭前竹報平安日欄外花開富貴春壬子運中無慮書傳詩禮樂有朋來自遠方親癸丑運中晚年多快樂會交以閑搏甲寅運中春光去也啼鳥無聲

壬申年　丁未月　辛丑日　壬辰時

此八字辛丑日元相配柱中火土雜氣殺印之格
傷官合殺為奇女人得此生於右族配於高門椿
父先歸萱耐晚天邊鴻鴈各行鳴其為人也姿容
閨朗發貌精神雖是女流之輩過如男子材能一
施杏桃鋪錦繡滿山松柏映幃屏磨穿鐵硯非吾
事繡折金針却有功錦繡花開春富春琅玕竹報
日升平雖觸雖犯易喜易嗔夫榮子貴福享無窮
此則榮旺之命良人土金須年長子嗣榮門孝且
忠運行初丙午上人庇下化日陽春乙巳運中紅
葉溝中傳密意赤繩月下結良婚甲辰運中正是
楊春月日還愁微雨弄晴癸卯運中蒙親沾沛澤
同沐帝王恩壬寅運中羅綺千般色孫看百味新
辛丑運中使婢驅奴烹異品抱琴堂上樂升平庚
子運中晚年快樂己亥運中一枕南醒

壬申年　丁未月　辛巳日　乙未時

此八字辛巳日元相配柱中火土雜氣殺印之格
人生得此生於右族長於名門水土椿萱榮暁茂
天邊鴻鴈有隨鳴其為人也半姿清秀天性聰明
胸羅今古事學識聖賢心衣冠濟濟人中傑和氣
怡怡席上珍終是文場折桂客豈為田舍鑿耕人
三級浪中龍變化九霄雲外鳳飛騰一從姓字傳
臚後金紫榮看次第陞此則榮貴之命鴛幃有妃
須怡硬子嗣秋來朵朵榮運行初戊申上人庇下
未斷平生己酉運中不負寸陰之惜豈韋題柱之
功庚戌運中禹浪三層都躍過風生鐵面鬼神驚
辛亥運中腰横金作帶符剖玉為鱗壬子運中雪
晴雲散天如洗金鱗光照紫薇宮癸丑運中未許
懸車轉還留佐聖明甲寅運中晚年閑快樂乙卯
運中一枕了平生

壬申年　丁未月　戊寅日　戊午時

此八字戊寅專權之日稱氣殺印之格人生得此生於喬木長於衣纓椿親榮顯萱暨淋雁鴻天際獨光榮年姿清秀天性明良學問有成筆底倒流三峽水英才敏捷胸中學業五車書定向蟾宮攀桂准擬天門沐寵此則傑榮之命鸞幃春色靄桂子微衣香運行初戊申上人榮庇其樂何當已酉運中讀殘茅店月踏破泮橋霜庚戌運中奮身鋒白屋平步入朝堂辛亥運中處事但憑三尺法理刑渾似九秋霜壬子運中正欲一方布德還愁風捲滄浪癸丑運中正宜食祿未許還鄉甲寅運中訃音一播夢熟黃粱

壬申年　丁未月　乙亥日　壬申時

此八字乙亥之日相配柱中水木稱氣才官之格人生得此宜乎得祿得名主人生於盛族長於名門萱母續絃椿磊落天邊鴻鴈各飛鷹其爲人也羊姿清秀天性聰明學問有成筆鋒椎健千人敵英才敏捷談笑風流四座傾定擬當朝是朱紫豈爲田舍鑿耕人一朝騰踏飛黃去金紫榮肴次第陞此則榮貴之命鸞幃有紀須招副子嗣生成貴是人運行初戊申上人庇下未斷平生已酉運中欲遂平生志須加董子功庚戌運沖時來風送滕王閣何愁鵬路遠千程辛亥運中禹門三層都躍過濟濟衣冠拜衮龍壬子運中既沐皇恩重丞愁白髮親癸丑運中正欲忠君輔國未應解組思尊甲寅運中榮回離下樂乙卯運中一枕入巫峯

壬申年　丁未月　丙戌日　甲午時

此八字丙戌日元相配柱中水土傷官助殺之格人生得此生於右族長於高門椿萱亡皓首鴻鴈各飛空其為人也丰姿魁偉天性老誠斷萬理直處事公平風月處友瀟洒客情頗知禮義稍識古今機謀韜腹舉用人欽祖業添新慶才源厚積存花無桃李非春色人有笙歌是太平朝中無姓字湖海有聲名兩都秋色皆喬木老以風流有幾人好意番成惡真心換得嗔雖不建侯封爵貴有金有粟也榮身此則因富致貴之命鴛幃正副方偕老子嗣森枝朵榮運

行初戊申上人庇下未斷平生己酉運中娟娟雲裏月灼灼葉中花庚戌運中遨遊湖海多興旺尚有閑非素耗生辛亥運中才源富廷福祿駢臻須史風雪雨過山青壬子運中富貴榮華當此際須史風雨尚愁人癸丑運中晚年閑快樂會友以閑樽甲寅運中無思無慮乙卯運中春夢無憑

壬申年　丁未月　壬午日　庚子時

此八字六壬半臨午位號曰祿馬同鄉祿氣才官之格女人得此生於茂族適於高門椿萱棠棣翳昧日妯娌翁姑稍共群姿容清致髮見精神深明閨壼理洞識古今文一苑杏桃鋪錦繡滿山松柏映幃屏此則榮旺之命良人配合須年長桂子秋來朵朵馨運行初丙午上人庇下樂享昇平乙巳運中佳配成乘交花從錦上增甲辰運中添夫家才業長自己之精神癸卯運中片雲蔽日雨過山青壬寅運中綠中添綠紅上添紅辛丑之中冲擊之

所月冷黄昏庚子運中春殘花落杜宇空啼

壬申年 丁未月 丙申日 己丑時

此八字丙申長生之日相配柱中水土傷官制殺之格丁壬作合有功主人生於右族長於名門金火椿萱双晚茂天邊鴻雁陣行分其爲人也丰姿清秀天性老誠知輕識重理白分清行藏果斷作事老誠謀動君子威伏小人祖業添新慶根源勝旧風萬里無雲天一色三秋好景月長明生涯湮湖海上道路武西東才源有分生涯好何必天邊沐寵榮此則發福之命鴛幃春麗須年敵子嗣森枝孝義深運行初戊申上人庇下未斷平生

己酉運中莫道儒冠悞螢窓患不勤庚戌運中春園雖丙過桃李未生英辛亥運中始知春晝永方覓瑞祥生壬子運中庭前竹韜平安日擬外花閒富貴春當此之際風雪満庭癸丑運中軒開化日千祥瑞藹捲香風百福增甲子運中無思無慮

乙丑運中一道訃音

壬申年 丁未月 丙申日 戊戌時

此八字丙申日元相配柱中水土傷官印殺之格丁壬作合有助值斯命者生於右族長於高門椿萱親入贅萱賢淑天邊鴻雁後隨鳴其爲他丰姿清雅天性乖能般般稍覽件件不精雖無多計較稍有淡聰明親賢近貴自是自能爭長名園過旧竹花開上苑勝先春萬里春風行樂鎮四時佳慶錦祥生不以功名爲念豈將冠冕磨礱田園有意公鄉小廊廟無心宇宙輕但願一生材綠旺何必天邊沐寵带此則穩厚之命鴛幃有犯連珠敵子嗣秋來朵朵成運行初甲申未必評論己酉運中春園雖雨過桃李未生英庚戌運中淡煙楊柳岸薄霧杏花村辛亥運中才源旺足家居好素耗閒飛尚惱人壬子運中着意種花花不發無心插柳柳成陰子字之中須史風雨癸丑運中天上三陽泰人間五福增甲寅運中無思無慮乙卯運中春去無慮

壬申年　丁未月　辛巳日　癸巳時

此八字辛金相配柱中大土雜氣才殺之格人生得此生於右族長於仁門椿萱双晚茂棠棣獨光棠芋姿清秀天性聰明頗知礼義稍識古今名利必天上降才源自向遠方生一日貴人相指引九年登黌沐恩光此則吏貴之命鴛幃全正幃子嗣桂蘭馨運行初戊申上人庇下求斷平生巳酉運中機會來時逢貴助高揮劍筆助公廳當此之際活見奇人庚戌運中雲晴跨馬登天去恩沾雨露耀門庭辛亥運中蓮暮声名振滔滔祿

位陞壬子運中為官不用三場來治政全憑九載勤癸丑運中安享沾酬之芳酒甲寅運中春殘鳥無声

壬申年　丁未月　辛卯日　乙未時

此八字辛卯之日相酏柱中大土雜氣殺印之格女人得此生於右族長於名門椿萱双晚茂棠棣發春栄其為人也姿容清秀德茂真良有肝食馆衣慎惱治家立業之能重為輕粉恐風傳霜作胭脂仗日匀箕帚頻縈存礼節相夫教子踰賢明萬里無雲天一色三秋好景月長明性急如風捲浪心靜似月雖雲晚年子貴夫栄日福祿滔滔享不窮此則旺益之命良人年長凌豪客子嗣崇門晚節馨運行初丙午香閨之內母訓輙尊乙巳運中

紅葉溝中傳客意赤繩月下結良姻片時風雨喜不成凶甲辰運中柳嫩不禁三月雨花嬌猶忌五更風癸卯運中天上三陽太人間五福增壬寅運中食則珍羞百味衣則羅綺千箱辛丑運中滔滔才福旺何愿雪盈門庚子運中夫栄子秀多如意己巳運中粧楼人去也臺鏡掩晨明

壬申年　丁未月　戊子日　戊午時
此八字戊子日辰相配柱中金水食神助才之格人
生得此生於右族長於仁門萱母先帰椿耐晚天遥
鴻鴈各行鳴其為人也丰姿清秀天性老誠頗知禮
義稍識古今有近貴親賢之德應上和下之能祖業
宜脩葺才源晚倍增不以功名為念豈将冠冕塵龍
是非莫嘗門前客得失須憑塞上翁江湖有意公卿
小廊廟無心宇宙輕時来才禄旺運至福無窮鄉民
仰德閭里推尊此則穩厚之命鸞幃會合須年小子嗣
森枝有繼宗運行初戊申幼年之下未断平生己酉
運中風帶雪來應覔冷馬啼花落始知春庚戌運中
乍雨乍晴留客景輕寒輕煖困人春辛亥運中嚴霜
積雪都經過從此滔滔福壽增壬子運中桃李千谿
錦江山一昼屏須吏風雨過山青癸丑運中引鶴偶
行三徑晚約梅同醒一壺春甲寅運中安閑晚景乙
卯運中花落月沉

壬申年　丁未月　丙申日　丁酉時
此八字丙火相配柱中水土傷官制殺之格丁壬
作合有功人生得此水火椿萱雙有倚天遥鴻鴈
廣聯群其為人也丰姿清秀天性聰明知今古識
世情豈是池中物龍未席上珎祖業增華麗才源
厚積存門外田園千古計庭前活計四時新豈係
白衣閑故里定應光顯耀門庭一朝但得吹嘘力
果然禄馬旺前程此則發福之命鸞幃烛夜添新
丞子嗣生成貴顯人運行初戊申上人庇下何慮
平生己酉運中世事宛如新折柳人情簿似半開
英庚戌運中驀道機會從天降名利與隆頃刻中
辛亥運中一番風雪過才禄愈添增壬子運中威
權有瑞声名重福禄駢臻弟宅與癸丑運中黄花
晚節美酒盈樽甲寅運中松尚茂栢尤青乙卯運
中帰去也

壬申年　丁未月　庚寅日　丁丑時

此八字庚金相配柱中木火據氣才官之格人生得此生於茂族長於華堂椿萱敷晚翠棠棣謟春芳年姿清秀禮樂鏗鏘聰明書藝遠倜儻世情長梅開白雲飄東閣當出新梢過北牆驪珠照魏光捲雷劍生豐氣英藏際會風雲應有甚應頭角偉軒昂此則特達之命鶯幃得配名門女桂子生成奪錦朗運行初戊申上人庇下襲慶迎祥己酉運中如花向日枝枝艷似節寧羅鄭鄭長庚戌運中萬象光華沾沛澤四時佳趣樂納祥辛亥運中威權有佈人欽仗才帛興隆雨露昌壬子運中小池雨過添新祿深谷春來發旧香癸丑運中延賓而酌酒會文以流觴甲寅運中春殘花落流水湯湯

壬申年　丁未月　丙申日　丁酉時

此八字丙火相配柱中水土傷官制殺之格人生得此生於茂族長於高門椿萱有倚難雙耄天邊鴻鴈不聯群年姿局落天性聰明有博古通今之志栽長補短之能祖業添新根源勝舊風箏因落篷方成竹魚為奔波始化龍君若有心登仕路也教光耀舊門庭此則楹皷有聲之命鴛幃有碍須年敵子嗣生成貴顯人運行初戊申上人庇下未斷平生己酉運中懶掘豐城焉得劍不獻水夜怎逢珠庚戌運中有路必達有智必伸辛亥運中一番風雪過萬物破深春壬子運中威權布瑞聲名重祿進財高雨露陞癸丑運中安享晚景甲寅運中一枕難醒

壬申年　丁未月　丙申日　壬辰時

此八字丙火相配柱中水土傷官制殺之格人生得此生於平淡之族長於廷吏之居嚴慈早歿鴻鴈各分飛其為人也丰姿磊落性能為研窮今古事玩習聖賢書一舉高登龍虎榜拾年身到鳳凰池耿耿聲名重滔滔雨露濡此則光耀之命兆幃得令如魚水桂子生成俊傑見運行初戊申隨鳳柳絮任逐東西己酉運中篤孝居顏巷潛心下董惟庚戌運中到此始知文孝好長安直上馬頻嘶辛亥運中三年不改來時政百姓咸懷去後思當

此之際雪滿襟裾壬子運中声名播邦國德澤潤黔黎癸丑運中輕地軒冕且賦歸欲甲寅運中春已落鳥空啼

壬申年　丁未月　己卯日　壬申時

此八字己卯專權之日相配柱中木火雜氣殺印之格人生得此生於溫潤之族長於清白之門萱毋先歸椿後別天邊鴻鴈有隨鳴其為人也丰姿清秀天性老誠知高下識重輕出土黃金襲十分之貴色離雲蔽月布萬里之清明祖業添新慶根京勝舊風福布江山外名聞湖海中行藏覓瀟洒咲傲任枯榮田園有意公卿小廊廟無心宇宙輕花無桃李非春色人有蓬歌是太平但待栗陳貫朽何須天府

求名此則総享之命鴛幃有兆須招贈子嗣榮門昂昂譽運行初戊申上人庇下未斷升沉己酉運中風雪初晴後行藏未稱心庚戌運中始知春晝永方竟端祥生當此之際尚有虧盈辛亥運中滾滾才源來正旺旺中尚有事困偣壬子運中泰三陽泰人間五福偕癸丑運中庭寶玩物會交開樽甲寅運中晚年快樂乙卯運中春亭多無慮

壬申年　丁未月　庚寅日　丁亥時

此八字庚寅之日相配柱中木火雜氣才官之格傷官在柱減我功名主人生於右族長於名門木命椿萱雙脫茂鴻雁各行聯其為人也丰姿清秀天性機關知高識下近貴親賢行藏果斷作事方員萬里無雲天一色三秋好景月嬋娟琴樽風月閑生計金玉松筠舊識寒重成新事業再整舊門庭五湖四海生涯好果然旺足盛為官此則發福之命鴛幃有花須格副子嗣秋來有顯榮運行初戊申上人庇下未断平生已酉運中春園雖雨過桃李未生英庚戌運中片雲能發千山雨雨過千山依舊青辛亥運中嚴霜積雪都經過從此財源倍有增壬子運中山前山後皆明月江北江南總是春癸丑運中經霜松柏儼然秀冒雨芝蘭分外青甲寅運中無思無慮不柔不榮乙卯運中翩翩名旆欝欝佳城

壬申年　丁未月　甲午日　壬申時

此八字甲木配合申金偏官之格傷官制印之良主人椿萱有倚鴻雁分翔其為人也聪明書藝遠倜黨世情長萬里韶華未開水府珠先見一聯美景不掘豊城劍自光馬上衣冠别男兒當自強此則撞破烟樓之命外幃無碍桂子有芳運行初戊申春花酌酌秋月蒼蒼已酉運中歆遂平生志勤心秉燭光庚戌運中時來風送滕王閣從此声華竟勝常辛亥運中姓傳諸境名布四方壬子運中須臾風捲浪依舊棨徜徉

癸丑運中英雄惟贈劍三尺豪傑相逢酒一觴

壬子運中黄粱未熟清夢先忙

壬申年　丁未月　乙酉日　戊寅時

此八字乙酉專權之日雜氣財殺之格女人得此長於大廈生於西房椿豪俚萱配鴻鴈各分行姿容清楚髮貌昂常有肝食宵衣之輿治家立業之忙柳葉無風枝婀娜梅花有月萼虧輝此則和潤之命良人配賢大子嗣產豪郎運行初丙午或睛或雨乍煖乍凉乙巳運中共結絲蘿山海固永諧琴瑟地天長甲辰運中輕雷抽碧笋微雨潤垂楊癸卯運中家門雖壯觀人事尚悠揚壬寅運中子秀夫賢宜快楽無端風急浪尤狂辛丑運中臺鎖塵将皓香兔杳一方

壬申年　丁未月　庚子日　丁亥時

此八字庚子日主相配柱中火土襍氣官印格傷官若用印官殺不為刑主人生於右族長於名門椿萱堂上先辭父天邊鴻鴈各行飛其為人也丰姿清秀立性能為頗知礼義稍識詩書覩瑩近貴不勇不慈行藏果斷作事三思重成新事業再整旧根基生涯湖海上送路或東西罗綺亂香風蕩蕩畫觴列座草萋萋好處番成怨真心慈得嗔但恩一生財祿旺何須跨馬入雲衢此則穏厚之命鴛幃有碍須招副子嗣秋來朵朵奇運行初戊申上人庇下未斷高低己酉運中雲掩青天晴豈是踏青時庚戌運中有得有失有喜有悲辛亥運中正是太平光霽景須臾風雨兮閑非壬子運中滾滾財源來正旺旺中人事有盈虧癸丑運中春風桃李韶華景夏日荷花蕩樣時甲寅運中富貴榮華當此際何愁無處不光輝乙卯運中安閑晚景丙辰運中一命傾危

壬申年　丁未月　壬午日　乙巳時
此八字壬午日元相配柱中火土雜氣財官之格
官多化殺為奇主人生於右族長於高居金火椿
萱双晚茂鴈行天際有聯飛其為人也丰資清淡
天性亦能筆端雄健詩礼稍知豈無高仕敬時有
貴人欽見善則持於己當仁不讓於師終是功名
之貴豈為田舍之翁六書知古律三語文元合不
就不塲選却持力筆施停看頭角顯光耀舊門閭
晚年光德化沛澤潤黔黎此則榮貴之命篇幃火
命須添副子嗣秋来有出奇運行初戊申上人庇

子平遺書　三四

下有何是非己酉運中貴人携引登公府雨晴隨
馬上京畿庚戌運中榮沾新雨露光耀舊門閭當
此之際素耗開非辛亥運中皇恩有感聲名顯贊
政仁風四徑馳壬子運中雨晴雲散天如洗榮看
禄位又加陞癸丑運中此運見陞還見退子榮重
贈向東籬甲寅運中春光去也花落月沉

壬申年　丁未月　乙酉日　癸未時
此八字乙酉專權之日柱配柱中金土襍氣才杀之
格女人得此生於右族長於高門椿萱有倚难双老
天边鴻鴈陣行分其為人也丰姿清秀天皃精神勝
丈夫氣槩有男子材能一苑杏桃鋪錦綉满山松栢
映幃屛每懷丸膽意時抱掃潘心王産崑崗蔵韞色
蘭生楚澤散清馨克勤而克儉易喜而易嗔雖不鳳
冠帔服自然金谷豐盈此則穩享之命良人連珠須
配小子嗣秋来有娗榮運行初丙午上人庇下未斷
平生乙巳運中契合翠鸞成好夢螽緣紅葉是良姻

子平遺書　三五

甲辰運中雖則夫門多快樂幾多人事尚亏盈癸卯
運中淡烟楊柳岸薄霧杏花村壬寅運中不用高烧
銀烛月明添倍精神辛丑運中濟濟裙釵約日樺樺
羅綺臨風庚子運中子貴夫榮名快樂己亥運中訃
音一播衆傷情

壬申年　丁未月　癸巳日　巳未時

此八字癸巳貴辰日元相配柱中火土雜氣才殺之格為人得此生於右族長於名門椿萱有倚雖双萱天邊鴻鴈各行鳴其為人也姿容清秀髮貌精神有針線之巧立業之功雲歸華岳千山秀水到湘江一漾清篁篝頻繁存礼節相夫教子道賢明治家有道處事克勤滔滔無阻滯貴貴旺夫門夫榮何足羨子孝又重榮此則榮益之命良人年小榮華客子嗣生成貴顯門運行初丙午上人庇下淡淡春雲乙巳運中紅葉溝中傳寄意赤城月下結良姻甲辰運中雖則夫門榮快樂还愁風雨偏時停癸卯運中夫榮亨福祿灾晦尚相侵壬寅運中羅綺千般色珍羞百味新辛丑運中光華疊疊當期際子貴光榮樂太平庚子運中粧楼人去也臺鏡掩晨明

壬申年　丁未月　辛卯日　戊戌時

此八字辛卯日元相配柱中火土雜氣殺印之格丁壬作合有功女人得此生於右族長配名門椿萱雙既茂鴻鴈各行鳴其為人也姿顏闊朗髮貌精神有治家之道立業之勤女工機巧維金曉婦道頻繁盡頌能萬里無雲天一色三秋好景月長明外家不助夫業興隆玉産崑崗藏韞色蘭生楚澤散清馨難踰難犯易喜易嗔雖然不是榮封婦自然一世福無窮此則穩厚之命良人連珠髙一載子嗣金風孝且忠運行初丙午上人庇下未斷平生乙巳運中紅葉溝中傳密意赤繩月下結良姻甲辰運中雖則夫門多快樂五夜金風未放晴癸卯運中天上三陽泰人間五福增須史風雨雨過山青壬寅運中齊濟裙釵絢日輝輝羅綺臨風辛丑運中夫賢子貴樂意忘情庚子運中無思無慮己亥運中花落月沉

壬申年　丁未月　己丑日　丁卯時

此八字己丑日元相配柱中木火雜氣殺印之格女人得此生於右族長於高堂椿萱難並鴻鴈各分行其為人也姿容清秀髮貌異常有針綫之巧立業之勤勝丈夫之氣槩有男子之行蔵風送浮雲歸古洞雨滋花蘂發新粧深明閨壼理洞識古今章心新似月明雲漢性急如風捲滄浪夫榮何足羨子貴又光揚此則榮益之命良人得配榮華容子嗣生成貴顯即運行初丙午上人庇下蔭秀閨房乙巳運中泥融飛燕子沙暖睡鴛央甲辰運中雖則夫門多快樂幾多人事尚悠揚癸卯運中疊疊光華當此際須臾風雨霽何妨壬寅運中福欽濟濟福祿洋洋辛丑運中子貴身榮贈庚子運中春歸鳥自忙

壬申年　丁未月　辛巳日　癸巳時

此八字辛金相配柱中火土雜氣殺印之格人生得此生於豐阜之族長於穩實之門丰姿磊落天性聿能立仁立義多見多聞自有順天之慶豈無福地之深門外田疇千万計庭前花木四時春藕穿平地生荷葉笋出東家作竹林雖不建侯封爵自然潤屋潤身此則豐足之命皆佛淂配名門女子翻生成降灶人運行初戊申上人庇下徵雨弄晴己酉運中雲散家家月春來處處美庚戌運中花開上苑春光好月照山河萬國明辛亥運中不獨才名榮旺尚祈樓閣凌雲壬子運中一番風雪過沛澤門庭癸丑運中富達阡陌行樂称心甲寅運中花已落月尤沉

壬申年　丁未月　丁酉日　丙午時

此八字丁酉日貴之辰相配柱中金土傷官助才之格人生得此生於右族長於名門同屬椿萱一脱茂天邊鴻鴈各行鳴其為人也手姿清秀天性聰明般般稍覽件件不精行藏果斷作事老誠水光浮座盃盤瑩花氣侵人咲語香雖不成名利生來近貴人花無桃李非春色人有笙歌是太平江湖播姓字湖海有聲名施恩惹怨布德成嗔但願才源富足何須天府求榮此則豊潤之命鴛幃連珠須配長子嗣秋來朶朶成運中初戊申上人庇

下來断平生己酉運中淡烟楊柳岸薄霧杏花村庚戌運中雖則行藏有慶還愁灾晦相侵辛亥運中才源富足家居好風雪閑非尚又生壬子運中着意種花花不發無心插栁栁成陰須臾風雨頃刻風雲癸丑運中進賓玩物會友開樽甲寅運中脱年閑快樂乙卯運中一桃了平生

壬申年　丁未月　甲午日　壬申時

此八字甲木配合申金偏官之格傷官制殺為良主人椿萱有倚鴻鴈分翔其為人也聰明書藝遠倜儻世情長萬里韶華未闌水府珠先見一聯美景不掘豊城劍自光馬上衣冠別男兒當自強此則撞破烟樓之命鴛幃無碍桂子有芳運行初戊申春花灼灼秋月蒼蒼己酉運中欲遂平生志勤心秉燭光庚戌運中時來風送滕王閣從此聲華覺勝常辛亥運中姓傳諸境名布四方壬子運中須臾風捲浪依舊樂倘徉癸丑運中英雄惟贈劍

三尺豪傑相逢酒一觴壬子運中黄粱未熟清梦先忙

壬申年　丁未月　癸酉日　庚申時

此八字雜氣才官之格如人得此福足以庇其身姿容穩厚髮皃不輕翁姑双有倚妯娌鮮同群有緻之功立業之勤深明閨壼理洞識古今文錦綉花閑生冨貴琅玕竹報日昇平處世無榮辱生涯富不貧此則旺夫益之命良人火合該年長子嗣生成貴顯人運行初丙午上人庇下毓秀閨庭乙巳運中琴調瑟弄鳳舞鸞鳴甲辰運中簾捲香風生百福瑞開化日祿元贈癸卯運中片時風雨起頃刻又晴明壬寅運中錦襄玉軸多餘積輝輝羅綺耀層層辛丑運中一輪秋夜月萬里倍清明庚子運中歸去也

壬申　丁未　癸未

此八字雜氣財官之格喜逢庫墓[illegible]主人生於盛室長於深居火木椿萱俱白首天邊鴻鴈一群飛丰姿清秀性格操持有和平之志高遠之機花前白酒傾雲液户外青驄踏月歸雖非重疊貴猶喜樂多餘此則足衣足食之命鴛幃得合連理之枝枝子有成瑚璉之器運行初戊申春寒風料峭行樂未為奇己酉運中浮雲初散皎月揚輝庚戌運中一苑杏桃鋪錦綉滿山松柏映幃屏辛亥運中須叟駁雜傾刻愁悲壬子運中門迎化日生涯好簾捲春風福祿齊癸丑運中安享子孫福甲寅運中一宵花落春歸

壬申年　丁未月　甲戌日　壬申時

此八字甲木配合申時乃日時上偏官之格其爲人也聰明特達祖基有倚根業難靚一般藝業兩處安身貴人提挈財帛和平自成自立勞力勞心此則平穩之命鸞幃和合婦隨夫唱過平生子秋桂未開晚吐蘭春雅稱運行戊申已酉官煞交差財源蹭蹬運行庚戌祖業傾頹好去妻家立計貴人提挈必然官府生涯辛亥壬子運中長生之地不是惜花春早起多應愛月夜眠遲財源得失相迎世事閙中有急行癸丑運中淡淡梅窓月輕輕梛院風家成并計立業亦在其中甲寅到乙卯運中一夢黃粱重三杯酧酒行

壬申年　丁未月　戊戌日　戊午時

此八字戊戌魁罡之日相配柱中之火雜氣印綬之格人生得此嚴毅之志慷慨之資椿萱數晚翠棠棣有聯枝學問有成擬必揚名顯姓英才卓冠豈教荊筮扶犁一朝騰踏飛黃去榮沐恩波拜鳳池此則顯耀之命鸞帳招賢須列副桂蘭庭外有芳菲運行初戊申不晴不雨快樂怡怡已酉運中詩書雖篤志爲得步雲梯庚戌運中一旦風雲際會禹門三跳光輝辛亥運中一番梨雨過千里奮霜威壬子運中旺中生阻節依舊上天墀癸丑運中大才大用甲寅運中歸去來兮

壬申　丁未　庚辰　丁亥

此八字庚辰日相配柱中之火雜氣財官之格人生得此多機多智不勇不慈堂上椿萱須木命天邊鴻鴈有聯飛般、好𡁈件、粗知遊山玩水生財利味月嘲風樂酒巵信肴時通運泰果然財旺家肥此則豊富之命鴛幃配合須年少桂子金風三兩枝運行初戊申上人庇下有何是非己酉運中雨過萬重山有色雲開千里月揚輝辛亥運中飄殘楊柳絮紅紫映門閭壬子運中不獨金珠滿目尚祈米粟有餘癸丑運中晚節逸樂甲寅運中帰去來兮

壬申年　丁未月　戊寅日　丙辰時

此八字戊寅專權之日相配柱中木火殺印之格女人值此生於仁族配於高門翁姑有慶妯娌聯情姿容清雅髮說不輕有凡膳助勤多濟楚樓閣必重此此則益家之命良人大命功名士桂子生成有秀英運行初丙午上人之下天朗氣清乙巳運中孔雀屏開花爛熳黃容帳暖氣氤氳甲辰運中似岸纖、雜上苑如花灼、茂園抹癸卯運中日照倚先赫風生庭戶福盈、壬寅運中葵蕚向陽紅灼、楊花飛雪白瑩、辛丑運中夫榮受天爵子產顯門庭庚子運中慕年淸致己亥運中憂入幽冥

壬申　丁未　庚子　丙子

此八字庚子日相配柱中水火雜氣才官之格時上一位之貴人生得此宜乎金紫光榮椿萱堂上双榮老鴻鴈天邊有共騰丰姿洒落天性剛明學問三冬足詩書万卷精擊閑水府珠生彩掘出豐城劍有聲一從姓字登黃甲榮沐恩波喜氣清此則顯榮之命鴛幃全正副桂子發英々運行初戊申工人庇下快樂昇平己酉運中讀殘官舍月裘取叢顯榮庚戌運中禹浪三層連躍過棨沾寵渥顯威声辛亥運中重々加祿位疊々振芳名壬子運中一番風雲過金紫大夫榮癸丑運中沖擊之所權重生驚甲寅運中黃花酌酒乙卯運中一枕清風

壬申年　丁未月　丙申日　癸巳時

此八字丙申日配乎柱中之金水雜氣財殺之格人生得此劍筆成名椿萱雙耐脫鴻鴈各飛鳴丰姿洒落天性果剛學識窮通書史筆鋒能理究情一朝疋馬登天去考最成功沐寵榮此則顯貴之命鴛幃火命尤招副桂子先凋後發榮運行初戊申工人庇下快樂精神己酉運中登場雖探月公府便馳聲庚戌運中長安道上功光壯此去風浪幸不驚辛亥運中崇沾新寵渥光耀舊門庭壬子運中一番風雪過祿位又加陞癸丑運中仁風百里甲寅運中一夢九泉

壬申年　丁未月　壬辰日　乙巳時

此八字壬辰日配乎柱中火土雜氣才官之格人生得此富上加荣椿親馬屬萱蛇屬鴻鴈天边有共鳴丰姿英原天性剛明學識粗通書史智謀能壓英賢笙歌沸擁春遊樂羅綺争扶夜酔醒佇看時来機會至果然頭角聳峥嵘此命因富顕貴之命鴛帏魁後重偶正桂子秋来吐錦英運行初戊申幼承尊庇講道穷経己酉運中詩書雖有志貧刹又関情庚戌運中断絃重續歡声沸財旺威揚禍又萌辛亥運中一番風雪過金玉積盈盈壬子運中僕馬從行楽天恩一旦荣癸丑運中孫荣子孫秀頭角峥嵘甲寅到乙卯運中帰去也

壬申　丁未　戊子　戊午

此八字戊子日相配柱中之水雜氣才官之格女人得此儀容秀奕性格欠温椿萱棠棣難相守妯娌翁姑不入群有立業掌家之道應上和下之勤一苑杏桃鋪錦綉滿山松柏映釵裙雖非正聘亦不言奔此則能事女命良人配合須年長桂子生成套錦人運行初丙午上人庇下風送浮雲己巳運中雖則鸞歌鳳舞幾番暗淚沾身甲辰運中裙釵濟濟福慶臻臻癸卯運中一番風雪過羅綺映釵裙壬寅運中愁多更漏永風浪損精神辛丑運中孫賢子秀慶樂安身庚子到己亥運中歸去也

壬申年　丁未月　庚寅日　丙子時

此八字庚寅日配乎柱中水火去殺留官之格人生得此本顯功名只嫌運入西方不貴而富椿萱皓首相戲奉鴻雁天邊有奮騰丰姿洒落天性聰明粗知韜畧法淺識聖賢經湖海市廛財兩旺英雄豪傑集門庭此則富旺之命鶯幃火命須豬屬桂子庭前三四英運行初戊申幼承尊庇快樂昇平己酉運中詩書雖有志貨利亦閑情庚戌運中英雄交敬享日日醉還醒辛亥運中一番風雪過金玉積盈盈壬子運中交四方之豪傑整一族之門庭癸丑運中老當益壯子秀孫榮甲寅到乙卯運中歸去也

壬申　丁未　甲戌　壬申

此八字甲木相合柱中金水殺印之格人生遇此丰姿溫厚重天性溫柔順之一團和氣逆之奮發雷驚其為人也生於仁族長於良庭椿萱齊有慶鴻雁挺鳴清李問鮮知顏孟語生平出入動賢英非獨家門生涯樂田園茂盛不非輕初限中年官非破暮年快活子孫興此則成家立業之命鴛幃宜硬子有香馨運行初戊申滄居之下頗習書文乙酉運中自有高人相指引官符災破素憂侵庚戌運中到此方源而有進仍見災非耗破迤辛亥運中梨梅謝盡鄉里相欽壬子運中南座北庫賢貴來迎癸丑運中子孫特達甲寅運中一夢闔君

壬申年　丁未月　戊子日　壬戌時

此八字戊子日相配柱中之水雜氣才官之格人生得此丰姿磊落性格清新椿親榮耐晚鴻雁奮天津理窮千古事學貫聖賢文豈是池中之物由來席上之珍萬里扶搖騰彩鳳一聲霹靂躍潛鱗閶闔開黃道衣冠拜紫宸此則显榮之命鸞幃配合須年少桂子秋來朶朶新運行初戊申上人庇下化日熙春乙酉運中芸窗篤志雪案辛勤庚戌運中姓字傳揚沾寵渥輝輝化日照軍民辛亥運中閶闔開黃道風霜不委身

壬申年　丁未月　壬辰日　丙午時

此八字壬辰日相配柱中火土雜氣才官之格人生得此仕路聲揚椿萱堂上双年耄鴻雁天邊有共翔丰姿慷慨天性果剛學問三冬足詩書萬卷藏一朝騰踏飛黃去此是男兒當自強此則榮顯之命鸞幃配合須偏正桂子秋來吐異香運行初戊申幼承尊庇快樂何當己酉運中尋章摘句入室升堂庚戌運中到此風雲濟會果然騰踏飛黃辛亥運中威聲揚四海祿位又加昌壬子運中一番風雪過職列大夫行癸丑運中威揚千萬里未擬還鄉甲寅運中榮田園樂乙卯運中夢入黃粱

丙戌年　甲午月　庚寅日　丙戌時

此八字金逢火煉太過夭折之命也

壬申年　丁未月　戊戌日　戊午時

此八字戊戌魁罡之日相配柱中之火雜氣印綬之格人生得此丰姿英厚天性剛明椿親勇銳分中道鴻鴈天邊不共騰心明韜略法學貫聖賢經旗穿曉日烟霞雜山倚秋空劍戟明三跳御滿沾寵渥威飛營苑虎風生此則威武之命駕幰全正副柱子武文榮運行初戊申紗承尊庇快樂昇平己酉運中一番風雪過汴寵振威稜庚戌運中万馬不嘶听号令諸番無事樂耘耕辛亥運中風生紫塞秋橫劍月落黃河夜渡兵壬子運中皇恩有威祿位加陞癸丑運中總万機之重柄甲寅運中成一夢之難醒

壬申年　丁未月　甲午日　乙丑日

此八字甲午日相配柱中金土雜氣才官之格亦有金神之意值斯象者注人丰姿魁厚性格果剛生於戈甲之室長於剪戟之堂椿親武端萱禁曉鴻鴈天邊有奮翔對月夜窮黃石畧望雲秋計黑山座百方貔貅听號令一方天下振權衡此則威武之命駕幰全正副柱子獲秋香運行初戊申上人庇下其樂何當己酉運中暫攻剪戟頗習文章庚戌運中聞鷄過渭水走馬向康莊辛亥運中雪晴閶闔開黃道崇沐恩波武德揚壬子運中百戰功成加祿位金花玉帳鎮封疆癸丑運中花落鳥啼春自去英雄都付與賢郎

壬申年　丁未月　辛巳日　庚寅時

此八字辛巳日相配柱中木火雜氣才官之格人生得此本顯功名只嫌身弱殺透不貴而富椿親棠耐晚棠棣有呈芳丰姿洒落天性明良梢識古今之學粗知礼義之方祖業添新慶才囊自積蔵但願門迎車馬客何須身到鳳凰崗此則富足之命鴛幃配合須年少桂子秋來吐異香運行初戊申尊人福庇何論炎凉已酉運中有心生貸利無志讀文章庚戌運中風雪初消烟浪起徐徐歷過又軒昂辛亥運中不獨金珠滿目尚祈車馬喧爭壬子運中門闌壯觀人事光揚癸丑運中桂蘭挺秀沛澤加昌甲寅運中帰去也

壬申年　丁未月　甲午日　己巳時

此八字甲午日元相配柱中火土傷官助殺之格喜逢時值金神過斯命也生於右族長於高門堂上椿萱連珠配天邊鴻鴈各飛鳴其為人也丰姿清爽立性剛忠頗知礼義稍識古今視賢近貴自是自能風月處友瀟洒客情祖業添新慶根源勝舊風田園桑柘茂猷酌稻梁馨花無恙李飛春色人有笙歌是太平揖讓自足禮與他人雖不運难得麗日烘開棠棣萼此則晚榮之命鴛幃有犯須備正子嗣桑桑馨運行戊申上人庇下未斷平生已酉運中春帰微雨過桃有未生英庚戌運中雖則行蔵有慶還忌閑非素栽生過此辛亥運中才権秉美當斯級斤時風雪斤時晴壬子運中祿名治沛澤財如春氣生當此之際風雨還侵威権有布人欽伏財旺昂盈贈祿外增甲寅運中如松含晚翠雖菊吐金英乙卯運中帰去也

壬申年　丁未月　壬寅日　乙巳時

此八字壬寅日相配柱中之火雜氣才官之格人生得此丰姿俊秀天性果剛椿萱榮耐壽棠棣有聯芳學問有成定擬揚名顯姓英才卓冠豈教履雪經霜瓊林雖不登高宴祿位榮看化日長此則榮貴之命鴛幃配合須年少桂子庭前吐歸芳運行初武申幼承上庇冬暖夏涼己酉運中明窗净几秉燭尋章庚戌運中風雲相際會變化上天堂辛亥運中榮沾新寵渥化日照河陽壬子運中一番風雪過祿位列黄堂癸丑運中金魚初綰帶何事便還鄉甲寅運中蘭香桂馥乙卯運中猿斷人傷

壬申年　丁未月　癸未日　丁巳時

此八字癸未日元相配柱中火土雜氣才官之格從殺之論人生得此生於右族長配仁門椿萱难共老鴻雁各行鳴有肝食宵衣之能知治家立業之材能萬里無雲天一色三秋好景月長明同心和妯娌至敬奉翁姑揚柳無風枝婉娜梅花有月倍精神雖觸而難犯易喜而易嗔雖不鳳冠被服也須福祿無虧此則榮旺之命良人合卺同偕老子嗣生成貴顯榮運行初丙午幽房深壸繡秀閨門乙巳運中路入桃源爛熳溪流綠水澄清甲辰運中雖則太平光霽景片時風雨尚晴陰癸卯運中錦綉滿身能不欲壬寅運中夫唱婦隨當此際何愁雲月尚朦朧辛丑運中光雲煜煜福祿滔滔庚子運中一枕清風

壬申年　丁未月　乙酉日　甲申時

此八字乙酉專權之日雜氣才官之格人生得此萱毋續絃椿壽永庭前棠棣各茁英手姿清秀天性聰明能機变頗通能世事頗將就般般學久精祖基祖業華古鼎新筭因落籜方成竹魚能变化即成龍留心文墨名終顯果然祿馬旺前程此則淘沙見金之命觜悵春羆子嗣金英運行初戊申上人庇下天朗氣清己酉運中欲遂平生志冝加繼晷功庚戌運中鼓擑清韻動石擊紫烟生辛亥運中人生雖在風光處只恐閑非素耗生壬子運中重添新氣象復振舊威稜癸丑運中歲寒松尚茂秋老菊尤馨甲寅運中桑榆暮景乙卯運中一枕难醒

壬申年　丁未月　辛丑日　戊子時

此八字辛丑日元相配柱中火土祿氣然印之格女人得此生於右族長配名門椿父先歸萱耐晚天邊鴻鴈各行鳴其為人也姿容清秀娈貌精神有針綫之巧立業之勤一苑杏桃鋪錦綉満山松柏映悵屏萬里無雲天一色三秋好景月長明滔滔無阻滯步步助夫門玉產崗崑藏韞色蘭生楚澤散清馨難觸難犯易喜易嗔雖不鳳冠帔服自然福祿無窮此則穩厚之命良人水命須年長子嗣生成果後榮運行初丙午上人庇下毓秀閨門乙巳運中春歸柳葉晴初變紅入桃花㸐未句須史風雨雨過山青甲辰運中萬疊好山雲乍歛一輪明月雨初晴癸卯運中天上三陽泰人間五福增壬寅運中羅綺千般色珎羞百味新辛丑運中晚年閑快樂福祿享無窮庚子運中春光去也一枕清風

壬申年　丁未月　乙亥日　丁亥時

此八字乙亥日相配柱中金土雜氣才官之格人生得此丰姿洒落天性聰明椿萱榮皓首鴻鴈有飛鳴李問有成擎開水府珠生彩筆鋒雄健掘出豐城劍氣騰祖業多光霽才囊自積成倘若留心於仕路風雲際會顯峥嶸此則榮達之命鴛幨金正副桂子秀英英運行初戊申上人庇下快樂和平己酉運中志欲登天路還須下苦功庚戌運中挑巻幾番登仕路信知力倦馬慵行辛亥運中等閑借得吹噓力榮沐恩波氣宇清壬子運中禄元階進樂處生荊癸丑運中晚年權任重未可使辞榮甲寅運中夢斷家何處空山猿自驚

壬申年　丁未月　庚子日　甲申時

此八字庚子日配平柱中火土雜氣財官之格女人得此儀容英麗天性良賢椿萱棠棣難依鸞幃娌翁姑各一天有針綴之機巧過男子之才權自有順天之慶豈無福地之緣佇看良人沾寵渥裙釵濟濟勢昂然此則福榮女命良人同屬求名桂子森枝奪錦仙運行初丙午幼承上庇快樂自然乙巳運中紅絲牽綉幙良王種藍田甲辰運中裙釵加壯麗福慶長榮安癸卯運中踈踈風雪過日日旺財源壬寅運中夫顯身榮樂琢羞味百般辛丑運中桂蘭挺秀快樂自然庚子到巳亥運中歸去也

壬申年　丁未月　丁亥日　己酉時

此八字丁亥日貴之辰雜氣財官之格值此象者生於喬木之家長於賢良之族椿親榮隙棠棣秀馨丰姿濟濟標格精神詞源倒流三峽水筆陣獨掃千人軍霹靂一聲驚騰蟄崢嶸頭角見通津咫尺天顏近須臾玉陛覲此則顯耀之命鶯啼玉潤冰清潔子嗣蘭香桂秀馨運行初戊申上人庇下快足平生己酉運中十年窓下業黃巻輿鞯樂庚戌運中到此始知文學好長安道上馬蹄輕辛亥運中闔閭開黃道衣冠拜紫宸壬子運中西風洒蒼雪幸不損權衡癸丑運中赤心扶日月素志展經綸甲寅運中江山不盡登臨興夢斷南柯了此生

壬申年　丁未月　丁丑日　庚戌時

此八字丁丑日相配柱中屋水樵氣才官之格女人得此福足以榮椿萱有倚各年耄姻娌翁姑侍有行儀容媚嬌粧格果剛有針綴剌繡之巧助翁九膳之方一苑杏桃鋪錦綉滿山松柏映紅粧佇看夫榮子秀霞衣帔服軒昂此則榮厚女命良人配合得年長桂子生成並貴郎運行初丙午上人庇下快樂何當己巳運中匹配成佳偶鸞鳴鳳亦翔甲辰運中雖則裙釵壯麗幾番樂處生殃癸卯運中一番風雪過金玉積盈箱壬寅運中裙釵濟濟家業昌昌癸丑運中子貴身榮樂滔滔福慶長庚子運中花落春何處猿啼又夕陽

壬申年　丁未月　丙申日　辛卯時

此八字丙申日相配柱中金土雜氣才官之格喜逢奈刃兩相幫人生得此姓名揚椿萱堂上先秀父鴻鷹天邊有共翔手姿洒落天性果剛季識祖通書史筆鋒能理憲章勞形案牘才未旺考最沾恩德政揚此則榮貴之命鴛幃配合須年長桂子秋來吐異香運行初戊申幼年之景履雪經霜己酉運中詩書多萬志案牘便声揚庚戌運中才源旺处風波起歷過徐徐幸不妨辛亥運中恩波榮沐後茅宅又軒昂壬子運中仁風揚百里金玉積盈囊癸丑運中榮回故里子秀孫昌甲寅運中悠悠处樂乙卯運中夢度石梁

壬申年　丁未月　庚寅日　甲申時

此八字庚金配合柱中木火雜氣才官之格人生得此丰姿雅俊動用軒昂般般都歷季件件只平常椿萱俱得倚棠棣有呈芳筵歌沸處多行樂羅綺叢中樂意長祖業多光霽才源積滿囊但願有醪花下醉任教白髮鬢邊霜此則富實之命鴛幃羅帳重重桂子綵衣拂拂運行初戊申上人光庇樂享安康己酉運中兩情山盟秀雲散月揚光庚戌運中洛陽三月花如錦風雪無端攪一場辛亥運中延賓玩物會友流觴壬子運中門外田疇千古計庭前花木四時香癸丑運中冲擊之所月入雲囊甲寅運中落日函空谷西風起白楊

壬申年　丁未月　乙未日　戊寅時

此八字乙未生於未月雜氣財官之格喜逢印綬相扶稟得中和之道女人得此椿萱难向晚鴻鴈可相依其為人也姿容清朗性格操持肅穆家園整齐雖不受封受贈且喜魚是魚非則此她家之命良人士命湏年長子嗣双双一果樂運行初丙午閨門毓秀何論高低乙巳運中契合翠鳶成好夢緑紅葉是良媒甲辰運中雖非見兇險亦不致光輝

癸卯運中財增人快樂身泰福元壬寅運中片雲掩月花放風欺辛丑運中夫賢子秀她樂自如庚子運中光陰如撚指萬事尽未飛

壬申年　丁未月　乙酉日　辛巳時

此八字乙酉專權之日相配柱中金火時上一位貴格臣之食居先殺後功名两全人生得此生於名族長於豈庭双恩難並老鴻鴈我喈鳴學問有成姣龍豈是池中物英才出類一但升騰化作鱗閭閻開黃道衣冠拜帝君佇看重金重紫日天下軍民盡伏欽此則貴顯之命鴛幃正副方諧老娃子生來辱錫人運行初戊申上人之下便習書經己酉運中然有淩雲灾憂耗素驚庚戌運中皇恩陞禄位非危謹己行辛亥運中千里揚名顯雪雨

又淋淋壬子運中重金重紫上聖垂恩癸丑運中有才大用胖印回程甲寅運中留名千載一變西巫峯

壬申年　丁未月　辛卯日　戊戌時

此八字辛卯日相配柱中之火偏官之格喜逢印
綬以扶身人生得此丰姿洒落性格聰明椿萱双
耐晚鴻鴈有分情般般好學件件不精祖業添新
慶才囊自積成但願門迎湖海客自然財帛旺門
庭此則富旺之命鴛幃配合須年少桂子秋来三
兩英運行初戊申幼承上庇月白風清己酉運中
便向江湖奔競何須苦守書灯庚戌運中才源来
旺處人事有相縈辛亥運中花朕玉簾春晝求月
穿闈閨夜凄凉壬子運中滔滔旺家業風雪一番
生癸丑運中老當益壯子秀孫棠甲寅運中人生
從此別無復見儀形

壬申年　丁未月　丙子日　癸巳時

此八字即綬之格注人聰明雙親有靠祖業見毀
妻早無財花園凋零子中無尅秋桂馨香斑衣舞
綵初年平穩中年困失老景光輝此則平常之命

壬申年　丁未月　丙戌日　乙丑時

此八字丙戌之日身坐庫堂嵗德之格羊刃作合為良但斷衆者主人才姿雅飾性格操持粗知事理稍讀詩書堂上萱椿金土命天邊鴻雁後隨飛夏日炎蒸盈沼芰荷香馥郁春風駘蕩滿園桃李色芳菲停着一時命運達財源滾滾祿元綏此則成家之命鸞幃得配名門女桂子森森發秀奇運行初戊申乍晴還乍雨未是可人時己酉運中春至上林花爛熳陽回喬木福維寃庚戌運中白雲飛不盡流水去何之辛亥運中有茶留客有酒盈卮壬子運中正好倚闌觀皓月無端又被斷雲迷癸丑運中嵗寒松柏悦景樂榆甲寅運中春入桃源仙路迴落花流出武陵溪

壬申年　丁未月　己亥日　壬申時

此八字己亥日相配柱中之水禄氣才官之格人生得此丰姿洒落天性果剛椿親榮耐晩鴻雁有同開學識聰明終是求名之客英才卓冠豈為耕稼之郎一朝騰踏飛黄去此是男兒當自强此則顯榮之命鸞幃金玉貴子嗣桂蘭香運行初戊申上人庇下快樂何當己酉運中尋章摘句入室升堂庚戌運中快登蟾攀丹桂緩步天門沐寵光辛亥運中一番風雪過戢列大夫行壬子運中威聲千里振風浪不為傷癸丑運中位遷金紫未擬還鄉甲寅到乙卯運中歸去也

壬申年　丁未月　己亥日　丁卯時

此八字己丑日元相配亥卯未木偏官之格印綬生身五行清正主人生於詩禮長於衣纓椿親光顯棠棣敷榮精神炯炯智慧明明衣冠濟濟翰墨騰騰龍門變化三春浪鵬路逍遥萬里程閶闔開黃道鳴珂覲聖君此則繼榮之命鴛幃玉潤桂子金英運行初戊申只宜襁褓淡淡生平己酉運中讀書漂麦觀史引燈庚戌運中躍過禹門三級浪芳名英譽四方聞辛亥運中面帶霜威肄鳳闕口傳天語到鵷林當此之際風雪满庭壬子運中錦衣肥馬重重貴牖上尭符字字明癸丑運中英雄有限早捲綠綸甲寅運中花已落月尤沉

壬申年　丁未月　庚寅日　甲申時

此八字庚寅貴人之日雜氣才官之格值此象者豈不成名萱母西房椿顯壽春風棠棣異根苗其為人也丰姿俊秀智慧英豪筆底詞原遠胸中學業超顯登蟾窟扳丹桂快向龍門奪錦標声聞朝野德布迩逢此則光榮之命鴛幃花柳爭春色子嗣畢珎花又嬌運行初戊申上人庇下其樂陶陶己酉運中書几時清苦灯窓夜寐寤庚戌運中飛黃騰踏長安道從此恩沾雨露饒辛亥運中勝使好心破潛令酷膳消壬子運中祿位榮遷推令重芸中尤慮有風濤癸丑運中金紫輝輝推萬里未應籬下酌香醪甲寅運中天邊無沛澤籬下酌香醪乙卯運中一夢春消寐寐九原仙路迢迢

壬申年　丁未月　丙申日　丁酉時

此造壬申年為之劍鋒金命數配八字共演空千八百一十零四數得日出東山之格值斯数者丰姿瀟洒天性聰明高謀遠見機関別慷慨情懷志氣深生於名族長於豊庭双恩難並耄鴻雁我鳴清學問有成終是利名之貴客英材出類定為顯躍之賢人衣冠濟濟逸金闕鍾鼓齊齊振玉京佇看千里威名日晩年有姓畫沾恩必是貴顯之命鴛幃正副方無剋桂子招來出錦人初運戊申上人之下不必談論行己酉運讀書雖努力官破素灾迍行庚戌運貴人指引天山路灾險官非破素驚行辛亥運皇恩陞禄位卿邦大小欽行壬子運重重禄位雪雨淋淋行癸丑運一運二陞權衡重每日朝綱拜聖人行甲寅運解印歸來子當顯且向東籬飲数盃行乙卯運紅羅姓字黄土儀靈

壬申年　丁未月　甲戌日　壬申時

此八字甲木配合柱中火水傷官用印之格經云傷官若用印官殺不為刑人生值此注人丰姿清秀性格聰明諸般要習玩所事不精詳其為人也生於仁族長於良庭堂恩有慶終難老天邊鴈字我鳴清声長名國過舊竹花開上苑勝先春學問頗知須近貴行藏特達筆力親祖基宜添彩財源闊豪奇出語談言人仰羡較長量短細微深達強不惧見善不凌佇看一日風雲便貴人提挈禄元增此則秀耀之命鴛幃硬配方同老桂子初難晩出英運行初戊申雖在上人詩禮下公門出入達人欽灾非耗惱亦可成名己酉運中便有威名揚閭里更防官破舌灾迍須祐上下謹己無侵庚戌運中幾會忽從天上降威權自向日邊成辛亥運中富貴之中加富貴榮華之上更榮華其中無阻一度悲驚壬子運中人民歆頌四境升平癸丑運中子名登帝闕觴下飲三杯堆金積玉會文論文甲寅運中一世公門宜方便善到巫山十二峯

壬申年　丁未月　辛丑日　庚寅時

此八字辛金相配柱中水土傷官用印之格人生
得此丰姿魁偉體貌精神紫袍金帶無心戀綠水
青山有意觀其為人也生於舊族長於減庭六親
少倚俱難靠骨肉無緣雖寡陳學問聰明金刀下
落青絲髮英材特達玉體全拔上界衣經文多博
覽禮貌果雖新初限中年當苦辛暮年掌敎各山
著此則良僧之命鴛幃帽裏宜相見子嗣難招徒
送終運行初戊申幼年之下不足為奇己酉運中
投師學業有悔無侵庚戌運中足踏如來地災險
破官非辛亥運中衣鉢豐盈生計廣宜非災耗險
憂延壬子運中富貴榮華當此際賢貴相欽福不
輕癸丑運中容顏甚奇妙光明照十方甲寅運中
徒弟滿堂吾老矣曰康曰壽念阿彌乙卯運中雲
山杳杳夢入涅槃

壬申年　丁未月　戊寅日　丙辰時

此八字雜氣才官之格食神沖殺四柱粹純椿萱
含睨早棠棣發春萃丰姿清奇性格聰明知乎高
下識乎重輕萬里韶華一嶺杏桃紅錦繡四時佳
趣丰溪山水綠羅新雖不得名得祿猶能潤屋潤
身此則穩旺之命鸞幃得配良家女子嗣班衣旺
宅門運行初戊申風輕日暖燕語鶯吟己酉運中
偶得高人相指引定教湖海祿元盈庚戌運中家
居有慶人事添增辛亥運中脈中駁雜靜裡悲生
壬子運中万疊好山雲作歛一樓明月雨初晴癸
丑運中日晚西風洒蒼雪沙禽尤離根鼎平申寅
運中一枕香魂歸不得訃音播也垂傷情

壬申年　丁未月　丙子日　辛卯時

此八字丙子日配乎柱中金水露殺藏官之格干支多合看榮人生得此金紫榮身椿萱榮養雙年耄鴻鴈天邊有共群丰姿磊落天性惟新理窮今古事學貫聖賢文萬里扶搖騰彩鳳一聲霹靂躍潛鱗閶闔開黃道衣冠拜紫宸此則顯耀之命鴛幃全正副桂子錦聯奈運行初戊申幼承尊庇化日陽春己酉運中欲遂平生志芹窓下苦辛庚戌運中騰身離雪案舉足上天梯辛亥運中宴罷沾恩聯粉署祿元階進沐深恩壬子運中一番風雪過化日照軍民癸丑運中十郡山河開職掌皇恩徵擢撫邊塵壬寅運中秉持重柄癸卯運中仙路騰身

壬申年　戊申月　戊午日

此八字戊午日丹之辰相配柱中[illegible]
之格亦有合祿之意主人生於右族長於仁門萱
母早歸椿後別天邊鴻鴈不同群其為人也丰姿
清秀天性聰明頗窮玄妙理讀聖賢紅袖裏虹霓
沖霄已筆端風雨駕雲程終是文場折桂客豈為
田舍鑿耕人一從姓字傳揚後九天雨露沐皇恩
此則榮貴之命鶯幃有化須招副子嗣秋來有顯
榮運行初己酉椿親庇下風雪初晴庚戌運中驀
志十年窗下天邊風雪紛紛辛亥運中执卷幾回
空探月時來有路入青雲壬子運中躍過三級浪
朝班立縉紳癸丑運中戝迁金紫布德施仁甲寅
運中此運榮陞迁且退且宜離下樂高情乙卯運
中春光去也花落月沉

壬申年　戊申月　戊申日　丁巳時

此八字戊申長生之日相配柱中金水傷官助才之
格人生得此生於右族長於名門椿萱双脫茂棠棣
各飛鳴其為人也丰姿清秀天性聰明頗知礼義稍
識古今有近貴親賢之德應上和下之能祖業添新
慶財源廣積存田園桑柘茂畝畝稻粱馨花無桃李
非春色人有笙歌是太平筍因落籜方成竹魚為奔
波始化龍君若有心於仕路也教光耀顯門庭不作
功名客終為發福人福元成岳瀆威勢壓鄉民此則
穩威之命鶯幃有犯須年少子嗣生成孝且忠運行
初己酉上人庇下未斷平生庚戌運中欲速不達揚
帆待風辛亥運中財權富美當斯際還愁素耗尚愁
人壬子運中威權有德人欽仰財帛興隆福祿增須
史風雨雨過山青癸丑運中庭前竹報平安日檻外
花開富貴春丑字之中花發風生甲寅運中富貴榮
華當此際何愁你宅不光榮乙卯運中登臨春晝短
一枕夢巫峯

壬申年　戊申月　壬子日　癸卯時

此八字壬子日丑之辰相配柱中金土殺生印綬之格陽刃合殺有功女人得此生于右族配于名門椿萱榮晚茂鴻鴈各行群其為人也姿容清秀髮鬒精神雖是女流之輩過如男子材能雲收華岳千山秀水到湘江一様清每懷丸膽意時抱擇鄰心玉產崑岡蔵韞色蘭生楚澤散清馨難獨難化易喜易嗔佇看夫榮子貴也應同沐皇恩此則榮蔭之命良人連珠榮貴客子嗣秋來朶朶馨運行初丁未上人庇下蔭秀閨門丙午運中匹配名

門友拖從錦上增乙巳運中雖則夫門多快樂須吏風雨尚陰晴甲辰運中恩沾榮贈羅綺臨風癸卯運中光華疊疊沛澤紛紛壬寅運中彩中加彩色紅上贈紅英辛丑運中子貴晚年重沐寵何愁白髮鬢邊生庚子運中粧樓人去也菱鏡掩晨明

壬申年　戊申月　丙寅日　丙申時

此八字丙寅長生之日相配柱中金水才殺之格人生得此生於右族長於名門堂上椿萱連珠鴈天邊鴻鴈各行鳴其為人也丰姿清秀天性老誠頗曉三分道理文章一竅不通自有順天之慶豈無福地之深祖基祖業添新慶才帛資囊積存酒鮮平生恨名沾湖海塵遇險終無險逢凶尚不凶時至才源富足運來福祿駢臻此則穩厚之命篤幃土命須庚午子嗣金風有栗英運行初巳酉幼年之下淡淡春雲庚戌運中登臨值雨賞玩春

陰辛亥運中精神又憔悴憔悴又精神壬子運中才源雖旺足素耗尚愁人癸丑運中西風吹過天邊雪才旺還愁風雨生甲寅運中天上三陽泰人間五福增乙卯運中無恩無慮丙辰運中一枕清風

壬申年　戊申月　己酉日　丁卯時

此八字己酉之日相配柱中金木殺官制殺之格人生得此生於右族長於高堂水命椿萱椿有壽天邊鴻雁隻隨鳴其為人也丰姿清秀天性果剛般般稍覺件件不常不慈不勇可負可方重成新事業再整舊門墻萬里無雲天一色三秋好景月長光田園桑柘茂畝畝稻粱香閭里馨名播江湖道路長不必揚名顯姓但願金谷盈囊此則穩狂起家之命鴛幃有犯重年敵子嗣秋來朵朵香運行初己酉上人庇下未斷炎涼庚戌運中斷弦重再續尚有事做揚辛亥運中爆竹聲催殘臘盡折梅香引早春还須臾風雪幸不成傷壬子運中雲晴雲散天如洗從此滔滔福祿昌癸丑運中才源富足樓閣軒昂當此之際柳絮飄揚甲寅運中子孝家安多快樂乙卯運中春歸花落水滿滿

壬申年　戊申月　庚午日　丙戌時

此八字庚申之日相配柱中水火傷官印殺之格人生得此生於右族長於名門椿萱雙脫別鴻雁各行鳴其為人也丰姿清秀天性乖能知高識下有理白分清之智截長補短之能萬里無雲天一色三秋好景月長明有心於貨利無意暮功名英雄惟贈劍三尺豪傑相逢酒一鍾水光浮座盃盤堂和氣侵人咲語馨身將隱矣文何用人不知之味更真但願財源富足何須天府求榮此則饒裕之命鴛幃正副方偕老子嗣榮門孝且忠運行初己酉上人庇下天朗氣清庚戌運中世事宛如春夢人情薄似秋雲辛亥運中世情濃又淡淡處又還濃壬子運中正是太平光霽景須臾風雨尚愁人癸丑運中精神又憔悴憔悴又精神過此甲寅運中晚年多快樂會友以開樽乙卯運中無憂無慮丙辰運中一道訃音

壬申年　戊申月　癸亥日　壬子時

此八字癸亥日元相配柱中金土殺生印綬之格女人得此生於右族長於名門椿萱雖並耄鴻雁各行鳴其為人也姿容清秀髮貌精神勝丈夫之氣槩有男子之材能一莊杏桃鋪錦繡蒲山松柏映幃屏滔滔無阻滯步步助夫門玉産崐岡藏韞色蘭生楚澤散清馨相夫應有道訓子總成群雖觸難犯易喜易嗔佇看夫榮子貴也應同沐皇恩此則穩享榮旺之命良人火命榮華容子嗣秋成貴顯人運行初丁未上人庇下未斷平生丙午運中巽合翠鸞成好夢鴛緣紅葉是良姻乙巳運中雖則夫門榮快樂還愁素耗尚愁人甲辰運中裙釵濟濟家居好幾番微雨幾番晴癸卯運中韶華疊疊濟濟紛紛當是時也風雨還侵壬寅運中彩中加彩色紅上贈紅英辛丑運中子貴重紫贈庚子運中春歸鳥不鳴

壬申年　戊申月　戊辰日　壬戌時

此八字戊辰日德之辰相配柱中金水傷官助財之格人生得此生於右族長於名門木火椿萱双曉贈雁行天際不同群其為人也丰姿清秀天性聰明胸羅今古事辛識聖賢心太山北斗千年在和氣春風四座傾終是功名豈為田舍翁龍門變化三春浪鵬路迢遙萬里程一從姓字傳揚後金紫榮看次第陞此則榮貴之命兆幃有犯須同厲子嗣先虧後有盈運行初己酉上人庇下花放風生庚戌運中欲向雲中拿足須從灯下苗心辛亥運中桃巷幾回空歎息時來有日始升騰壬子運中到此始知文辛好長安道上馬蹄輕當此之際風雪滿庭癸丑運中令重奸邪伏威嚴鬼膽驚丑字之中花放風生甲寅運中重紫重金當是景山河十郡仰威雄乙卯運中榮回故里美酒千尊丙辰運中春光去也一桃清風

壬申年　戊申月　丙寅日　辛卯時

此八字丙寅長生之日相配柱中金水才殺之格丙辛作合為良主人生於百年喬木長於累世衣纓椿親榮輔國棠棣有芳馨其為人也行藏瀟洒才調老誠衣冠濟美文學優新錦綉胸藏賢聖學珠璣口吐武文風黃道三秋騰驤足赤霄萬里奮鵬程足步黃金殿身朝白玉京肱股盛世昭名德輔翼時明顯世英此則榮顯之命鴛幃東西鵲帳子嗣蘭桂光榮運行初己酉上人庇下月白風清庚戌運中何事不諧今日吉時來雲路許君登辛亥運中一從鴈塔題名後便許道朝拜聖明壬子運中峻明當此際風雨不為驚癸丑運中一方宰政年命貴復見榮陞任大臣當此之際幾載諒滄甲寅運中職居文武事攝兵刑乙卯運中晚年宜向籬邊樂詩酒從容愜性情丙辰運中鳳凰池上音容杳夢斷華胥永不醒

壬申年　戊申月　庚戌日　乙酉時

此八字庚戌魁罡之日相配柱中水火傷官助才之格人生得此生於右族長於仁門金火椿萱双晚茂天邊鴻鴈各行鳴其為人也丰姿清秀天性聰明有抵雪欺霜之智截長補短之能重成新事業再整舊門庭得意江山詩句徒忘情日月酒杯深滿世功名身外事五湖風月樂怡情此則守成之命鴛幃得配名門女子嗣生成跨灶入運行初己酉上人庇下化日陽春庚戌運中來觀桃李紅紅色且喜湖光淡淡晴辛亥運中萬疊好山雲乍斂一樓明月雨初晴壬子運中天上三陽泰人間五福增癸丑運中旺中尚有盈虧事雪霽財源倍有增甲寅運中松尚茂柳尤青乙卯運中紛梅同醉引鵝徐行丙辰運中春歸花落盡空怨子規聲

壬申年　戊申月　乙卯日　壬午時

此八字乙卯專祿日相配柱中金土才官之格官多化殺之論女人得此生於右族長於名門萱毋先歸椿耐晚天邊鴻鴈各行鳴其為人也丰姿清秀髮貌精神勝丈夫之氣槩有男子之材能雲收華岳千山秀水到湘江一樣清翁姑必姑倚姻娌尚然輕玉產凱崗藏韞色蘭生楚澤發清音難觸而難犯易喜而易嗔雖不鳳冠帔服自然益旺夫門此則益旺之命良人連珠高一載子嗣秋來旺宅門運行初丁未幼年之下毓秀閨門丙午運中

契合翠鸞成好夢寅緣紅葉作良姻乙巳運中雖則夫門才業旺幾番人事尚虧盈甲辰運中羅綺千般色珍羞百味新癸卯運中梅須遜雪三分白雪亦輸梅一段馨壬寅運中晚年快樂子貴光榮辛丑運中機謀閑晝永明月照黃昏

壬申年　戊申月　辛亥日　戊戌時

此八字辛亥日元相配柱中水木傷官助才之格女人得此生於右族長於名門椿父先歸萱後別天邊鴻鴈各行鳴其為人也姿容清秀髮貌精神勝丈夫之氣槩有男子之材能雲收華岳千山秀水到湘江一樣清每懷丸膽意時抱擇憐心玉產崑崗藏韞色蘭生楚澤散清馨難觸難犯易喜易嗔佇看夫榮子貴也應同沐皇恩此則榮貴之命良人木命榮華客子嗣先成貴顯人運行初丁未上人庇下未斷平生丙午運中契合翠鸞成好夢

寅緣紅葉是良姻乙巳運中雖則夫門多快樂幾多人事尚虧盈甲辰運中藁砧沾沛澤風雨尚还生癸卯運中才旺生官家業旺福星臨照喜非輕壬寅運中彩中加彩色紅上贈紅英辛丑運中晚年子貴重榮贈庚子運中一枕黃粱永不醒

壬申年　戊申月　乙丑日　辛巳時

此八字乙木相配柱中旺金露殺藏官之格喜逢印綬生身人生得此生於茂族長於仁門椿親耐歲萱母先行其為人也丰姿清秀天性乖能善決善斷多見多聞祖業增華鼎根原勝舊風豈是池中物尤來席上珍過大黃金重長價離雲皓月倍清明笋曰落籜方成竹魚為奔波始化龍君若有心於仕路貴人一薦祿元豐此則擊石生烟之命篤愽正副方偕老子嗣先虧後有盈運行初巳酉上人庇下未斷平生庚戌運中身衣蘆花絮寒來只自禁辛亥運中有路必達有志必伸當此之際一番風雨壬子運中威權猶布人欽伏財帛興隆雨露均癸丑運中才權秉義疊疊光榮甲寅運中黃花晚節乙卯運中一夢巫峯

壬申年　戊申月　己巳日　丁卯時

此八字己巳日元相配柱中水木傷官制殺之格人生得此生於良族長於仁門萱母早歸遠有繼天边鴻鴈有行鳴其為人也丰姿清秀天性乖能頗知礼義稍識古今雖不成名利生平近貴人行藏果斷人事多能祖業須重立根緣勝旧風萬里無雲添一色三秋好景月長明不必驪珠來水府何須木劍到豐城好意番成惡真心換得嗔但覩一生財祿旺何必天边沐寵榮此則豐潤之命鴛愽水命須年敵子嗣秋來孕朶成運行初巳酉上人庇下風雪滿堂庚戌運中世事究如新折柳人情一似半開雲辛亥運中狼虎窠中得食荊棘叢裏安身壬子運中着意種花花不發無心插柳柳成陰當此之際突耗还生癸丑運中成四特佳趣立萬古門庭須史風雨雪霽特門甲寅運中悦年安享會友開樽乙卯運中心事数莖白髮生涯一片閑情丙辰運中歸去也

壬申年　戊申月　戊午日　癸亥時

此八字戊午日丹之辰食神助財之格人生得此生於望族長於名門椿親微顯貴鴻鴈独超群其爲人也丰姿清秀天性聰明胸羅今古事學識聖賢心終是登廣之客宜爲避世之靈靈鰲動處千山振丹桂開時萬里馨自錫瓊林後朝朝識聖明此則榮貴之命鴛幃全正副子嗣出藍青運行初己酉上人庇下未断平生庚戌運中凈几明窓宜篤志青燈黄卷可留心辛亥運中霹靂一聲雲霧合禹門躍過浪三層壬子運中理輪却使奸

邪伏攬轡能今宇宙清癸丑運中三度君恩喜兩番風木鷙甲寅運中佇看官封三級酌然祿享千鍾乙卯運中荣田故里丙辰運中春夢無憑

壬申年　戊申月　辛未日　壬辰時

此八字辛金相配柱中之水傷官之格傷官者剛毅之物也論人行藏倜儻擎用方員嚴戀含悅翠棠棣發春妍不懲不勇能語能言逢惡不怕見善則迁重添新事業再整舊根原定擬雲程坦坦宜教豹隱龍蟠莫將姓字傳湖海好來雲裏理雲偏一朝但得風雲便也應跨馬上長安此則擊石生烟之命鴛幃得配名門女子嗣全風孝義全運行初己酉上人庇下則居安庚戌運中萬里無人秋寂寞三秋好景月嬋娟辛亥運中名利正如新柳綠人情還似半蟾明壬

子運中季倫錦幛何為貴秦帝阿房未足談癸丑運中富貴榮華當此際還愁風雪一翻寒甲寅運中軒開化日增光彩簾捲香風進祿元乙卯運中脫節黃花香馥郁丙辰運中仍看一摘夢難還

壬申年　戊申月　戊午日　甲寅時

此八字戊午日刃之辰食神制杀之格女人得此椿萱晚蒼翠鴻鴈不聯群姿容闓朗髮貌精神有治家立業之道助勤丸膽之能紅日點穿湘水碧白雲堆破楚山青一朝時運至夫旺子興隆此則榮旺之命良人兩敵方偕老桂子秋來孝義深運行初丁未上人庇下未斷平生丙午運中匹配名門友花從錦上增乙巳運中青歸柳葉精初変紅入飛花燹未勻甲辰運中楊柳無風枝嫋娜梅花有月夢精神癸卯運中助夫益子樂意忘情壬寅運中安享暮年之福辛丑運中一宵花落月沉

壬申年　戊申月　乙巳日　甲申時

此八字乙巳日元相配柱中旺金正官之格只嫌身弱賊我功名主人生於右族長於仁門萱母先歸椿耐晚天邊鴻鴈各分群其為人也丰姿清秀天性聰明頗曉三分道理文章一竅不通自有順天之慶並無福地之深祖業添新慶根源勝舊風世事每從忙裏就財源自向遠方生不以功名為念豈將冠冕磨礱花無桃李非春色人有笙歌是太平但願一生逢貴客何必天邊沐寵榮此則穩厚之命篤悌有化須於硬子嗣生成貴顯人運行初己酉上人庇下未斷平生庚戌運中春園雖雨過桃李未生英辛亥運中着意種花花不發無心插柳柳成陰壬子運中才源滚滚家居好須史風雨幸何驚癸丑運中桃李千谿錦江山一畫屏甲寅運中滚滚財源旺滔滔福祿增乙卯運中花已落月尤沉

壬申年　戊申月　壬申日　庚戌

此八字壬申長生之日相配柱中金土稅生印綬之格女人得此生於右族長於名門椿父先歸萱壽晚天边鴻鴈各行鳴其為人也丰姿清秀髮兒精神勝丈夫之氣槩有男子之材能雲妝楚岳千山秀水到湘江一樣清萬里無雲天一色三秋好景月長明淊淊無限好步步助夫門玉產崐岡蔵耀色蘭生楚澤散清氛孝翁姑蘋蘩有礼相夫教子有賢能克勤而克儉易喜而易嗔雖不鳳冠霞帔也應才祿豐盈此則益旺之命良人土金連珠

屬子嗣先虧晚有榮運行初丁卯上人庇下毓秀閨門丙辰運中雖則夫門有慶幾番人事虧盈乙巳運中正是太平明媚景幾番微雨幾番晴甲午運中萬疊好山雲乍起一輪皎月雨初晴當此之際風雨還生癸未運中羅綺一般色裾釵列兩行壬申運中子貴夫榮令快樂辛酉運中粧樓人去粉空留

壬申年　戊申月　壬申日　戊申時

此八字壬水長生之日偏官助印之格兩干不雜之論主人生於文望之族長於閥閱之門椿萱有倚分中道鴻鴈天邊獨出群丰姿磊落天性聰明學問知今古詞源壓俊英折桂場中蹲妙手標名鴈塔振蜚聲此則榮貴之命鴛幃全正副桂子秋香馨運行初己酉上人庇下化日陽春庚戌運中携灯展卷秉燭觀文辛亥運中秋惟摶去鳳春榜躍潜龍壬子運中既沐

皇恩重还愁白髮親癸丑運中雪精雲散天如洗金紫

煌煌雨露陞甲寅運中榮中生阻節慎則始無驚乙卯運中訃音一播酹酒三鐘

壬申年　戊申月　丁亥日　壬寅時

此八字丁亥之日相配桂中金水才官之格才多化殺滅我功名主人生於右族長於名門椿萱雙晚茂棠棣各聯榮其爲人也丰姿清秀天格老誠行蔵果断作事多能雖無深計較稍有淡聰明萬里無雲天一色三秋好景月長明重成新事業再整舊門庭五湖四海生涯好萬水千山活計深門楣壯觀樓閣清雲豊秀田舍未盈譽落日山家酒満斟莫患仕宦登雲路但頗才源無是盈此則穩厚之命鴛幃火命須年小子嗣榮門晚節馨運行初已酉上人庇下未断平生庚戌運中登臨而濘雨賞翫又春陰辛戌運中不意之中曾得意用心之處不如心壬子運中才如春水滔滔發福似秋蟾皎皎月癸丑運中福布江才山外名聞湖海之中當此風雪満庭甲寅運中蹉賓玩物會友閑樽乙卯運中享子孫之福慶丙辰運中夢杳杳之佳城

壬申年　戊申月　丙辰日　壬辰時

此八字丙辰日元相配拄中金水才煞之格人生得此生於温潤之家長於良善之門椿萱有倚成無倚鴻鴈聯群又斷群丰姿清秀天性雍容高明遠見機關别據控春風一妙人一聯美景才源自向遠方來萬里無雲利禄必從天上至春風雨過花添色四時佳趣樂平安田園桑柘茂畝畝稻粮興傳世為吾身外叢畏日成家必有餘此則離祖豊富之命鴛幃有克丙硬無傷桂子有成晚景榮門運行初已酉上人蔭下未断平生庚戌運中世事宛如春夢人情還未秋雲辛亥運中乍雨乍晴留容景不寒不暖困人春壬子運中便覓才源多富足還當人事欠消停癸丑運中財源滾滾如春水福似秋雲皎皎明甲寅運中門庭壯觀第宅增新乙卯運中人生空碌碌花落雨無憑

壬申年　戊申月　壬申日　甲辰時

此八字壬辰生日辰配合柱中金土殺生印綬之格人生得此生於右族長於仁門蔽蔭雙晚茂鴻雁有隨行其爲人也丰姿清秀天性老誠有深深之計較淡淡之聰明水光浮座盈盤瑩花氣侵人咲語馨祖業添新慶才源悅積存竹影掃階塵不掃月穿潭底水無痕江湖有生意閭里姓名馨春入園林香遍月離海嶠光揚才源多旺足何必入青雲此則興旺之命鸞幃重領交孟盡子嗣生成貴顯人運行己酉幼年之下未斷平生庚戌運中春風捲起陰雨天時辛亥運中幾次樂中有悶數翻喜裏生憂壬子運中萬疊好山雲下掩一輪明月雨初晴癸丑運中桃李千谿錦江山盡一屏當此之際風雪滿庭甲寅運中歲寒松尚茂秋老菊尤存丁卯運中人生從此始無復見儀形

壬申年　戊申月　癸酉日　癸丑時

此八字癸酉日元相配柱中金土官印之格有官有印無破作廊廟之材遇斯命者生於右族長於仁門火土椿萱萱早別重招繼母晚侍行天邊鴻雁有各稟生其爲人也丰姿清秀天性聰明千古文章燈下讀一天星斗耀心胸驪珠照魏光難隱雷劍生豐氣莫藏終是功名之客豈爲田舍之郎鰲逐玉蟾攀桂去馬隨青帝踏花行一日風雲相際會直上金鑾輔聖明此則榮貴之命鸞幃燭夜添新丞子嗣秋來有繼榮運行初己酉上人之下未斷平生庚戌運中雪晴天未暖窗下有書聲辛亥運中莫愁雪阻藍關道時來隨馬入雲津壬子運中跳過三層浪朝班立縉紳癸丑運中戢迁金紫聲名重風雪飛來尚惱人甲寅運中權高損福晦則無驚乙卯運中夕陽有限春夢無憑

壬申年　戊申月　丁卯日　庚子時

此八字丁丑日元相配柱中金水才官之格官煞混雜減吾科第成名主人生於右族長於名門椿萱双脫茂鴻雁各行鳴其為人也丰姿清秀天性老誠知高下識重輕有近貴親賢之德應上和下之能筭長名園過舊竹花開上苑勝先春終是功名之客豈為田舍之翁一旦謀為道還馳三試名此則擊石生烟之命篤怖有祀須遲配子嗣秋來孝且忠運行初已酉上人危下未斷平生庚戌運中雪晴天未煖行樂未如心辛亥運中時來还貴助持筆向公門壬子運中雨晴雲路近隨馬入神京癸丑運中雖則崢嶸頭角還愁風雪滿庭甲寅運中皇恩重有感沛澤惠黎民乙卯運中晚年閑故里酌酒樂怡情丙辰運中夕陽有限春夢無憑

壬申年　戊申月　壬子日　癸卯時

此八字壬子日刃之辰相配柱中金土杀生印綬之格人生得此生於右族長於仁門椿萱有倚鴻雁飛鳴其為人也丰姿清秀天性聰明秖秖稍覧件件不精有近貴親賢之德應上和下之能祖業添新慶根源勝旧風福布江山外名聞湖海中月掛碧天多皎潔名揚閭里有光荣遇險終無險逢凶幸不凶舉橫風月閑生計愈老松筠旧歲青好意番成悪真心換得嗔但顏一生多發福何必天边沐寵荣此則豐盛之命兆常心命方偕老子嗣枝頭損又盈運行巳酉上人危丁未断平生庚戌運中娟娟雲裏月灼灼彙中英辛亥運中雖則行藏有慶还愁素耗相侵壬子運中莫言此運多光景得一程而失一程梨花舞雪雨過山青癸丑運中福若泉滚滚才如春風生丑字之中如月入雲甲寅運中晚年閑快樂會友以開樽乙卯運中心事数莖之白髮生涯一片閑情丙辰運中帰去也

壬申年　戊申月　甲子日　癸酉時

此八字甲子日元相配柱中金水殺生印綬之格人生得此生於石族長於名門椿萱有倚難双耄天邊鴻鴈各行鳴其為人也丰姿清秀天性聡明頗知禮義稍識古今有近貴親賢之德應上和下之能祖業添新慶根源勝舊風市纏生計賡湖海綠元豐水光浮座杯盤瑩和氣侵人笑語欣消閑碁一局遣興酒三鍾時至才源旺足運來第宅增新雖不建侯封爵自然潤屋潤身此則穩厚之命鶺鴒有托須招硬子嗣秋來孝且忠運行初己酉上人庇下雲月朦朧庚戌運中言歸柳葉晴初變紅入桃花峻未均辛亥運中正是太平光霽景還愁索耗又相侵壬子運中才源旺足家居好尚恐熱趄未順情癸丑運中軒開化日千祥集藹撓香風百福增丑字之中花放風生甲寅運中成四時佳趣立萬古門庭乙卯運中晚年閒快樂丙辰運中一枕了平生

壬申年　戊申月　丙辰日　壬辰時

此八字丙辰日德之辰相配柱中金水才殺之格人生得此生於宦族長於名門椿萱榮晚茂鴻鴈有凌雲其為人也丰姿清秀天性聰明理窮古事熏今事書對賢經與聖經衣冠濟濟人中傑和氣怡怡席上珍禮樂縱横字詩書典雅文不特魏珠聯照乘還應趙璧連城七朝獻隱登文路千里思蓴破浪風竹看宦封三代酌然爵享千鍾此則榮継之命鶺幃重合登子嗣晚光榮運行初己卯上人庇下未斷升沉庚辰運匕之間雲中須從窓下留心辛巳運中時來風送滕王閣運至鵬飛萬里程壬午運中禹浪三雷都躍過風生鉄面兒神驚癸丑運中雪晴開閣閒金紫戢加陞甲寅運中身歸相府戢近肱股乙卯運中歸去松雲三徑足尚未冠冕一毫輕丙辰運中春光去也花落月沉

壬申年　戊申月　戊申日　庚申時

此八字戊申長生之日相配柱中金水食神助才
之格亦有合煞之意主人生於右族長於名門椿
萱榮贈難兄老天邊鴻雁各搏風其為人也精神
烱烱智慧明明五車書富三冬足兩石弓當萬騏
充珪璋自是清朝器律呂偏諧濟世音定向月中
攀桂子又從天上領春回一日風雲相濟會九重
金闕拜君容此則榮貴之命鴛幃燭夜添新慶子
嗣生成少貴人運行乙酉驚濤亂水脈聚雨暗山
紋過此庚戌運中讀殘芸窗月電號宴頭螢辛亥
運中霹靂一聲雲霧合禹門躍過浪千層壬子運
中晚日催行站春風從去程癸丑運中戢迓金紫
貴風雲幸何驚甲寅運中沖擊之處危事逡巡乙
卯運中百年繾綣成何用一日無常萬事空

壬申年　戊申月　庚戌日　庚辰時

此八字庚戌魁罡日相配柱中水火傷官之格喜
者最好秋生主人生於喬木長於宦門椿親崇傑
鴻雁飛鳴其為人也精神烱烱翰墨騰驤異常學
問敏捷才能生平書富三冬足雨兩石當萬驥衝
終是傳芳之客豈爲田舍之翁靈鶯動處千山振
丹桂開時萬里馨一從姓字登金榜凜凜威風四
海清名題累世王公冑柱石三朝社稷臣此則榮
繼之命鴛幃匹配宦家女子嗣森枝一顯榮運行
己酉上人庇下天朗風清庚戌運中款達相如志
須加董子功龍門變化三春沛脯路高搏萬里程
壬子運中威飛亂浪怒令重虎風生癸丑運中戢
廷金紫聲名顯六出花飛不損身甲寅運中秋光
卻似宦情薄山色渾如歸興深丙辰運中夢遊逢
鼎鬼返巫峯

壬申年　戊申月　乙巳日　癸未時

此八字乙巳日元相配柱中旺金正官之格喜逢印綬生身人生得此生於右族長於高門金命椿萱双挽茂天邊鴻鴈各行鳴其為人也丰姿清秀天性聰明知高識下趨吉避凶行藏賫消洒咲傲任枯榮祖業添新慶根源勝旧風萬里光華沾沛澤四時佳趣瑞祥生有心於貨利無意慕功名得意江山詩句捷忘情日月酒盃深雖不建侯封爵自然才祿余盈此則穩厚之命鴛幃本命須兩子子嗣生成貴显人運行初己酉春風飄蕩夏日炎蒸庚戌運中春圍雖雨過桃李未生英辛亥運中才源滾滾家居好旺中尚有事于盈壬子運中福若泉源湧才如春氣生癸丑運中正是太平光霽景須史風雲滿門庭甲寅運中才源富足家業餘盈乙卯運中延賓翫物會交開樽丙辰運中百年繾綣成何用一日無常萬事空、

壬申年　戊申月　甲辰日　戊辰時

此八字甲辰日元相配柱中旺金殺生印綬之格人生得此雖不成名亦能發福主人生於文望長於名門金土椿萱榮晚茂天邊鴻鴈不同群其為人也丰姿清秀天性聰明般猷稍覺件件不精機謀郵腹夆用人欽行藏果斷作事老誠遊山翫水携詩卷對月觀花把酒斟不以功名為念豈將冠冕磨蘑樓臺疊疊生涯好才帛盈囊福祿增雖不建侯封爵自然潤屋潤身此則富榮之命鴛幃有犯須招副子嗣生成貴顯人運行初己酉幼年之下未斷平生庚戌運中世事宛如春梦人情薄似秋雲辛亥運中金距鬪鷄三市北玉鞭跨馬五陵東須史風雨頃刻風雲壬子運中堯李千溪錦江山一畫屏癸丑運中庭前竹報平安日檻外花開富貴春當是時也風雷滿空甲寅運中有名兩富貴無事樂平生乙卯運中人生從此別無復見儀形

壬申年　戊申月　乙丑日　壬午時

此八字乙丑日相配金水官印之格有官右印破作廊廟之材人生於遊空之族長於詩書之邑椿萱榮且天邊鴻鴈各行鳴其為人也丰姿濟楚天性聰明多識高名袖賢性靈沖露雨莫材能終是功名客豈為田舍翁且履三千皆從冬操風九萬即容此則繼榮之命鸞幃金玉潤子嗣終則榮显之門己酉上人庇下來斷平生庚戌運中當此之際風雲滿遂辛亥運中時風送騰王閣壬子運中九天雨露再加隆癸丑運中腰横金作帶符劍玉為麟甲寅運中安賢晚景會友開樽乙卯運中尊贈味知引見壽輕丙辰運中夕陽有限春夢無憑

壬申年　戊申月　癸酉日　庚申時

此八字官印之格人生得此本顯功名運行皆地事不十全主人生於平淡之族長於迁變之門椿萱有成無倚鴻鴈聯群斷群丰姿平順天性乖能初運平常中不順晚年家業斷伶仃此則貧窟之命鸞幃有得子嗣奚成運行初己酉或寒或煖下雨下晴庚戌運中雪晴天未煖行樂豈無心辛亥運中財源生進退人事有虧盈壬子運中刻鵲不就畫虎不成癸丑運中人到中年多發福如何只我日貧窮甲寅運中世事宛如春夢人情薄似秋雲乙卯運中歸去也

壬申年　戊申月　甲辰日　丁卯時

此八字甲木配乎金土杀之格喜逢印綬生身遇斯命者生於茂族長於仁門手姿清秀天性老誠有博古通今之志截長補短之能萬里韶華名利必從天上一聯美景才源自向閑中生玉產崑崗蔵韞色蘭生楚澤散清馨此則特達之命鴛幃閨渺挂子春英運行初己酉上人庇下不辱不榮庚戌運中筝長名因過旧竹花開上苑勝生春辛亥運中頗覓行蔵有慶还愁微雨弄晴壬子運中天上三陽泰人間雨露均

癸丑運中雪消雲散方安覔從此滔滔福祿增甲寅運中冲擊之所旺処生驚乙卯運中花已老月尤況

壬申年　戊申月　乙巳日　庚辰時

此八字乙巳日元相配柱中金水官印之格人生得此生於温潤之族長於穩厚之門金土椿萱双挽茂天邊鴻鴈各行鳴其為人也丰姿清秀天性聰明頗知礼義曉識古今知高識下理白風清祖業添新慶根源勝舊風月掛碧天多皎潔名揚湖海有聲名消閑棊一局遣興酒三鍾花無桃李非春色人有笙歌是太平但頗才源富足任他身外無名此則穩厚之命鴛幃水命須年小子嗣秋来朶朶成運行初己酉上人庇下淡淡春雲庚戌運中登臨雨淳賞翫春隱辛

亥運中嚴霜積雪都經過從此財源有進增壬子運中雖則財源旺足還愁素耗相侵癸丑運中桃李千谿錦江山一昼昇甲寅運中庭前竹報平安日檻外花開富貴春乙卯運中夕陽有限春夢無憑

壬申年　戊申月　丁巳日　戊申時
此八字丁巳日元相配柱中金水才旺生官之格
才盛生官終身有慶遇斯命者生於右族長於名
門水土椿萱連珠屬天邊鴻鴈各博風其為人也
丰姿清秀天性聡明般般稍覺件件不情機謀輙
腹奋用人欽宜無高仕敬特有貴人欽水光浮座
盃盤瑩花氣侵人咲語馨田園桑柘茂畝畝稲梁
馨琴樽風月為生計金玉松筠旧歲春笙歌沸処
曽行樂羅倚叢中幾酩醒拙終自已巧與他人終
是功名客豈為田舍翁非吏非儒非附馬也應献

稟顯功名此則因富顯貴之命兆幃同脅須招嗣
子嗣秋来有提崇運行初已酉上人庇下天朗氣
清庚戌運兩情山積翠雲斂月當空辛亥運中才
遇功名多耗散禍因閑事尚逡巡壬子運中才源
富足家居好還忘閑非素耗侵癸丑運中庭前竹
報平安信檻外花開富貴春丑字運中花放風生
甲寅運中簾幙垂珠當是夜林花剪彩景長春乙
卯運中子貴多安樂丙辰運中春歸鳥不吟

壬申年　戊申月　壬午日　庚子時
此八字六壬生臨午位號曰祿馬同鄉殺生印綬
之格人生得此生於温潤之族長於名望之門金
丈椿萱雙晚茂天邊鴻鴈各行鳴其為人也多智
惠稍聰明丰姿磊落性格精神般般好學件件不
精笋長名園過脩竹花開上苑勝先春欲為商賈
欲慕功名剖石終逢玉淘河始見金科目文章雖
顯姓自然過貴也成名莫道結枝難結果東君留
意更殷勤此則機會成名之命鸞幃有犯須招贈
子嗣榮門孝且忠運行初已酉上人庇下淡淡春

雲庚戌運莫道儒官悞芸窓患不勤辛亥運中時
来但得吹嘘力果然祿馬旺前程壬子運中威權
有布人欽服財帛興隆雨露均當此之際風雪消
庭癸丑運中耿耿聲名重滔滔祿位陞甲寅運中
冲擊之所處樂辭榮乙卯運中無思無慮有子有
孫丙辰運中春去也鳥無聲

壬申年　戊申月　丙辰日　壬辰時

此八字丙辰日德之辰配合柱中旺水偏官之格
人生值此半姿標致天性聰明生於詩禮之家長
於顯耀之庭變覩榮壽齊敎翠鴻鴈天邊有奮騰
學問有成袖裡虹蜺冲霄色美材敏捷筆端風雨
駕雲層佇看衣紫腰金日衣冠身惹御爐塵此則
輝耀之命篤愫慨帔贈子嗣捷金英運行初己酉
上父之勢下有晦未能伸庚戌運中篤志莫辭窓
下苦宜加董子十年心其中非舌謹己而行辛亥
運中槐花催上青雲路丹桂開時萬里馨壬子運
中一得瓊林恭宴後光生玉節下雲層動搖山嶽
就此恩傾癸丑運中威政存心華吏弊下車推理
洗民心軍民皆仰德腰帶必圍金甲寅運中清名
已在雲霄上逸氣還冲宇宙心乙外運中有材膺
大用未許逗鄉程丙辰運中解印歸來春色重留
得芳名上古文

壬申年　戊申月　乙卯日　丙子時

此八字乙卯專祿之日配乎柱中金水官印之格人生得
此生於良族長於名門椿萱分別先虧父天邊鴻鴈各
行鳴其為人也丰姿清秀天性老成雖無深計較稍有
涘聰明重成新事業難守旧門庭福布江山外名聞
湖海中才源有分生涯好官貴無緣不用心平生自
有隨身業貴人一薦發才名此則發福之命篤愫
重合小子嗣曉茱華己酉運中春風駘蕩夏日炎蒸
壬戌運中風帶雪來應覺冷鳥啼花落始知春
辛亥運中片雲能發千山雨雨過千山依旧晴壬
子運中才源滚滚家居好尚有閒非晦好生癸酉
運中福若泉源湧才如春水生丑字之中如履薄冰
甲寅運中富潤屋德潤身乙卯運中翩翩名旋譽
譽佳城

壬申年　戊申月　甲子日

此八字甲子日元相配柱中金水[illegible]格
殺印相生功名顯達只嫌身弱臧我功名主人生
於右族長於仁門椿萱有倚先斷父天邊鳴雁各
分群其為人也行藏果斷作事亦能世事頗能將
就般般學欠精通自有頂天之慶豈無福地之源
祖業添新慶根源勝風有心於貨利無意慕功名
消閑基一局遣興酒三盃推翻雖紀易喜易嗔
花無桃李非春色人有笙歌是太平但願一生才
祿旺何必天邊沐聖恩此則穩享之命兆幃有犯
須年敵子嗣秋來朵朵成運行初已酉上人庇下
未斷平生庚戌運中雪晴天未暖行樂未如心辛
亥運中春風播爽徹雨弄晴壬子運中始覺楊花
滿目還愁霧鎖烟凝癸丑運中不是一番寒徹骨
焉得梅花噴鼻馨甲寅運中桑榆暮景福祿駢
臻乙卯運中晚年閑快樂丙午運中一枕了平生

壬申年　戊申月　乙卯日　丁亥時

此八字乙未日元相配柱中金水官印之格有官
有印無破作廊廟之材主人生於右族長於名門
椿萱榮晚別鴻鴈各行鳴其為人也丰姿清秀天
性聰明錦綉胸藏顯此學珠璣口吐武文風太山
北斗千年在和氣春風四座傾終是文場折桂客
豈為田舍鑿耕人瓊林雖不參高宴自然祿位疊
加陞此則榮貴之命鸞幃有犯須招副子嗣生成
貴顯人運行初已酉上人庇下未斷平生庚戌運
中十年窗下業特至步蟾宮辛亥運中一從沐得
天邊寵濟濟生徒樂泮宮壬子運中教鐸豈能留
得住空居百里秉權衡當此之際風雲滿空癸丑
運中一天膏雨隨車至自有仁風逐扇生甲寅運
中江山近五馬花挪拂双程皇恩有感重加祿着
堂佐政再重陞乙卯運中子貴重榮贈丙辰運中
春夢無憑

壬申年　戊申月　甲辰日　甲戌時

此八字甲辰日元相配柱中金水殺生印綬之格女人得此生於良族長於名門椿萱昌遂雙雙鸞鴻鴈宴能隊隊飛其為人也資顏清雅体態豐腴當家活撥釐事勤劬有針緻之巧立業之機行藏果斷作事三思勝丈夫之氣槩有男子之操持性急便如風捲浪行時言起行時除晚年光霽景福祿勝常時此則穩旺之命良人連珠須配合子嗣生成貴顯兒運行初丁未少年之景不損不虧丙午運中不為惜花春起早也應愛月夜眠遲乙巳運中幾度閑中有悶数番靜裏成愁甲辰運中漸知春煖始信陽回癸卯運中萬疊好山雲作欲一樓明月雨初晴壬寅運中有子士林成大業其時名譽即非卑辛丑運中安閑晚景萬事稱機庚子運中春光已迫歸去來兮

壬申年　戊申月　己未日　甲子時

此八字己未陰刃之日相配柱中金水傷官助才之格才旺轉生官旺主人生於右族長於高門椿萱一享期頤壽天邊鴻鴈各搏風其為人也丰姿清爽天性聰明窮經覽史學足三冬衣冠雅麗標格精神豈係隱閑之仕終為顯達之人騰踏飛黃應有日朝班秉笏拜明君此則榮貴之命鴛幃春色麗子嗣晚光榮運行初己酉上人庇下天朗氣清庚戌運中不負寸陰之惜豈辜題柱之功辛亥運中報道是龍還不信果然奪得錦標新壬子運中寒拂紫衣催驛騎光生玉節下雲層癸丑運中雪晴開闔閭金紫戢權衡甲寅運中自嘆引年歸故里朝走未遂兩疏心乙卯運中晚年閑故里會友以開樽丙辰運中春光去也啼鳥無聲

壬申年　戊申月　癸亥日　己未時

此八字癸亥日元相配柱中金土殺生印綬之格殺印相生功名顯達主人生於右族長於名門椿父先虧萱後別天邊鴻鴈各行鳴其爲人也丰姿清秀天性老誠頗知義禮稍識古今有抵雪欺霜之志截長補短之能祖業添新慶根原勝舊風筝長名園過舊竹花開上苑勝先春終是功名之客豈爲田舍之翁律法久誇勞案牘功名須藉筆刀成佇看頭角聳光耀舊門庭此則榮貴之命篤幃有犯須招副子嗣秋來有挺榮運行初己酉上人庇下風雪滿空庚戌運中世事宛如春夢人情薄似秋雲辛亥運中藏器待時時必達時來機會入公門壬子運中雖則崢嶸頭角還須困守家門甲寅運中皇恩有感声名顯幾載勞繁國設心乙卯運中榮回故里美酒盈樽丙辰運中春光去也花落月沉

壬申年　戊申月　己酉日　乙丑時

此八字己酉日元相配柱中金水傷官制殺之格女人得此生於右族長於高居椿萱双晚茂鴻鴈各行飛其為人也姿顏清秀体態豐腴有針綴之巧立業之機一花杏桃紅錦默滿山松柏映屏幃萬里無雲天一色三秋好景月揚揮上堂不敢專權勢入室还宜听指揮佇看来晚節福祿積多餘此則正不足之命良人年長榮曾哀子嗣秋来有出奇運行初丁未上人庇下吞斷高低丙午運中共結綺羅山海固永諧琴瑟地久齊乙巳運中雖則夫門多快樂還愁花放尚風吹甲辰運中明月當天生氣爽光華萬疊色尤齊斤時風雨頃刻趑趄癸卯運中步步有助夫之樂滔滔無阻滯之危當是時也風雨还欺壬寅運中天上三陽泰人間五福齊辛丑運中夕陽有限遊永無迴

壬申年　戊申月　戊午日　癸亥時

此八字戊午日刃之辰食神助財之格女人得此生於右族長於名門椿萱雖並花鴻鴈各行鳴其為人也丰姿清秀髮兒精神有針之巧立業之勤雲收華岳千山秀水到湘江一様清箕帚蘋蘩有禮節相夫教子有能聲蕩里無雲天一色三秋好景月長明滔滔無阻滞步步旺夫門財源富足家業豐盈若非二姓結花燭定是豪門配娥婚此則榮益之命良人配舊豪華客子嗣秋来旺宅門運行初丁未上人庇下未斷平生丙午運中紅葉灑中傳客意赤繩月下結良姻乙巳運中雖則夫門鬧快樂幾多人事尚虧盈甲辰運中羅綺千般色珍羞百味新癸卯運中光華疊疊德澤紛紛壬寅運中彩中加彩色紅上贈紅英辛丑運中子貴孫榮多快樂庚子運中春歸花落鳥無聲

壬申年　戊申月　戊午日　乙卯時

此八字戊午日刃之辰傷官助財之格財旺自生官旺秀氣欝然椿親栄貞壽棠棣秀春妍其為人也丰姿清秀天性機関美材浩浩學問淵深識今古之事情讀聖賢之簡編龍飛九五春霄外鵬擊三千翰海邊豈為白髮衣開故里定扶日月上青天此則宦達之命鴛幃春麗桂子班蘭運行初己酉芸窓雪案冷硯寒毡庚戌運中有志未伸休嘆息時来定許到長安辛亥運中到此始知文李好琅琅玉堦前壬子運中令重奸心碎威嚴膽蟲酸癸丑運中名聞千里外威布一方天當是時也飛黎滿川甲寅運中官煞混雜歸隱田園乙卯運中延賓酌酒丙辰運中雪擁藍関

壬申年　戊申月　乙卯日　壬午時

此八字乙卯專祿之日相配柱中金水官印之格女人得此生於右族配於高門萱母先歸椿從別天边鳴鴈各行鳴其為人也姿容清秀聰皃精神有肝食宵衣之慎恬治家立業之材能青入水光成嫩綠日匀花蕚發新紅深明閨壼理洞識古今情玉產崑崗藏韞色蘭生楚澤散清馨雅韻难犯易喜易嗔雖不鳳冠帔服自然福祿駢臻此則旺益之命良人土合連珠属子嗣森枝有挺茁運行初丁未上人庇下毓秀閨門丙午運中契合翠鸞成仔雙黄緣紅葉是良姻乙巳運中雖則夫門多快樂幾多人事尚乎盈甲辰運中淡烟楊柳岸薄霧杏花村癸卯運中羅綺千般色裙釵化日明壬寅運中沖擊之所如月入雲辛丑運中人生從此別亢後見儀形

壬申年　戊申月　壬辰日　庚戌時

此八字壬辰魁罡之日親印之格人生得此生於湿潤之族長於宗城之堂椿父先归萱後別天邊鴻鴈各翱翔手姿穩厚天性果到梅開白雪飄東閣笋出新梢過北墙欲登仕路欲清淨依旧家園樂趣長特通方壯觀運至始軒昂此則穩足之命鴛幃春麗子嗣摽香運行初己酉上人庇下未斷炎深庚戌運中欲施一箭紅心内恨不當中又感傷辛亥運中高人提挈起從此福元長壬子運中春草春江相妬綠新篁新柳鏡爭黄癸丑運中一番風雪幸不損傷甲寅運中桑榆晚景乙卯運中一夢黄梁

子平遺書　十一

壬申年，　戊申月　壬戌日、　甲辰時

此八字壬戌日德之辰配乎柱中金土殺生印綬之格殺印相生功明顯達女人得此生於右族配於衣纓姿容閨朗髮貌超群有針緻之巧五業之能敏懷，允膳意時抱擇憐心一苑杏桃鋪繡滿山松栢妝屏燦明閨壹理洞識古今情錦繡花開春富琅玕竹秀昇平夫榮子顯同沐恩榮此則榮益之命良人年長榮華落子嗣森枝有挺榮運行初丁未上人衹下秖秀閨門丙午運中蕊心桃源花爛煶橋橫銀漢水澄清乙巳運中雖則夫門才旺旺中尚有事虧盈甲辰運中食則珍羞百味衣甲辰運中澤感山川生秀慧恩沾草木動陽春壬寅運中光華疊疊沛澤紛紛半字之中一番風雨辛丑運中享子孫之福慶庚子運中夢杳杳之佳城

子平遺書　十二

壬申年　戊申月　戊午日　癸亥時

此八字戊午日刃之辰相配柱中金水食神助才之格人生得此生於右族長於名門擠义先歸萱耐晚天邊鴻鴈各行鳴其為人也半姿平淡天性聰明窮書覽史學足三冬麗句好為天下白高材俊似海東青驪珠照耀光難掩雷劍生豐氣自充終是功名之客豈為田舍之翁瓊林雖不忝高宴自有仁風四境清舒長化日桑麻茂融落仁風雨露春此則貴顯之命鴛幃水命須年小子嗣生成貴顯人運行初己酉上人庇下未斷升沉庚戌運中雖則遨遊泮水何期風雪滿庭辛亥運中執卷幾回空探月時來有路上神京壬子運中三疊陽關斟別酒九重天府沐皇恩癸丑運中百里絃鳴民樂業九天雨露再加陞當此之際擲絮盈盈甲寅運中一天膏雨隨車至千里仁風逐扇生乙卯運中榮回故里美酒盈樽丙辰運中英雄都夢也高探卧麒麟

壬申年　戊申月　癸丑日　戊午時

此八字癸丑日元捐配柱中金土官印之格女人得此生於良族配於高堂椿萱難並耄鴻鴈不聯行其為人也丰姿清秀髮貌異常有針綴之巧立業之良風送芰荷香滿苑雨滋花萼發新紅才源旺足福祿汪洋心靜似月明雲漢性急如風捲滄浪信看夫榮子貴也應帔服榮昌此則榮貴之命良人得配榮華客子嗣生成奪錦郎運行初丁未上人庇下毓秀閨房丙午運中竹恋花蝴蝶花貪竹鳳凰乙巳運中片雲礙日行樂優揚甲辰運中羅衛千般色珎羞百味香癸卯運中重重榮贈當期際何慮須臾雲滿懷壬寅運中子篋于笥乃積乃倉辛丑運中有子士林成大用何愁第宅不崇昌庚子運中春光去也

壬申年　戊申月　乙巳日　甲申時

此八字乙巳日元相配柱中旺金正官之格女人得此生於右族配於名門椿萱双晚𢦏鴻鴈各行鳴其為人也姿容清秀髮貌精神有針綴之能立業之勤一苑杏桃鋪錦繡滿山松柏映幃屏玉產山崗藏艷色蘭生壑澗散清馨滔滔無阻滞步步助夫門難觸難犯易喜易嗔春入水光成嫩綠日匀花萼發新紅雖不鳳冠帔服自然倉谷豐盈此則穩享之福良人同屬如花子子嗣秋来有粟英運行運丁未上人庇下毓秀閨門丙午運中匹配名門友花從錦上增乙巳運中正是太平光霽景還愁人事尚虧盈甲辰運中羅綺從風多壯觀須臾風雨尚愁人癸卯運中一輪秋夜月萬里倍清明壬寅運中夫賢子貴樂意忘情辛丑運中粧樓人去

壬申年　戊申月　壬子日　癸卯時

此八字壬子日刃之辰殺生印綬之格戊癸作合有功人生得此生於右族長於名門椿萱不並双榮贈天边鴻鴈天边騰其為人也丰姿清秀天性聰明筆底詞流三峽遠胞中孝業五車文衣冠濟濟人中傑和氣怡怡席上珠福元成岳讀威勢壓公卿此則榮貴之命允惜火命須年長子嗣生成貴顯人運行初己酉上人庇下未斷平生庚戌運中十年宮下業一牽便成名辛亥運中花放風生癸丑運中皇恩有感木本之鷩癸丑運中雪晴閒闔光照紫微宮甲寅運中有才應大用祿位享千鍾乙卯運中安閒晚景丙辰運中歸去也

壬申年　戊申月　戊午日　癸亥時

此八字戊午日刃之辰食神帶才之格女人得此生於望族長於深閨椿親豪傑棠棣少枝其為人也儀容清楚性格能為有男子之見識勝丈夫之所為驟日園桃灼灼春風堤柳依依佇看時通泰燦然發越光輝此則享福之命良人賢傑桂子芳菲運行初丁未只宜蔭庇無損無虧丙午運中乘鸞相匹配懽慶即斯時乙巳運中漸漸陽和布看看福慶齊甲辰運中旺中生陽節依舊不為花癸卯運中不但裙釵華麗尚喜福祿高強壬寅運中夫婦諧和快樂兒孫光彩歡娛辛丑運中正享華堂樂無端蝶夢催

壬申年　戊申月　丁未日　甲辰時

此八字丁未陰刃之人相配柱中金土傷官駢才之格喜逢印綬生身主人生於右族長於高門嚴慈有倚分半道天邊鴻鴈各行飛其為人也丰姿清秀天性操持行藏果斷作事三思孝問頗知今古筆鋒稍有威稜親貿近貴不勇不慈終是功名之客豈教南畝耕鋤六書知大得三語竟今非一旦奮身登仕路九載應勤上帝鑾頭角嶄然聳晚節祿加崽此則榮貴之命鴛幃有犯須招贈子嗣秋成貴顯見運行初已酉且安且樂無是無非庚戌運中破耗一番方称意高扦劒筆入曹司辛亥運中幾載勞心甘苦守雨晴跨馬上雲衢壬子運中頭角增嶸多壯觀未應天府听荣除當此之際風雪侵衣癸丑運中皇恩有感声名顯賛政光荣四境馳甲寅運中遠帰千里駱閑釣五溪魚乙卯運中夕陽有限逝水無迴

壬申年　戊申月　丁卯日　己酉時

此八字丁卯日元相配柱中金水才官之格才感生官終身有慶通斯命者生於遠室長於名門椿親耐晚萱母先行天邊鴻鴈有各搏風其為人也雖無智慧稍有聰明辞詳穎利疑無敵筆力縱横若有神終是乘龍客豈為田舍翁豹變南山霧鵬搏北海風清名已去雲霄上福氣還充宇庙中一朝但得風雲便九天雨露沐深恩此則榮貴之命鴛幃重合晚子嗣桂蘭榮運行已酉上人庇下淡淡春風庚戌運中讀殘芋店月囊駁案頭螢辛亥運中莫言此運飛騰晚時至終雖顯姓名壬子運中高浪三番都躍過衣冠濟濟拜明君癸丑運中一番風雨初晴後金紫煌煌雨露墜甲寅運中山河歸所掌官爵又加增乙卯運中解組歸田里蘿邊樂性情丙辰運中人生從此别無復見儀形

壬申年　戊申月　戊申日　庚申時

此八字戊土長生之日殺印之格五行無破四柱得坦遇斯命者生於溫潤之族長於清白之門嚴慈不遠祿雙養鴻鳫天邊各奮鳴丰姿清秀天性志誠筆落驚風雨詩成泣鬼神璉池鞭静朝南極五夜鍾傳拱北宸此則英貴之命鴛幃青麗子嗣秋成運行初已酉只宜庇下何論麟盈庚戌運中欲遂班超投筆志須棲董子下帷功辛亥運中有必達有必伸壬子運中千里霜威金斧重三秋風色綉衣輕癸丑運中一番風雪過三度聖恩封甲寅運中正宜忠君輔國未應解組思尊乙卯運中春光歸去也花落水沉沉

壬申年　戊申月　己酉日　甲子時

此八字己丑日元相配柱中金水傷官助才之格人生得此生於右族長於高門椿父先歸萱耐歲天邊鴻鳫各行鳴其為人也丰姿清秀天性聰明錦綉胸藏賢聖學珠璣口吐武文風太山北斗千年在和氣春風四座傾終是功名客豈為田舍人雲程坦坦登天去舉步悠悠名利成一日風雲相際會九天雨露沐恩榮此則榮貴之命鴛幃燭夜添新喜子嗣秋來朶朶榮運行初已酉上人庇下天朗氣清庚戌運中雪晴天未暖行樂未如心辛亥運中時來風送滕王閣須刻高擒萬里程壬子運中自沐天邊寵朝班立縉紳癸丑運中一天晝雨隨車至千里仁風遶府生梨花帶雪雨過山青甲寅運中江山迎五馬花縣拂雙旌乙卯運中懸車歸故里詩酒樂閒情丙辰運中歸去也

壬申年　戊申月　己酉日　甲子時

此八字己酉日元相配柱中金水傷官助才之格人生得此生於右族長於高門椿萱先別父鴻鴈不飛騰其為人也丰姿清爽天性乖能般般稍覽件件不精有抵雪欺風之智裁長補短之能高人起敬貴客相欽世事每從忙裏就才源自向遠方生不必覓珠來水府何須求劍到豐城時至運通成事業地靈人傑旺才名莫道枯枝常發早東君留意更慇懃此則豐足之命鴛幃重合巹子嗣桂蘭新運行初己酉昏昏世事淡淡平生庚戌運中古樹含風常帶雨寒岩四月始知春辛亥運中春風播變夏日炎蒸壬子運中財源旺足人事因循癸丑運中莫言此運多光霽得一程而失一程甲寅運中樓臺疊疊生涯好才利悠悠有遂心寅字之中如執捧盈乙卯運中人生從此別無復見儀形

壬申年　戊申月　庚申日　辛巳時

此八字庚申專祿之日時上偏官之格正謂身強殺淺假殺為權遇斯命者椿萱歸別慈親耐晚年其為人也丰姿清爽性格機關多問知今古詩書對聖賢衣冠濟楚頭角崢嶸定擬南山豹變豈效北海龍蟠蟾宮攀蕊去龍門奪錦還一從鴈塔題名後階陞金紫近龍顏此則青出於藍之命鴛幃得配名門女子嗣榮門旺脫年運行初己酉上人庇下春苑春山庚戌運中窮今古之事理讀聖賢之簡篇辛亥運中報道是龍還不信果然奪得錦標還壬子運中名聞萬里獄折片言癸丑運中一番風雪初晴後金紫煌煌祿位廷甲寅運中重金重紫塗掃花冤乙卯運中紫陌艷萦曾及膝朱門雖貴不如閒丙辰運中鳥啼花落春不再延

壬申年　戊申月　戊申日　甲寅時

此八字土土長生之日食神制殺之格人生得此木命椿萱双悅茂天边鴻鴈不聯群手姿清秀性格乖能雅麗雅把筆書筆填祖宗傳世業詩礼遂趨庭田園桑柘茂湖海祿元豐雖不輕裘肥馬自然金谷豐盈此則穩厚之命鸞幃偕老昏昏灯火謂平生子嗣有成綵綵班衣供晚景運行初己酉上人底下雲淡風輕庚戌運中乍雨乍晴留客景或寒或煖困人春辛亥運中始知春晝永方覺瑞光生壬子運中一度愁心對蒼雪何偷尤解報昇平癸丑運中天上三陽泰人間萬福增甲寅運中冲繫之所月入雲叢乙卯運中江山不尽登臨異夢斷南柯了此生

壬申年　戊申月　癸酉日　乙卯時

此八字癸酉日元相配柱中金土官印之格人生得此生於右族長於名門椿親榮晚茂鴻鴈各行群其為人也手姿清秀天性豪雄高謀月見機關慷慨春風一秒人驪珠照魄光難掩雷劍生豐氣自充豈是池中物尤來席上珎珪璋自是清朝器律呂偏諧治世音一朝機會好秉笏拜金門此則擎石生炟之命鸞幃得合錦綉重重子嗣有成斑衣孝感運行初己酉衣祿之下未斷升沉庚戌運中欲思登仕路須用對青燈辛亥運中藏器待時時必逢時來有日便非騰壬子運中到此始知文學好長安道上馬蹄輕癸丑運中驛中晚日催行站江上春風促去程當此之際風雪滿庭甲寅運中未許懸車轉還宜祿秩輕乙卯運中晚年閑故里丙辰運中一枕入巫峯

壬申年　戊申月　甲子日　庚午時

此八字甲子日元相配柱中金水殺生印綬之格只嫌身弱娍我功名主人生於良族長於名門椿父先歸萱耐晚天邊鴻鴈有行鳴其為人也丰姿清秀天性聰明般般揩覽件件不精行藏果斷作事老誠親賢近貴理白分消祖業添新慶根源勝舊風花無恙李非春色人有筆歌是太平不以功名為念豈將冠冕磨礱時來才祿旺運至福元增雖不建侯封爵發福無窮此則穩威之命鴛幃有抱須年敵子嗣秋來孝義深運行初己

酉上人庇下未斷平生庚戌運中雪晴天未燎竹樂未如心辛亥運中一枝梅破臘萬象漸回春須史風雨過山青過此壬子運中才源旺足家居好尚有閑非素耗生癸丑運中恙李千谿錦江山一畫屛丑字之中花放風生甲寅運中約梅同醉引鶴徐行乙卯運中晚年閑快樂會交以閒樽丙辰運中春光去也啼鳥無声

壬申年　戊申月　乙巳日　丁丑時

此八字乙巳日元相配柱中旺金官印之格正官者貴氣象也主人生於名望之族長於詩礼之門水金椿萱晚榮天邊鴻鴈相聯其為人也丰姿清秀天性聰明千古文章深得趣一天星斗貫心胸驪珠照耀光难掩雷劒生風氣自冲終是功名之客豈為田舍之翁三級浪中龍变化九霄雲外鳳飛騰一從姓字傳揚後直上金鑾輔聖明此則榮貴之命鴛幃水合須年少子嗣秋来得顯榮運行初己酉上人庇下未斷平生庚戌運中不辞今日

窓前苦時未須刻便飛騰辛亥運中高浪三層都躍過整肅衣冠拜衮龍壬子運中職廷金紫宇内澄清癸丑運中雪晴雲散天悬波瀾輝光高照紫薇宮甲寅運中命傳天上詔拜簪纓乙卯運中夕陽有限春夢無憑

壬申年　戊申月　壬子日　癸卯時

此八字壬子日月之辰相配柱中金土殺生印綬之格主人生於右族長於名門椿萱有倚先亡母天運鳴雁各行鳴其為人也丰姿清秀天性聰能世事顯能將就般般安定精通自有順天之慶豈無福地之深有近貴親賢之德應上和下之能闊處豈告冷處不行萬里無雲天一色三秋好景月當明但願一生才祿旺何須天府求榮此則發福之命鴛幃有犯須年數子嗣秋來榮榮成運行初己酉上人庇下未斷平生庚戌運中雪晴天未暖行樂未如心辛亥運中怡意陽和滿目還愁風雨相侵壬子運中有得有失有喜有驚癸丑運中三陽同宇宙一氣轉鴻鈞丑字之中如履薄冰甲寅運中家園旺足多如意一變風波幸不驚乙卯運中安閒晚景丙辰運中春意無憑

子平遺書

壬申年　戊申月　己未日　甲戌時

此八字陰月之日傷官助才之格中已作合功入生浮此生於右族長於高門椿萱雖並老鴻鴈仙翅群半婆清秀天性聰明勞書覽史博古通今衣冠濟濟人中秉和氣怡怡席上珍一日風雲際會乞天雨露沐深恩此則榮貴之命鴛幃得合錦上達又子嗣有成亂鳥並秀運行初己酉上人庇下未斷平生庚戌運中一輪蟾魄連霄映萬里秋波徹底清辛亥運中有路必達有志必伸壬子運中致向雲中争足須從灯下留心癸丑運中一番風雲過依旧祿元增甲寅運中重添新基家復振日盛隆乙卯運中一庭廣說物會交甲橋丙辰運中一場去來也

壬申年　戊申月　己巳日　壬申時

此八字己巳日元相配柱中金水傷官助才之
格女人得此生於右族長於名門椿父先府萱
後別天邊鳴雁各行鳴其為人也姿容清秀髮
貌超群勝丈夫氣槩有男子材能雪為輕粉
憑風傳霞作烟眉文日匀箕帚頻繁存礼節
相夫教子務賢明滔滔無阻滯步步助夫門王
產崑崗藏韞色蘭生楚擧散清馨克勤而克
儉易喜而易嗔雖不鳳冠披服自然益旺夫門
此則標厚之命良人得合須年長子嗣秋來朶
朶馨運行初丁未上人庇下錄秀閨門丙午運中紅
葉溝中傳密意赤月下結良姻酒吏風雨雨過山
青乙巳運中正是梅青月白還愁他放風生甲辰
運中羅綺臨風蕩漾化日明癸卯運中天上
三陽泰人間五福增壬寅運中無思無慮快樂
平生辛丑運中粧臺人去也樓鏡掩晨明

壬申年　戊申年　甲寅日　壬申時

此八字甲寅壽祿之日相配柱中金水殺生印綬
之格女人得此生於右族配於名門椿萱雖並耄
鴻雁各行鳴其為人也丰姿清秀髮貌超群有肝
食宵衣之慷慨治家立業之材能一苑杏桃鋪錦
繡滿山松栢映幃屏玉產崑崗藏韞色蘭生楚澤
散清馨春入水光成嫩綠日匀花萼發新紅克勤
而克儉易喜而易嗔夫榮子貴皆如意中景崎嶇
未足言此則榮益之命良人建殊光顯客子嗣秋
來朶朶榮運行初丁未上人庇下毓秀閨門丙午
運中春歸柳葉晴初變紅入桃花煖未匀乙巳運
中紅葉溝中傳覓意赤繩月下結良姻甲辰運中
萬疊好山雲乍斂一樓明月雨初晴癸卯運中夫
榮子貴樂意忘情壬寅運中家門旺足好珍羞百
味新辛丑運中粧樓人去也臺鏡掩晨明

壬申年　戊申月　己巳日　丁卯時

此八字己巳日辰相配柱中金木傷官剛柔之格才日生在柱喊我功名主人生於良族長於仁門萱母早歸还有繼椿親耐覫始歸程天边鴻雁有隻前鳴其為人也丰姿清秀天性聿能雖無讀書志亦喜近貴人高祖業有倚須再整才源旺積學豐盈閒處憂走冷处不行萬里無雲天一色三秋好景月長明時來自有淵淵福運至还教路路通施恩惹怨有德成嗔但願一生多發福何須天府沐皇恩此則豐饒之命兆惊水命演年欬子嗣秋來旺益門運行己酉椿萱親庇下萱莫凋零庚戌運中淡烟楊柳岸薄露杏花村辛亥運中狼虎窠中得食刑給叢裏安身須史鴻斷頃刻返旭壬子運中徒意種花花不發無心揷柳柳成陰當此之際素耗非延癸丑運中才源富足家居好風趣延雨未晴過此甲寅運中福若泉源湧才如春氣生乙卯運中安閑晚景金古開樽丙辰運中歸去也

壬申年　戊申月　甲子日　癸酉時

此八字甲子日之相配柱中金水印綬之格只嫌身弱減我名主人生於右族長於仁門椿萱有倚先亡父天邊鴻雁各分群其為人也行藏果斷處事聿能世事頗能將就詩書畧可精通自有順天之慶豈無福地之深祖業添新變施為勝舊風有心留淡雅無意學功名過火黄金重有價嵩雲皓月倍光明花無桃李非春色人有笙歌是太平但願一生全旺足何須天府沐恩榮此則穩厚之命鴛帏有犯演年欬子副秋來有桂成運行初乙酉上人庇下未斷平生庚戌運中般般遂意事事如心辛亥運中春風播煖微雨弄晴壬子運中始覺陽和轉回还愁霧鎖烟凝癸丑運中不是一番風雨信焉得梅花噴馨甲寅運中桑榆暮景福禄駢臻乙卯運中晚年快樂丙辰運中一梦难醒

壬申年　戊申月　巳未日　庚午時

此八字巳未陰忍之日相配柱中金水傷官助財之格喜逢日祿歸時遇斯命者生於右族長於名門椿萱雙晚別鴻雁各行飛其為人也丰姿清秀性格妍奇袖裏虹霓沖霄色筆頭風雨駕雲從終是功名之客豈教田舍耕鋤北海蛟龍頭角聳南山虎豹爪牙齊一朝騰達飛黃去濟濟衣冠拜鳳池此則榮貴之命鴛幃宜有贈子嗣晚光輝運行初巳酉上人庇下未斷高低庚戌運中十年窓下樂困守在書幃辛亥運中莫愁雲阻蘭閨道時来騰達在斯時壬子運中躍過禹門三汲浪管教平地姓名池癸丑運中三度君恩寵一番風木悲甲寅運中正宜忠君輔国未應解組懸歸乙卯運中晚年歸故里會文以圍碁丙辰運中春光去也歸去来兮

壬申年戊申月戊申日癸丑時

此八字戊申長生之日相配柱中金水食神助才之格才多身弱減我科甲功名主人生於右族長於名門椿父先歸萱後別天边鴻雁各飛鳴其為人也丰姿清楚天性聪明般般精覽件件不精風月處友消洒客情有近貴親賢之德應上和下之能終是功名客豈為田舍翁三戰場中难吏化九年場上却馳名佇看出簡牘光顯旧門庭此則榮貴之命兜幃鼓盆三嘆子嗣晚節光榮運行初巳酉上人庇下未斷平生庚戌運中莫道儒冠悞營宦患不勤辛亥運中欲思業牘於光顯尚有趑趄未順情壬子運中雪晴雲散天朗氣清癸丑運中晚年省祭归閭里一旦天邊再有榮衣冠顯父母德政佐黎民甲寅運中銀章紫綬帰鄉里何期一夢入蓬瀛

壬申年　戊申月　辛卯日　癸巳時

此八字辛卯相配柱中水木傷官助財之格人生得此生於茂族長於詩礼之庭椿萱金火双存睨天邊鴻鴈有聯群丰姿清秀天性聰明立仁義多見多聞窮書覽史手足之冬豈是池中物尤來席上珠一朝頭角嶄然聳禄位基看次第准此則青出於藍之命鸞幃得配名門女子嗣榮門李茂深運行初己酉上入庇下化日陽春庚戌運中欲遂平生志潛心對短檠辛亥運中一聲春霹靂驚起困中人壬子運中衣冠雖壯麗還愁風木驚癸丑運中南陽邵杜名高着西漢龔黄今大行甲寅運中重重禄位耿耿声名乙卯運中悠悠晚景丙辰運中一道赴音

壬申年　戊申月　丙辰日　癸亥時

此八字丙辰日德之辰合官留殺之格戊己化水之論正宜得化得從貴顯聲名之士人生得此椿萱雙皓首棠棣透庭柯丰姿清秀詩禮吟哦時至運通頃刻高攀鳳闕地靈人傑須史穩步鳶坡懸知成寵日金殿聽鳴珂此則繼榮之命鸞幃賢順桂子婆娑運行初己酉承上人庇下居安樂之窩庚戌運中窓前事業宜加習燈下功夫可琢磨辛亥運中風雲相際會一舉便登科壬子運中衣冠正在權衡處須史雪嶂擁崖岺癸丑運中萬民悅服四境和平甲寅運中象簡金魚當此際玉堦仙仗擁鳴珂乙卯運中一夢黃粱何處去楚妃詞下聽吳歌

壬申年　戊申月　庚午日　丙子時

此八字庚午貴人之日時上一位貴格傷官制伏建禄身強遇斯象者生於良族長於高門椿萱有倚奚雙耄天邊鴻鴈又飛群其為人也丰姿磊落天性雍容美材而此類拳開以淵深馬歸塵十一三千里翼風雲九萬程一朝但得風雲便九天雨露沐深恩此則貴人之命鶩𢢅運投含子嗣繼衣新運行初己酉上人庇下未斷平生庚戌運中欲遂平生男子志且留灯下十年心辛亥運中雲程坦坦登天去洽足懲懲名利成壬子運中一番風雪過禄位再光榮癸丑運中天上三陽泰人間雨露均甲寅運中正宜食禄未許恩寺乙卯運中竟遊遂易魄返至峯

壬申年　戊申月　癸未日　壬戌時

此八字癸未相配在中金土官印之格人生得此椿萱先别父鴻鴈不行聯丰姿穩厚天性機閑六親分薄祖業無緣煙樹依依遥北斗雲梘疊疊隱南山得擬得名得禄豈教豹隱龍蟠一旦奮身登仕路半生無意繫宗閑此則特達之命鶩𢢅運配子嗣班蘭運行初己酉運中離宗别祖乍出故园庚戌運中退不後步進之不前辛亥運中飢鷹但得人呼喚從此光華勝昔年壬子運中行藏有變風雨一番癸丑運中名成利就福禄閬閬甲寅運中千江有水千江月萬里無雲萬里天乙卯運中安閒晚景丙辰運中空怨啼鵑

壬申年　戊申月　丙辰日　辛卯時

此八字丙辰之日相配柱中金水才煞之格人生得此生於右族長於名門萱毋先歸椿耐晚天邉鴻鴈各行鳴其為人也丰姿清秀天性聰明胸羅星斗孝貫古今衣冠濟濟人中傑和氣怡怡四座傾終是功名客豈為田舍翁奮身辞白屋夆足入雲衢三汲浪中龍変化九霄雲外鳳飛騰一從姓字傳揚後九天雨露沐恩荣此則榮貴之命外幃燭夜添新慶子嗣秋来孝且忠運行初己酉上人庇下未断平生庚戌運中欵遂平生志須加董子功辛亥運中不显才權之耀豈伸題柱之功壬子運中耀過三層浪朝班立縉紳癸丑運中戦位兩迁金紫貴愁看門外雪盈庭甲寅運中皇恩有感声名重一群山河化日煕乙卯運中西風起處尊觧美晚節東籬菊酒馨丙辰運中花落水流春已尽蘭摧玉折恨何憑

壬申年　戊申月　甲子日　甲子時

此八字甲子之日偏官助印之格亦有過禄之意人生得此生於右族長於名門木火椿萱双晚花天邉鴻鴈有聮郡其為人也丰姿清楚天性聪明機謀輙仗廣有人欽五車書富貴三冬足富奇北海蛟横聳頭角南山豹変爪牙新奮身辞白屋平步入青雲一從揚姓字夆足拜飛龍此則榮貴之命鴛幃後配名門女子嗣金風有挺榮運行初己酉上人庇下未断平生庚戌運中萬般無意應從夜埋頭雪案不知辛辛亥運中雲程垣垣登天去舉步悠悠名姓香壬子運中獄折片言民訟息九天雨露再加陞當此之際風雲慶會癸丑運中錦衣肥馬重重貴天上恩波徳澤新甲寅運中未許田田里遂忠拜聖明乙卯運中帰去来兮

壬申　己酉　壬戌

此八字壬戌日德之辰殺印之格女人得此生於善族適于良門翁姑而鮮倚妯娌少和同姿頗清秀性格聰明有丈夫之志男子之能鳳冠霞彩非吾願但沒升沉是太平此則安和之命良人年長方諧老子嗣班衣數果成運行初戊申雖然居庇下烟雨未能晴丁未運中正欲尋春日風波浪忽生丙午運中行蔵方有慶人事正昇平乙巳運中夫賢子秀萬物光榮甲辰運中裙釵壯觀福祿駢臻癸卯運中安樂之景壬寅運中夢入佳城

壬申年　己酉月　戊戌日　癸亥時

此八字戊戌日相配柱中金水傷官助才之格女人得此福足以受封榮椿萱棠棣分年老妯娌翁姑愈有情儀容嬌媚天性聰明立業當家有道相夫教子多能性急如江濤春壯心安似山月秋清佇看夫榮子秀霞衣帔服鮮明此則榮夫顯子之命良人年長榮華客桂子森森頭秀英運行初戊申閨門之內月白風清丁未運中帳館鴛鴦帶花開孔雀屏丙午運中裙釵雖壯麗風雪又嚴凝乙巳運中一番風雪過錦綉絢霞明甲辰運中重重沾沛澤日日樂昌榮癸卯運中華堂安享壬寅運中機杼無聲

壬申　己酉　乙未　丁亥

此八字乙未日配手柱中金水栽印之格人生得
此营苑聲揚椿父我生他以死鴈行天際少同翔
手姿洒落天性果剛學識知古今之理智謀識韜
畧之方定擬揚名顯姓豈敎困乎彊塲佇看機會
好沭寵振權衡此則榮旺之命鴛幃須正副桂子
發秋香運行壬寅初萱親庇下快樂安詳辛亥運
中便有名權振作豈無財帛豐藏壬子運中英、
氣宇薄、風霜癸丑運中名振威揚財祿旺一番
風雲滿川墻甲寅運中滔、增福祿旺處事乖張
乙卯運中子榮身樂丙辰運中夢入仙鄉

壬申年　己酉月　戊戌日　甲寅時

此八字戊戌魁罡之日相配柱中之木時上偏官
之格女人得此福足以榮椿萱隸分中道妯娌翁
姑有顯榮儀容秀異天性聰明有立業掌家之道
相夫教子之能一苑杏堯呈艷麗滿山松栢映
屏佇看來晩節錦綉絢霞明此則榮福女命良人
年少功名客桂子秋來綻錦英運行初戊申閨門
之内樂享昇平丁未運中配匹成佳隅花從錦上
生丙午運中踈踈風雪過夫顯福元增乙巳運中
羅綺千般色珎羞百味馨甲辰運中家業多光霽
霜一度生癸卯運中老當享用子亦高榮壬辰運
中悠悠處樂辛丑運中機杼無聲

壬申年　己酉月　壬申日　癸卯時

此八字壬申之日身坐長生官印之格卯酉沖破減我光榮椿父先歸萱後别西風鴈字不聯群其為人也多智慧有才能遇難非為難逢凶不致凶高人相敬小人妬嗔祖業三番四覆根原九破十成早歲奔馳亦作人中之豪傑晚年享福還為鄉黨之耆英此則創業成家之命鴛幃得合百年羅帳同心子嗣有成數果克家之慶運行初庚戌淡淡天邊月紅紅葉下英辛亥運中堤柳已含新歲綠園梅不改舊時馨壬子運中不意之中曾得意

用心之處不如心癸丑運中閑中生駁雜旺處致因循甲寅運中不是區區用神思焉能家業漸崢嶸乙卯運中浮生只如此何不且閑身丙辰運中萬疊好山雲乍斂一樓明月雨初晴丁巳運中黃花郁郁翠柏青青戊午運中春光盡也一枕難醒

壬申　己酉　庚辰　丁亥

此八字庚辰日配乎柱中水木傷官助財之格人生得此本顯功名只嫌羊刃在柱減虧福力椿親真悃懽鴻鴈有分情丰資洒落天性聰明學識粗知詩禮智謀能合賢英祖業添新慶財囊自積成但願稻粱盈畝畝何須身到鳳凰城此則穩富之命鴛幃有配須年少桂子秋来綻錦英運行初丙戌幼年之景不雨不晴丁亥運中志不思登仕路財源便有生成戊子運中財帛來多旺風波不致驚己丑運中珠履三千交會財源滚滚盈盈庚寅

運中雪晴春信轉紅紫映門庭辛卯運中惟有猿啼處山空月淡明

壬申年　己酉月　丁丑日　壬寅時

此八字丁丑日相配柱中金水財旺生官之格人生得此宜乎仕路榮登主人生於茂盛之族長於詩禮之堂丰姿俊俏性格明良椿親耐晚萱先別鴻鴈天邊各奮翔學問聰明一舉可冲天之勢英才特達片言有折獄之良一從姓字傳揚後祿位榮晉次第昌此則貴顯之命鶯幃金玉麗子嗣桂蘭香運行初庚戌上人庇下其樂何當辛亥運中漂麥讀書似高鳳引燈觀史効匡衡壬子運中躍過禹門三汲浪果然頭角聳軒昂癸丑運中政化東西洽仁風遠近揚甲寅運中榮中生阻節依舊沐恩光乙卯運中冲擊之所花放風狂丙辰運中悠悠籬下丁巳運中夢入黃梁

壬申　己酉　甲戌　庚午

此八字甲戌日相配柱中金火去官留殺之格女人得此儀容英麗天性明良椿萱棠棣齊榮壽妯娌翁姑侍滿堂立業掌家有道相夫教子多方心靜如月明霄漢性急如風捲滄浪行看晚年臻福慶裙釵清濟樂安康此則助夫益子之命良人年長須蛇屬桂子秋來吐異香運行初癸戌申閨門之內鳳舞鸞翔丁未運中裙釵雖壯麗喜慶有挫張丙午運中旺夫門之才業見一度之風霜乙巳運中才源多益旺家業愈豐昌甲辰運中孫賢子秀快樂何當癸卯運中依然昌樂壬寅運中夢入仙鄉

壬申　己酉　壬辰　庚子

此八字壬辰魁罡之日相配柱中金土官印之格正謂有官有印無破作廊庙之才人生得此仕路荣登椿萱堂上雙荣鸞鴻鴈天邉有各騰丰姿慷慨天性剛明粗知韜畧法熟味聖賢經撃開水府珠生彩掘出豐城劍有聲姓字登黄甲衣冠拜鳳庭此則顕荣之命鴛幃配合雙諧芝桂子庭前有継荣運行初庚戌幼承萱庇黄卷青燈辛亥運中讀残官舍月囊死案頭螢壬子運中禹浪連三躍衣冠拜聖明癸丑運中一番風雪過禄位大夫陞甲寅運中權衡馳萬里肅氣凜邉城乙卯運中大才大用未鮮簪纓丙辰運中悠悠處樂丁巳運中青史留名

壬申　己酉　癸巳　辛酉

此八字非天日垣貴人得局相配柱主中土金殺生印綬之格值斯格者主人生於旺長於華宗椿親耐晚鴻鴈排列其為人也丰姿濟楚礼樂雍容存賢良之志君子之風驪珠照耀光難掩雷劍藏豐氣自冲一朝雲露起頃刻作成龍此則貴顕之命鴛幃魚水合子嗣孝還中運行初庚戌春風習習作日融融辛亥運中欵達雲中路須加窓下功壬子運中雲程坦坦登天去擧步悠悠意氣雄癸丑運中清風草奸悪似雨起疲癃甲寅運中雖有四方政還生一度亟乙卯運中有才應大用未許返籬東丙辰運中夢重翠禽啼不覺落花片片水淙淙

壬申　己酉　丁丑　壬寅

此八字丁丑日相配柱中金水財旺生官之格人生得此宜乎仕路榮登注人生於茂盛之族長於詩禮之堂丰姿俊峭性格明良椿親耐晚萱先別鴻雁天邊少奮翔學識粗知禮義機謀稍近賢良祖業增華麗才囊倍積蔵但願江湖生計足何須身到五雲鄉此則富實之命鴛幃金玉麗桂子發秋香運行初庚戌上人庇下風雪一場辛亥運中身衣蘆花絮寒來只自當壬子運中一度東風吹柳絮絲絲墜落滿門墻癸丑運中江湖風味多饒裕才帛輝輝積滿囊甲寅運中雖則行蔵有慶一番人事乖張乙卯運中金木交戰樂處生悲丙辰運中孫賢子秀輝擾門墻丁巳運中日落猶聲切人聞也斷腸

壬申　己酉　甲申　甲子

此八字甲申日相配柱中之金杀印之格人生得此本是功名只嫌運入水鄉不貴而富椿萱双耐晩鴻雁有飛鳴丰姿洒落天性剛明祖業添華麗才囊厚積成但問江湖導徳望自然車馬傢門庭此則富實之命鴛幃配合須相觝桂子秋來有显聲運行初庚戌幼承尊庇快樂康寧辛亥運中便有才名耿耿果然氣勢英英壬子運中行蔵多快多足風浪不會不驚癸丑運中雨過山方秀雲開天恕睛甲寅運中一番風雪過車馬集門庭乙卯運中依然康樂丙辰運中一夢難醒

壬申年　己酉月　丁酉日　癸卯時

此八字丁酉日貴之辰夫殺留官之格女人得此生於饒裕之門長於溫和之族雙親並秀鴻鴈翱翔其為人也得欽而壯觀家業以軒昂行眞而德茂性重而氣剛一世處乎富貴百年享爾安祥此則榮盛之命良人頗有微名譽桂子還傳後世芳運行初戊申秋雲黯黯春水茫茫丁未運中一旦天鸞照相邀傳粉郎丙午運中融和從此始福祿自斯昌乙巳運中疎雲掩月行樂攸揚甲辰運中夫榮而子秀身泰而運亨癸卯運中冲擊之所得失均傳壬寅運中春殘花落夢遠仙鄉

壬申　己酉　丁亥　丁未

此八字丁亥日貴之辰配合柱中金水財官之格值此象者椿親榮傑諧萱秀鴻鴈聯飛獨奮霄其為人也卒姿清楚智慧英豪學問有成定擬登科及第功名冠世豈辜秉燭燃膏明君召賢寧束帶立於朝此則光顯之命鴛幃春色麗子嗣跨金貂運行初庚戌上人庇下其樂陶陶辛亥運中寒氈陰硯身迷困黃卷青灯眼未消壬子運中飛黃騰踏登天去卸下襤袍換錦衣癸丑運中金重祛奸惡風高播迷遙甲寅運中正是紫金光霽景何期風起湧波濤乙卯運中位高權愈肅官顯勢應超丙辰運中解印正思樽酒樂無端蓬島信來招

壬申　己酉　壬午　壬寅

此八字壬午日相配柱中金土官印之格人生得此丰姿清俊天性慈祥堂上椿萱雙皓首天邉鴻鴈有同翔粗知書史淺覽文章祖業增輝麗才囊厚積藏酒滴真珠財自旺何須湖海歷風霜此則富旺之命鴛幃連珠低一歲桂蘭還擬發秋香運行初庚戌上人庇下風雨無傷辛亥運中便有英雄来往自然福慶榮昌壬子運中滔滔行樂順風雪一番揚癸丑運中梨雨初晴天似洗一樽美酒樂徜徉甲寅運中滿目金珠華麗英雄擁滿華堂乙卯運中衝擊之所樂處生殃丙辰運中孫賢子秀丁巳運中喪斷入傷

壬申年　己酉月　丙戌日　壬辰時

此八字偏官之格提綱喜值貴人萱母續絃椿倜倘庭前棠棣有芳香丰姿清雅氣象精神理窮古事兼今事書對賢經與聖経有志功名定擬恩光浹洽無心軒冕也教財帛豊盈從古覓珠来水府自今求劍掘豊盈此則於藍之命鴛幃種得藍田玉子嗣生成跨竈人運行初庚戌惠風和暢天朗氣清亥辛運中男兒當奮凌雲志他日還教顯姓名壬子運中桃李千蹊錦江山一昼屏癸丑運中威權有布舉用人欽甲寅運中運至一身貴春来万物榮乙卯運中冲擊之所如履薄水丙辰運中正宜安享華堂福底事無常又促程

壬寅　己酉　辛亥　癸巳

此八字金生水傷官之格傷官者權變之宿也主人傲氣高自能自是常以時人焉及己每懷無事不如心一對播萱難並耋幾行鴻鴈各穿雲事業每從忙裏就財源自向閙中生江湖生意廣湖海姓名榮倘若留心於仕路定教禄馬旺前程此則穩達之命鶯幃有碍宜偏正子嗣金風綻栗英運行初庚戌娟娟皓月淡淡春雲辛亥運中如花開上苑似笋出東林壬子運中漸看春晝永始覺瑞祥生癸丑運中旺中生敗雜閙裏致困循甲寅運中片雲能發千山雨雨過千山依舊青乙卯運中不但財源充實尚祈名德維新丙辰運中延賓約酒會友論文丁巳運中春光一去無消息花落鶴啼夕照傾

壬申年　己酉月　癸巳日　甲寅時

此八字癸巳日配乎柱中金土官印之格人生得此丰姿俊俏天性聰明椿萱不逮双榮贈鴻鴈天邊有各騰學問三冬足詩書萬卷精北海鮫騰頭角聲南山豹变爪牙馨姓字傳揚沾寵渥絃歌声沸虎風生此則顯揚之命鴛幃金玉質子嗣桂蘭英運行初庚戌上人庇下黄巻青灯辛亥運中志思登仕路也讀聖賢經壬子運中一畨烟雨過月殿便榮登癸丑運中榮沾新寵渥百里布清声甲寅運中位還威令肅風雪便飄零乙卯運中權衡千萬里未擬解簪纓丙辰到丁巳運中歸去也

壬申年　己酉月　丙戌日　丁酉時

此八字丙火日元相配柱中金水財官之格財盛生官終身有慶椿萱敷晚秀棠棣藹春香其為人也行藏慷慨智慧端方學問資先覺衣冠表衆芳萬里風雲相濟會九重天府沐恩光此則清顯之命鴛幃配淑女子嗣有賢郎運行初庚戌無思無慮襲戶迎祥辛亥運中十年窓下業汗簡與文章壬子運中深躍龍門見鱗甲聲名從此耿諸方癸丑運中威風凜凜祿位昂昂甲寅運中皇恩應有感名重大夫行乙卯運中金紫高遷際恩尊返故鄉丙辰運中訃音播也夢遠黃梁

壬申年　己酉月　甲子日　甲子時

此八字甲子日相配柱中之金官印之格八生得此丰姿穩厚操幹能為椿萱雙耐晚鴻偶有分飛學識粗知今古智謀能別是非祖業添新慶財囊自積存但願門闌壯觀自然湖海名馳此則富旺之命鴛帳連珠低一載桂蘭庭畔兩三枝運行初庚戌幼承上庇燕語鶯啼辛亥運中不向詩書窓下便來湖海奔馳壬子運中才源來旺處人事有傷癸丑運中交四方之豪傑整一族之門閭甲寅運中老當益壯庫積金珠乙卯運中孫賢子秀快樂怡〻丙辰到丁巳運中帰去也

壬申　己酉　戊子　癸丑

此八字戊土相配柱中金水傷官助才之格人生值此丰姿倜儻天性機深上和下睦之德截長補短之能其爲人也生於舊族長於豐門堂上雙恩難並鸞鴻雁行中挺出鳴學問有成三場舉業爲得分英材特達案牘勞形定顯身筆底龍蛇能變化腹中枉直理分明初限中年官災破晚年銀束治人民此則貴顯之命篤幃宜贈子出英、運行初庚戌賢關之下頗習書經辛亥運中自有貴人提挈起官非災破未離身壬子運中皇恩有感身

榮貴災難官非破險憂癸丑運中威權有布人欽伏仍見崎嶇謹乙行甲寅運中重、祿位雪洒門庭乙卯運中腰銀不用三場舉治政還須九載勤丙辰運中得子朝帝關快樂享身安丁巳運中無常催際夢見閻君

壬申年　己酉月　乙亥日　丁亥時

此八字乙亥日相配柱中之水殺印之格殺者上格人生得此丰姿慷慨天性明良椿萱堂上椿榮顯鴻雁天邊各奮翔丰姿磊落天性果剛學問三冬足詩書萬卷藏一舉可冲天之勢片言有折獄之良一從揚姓字祿位冠軒昂此則顯榮之命篤幃全正副桂子有呈芳運行初庚戌上人庇下其樂何當辛亥運中尋章摘句入室升堂丙子運中一從躍過三層浪貨日輝輝照四方癸丑運中一番風雪過職列大夫行甲寅運中旺中生進退

依舊沐恩光乙卯運中老當加祿位未許便還鄉丙辰運中榮回故里丁巳運中夢入仙鄉

壬申年　己酉月　乙亥日　丁亥時

此八字乙亥日元相配柱中金水殺生印綬之格殺印相生功名显達只嫌身弱事不十全主人生於右族長於高門椿萱并耄鴻鴈各行分其為人也丰姿磊落天性豪洪遇难非為难逢凶喜不凶學問鮮知深奧理筆刀驚訪貴豪翁九載公堂宜進步一朝天府沐恩榮布四方之德化揚万里之仁風此則貴達之命兆帏宜有贈子嗣晄光榮運行初庚戌上人庇下未断平生辛亥運中莫道儒冠悞螢窓患不勤壬子運中機會来時逢貴助公門説事有奇功癸丑運中進造長安道衣冠拜沐寵當此之際否放風生甲寅運中人民称父母德澤潤疲癃乙卯運中三風吹過天边雪二丑名声播海東丙辰運中故里優德樂琴樽兩意濃丁巳運中帰去也

壬申年　己酉月　庚辰日　丁丑時

此八字庚辰魁罡之日相配柱中火土官印之格正謂有官有印無破作廊廟之材人生得此丰姿英俊性格剛忠生於將闔長於華宗椿萱榮貴尤晚鴻鴈天邊各奮沖學問聡明不向翰林求闡達英才倜儻却勞汗馬取勲功旌旗遮曉日劍戟倚秋空此則武威之命鴛幃金玉潤子嗣桂蘭叢運行初庚戌上人榮庇雪業加功辛亥運中闔鷄過渭北走馬向關東壬子運中氣敵摩星斗威稜肅禁營癸丑運中風生紫塞秋横劍月落黃河夜挽弓甲寅運中皇恩有感金紫加封乙卯運中冲擊之所籬下從容丙辰運中桃源春去也花落上林空

壬申年　己酉月　丁丑日　壬寅時

此八字丁丑日相配柱中金水才旺生官之格人生得此宜矛仕路荣登汪人生於茂盛之族長於詩書之堂丰姿俊俏性格明良椿親耐晚萱先别鴻鴈天邊少奮翔學識粗知禮義機謀稍近賢良祖業增華麗才畫倚積蔵但願江湖生計足何須身到五雲鄉此則富貴之命鴛幃金玉麗桂子發秋香運行初庚戌上人底下風霎一場辛亥運中身衣笋花絮寒来只自當壬子運中一度東風吹柳絮紛紛墜落滿門墻癸丑運中江湖風味多饒裕才帛輝輝積滿囊甲寅運中雖則行藏有慶一番人事乖張乙卯運中金木交戰樂處生殃丙辰運中孫賢子秀輝煥門墻丁巳運中日落猿聲切人聞也斷腸

壬申年　己酉月　乙酉日　庚辰時

此八字乙木相配柱中旺金敎重身柔之格人生得此手姿穩俊性格乖能生於東室長於西庭椿萱棠棣难相守基業田園自別生耗地載花多艷麗移花接杏倍芳肃從古覓珠覓水府自来求劍揺豐城倘若留於仕路也教頭角聳峥嵘此則離祖之命鴛幃配合須年少桂子秋末長嫩英運行初庚戌隨風柳絮飄泊輕盈辛亥運中頗窮詩礼梢書伴燈壬子運中一朝逢貴助仕路上肃登癸丑運中才源滚滚氣宇英英甲寅運中月明雲翳花放風生乙卯運中英雄一去豪華尽惟有空山杜宇声

壬申年　己酉月　壬午日　乙巳時

此八字壬午日配合柱中金木官印之格女人得此儀容莊肅天性良賢丈夫之氣槩過男子之才權椿親早別疊重姓姑娌翁福慶全奉水箕帚托寄蘋自有順天之慶豈無福地之緣佇看來脫節福享祿綿綿此則恩榮之命良人配合乗龍客桂子生成跨鳳仙運行到戊申卯承上庇快樂自然丁卯運中便擬紅綠率綉幞香教良玉種藍田丙午運中維則聰翻草擁一番風雪生寒乙丑運中天星生曐耀羅錦色光鮮甲辰運中玉歸金粧憐意足一番行樂有憂煎癸卯運中老當盈福子秀孫賢壬寅運中帰去也

壬申年　己酉月　己酉日　辛未時

此八字己酉日相配柱中金水食神重犯傷官助財之格人生得此富貴双全萱母先帰椿從別鴈行天際兩乖聯斗姿莊重天性良賢學識通今達古智謀告從知前祖業加新慶才囊厚積添不獨市壓生計廣尚行湖海旺財源佇看來脫節沛澤下重天此則富榮之命鴛幃全正副桂子向秋妍運行初庚戌庇佑之下樂享自然辛亥運中恰似洛陽三月景牡丹發錦柳飄綿壬子運中財源來滾滾憂恨又榮牵癸酉運中家業有成英賡集千紅萬紫麗春園甲寅運中粟陳貫朽車馬喧喧乙卯運中老来光霽景財勢當勝年丙辰運中桑榆暮景丁巳運中夢入九泉

壬申年　己酉月　癸卯日　癸亥時

此八字癸卯日貴之辰經印之格卯酉相沖減其分數堂上椿萱一皓首天邊鴻鴈幾分行其為人也能言能語不柔不剛學問少知今古事身心恒寄貴人鄉陽回喬木家居好氣襲華堂福慶長玉關金門難穩步五湖四海好風光此則特達之命

鸞幃燭夜添新色桂子芳秋發秀香運行初庚戌蔭庇之下龔慶迎祥辛亥運中春寒尚有踈踈雨未許尋芳洛陽壬子運中賡歌芳草綠照霄野花黃癸丑運中發福妣於霄月上狂財好似曉雲生甲寅運中撥草尋蛇蛇伏草只宜守靜不宜忙當此之際跋跋一場乙卯運中清樽花夜醉華髮鬢還蒼丙辰運中視旋閬苑魂返仙鄉

壬申年　己酉月　己卯日　乙亥特

此八字己卯專權之日柱中金木傷官助殺之格女人得此生於良族長於仁門椿萱双脫茂鳴鴈各行鳴其為人也姿顏清致髮皃精神有針綫之巧立業之勤春入水光成嫩綠日勻花萼發新紅斷機曾効軻親訓剪髮能存侃母心滔滔無阻滯步步助夫門玉產崑崗藏野色蘭生楚澤散清香克勤而克儉易喜而易嗔雖不鳳冠帔服自然福祿駢臻若非二次明花燭定宜生前配舊婚此則狂孟之奤良人有犯殘婚配子嗣秋來朶朶榮運行初戊申上人庇下未斷平生丁未運中花明柳暗雲淡風輕丙午運中幾度閑中有悶數番靜裏憂生乙巳運中萬疊好山雲乍斂一輪明始光輝甲辰運中雖則夫門夕快樂幾微雨幾番情癸卯運中夫賢子貴反覺忘情壬寅運中悅年閑快樂辛丑運中花落鳥無声

壬申年　己酉月　甲午日　癸酉時

此八字甲午日相配柱中金土財官之格亦有金神之意值斷象者丰姿英厚處置多方堂上椿萱雙耐晚天邊鴻鴈共翱翔頗有賢良之志粗知禮義之方祖業加新慶才囊目積蔵湖海財名穩旺市廛貨利豊昌佇看東晚御車馬擁門墻此則富旺之命鴛幃連珠低一歲庶前舟桂四枝芳運行初庚戌幼年之景庇下安詳辛亥運中財源未便旺何不習文章壬子運中家業添光齊行蔵有抑揚癸丑運中一番風雪過財帛旺何當甲寅運中豊昌事業振作威光乙卯運中冲擊之所蘭桂生香丙辰到丁巳運中春殘花落烟草茫茫

壬申年　己酉月　壬辰日　辛丑時

此八字壬辰魁罡之日配合柱中之金印綬之格印綬者上格也人生得此雖不成名亦能發福水命椿萱雙白首春風棠棣有芳馨其為人也行蔵曠達爭用人欽剖石終逢玉淘沙始見金若肯留心於仕路定須禄馬旺前程生涯穩旺福禄崢嶸此則豪傑之命篤㡮諧老魚水同心子嗣有成班衣晚秀運行初庚戌春寒風料峭未必可人心辛亥運中繡花看有艷叠水聽無声壬子運中機會來時逢貴助藹然和氣逐春生癸丑運中藹藹祥光布寰宇悠悠和氣滿門庭甲寅運中寒雪侵衣嘆息時來依舊發光榮乙卯運中冲擊之所得失相停丙辰運中春光留不住花落杜鵑声

壬申年　己酉月　癸未日　癸亥時

此八字癸未日相配柱中金土茶印之格人生得此丰姿英傑天性聰明堂上椿萱双皓首天边鳴鴈有随鳴李問胸中廣詞源筆下精從古覓珠敲水府自来求劍掘豐城妵字登天府衣冠拜圣明此則榮耀之命鴛幃皓首桂子有高榮運行初庚戌幼攻書史篤志青灯辛亥運中志欲攀龍附鳳自丞困守家庭壬子運中時来雲霧合躍過浪三層癸丑運中政化揚千里風波一度鴛甲寅運中重重加祿位疊疊根威名乙卯運中扶持日月賛輔皇明丙辰運中孫賢子秀難下高情丁巳運中惟有猿啼処山空月淡明

壬申年　己酉月　丁丑日　乙巳時

此八字丁丑日相配柱中金局才旺生官之格人生得此丰姿慷慨天性剛忠堂上椿萱雙皓首天邊鴻鴈後相從學問三冬足詩萬卷通一舉可冲天之势片雲有折獄之雄長安春似海花映綵旗紅此則顯耀之命鴛幃金玉麗桂子發秋風運行初庚戌上人庇下快樂無窮辛亥運中讀残窓下月探月便成功壬子運中一從宴息瓊林後人似神仙馬似龍癸丑運中一番風雪過戢授大夫封甲寅運中金紫輝輝權萬里風波驟起不成凶乙卯運中停看官封三級酌然祿享千鍾丙辰運中桃源人去也蓬島信難通

壬申年　己酉月　庚辰日　壬午時

此八字庚辰魁罡之長日相配柱中水土傷官用印之格殺官若用印官殺不為刑值此格者丰姿明敏天性剛能喜則一天星月逆之奮發雷霆其為人也生於名族長於詩庭椿萱雖並壽棠棣有晉馨學問聰明終是有名之客英材特達豈為田舍之翁非獨家門名勢顯積玉堆金福不輕初運年然于災耗晚年富貴子腰金此則富貴之命驚惕且敵桂子金英運行初庚戌蔭祐之下也習書經辛亥運中意欲思高并慕遠官災憂破耒能伸

壬子運中才源紛紛耒愈旺旺中災耗非驚癸丑運中西風掃盡天邊雪雪霽依然享太平甲寅運中李倫錦帳何為貴奏帝何勞不足珍乙卯運中得子朝剛顯往来無白丁丙辰運中淌戴黄金銀買不去無常來促緊行程

壬申年　己酉月　丙申日　甲午時

此八字丙火相配柱中金土傷官助才之格人生得此丰姿瀟洒天性聰明高謀遠見機関別懷慨襟懷志氣深其為人也生於名族長於豊庭双親雖並耄鴻雁我飛鳴學問有成鰲龍豈是池中物英才出類一旦升騰化作鱗衣礼濟濟趨金闕鍾鼓齊齊根玉京佇看一朝揚名顯文武之中獨讓尊此則貴顯之命驚惶正副桂子麟麒運行初庚戌上人之下學禮趨庭辛亥運中然有威楊志災險破危迭壬子運中此運必登天山路官災憂耗未離身癸丑運中皇恩陞祿位軍民畫伏欽甲寅運中要金衣紫風雪盈庭乙卯運中重重祿位每日朝居丙辰運中有才大用觧印帰行丁巳運中紅羅姓字黄土儀灵

壬申年　己酉月　癸巳日　癸亥時

此八字癸日坐向巳宮相配柱中金土殺生印綬之格人生得此宜乎得祿得名注人手姿秀爽德性和温生於茂族長於宦門堂上椿萱崇耐晚天邊鴻鴈各分群學問聰明龍驚動處千山振英才敏捷丹桂開時萬里香此則貴顯之命鴛幃春色麗桂子簇秋芳運行初庚戌上人庇下負笈尋章辛亥運中漂麦讀書似髙鳳引燈觀史效匡衡壬子運中䇿道是龍還不信果然金榜姓名香癸丑運中威權赫赫氣宇昂昂甲寅運中一番風雪過金紫位加昌乙卯運中天邊無沛澤籬下有壷觴丙辰運中訃音一道夢熟黄梁

壬申年　己酉月　丁酉日　丁未時

此八字丁酉日貴之辰才旺生宮之格人生得此多智惠頗聰明般般都好件件不精堂上椿萱双壽天邊鴻鴈聯鳴祖業重磨琢才囊自積成門外田疇千古計庭前花木四時榮佇看來晚節五谷自豐盈此則守成之命鴛幃昭內助桂子秀英英運行初庚戌上人庇下月白風清辛亥運中無志攻書史多心南畝耕壬子運中一番風雪至才帛自盈盈癸丑運中人財利樂家業崢嶸甲寅運中正欲成家立業胡為一夢難醒

壬申年　己酉月　辛卯日　戊子時

此八字華金生於酉月傷官之格本作六陰朝陽女人值此生於名門長配右族只嫌子卯相冲終見双親有倚終難倚姊妹之中各自飛治家有理處事無偏公姑有倚妯娌相親性若寒潭月心如古井泉良人宜同年小配子許蘭香桂又探此則助夫女命運行初戊申花開春早未立親儀丁未運中萧丙午佳配承鸞添新慶更喜花從錦上增財源進益舉用人數乙巳甲辰運中一聯美景無瑕玉萬理長江使順風家居有慶樂意志情癸卯運中正好倚樓觀皓月無端九披黑雲生壬寅運中夫必嘗子必秀權與名而必齊辛丑運中落花流水春夢無夢

壬申年　己酉月　丁酉日　己酉時

此八字丁酉日貴之辰財官之格財盛生官終身有慶值此象者生於文望長於衣纓椿萱榮且壽鴻鴈有行群中姿俊推秉性忠誠理窮古事兼令事書對賢經與聖經笋長名園過舊竹花開上苑勝先春風雲相會合頭角崢嶸此則顯達之命鶯憚得令玉潤冰清子嗣有成蘭香桂秀運行初庚戌烟迷弱柳霧鎖中庭辛亥運中慕達相如志終宜對短梁壬子運中片特雲霧合一旦化成龍癸丑運中昂昂今望凜凜威風當是時也無雪漫空甲寅運中令威增郡邑惠澤起瘦痲乙卯運中正欲懸金當大用誰知鮮組向離東丙辰運中江山不盡登臨興夢斷南柯不復醒

壬申年　己酉月　庚辰日　辛巳時

此八字庚辰魁罡之日羊刃合殺之格女人得此姿容清雅天性明良治家有道處事貞方翁姑難久妯娌稍睦行風送滃雲歸古洞雨從花萼發新紅運行初只如春悅景行樂勝於常此則平穩之命良人有碍須相敵子嗣生成貴顯郎運行初戊午上人庇下未斷炎凉丁未運中纂梅年少吹簫女漢苑風流傳粉郎丙午運中須臾風捲浪依旧禄元昌乙巳運中正夫風光慶西風雪滿墻甲辰運中才源滚滚家居好一座風波幸不妨癸卯運中安樂晚景壬寅運中一夢黃粱

子平遺書

壬申年　己酉月　辛巳日　癸巳時

此八字辛金相配柱中水火傷官之格金水傷官喜見官運斯象者椿萱脁茂鴻鴈分群其為人也丰姿清爽天性聰明當仁不讓見善則欣祖業增華麗才囊厚積存水府不敵珍怎覓豐城不掘劍無時座崐岡藏韞色蘭生楚澤散清馨此則穩厚之命兆幃宜有贈桂子長全英運行初庚戌殊雲掩月何損其明乙亥運中如日昇暘谷似月皎中庭丙子運中正是梅青弄月白何愁第宅不增新丁丑運中旺中尚有盈虧事安才添厚積存戊寅運中家居有慶人事無新己卯運中桑榆暮景樂意忘情庚辰運中一夕不來非是夢驚花一值一年春

壬申年　己酉月　丁亥日　丁未時

此八字丁亥日貴之辰才官之格才盛生官終身有變女人得此姿容雅麗天性聰明有治家立業之道勤勤九曆之心萬里無雲天一色三秋好景月長明克勤而克儉易喜而易嗔一朝運動星辰動益旺夫門福祿增此則旺福之命良人配合須年長桂子秋來朵朵成運行初戊申幽閨繡戶毓秀閨門丁未運中四配名支花送錦上增丙午運中青帰椰葉精初變紅入庵花燦未旬乙巳運中動夫家才祿長巳胃精神甲辰運中夫榮子秀業愈忘情癸卯運中使婢臨厨烹異品抱孫堂上樂昇平壬寅運中暮年安享辛丑運中花落月沉

壬申年　己酉月　戊子日　庚申時

此八字傷官助才之格人生得此水木椿萱晚茂天邊鴻鴈行聯丰姿清秀天性機關自有順天之慶豈無福地之緣旭日桑麻茂盛薰風禾黍連阡座列金釵行十二門近珠履客三千滿世功名身外事一團和氣居之安此則富足之命鴛幃得配名門女子嗣金風發桂蘭運行初庚戌上人庇下淡霧淡烟辛亥運中行藏雖有慶風雨一番寒壬子運中萬里烟雲收斂一樓明月嬋娟癸丑運中一番風雪過依舊福閑閣甲寅運中琴樽風月閑生計金玉松筠舊歲寒乙卯運中枯梅遇臈香尤甚勁菊逢秋色更妍丙辰運中人生從此別無復見儀顏

壬申年　己酉月　戊戌日　癸亥時

此八字戊戌魁罡之日傷官助才之格女人得此生於右族配於衣纓春父先歸晝尉曉天邊鴻雁不同群姿容閨閫髮兒超群勝丈夫之氣槩有男子之才能雪爲輕粉憑風俗霞作胭脂使日匀但看夫門子秀滔滔京福無窮若非二次明燭天定生來配旧婚此則榮秀之命良人生配容華客子嗣生成貴顯人運行初戊申上人庭下柳綠花紅丁未運中須臾風雨過萬象德細春丙午運中蓁帖沾沛澤同沐

帝王恩一番勝耗章不成困乙巳運中濟濟裙釵絢輝輝羅倚照風甲辰運中錦綉滿身扶不起金蓮無力戴娉婷癸卯運中子榮孫秀梅白竹青壬寅運中織綵閒晝景明月照黄昏

壬申年　己酉月　戊申日　壬子時

此八字戊申日旺之辰相配柱中金水傷官助才之格女人得此生於右族長於名門翁姑姑有倚妯娌少同心其爲人也丰姿清秀天性超群右尉綴之巧立業之勤一苑杏甤鋪錦綉滿山松栢脉幃屏相夫應有道訓子揔成群楊柳舞風枝婀娜梅花有月陪精神難欺難犯易喜易嗔雖不鳳冠帔服自然福祿無窮此則穩厚之命鴛幃水命須年長子嗣森枝有挺榮運行初戊申上人庇下未斷平生丁未運中路入桃源花爛熳橋横銀漢水澄清丙午運中幾度樂中有悶数番歡裏憂生乙巳運中雖則夫門多快樂幾多人事尚虧盈甲辰運中万疊好山雲乍散一輪明月雨初晴癸卯運中夫賢子貴多如意尚有須臾風雨生壬寅運中粧樓人去也花落月西沉、

壬申年　己酉月　甲申日　庚午時

此八字甲午專祿之日相配柱中旺金遍官助印之格人生得此生於右族長於仁門椿萱双晚茂棠棣各歡榮其爲人也丰姿清秀天性聰明胷羅今古事學識聖賢心太山北斗千年在和氣春風四座傾衣冠濟濟人中傑和氣怡怡席上珍終是功名之客豈爲田舍之翁三級浪中龍変化九霄雲外鳳飛騰一從姓字標楊後祿位榮盾次第陞此則榮貴之命鴛幃得配名門女子嗣生成貴顯人運行初庚戌上人庇下未斷平生辛亥運中欲

向雲中攀足須從燈火留心壬子運中一声春霹靂頃刻便斗騰癸丑運中威飛屾浪愁令重虎生風甲寅運中職位近金紫權衡出旬倫當此之際風雪滿庭乙卯運中錦衣肥馬重重貴天上恩波浩浩新丙辰運中天邉無沛澤籬下樂高情丁巳運中春光帰去也一棹入巫峯

壬申年　己酉月　甲午日　戊辰時

此八字甲木生逢酉月正官之格上貴者當貴之宿也人生得此豈不成名生於右族長於華堂衣冠濟楚詩禮從容昂當氣宇閭展襟胸五車書富三冬學兩石弓當萬騎衝佇看頭角聳惠畢起疲癃此則光耀之命椿親榮傑棠賁出魚水合桂子晚叢叢運行初庚戌上人孝六乚無画辛亥運中欲達雲霄路須加繼剔功壬子運中一旦風雲便不羞蛇作龍癸丑運中清風草奸樊政化洽西東甲寅運中天邉風雪霽金紫載

加封乙卯運中正擬當朝掛朱紱未應籬下樂無窮丙辰運中滔滔閑晚節丁巳運中一夢入巫峯

壬申年　己酉月　乙酉日　戊寅時

此八字乙酉日相配柱中之金殺重身柔之格人生得此丰姿清雅性格機關堂上椿萱皓首天邉鴻鴈飛前件件都將就般般李未全重成新事業自擬積才源但願英雄尊美酒自然才帛旺門闌此則富实之命鴛幃年少双諧老桂子秋風朶朶妍運行初庚戌庇佑之下春苑春山辛亥運中行蔵人敬仰風雪一番寒壬子運中才帛生湖海生涯旺市廛癸丑運中到此英雄尊敬何愁柳絮飄綿甲寅運中成四時之佳趣蓋千古之家園乙卯運中晚年發旺子秀孫賢丙辰運中花落春歸去空山叫杜鵑

壬申年　己酉月　丙申日　乙未時

此八字丙火相配柱中金水才杀之格值斯象者丰姿穩實天性良能礼皃讓恭人仰敬福氣精神勝祖親其為人也生於良族長於仁門双恩有倚終無倚西風鴻鴈各分飛學問頗知今古理生平自有愛扶持但願門中才泉厚一朝發福有威稜般般勤要學件件未能精初歲中年還勞碌晚年福氣享康寧此則安逸之命鴛幃當有魁子嗣鮮榮身運行初庚戌韜光之下有晦無伸辛亥運中然有通天志災險鈌憂驚壬子運中自有高人来愛敬隄防官破素災迍癸丑運中滿洞桃花當此發一輪明白倍精神甲寅運中滔滔發福淚洒門庭乙卯運中粟陳貫朽鄉里馳名丙辰運中無常来緊夢見陰君

壬申年　己酉月　戊子日　己未時

此八字戊土相配柱中金水傷官取才之格值斷
金者椿親先别萱歸晚鴻鴈天邊不共群其為
人也半姿清秀天性乖能事事頗能將就般般
學欠精通世事添新慶根源勝舊風笋困落
籜方成竹魚為奔波始光龍君若留心於仕路
貴人薦引祿光豐此則持達之命鴛幃春
道麗子嗣長秋叢運行初庚戌淡淡梨花
翩翩柳絮風辛亥運中雪晴天未煖行落
欠花容壬子運中但逢知己相攜挈萬物
光華百事通癸丑運中片時風雨雨過山青
甲寅運中才源滾滾福祿駢臻乙卯運中
如松之盛似栢之聲丙辰運中花已落月
流沉

壬申年　己酉月　乙亥日　丁亥時

此八字乙亥日元相配柱中金水殺生印綬之格
本顯功名只嫌身弱事不十全主人生於右族長
於高居萱母先歸春後别天别鴻鴈各行飛其為
人也半姿清秀天性操持能擺布會施為學問稍
窮今古深知表裏精粗當仁不讓見善不欺祖業
宜修葺根源再改移江湖風月閑生計朋友琴樽
有會期報道晚年光景好嶄然頭角與人殊此則
旺福之命鴛闈得配連珠女子嗣生成奪錦兒運
行初庚戌上人庇下有何是非辛亥運中爭素春
寒風料峭也知心急馬行遲壬子運中莫愁前路
無深達自有高人與指迷癸丑運中雨過萬重山
有色雲開千里月揚輝丑字之中重重風雪花放
風欺甲寅運中名成利就福祿崔嵬乙卯運中子
崇孫秀恩贈光輝丙辰運中歸歟歸歟

壬申年　己酉月　辛丑日　丙申時
此八字壬〻〻日元相配柱中水火傷官之格女人
得此生於右族長配名門椿萱雙晚茂鴻鳫不同
郡其為人也容顔清致髮貌精神治家有道處事
克勤風送芰荷香滿院日匀花萼發新紅萬里無
雲天一色三秋好景月長明衣冠濟濟三從備事
業昂昂四德新難觸難犯易喜易嗔雖不鳳冠帔服自
然才穀豐盈此則穏旺之命良人同属須年敵子
嗣金風孝且忠運行初戊申上人庇下未断升沉
丁未運中正是梅青月白还愁風雪相侵丙午運
中片雲能發千山雨雨過千山依舊晴乙巳運中
雖則夫門多快樂还愁人事常虧盈甲辰運中不
用高焼銀燭月明　倍精神癸卯運中才旺生官
家業旺福星臨照喜非輕壬寅運中晚年開快樂
辛丑運中春去鳥無聲

壬申年　己酉月　丙戌日　甲午時
此八字丙〻〻元相配年偏官之格羊刃作合為奇
值此象者逶室長於高居堂椿萱秀庭前棠棣菲
其為人也姿容闓朗言語操持苦登名利路須讀
孔顔書自有風雲際會豈無雨露沐恩時此則榮
達之命篤嘗得合錦上聯詩桂子有成氷中取魚
運中初戊申花明柳暗燕語鶯啼己酉運中孝業
必須窮亦藉光陰何書惜三余庚戌運中报道
又然还不信果然奪得錦幖回辛亥運中三年不
政來時政百姓咸懷生後思壬子運中權高擫福
花放花風癸丑運中正宜秉笏夜还朝來未許
本反故庚申寅運中卧音一道万事成空

壬申年　己酉月　壬午日　庚戌時

此八字六乙[illegible]午位另甲祿馬同鄉之印綬格人生得此生於富室長於高門衣冠儒雅性格溫和堂上椿萱榮壽天邊鴻鴈聯群才囊充實樓閣淩雲但顧有情交貴客何須跨馬到都門此則富貴之命鴛幃玉潤金輝子嗣蘭馨桂馥運行初庚戌上人庇下化日熙春辛亥運中雖則人才利樂樂中尚有迍邅壬子運中風雲能發千山雨雨過千山色秀新癸丑運中一番風雪不損精神甲寅運中名高勢重貫朽粟陳乙卯運中晚年安享輝煥光孫丙辰運中惟有猿啼處青山對

華門

壬申年　己酉月　乙酉日　甲申時

此八字乙[illegible]權之日相配柱中金水殺生印綬之格乙庚作合爲奇主人生於望族長於高居鴻鴈叢行各奮椿萱一享期頤其人爲人也丰姿清秀天性能爲般般稍覽件件粗知學問不親顏孟終知表裏精粗豈無高仕敬明有貴人攜羅綺飄香風蕩蕩壺觴列坐草萋萋消閒棋一局遣興酒三巵但欲一生財祿旺何須跨馬入雲衢此則豐潤之命鴛幃有犯須招副子嗣秋來頭幾枝運行初庚戌上人庇下有何是非辛亥運中春園雖雨過桃李未芳菲壬子運中才源富足家居好好須吏人事尚趑趄癸丑運中不特才權秉美尚祈樓閣崔嵬丑字之中花放風吹過此甲寅運中一聯美景君須記正是橙黃橘綠時乙卯運中子貴沾榮贈滔滔福祿齊丙辰運中春光去也花落月沉

壬申年　己酉月　戊子日　癸丑時

此八字戊ヒ日元相配柱中金水傷官助才之格女人得此生於右族長於名門椿父先帰萱後别天边鴻鴈各行鳴其為人也丰姿清秀皃髮精神有針綫之巧立業之能萬里無雲天一色三秋好景月長明春入水光成嫩緑日匀花蕚發新紅克勤而克儉易喜而易嗔才源富足福禄駢臻别人夫婦同偕老偏我天教兩度新倚看重再適非聘亦非奔此則正不是偏死帰有配重妨旧子嗣秋来旺宅門運行初戊辰上人庇下

淡淡春雲丁卯運中春入洞房生華氣還愁綉閣起悲風丙寅運中帳前復綰鴛鴦帶頭上寧開孔雀屏須史風雨花放風生乙丑運中雨過山方秀雲開月始明甲子運中簾捲香風生百福軒開化日禄元增癸亥運中子秀晚年閒快樂壬戌運中春帰花落鳥無声

壬申年　己酉月　丁酉日　庚子時

此八字丁酉ヲ亍之辰才殺之格人生得此生於望族長於名門土水椿萱榮倚天邊鴻鴈聯聲丰姿濟濟人中傑和風怡怡席上珎英材而出類學問以淵深北海蛟横頭角聲南山豹变爪牙新一朝騰踏飛黄去東務金鑾拜聖人此則継栄之命鴛帰配合名家女桂子秋来朶朶戌運行初庚戌上人庇下化日陽春辛亥運中不負寸陰之習豈姑題柱之功壬子運中報道是龍還不信果然奪得錦標頭癸丑運中衣冠正在權衡處只恐天邊雪

滿空甲寅運中山河歸舊國管斎换離宮乙卯運中旺中生阻節依舊幸無驚丙辰運中歸去也

壬申年　己酉月　丙申日　丙申時

此八字丙丶之日相配柱中金水才杀之格人生得此生於名族百年喬木長於累世衣纓金土椿萱椿耐晚天邊三隻鴈隨鳴其為人也丰姿磊落天性豪雄觀書覽史學足三冬詞傾三峽誰能及筆掃千軍執輿論宜向月宮攀桂子便從天上領陽春足步黃金殿身朝白玉堂望尊四海祿享千鍾一自天官奏寵滔滔祿位皆隆此則顯榮之命鸞幃有紀重諧合子嗣有成晚鄭榮門運行初上入庇下霽月光風辛亥運中明窓淨几畧史觀書

梨花無雪雨過山青壬子運中騰身離泮水攀桂步蟾宮癸丑運中威嚴少奸弊治廣勉疲癃甲寅運中三度錦衣歸故里兩扶日月上天庭乙卯運中有材臂大用未許便鋒榮丙辰運中松筠三徑足軒冕一毫輕丁巳運中春光去也夢入南柯

壬申年　己酉月　庚寅日　乙酉時

此八字庚寅之日相配柱中木火才杀之格食神在柱為良主人生於右族長於仁門椿萱双晚茂鴻鴈各行鳴其為人也丰姿清秀天性聰明般般稍覽件件不精有近貴親賢之德應上和下之能過大黃金顯十分之貴色離雲皎月布萬里之清明重成新事業再整旧門庭不以功名為念豈將冠冕蓬蘊是非莫管門前客得失須愿塞上翁但願財源旺足任他身外無名此則發福之命鸞幃配舊須年長子嗣生成殍灶人運行初庚戌上人庇下

化日陽春辛亥運中雲龍皓月水泛浮萍壬子運中雖則行藏有慶也愁素耗相侵癸丑運中莫言此運生光彩得一程時失一程字之中花放風生甲寅運中不獨才源尚祈聲勢豪洪當此之際風雲滿庭乙卯運中才旺生官家業長福星臨照喜非輕丙辰運中安閑晚景丁巳運中一枕清風

壬申年　己酉月　甲午日　辛未時

此八字甲午日元相配柱中金水殺印之格人生得此生於右族長於仁門椿父先歸萱耐晚天邊鴻鴈各行鳴其為人也丰姿清秀天性老誠知高下識重輕學問頗知今古筆鋒稍有威稜豈無高仕敬特有貴人欽終是功名之客豈為田舍之翁一旦謀為遂還揚三考名頭角崢嶸名德顯晚年疊疊祿元陞此則榮貴之命鴛幃有犯須年敵子嗣金風有晚榮運行初庚戌上人庇下未斷平生辛亥運中雪晴天未暖行樂未如心壬子運中勞形案牘多光霽雨晴跨馬入神京癸丑運中衣冠各異榮家世還宜幾載困家門綵花舞雪雨過山清甲寅運中皇恩有感重光顯蓮幕光華雨露增乙卯運中有材還任用未許便辭榮丙辰運中子貴重榮贈顯丁巳運中春歸去也萬事成空

壬申年　己酉月　乙亥日　庚辰時

此八字乙亥日元相配柱中金水殺生印綬之格只嫌身弱撼吾功名主人生於宦族長於名門椿親榮貴萱先別天邊鴻鴈各行鳴其為人也丰姿清秀天性乖能般般都覽件件精風月靄文瀟洒客情曰福曰榮自有順天之慶常安常樂豈無福地之深祖基宜華故事業必重增不以功名為念豈將冠冕磨礱得意江山詩句健忘情日月酒盃深拙於自己巧於他人雖不建侯封爵自然潤屋潤身此則豐潤之命鴛幃水命須年敵子嗣生來後有盈運行初庚戌上人庇下未斷平生辛亥運中風送雪來應覺冷鳥鳴花落始知春壬子運中才源富足家居好須史素耗尚愁人癸丑運中是值太平光霽景還愁花放尚風生綵花舞雪雨過山青甲寅運中片陞留奮連野綠週回甲第聳雕甍當是時也風雨還生乙卯運中庭前竹郭平安日檻外花開富貴春丙辰運中春光歸去一枕清風

壬申年　己酉月　癸巳日　壬子時
此八字癸巳貴人之日相配柱中金土來生印綬
之格人生得此生於右族長於名門椿父先帰萱
耐歳天邊鳴鴈各行鳴其為人也丰姿清秀天性
聰明知高下識重輕笋長名園過舊竹花開上苑
勝先春祖業添新慶財源自豚成是非莫管門前
客得失須憑塞上翁福布江山外名聞湖海中但
願一生才禄旺何必天邊沐寵崇此則發福之命
鴛幃燭夜添新蚕子嗣榮門晩節馨運行初庚戌
上人庇下未斷平生辛亥運中雪晴天未煖行樂

未如心壬子運中漸覔韶光滿目还愁霧鎖烟凝
癸丑運中才權雖秉美人事尚因循甲寅運中天
上三陽泰人間五福增乙卯運中門楣壮觀第宅
增新丙辰運中心事数筮之白髮生涯一片之間
情丁巳運中帰去也

壬申年　己酉月　辛卯日　己亥時
此八字辛卯之日相配柱中水木傷官助才之格
人生得此生於右族長於名門椿親榮且壽鴻鴈
各行鳴其為人也丰姿清秀天性聰明學問有成
袖裡虹霓冲霄色英材敏絶筆端風雨駕雲程北
海蛟横頭角聳南山豹變爪牙新青志十年勤泮
水高才一旦顯朝廷一日聲名遍天下滿城挑李
咲陽春此則榮貴之命鴛幃燭夜添新蚕子嗣榮
門晩節馨運行初庚戌上人庇下未斷平生辛亥
運中欲向雲中舉足須從燈下留心壬子運中三

級浪中龍變化九霄雲外鳳飛騰癸丑運中黎民
歸父母政化洽西東甲寅運中三度錦衣歸故里
兩扶日月上天庭乙卯運中重金重紫倍振權衡
丙辰運中解組回田里籬邊樂性情丁巳運中花
落水流春已去蘭摧玉折恨何明

壬申年　己酉月　戊戌日　壬子時

此八字戊戌魁罡之日相配柱中金水傷官劫財之格人生得此生於右族長於名門椿萱双晚茂鴻鴈各行鳴其為人也丰姿清秀天性聰明多聞多見自是自能知高識下理白分清世事頗能將就般般學只精通曰福曰榮自有順天之慶常安常樂豈無福地之深萬里無雲天一色三秋好景月長明門外田疇千古計庭前花木四時春朝中無姓字囊底足珠珎但願一生多富足何必天邊沐寵榮此則穩旺之命鴛幃有犯須年硬子嗣秋來旺宅門運行初庚戌上人庇下來斷深沉辛亥運中世事究如春夢人情薄似秋雲壬子運中淡烟楊柳岸薄霧杏花村癸丑運中才源雖旺之人事尚虧盈梨花雜雪雨過山青甲寅運中富之以潤其屋德之以潤其身乙卯運中黨捲香風生百福軒開化日祿元增丙辰運中晚年閑快樂丁巳運中一枕入巫峯

壬申年　己酉月　戊子日　丙辰時

此八字戊子之日相配柱中金水傷官劫才之格人生得此生於良族長於名門金命椿萱双晚茂天邊鴻鴈各行鳴其為人也丰姿清秀天性聰明學問知今古詞源壓俊英驪句妙為天下白高材俊似海東青禮樂縱橫字詩書典雅文馬跨塵土三千里鵬翼風雲九萬程一從揚姓字職位受權衡信看官封三級酌然祿享千鍾此則榮貴之命鴛幃金玉潤兰嗣錦衣新運行初庚戌上人庇下化日暘春辛亥運中不負寸陰之惜豈無題柱之功壬子運中雲程坦坦登天去舉足悠悠名利成癸丑運中處事但憑三尺法理刑渾似一團春甲寅運中一天膏雨隨車至千里仁風逐扇生當此之際風雲盈庭乙卯運中三度錦衣歸故里兩扶日月上天庭丙辰運中西風起處尊罏美晚節閑時菊酒馨丁巳運中春光去也花落月沉

壬申年　己酉月　壬寅日　丁未時

此八字壬寅趋艮之日相配柱中金土官印之格人生得此生於良族長於仁門椿父先歸萱後別天邊鴻鴈各行鳴其為人也丰資清雅天性老誠言不妄發事不胡行頗知礼義稍識古今有近貴親賢之德應上和下之能不向仕途求闢達却來湖海覓黄金祖業添新慶財源自豚成花無桃李非春色人有笙歌是太平但顧一生湖海樂何必天邊沐寵榮此則穩厚之命鸞幃有犯須同屬子嗣森枝有顯榮運行初寅戊上人庇下雲月朦朧

辛亥運中雪晴天未暖行樂未如心壬子運中得中有失晦後還明癸丑運中財源旺足家居好須叓風雪尚愁人甲寅運中福若泉源湧財如春氣生寅字運中片時風雨乙卯運中富之以潤其屋德之以顯其身丙辰運中心事數莖白髮生涯一片閑情丁巳運中花已落月尤沉

壬申年　己酉月　壬辰日　辛亥時

此八字壬辰魁罡之日相配柱中金土官印之格人生得此生於右族長於名門椿父先歸萱尌晚天邊鴻鴈各行鳴其為人也丰姿清秀天性老成頗知禮義稍識古今有近貴親賢之德應上和下之能祖業添新慶相原勝舊風世事每從忙裏就財源自向閙中生豐年田舍禾盈豐臘日山家酒濁醉施恩慈怨布德威嗔但願財源滿足何須天府沐恩此則穩旺之命鴛幃有配須招硬子嗣秋成孝感人運行初庚戌上人庇下未斷平生辛亥

運中雪晴天未煖雨過始如心壬子運中狠究實中得食荊棘叢裏安身須風雨頃刻迍邅癸丑運中得時登仕路光顯旧門庭丑字之中一番素耗花放風生甲寅運中威權有布人欽服財帛興隆福祿增當此之際風雨還生乙卯運中富足以潤其屋德足以潤其身丙辰運中心事數莖之白髮生涯一序之閑情丁巳運中春光去也花落月沉

壬申年　己酉月　丁丑日　庚子時

此八字丁丑之日相配柱中金水財殺之格人生得此生於右族長於名門椿父先歸萱耐晚天遐鴻雁各搏風其為人也丰姿清秀天性忠能雖無深計較稍有淡聰明水光浮座杯盤瑩花氣侵人笑語馨筆長名園過簷竹花開上苑勝先春欲為商賈思慕切名若欲求名必遂用心到処還通能畫區巨力終為發福人此則抱鼓有聲之命鴛幃有配須同肩子嗣秋來旺宅門運行初庚戌上人庇下來斷平生辛亥運中雪晴天未燦行樂未如心壬子運中藏器待時時必遇時來謀望始如心須臾素耗消刻風雲癸丑運中問名則名顯達問利則利豐盈丑字之字一番風雨甲寅運中才椎東美福祿駢臻寅字之中如月翳雲乙卯運中庭前竹韡平安月檻外花開富貴春丙辰運中光陰迅運萬事成空

子平遺書 二三

壬申年　己酉月　癸巳日　丙辰時

此八字癸巳貴辰日相配柱中金土殺生印綬之格運行皆地藏成功名主人生於高度椿萱唯並老鴻雁各行飛其為人也能擺布會支吉斧閒不高令古深知表裏精粗當仁不讓見善不欺祖業宜修葺根源必再耕江湖生計好閭里姓名馳譽緒飄香風蕩蕩壺觴列座草萋萋根道晚年光景好兒孫益達望尤殊此則穩福之命兆幃得配名門女子嗣生成貴益兒運行初庚戌上人庇下輕寒輕煖或是或非辛亥運中不為惜花春起早定應愛月夜眠遲壬子運中莫愁運雨無情除尚有高人與指迷癸丑運中才源旺足家居好風雪飛來尚惱人甲寅運中雨過園桃簇錦風和堤柳畫絲丁卯運中晚年閑快樂會友以輸情丙午運中安閑晚景丁未運中花落月沉

壬申年　己酉月　壬辰日　乙巳時

此八字壬辰魁罡之日相配柱中金土官印之格女人得此生於右族長配名門萱母先歸椿耐晚天邊鴻鴈各行鳴其為人也姿容清雅髮貌精神翁姑有倚妯娌斃荣有針綴之巧立業之材能一苑杏桃鋪錦綉滿山松柏映幃屛風送芰荷香滿院日句花蕚發紅新錦綉花開家富貴琅玕竹豹日平安性宕寒潭月心如古井氷雖不鳳冠帔服自然金谷豐盈此則穩厚之命良人同偕如魚水子嗣生成貴顯人運行初戊申上人庇下毓秀閨門丁未運中紅葉溝中傳密意赤繩月下結良姻丙午運中須史雲掩月頓列月離雲乙巳運中羅綺千般色珠羞百味新甲辰運中旺中加彩色紅上贈紅英當此之際風雪滿庭癸卯運中夫賢子秀閑意忘情壬寅運中晚年多快樂辛丑運中一枕清風

壬申年　己酉月　丁丑日　癸卯時

此八字丁酉日元相配柱中金水才殺之格官殺混雜減合德芳茂名主人生於右族長於名門金土椿萱双茂長天還鴻鴈各飛騰其為人也丰姿清秀天性聰明般般精覽件件不精風月慶友消洒容情有近貴親賢之德應上和下之能算長名圍過舊竹花開上苑勝先春終是功名之客豈為田舍之翁三級浪中龍變化九年塲上却馳名佇看頭角聳光耀舊門庭此則榮貴之命篤幃連珠高一載子嗣生成貴顯人運行初庚戌上人庇下未斷平生辛亥運中欲達不達揚帆待風壬子運中幾載辛勤其樂守一朝跨馬入神京須史風雨過山青癸丑運中雖則崢嶸頭角还須皆岺嵩門甲辰運中皇恩有威聲名重贊政琴堂德澤新黎花舞雪雨過山青乙卯運中腰銀不用三塲奉陞擢还應九載勤子荣重晚贈東籬菊醉馨丙辰運中晚年閑快樂一枕入佳城

壬申年　己酉月　庚辰日　丙子時

此八字庚辰日德之辰傷官制殺之格陽刃兼全職我功名主人生於盛族長於仁門金命椿萱楮虎夭邊鴻雁有飛騰其為人也丰姿清秀天性聰明知高下識重輕過大黃金重長價離雲皎月倍清明曰福曰榮自有耿介之行常交常友並無禍地之深樓臺生涯好湖海名傳福祿增剖石終逢玉淘沙始見金君若有心於仕路也教光耀旧門庭此則擊石生烟之命兆幃同属如魚水子嗣森枝一果榮運行初庚戌上庇下蔭月風光辛亥運中小池雨過添新綠深谷春來發旧馨壬子運中萬疊好山雲乍斂一樓皎月雨初收癸丑運中飄殘楊柳絮萬物長芳英辛丑運中一番進退甲寅運中天上三陽泰人間五福增乙卯運中北嶺蒼松秀茂東籬黃菊數榮丙辰運中桑拾暮景子貴光榮丁巳運中春光去也夢入巫峯

壬申年　己酉月　甲戌日　癸酉時

此八字甲木生逢酉月正官之格殺官混雜格局欠清萱椿雖有倚鴻雁少和鳴其為人也丰姿清雅性格聰明勝丈夫之氣槩有男子之膽明雪為輕彩憑風傳霞作姻婚伏日旬此則中和之命良人年長子嗣有成運行初戊申雖居庇下未秋登臨丁未運中乍煖柳條無氣力淡晴花影尚昏沉丙午運中重增氣象始長精神乙巳運中夫唱婦隨多快樂蔥蔥佳氣滿門庭甲辰運中門閑而饒裕福祿以駢臻癸卯運中萬疊好山雲乍斂一樓明月雨初晴壬寅運中百年繾綣成何用一夢南柯永不醒

壬申年 己酉月 戊戌日 辛酉時

此八字戊戌魁罡之日偏官帯財之格主人生於仁門長於右族椿萱耐晚萱歸早鴻鴈行踈獨出群其為人也姿容朗之智慧明之行藏覺洒瀟唉傲任枯榮萬里韶華名利必從天上降一聯美景財源自而遠方生此則穩達之命鴛幃魚水情觀洽桂子黌門孝義深運行初庚戌天邊初出月苑上始開英辛亥運中笋長名園過舊竹花開上苑勝先春壬子運中春光遍林野和氣滿門庭癸丑運中秋風播爽微雨乍晴甲寅運中財權秉美氣宇英英乙卯運中孫賢而子秀萬事不勞形丙辰運中花已落月亦沉

壬申年 己酉月 壬午日 癸卯時

此八字六壬生臨午位號曰祿馬同鄉官印之格有官有印無破作廊廟之材主人生於右族長於名門萱母續絃椿磊落天邊鴻鴈各搏風其為人也丰姿清秀天性聰明胸羅今古事學識聖賢心太山北斗千年在和氣怡怡席上珍終是功名之客豈為田舍之翁鵬路高搏知健翼龍門深躍見脩鱗一從揚姓字秉笏拜金門此則榮貴之命鴛幃有犯須招副子嗣秋來朶朶榮運行初庚戌上人庇下未斷平生辛亥運中雪案須留苦志玉階未許榮登壬子運中幾欲思高慕遠翻成剪雪裁水癸丑運中到此始知文學好長安道上馬蹄輕甲寅運中雪晴開閶闔[illegible]職加陞乙卯運中有才應大用未許便辭榮丙辰運中榮歸故里一枕清風

壬申年　己酉月　壬辰日　甲辰特

此八字壬辰魁罡之日相配柱中金水煞生印綬之格煞印相生功名顯達主人生於右族長於名門椿萱有倚先虧父天邊鴻鴈各行鳴其為人也丰姿清秀天性聰明胸羅今古事學識聖賢經泰山北斗千年在和氣春風四座傾終是功名客豈為田舍翁三級浪中龍變化九霄雲外鳳飛騰一從拂姓字職位受權衡此則榮貴之命篤憚春色麗子嗣彩衣新運行初庚戌上人庇下未斷平生辛亥運中雪晴天未煖芹泮有書聲壬子運中何

事不辞今日足時来有路入神京癸丑運中到此始知文學好長安道上馬蹄輕甲寅運中威嚴少奸弊深席超疲癃當此之際風雪满庭乙卯運中重金重紫布德施仁丙辰運中晚年閑快樂丁巳運中一枕入巫峯

壬申年　己酉月　庚辰日　戊寅時

此八字庚辰日德之辰相配柱中木火財官之格只嫌陽刃作合事不十分主人生於良族長於仁門萱母先帰椿耐晚天邊鴻鴈各行鳴其為人也立性聰明丰姿清秀般般稍覓件件不精行藏果斷作事老成頗知玄妙術稍識聖賢経六爻知休咎八卦定窮通為甚東君帶疾厄因何日月不分明晚年光霽景財祿愈豐盈此則疾術之命篤憚有犯須招硬子嗣生成孝義人運行初庚戌上人庇

下未斷平生辛亥運中登臨雨浮賞翫春陰壬子運中漸漸精神爽看看氣槩新癸丑運中妙術廣修神効顯須速風雨尚愁人甲寅運中成四特佳趣立萬古門庭乙卯運中軒闢化日千祥集黨捲香風百穩增丙辰運中晚年快樂丁巳運中一枕清風

壬申年　己酉月　辛丑日　乙酉時

此八字辛丑日相配柱中水火傷官制殺之格人生得此生於右族長於名門椿萱堂上先虧母天邊鴻雁各行鳴其為人也年姿清秀天性聰明般般稍覺件件不精有般般之計較淡淡之材能水光浮座盤盃瑩花氣侵人咲語馨不必覓珠来水府何須求劍到豐城豊年田舍禾盈豊謄日山家酒滿斟施恩惹怨布德成嗔但願人生才祿旺何必天邊沐寵榮此則豊潤之命鴛幃有犯須招副子嗣秋来系系榮運行初庚戌上人庇下檝裸平生辛亥運中世事究如春夢人情薄似秋雲壬子運中精神又樵悴焦悴又精癸丑運中才源旺旦當此景五夜金風未許晴甲寅運中到此始知時運好萬物光輝百事通乙卯運中才旺生官家業長福星臨照是非輕丙辰運中晚年閑快樂丁巳運中一枕了平生

子平遺書　三二

壬申年　己酉月　庚寅日　乙酉時

此八字庚寅之日食神之格陽刃重重减我功名士人生於右族長於高門金水椿萱双有倚天邊鴻雁後分群其為人也丰姿清秀天性聰明頗知礼義梢識古今君子敬貴人欽過火黄金重長價離雲皓月陪清明性急便如風捲浪片時言起片時停樓臺疊疊桑麻茂才帛豊饒喜慶增湖海有名關富貴琴樽風月樂怡情此則豊足之命鴛幃連珠低一載挂蘭脱節有光榮運行初庚戌上人庇下未断平生辛亥運中娟娟雲裏月灼灼葉中英壬子運中始覺陽和淌目還愁人事虧盈癸丑運中才源滚滚家居好得一程而失一程甲寅運中才源富足弟宅增新乙卯運中一番風雪過依舊瑞祥生丙辰運中安閑脱景會友開樽丁巳運中春光去也夢入巫峯

子平遺書　三三

壬申年　己酉月　癸未日　癸丑時

此八字癸未日元相配柱中金土殺生印綬之格人生得此生於右族長於名門萱母先歸椿耐晚天邊鴻雁各行鳴其為人也丰姿清秀天性聰明頗知禮義稍識古今有近貴親賢之德應上和下之能祖業添新慶根源勝舊風生湖海上道路或西東兩都秋色皆喬木耆舊風流有幾人花無桃李非春色人有笙歌是太平逢危有救遇難無凶英雄惟贈劍三尺豪傑相逢酒一鍾但頗財源富足任他身外無名此則發福之命鴛幃有犯須重續子嗣森枝損後成運行初庚戌上人庇下未斷平生辛亥運中雖則行藏有變斷絃風雪重重壬子運中財源滾滾家居好尚有閑非素耗生癸丑運中古樹含風帶雨寒岩四月始知春甲寅運中不獨財源富足尚祈聲勢豪洪乙卯運中福若泉源湧財如春氣生丙辰運中晚年閑快樂丁巳運中一枕了平生

壬申年　己酉月　乙未日　壬午時

此八字乙未日元相配柱中金土財殺之格女人得此生於右族長配仁門椿萱雙晚茂鴻雁各行鳴其為人也丰姿清秀髮貌精神有針綫之巧立業之勤一苑杏桃鋪錦綉滿山松柏映幃屏箕箒頻繁存禮節相夫教子蹈賢明滔滔無阻滯步步旺夫門難觸難犯易喜易嗔但頗財源多富足何須恃服索榮封此則益旺之命良人同屬微疾長春子嗣有成晚年挺秀運行初戊申上人庇下毓秀閨門丁未運中契合翠鸞成好變夤緣紅葉是良姻丙午運中雖則夫門多快樂幾多人事尚虧盈乙巳運中天上三陽泰人間五福增甲辰運中正是梅青月白還愁風雨相侵癸卯運中羅綺千般色珎羞百味新壬寅運中夫賢子秀樂意忘情辛丑運中歸去也

壬申年　己酉月　甲申日　甲戌時

此八字甲申專煞之格相配柱中旺金偏官有氣女人得此生於右族長配高門椿萱双晚茂鴻鴈各行鳴其爲人也姿容闓朗髮皃精神治家有道處事克勤翁姑双晚茂妯娌有敦崇一苑杏桃鋪錦綉滿山松柏映幃屏春入水光成嫩緑日勻花影發新紅莫慕頻繁存礼節析機教子且賢明心靜似月明雲漢性急如風捲殘雲才源有益羅綺千層此則享福女命良人連珠高一載子嗣森枝有秀崇運行初戊申上人庇下霽月光風丁未運中契合翠鸞成好夢黄

緑紅葉是良姻丙午運中一抹曉烟迷芍藥半泓秋水浸芙蓉乙巳運中一輪明月當秋夜無限奇花更遇春甲辰運中雖則行藏有慶也愁風雪滿庭癸卯運中食則珎羞百味衣則羅綺千層壬寅運中晚年夫子貴福禄享無窮辛丑運中粧奩人去也臺鏡掩空明

壬申年　己酉月　辛丑日　乙未時

此八字辛丑日元相配柱中水木傷官助才之格人生得此生於右族長於名門椿父先帰萱後别天邊鴻鴈不同群其爲人也丰姿清秀天性聡明般般稍覧件件不精謀動君子威伏小人祖業添新慶根源勝舊風出土黄金重長價離雲皓月倍清明欲爲商賈思慕功名笋因落籜方成竹魚爲奔波始化龍君若有心於仕路也應禄馬旺前程不貴區區力終爲發禄人此則淘沙見金之命鴛幃有犯須年敵子嗣秋来旺宅門運行初庚戌上人庇下襁褓平生辛亥

運中雪晴天未暖行樂未如心壬子運中畫水無聲空有浪綉花雖艷不聞馨癸丑運中財源雖旺足人事尚虧盈甲寅運中到此始知時運好萬物光華百事通乙卯運中門楣壯觀福禄駢臻丙辰運中晚年快樂丁巳運中一枕清風

壬申年　己酉月　庚辰日　丙子時

此八字庚辰魁罡之日羊刃合殺之印女人得
此生於豊富之家長於仁德之族姿容雅麗性
格良能勝丈夫之氣槩有男子之聰明難觸難
犯易喜易嗔靈妝華岳千山秀水到湘江一様
清此則貞良之命良人年長方偕老子嗣花開
果有成運行初戊申上人庇下未論升沉丁未
運中娟娟梅月自淡淡柳風清丙午運中匹配
仁門友花從錦上增乙巳運中一連腕烟迷芳
藥半泓秋水浸芙蓉甲辰運中益家門之吉慶

長身胄之精神癸卯運中夫賢子秀萬事光啓
壬寅運中片雲掩月雨過山青辛丑運中春殘
花落六鳧何尋

壬申年　己酉月　辛丑日　丙申時

此八字辛丑日元相配桂中水火傷官之格女人
得此生於右族長於名門椿親耐晚萱先別鴈繼
天際不同鳴其為人也姿容清秀髮視精神有針
綴之巧立業之勤雲歸華岳千峰秀月到湘江一
様清每懷丸膽意時抱擇隣心女工機巧維全晚
婦道蘋蘩畫頻能難觸難犯易喜易嗔憂禍自能
辭肉味愛琴應鮮韡弦聲才源富足家業餘盈別
人夫婦同偕老偏我天教兩度新此則晚旺之命
良人有犯宜年長子嗣秋來旺宅門運行初戊申

鸞歌鳳舞鏡破釵分丁未運中帳前復結鴛鴦帶
堂上重開孔雀屏當此之際花放風生過此丙午運
中正是太平光霽景須臾風雨尚愁人乙巳運中羅
綺千般色珍羞百味新甲辰運中不用高燒銀燭
明月添倍精神癸卯運中晚年開快樂子貴又光
榮壬寅運中春光去也一枕清風

壬申年　己酉月　壬辰日　辛丑時

此八字壬辰魁罡之日相配柱中金土官印之格女人得此生於右族長配仁門椿萱難至耋鴻雁各行鳴其為人也姿容闓朗髮貌精神有針綫之巧立業之勤一苑杏桃鋪錦綉半溪山水映幃屏箕帚頻繁存禮節相夫教子耀門庭難觸難犯易喜易嗔滔滔無阻滯步步助夫門非娉亦非奔福祿自天生此則旺盛之命良人見尅非為尅子嗣枝頭朶朶成運行初戊申上人庇下未斷平生丁未運中乍雨乍晴當客景或寒或煖阻人情丙午運中雖則夫門財業旺旺中尚有事虧盈乙巳運中子貴旺門多享樂須吏風雨有何驚甲辰運中天上三陽泰人間五福臻癸卯運中錦綉花開春富貴琅玕竹報日升平壬寅運中晚年多快樂辛丑運中一枕入巫峯

壬辰年　己酉月　辛巳日　甲午時

此八字辛巳日元相配柱中木火財殺之格人生得此生於右族長於名門木火椿萱双晚茂天邊鴻鴈各行鳴其為人也半姿清秀天性聰明源流三峽誰能及筆掃千軍熟與論衣冠濟濟人中傑和氣怡怡席上珎終是功名之客豈為田舍之翁躡履三千皆後李搏風九万即前程瑶池鞭靜朝南極五夜鐘声共北宸此則榮貴之命鶯幃春麗須招副子副愁來孝且忠運行初庚戌幼年之下化日陽春辛巳運中欲向雲中奉足須從灯下畜心壬子運中遠望天恩雲外降恩攀桂子月中休癸丑運中躍過禹門三級浪粉署聯班職位陞當此之際風木怹情甲寅運中職迁山紫声名重还愁素耗片時生乙卯運中十郡江河吾職掌九天恩詔再加陞丙辰運中榮歸故里美酒盈樽丁巳運中一枕清風

壬申年　己酉月　甲戌日　戊辰時

此八字甲木配合酉月旺金正官之格辰酉合官忌冲女人得此生於威族配於名門椿萱有倚棠棣春蓁姿容閒朗髮兒精神斷機每効軻親訓剪髮能傳侃母心光華疊疊沛澤紛紛濟濟釵冠絢日輝輝羅綺臨風此則益旺之命良人配合年低女子嗣生來朶朶馨運行初戊申香閨之内母訓輙遵丁未運中契合琴高成好夢寅緣紅葉是良姻丙午運中紅日点穿湘水碧白雲堆破楚山青乙巳運中墻角梅花休慮雪離邊菊綻莫愁風甲辰運中萬象光華沾沛恩四時佳趣樂昇平癸卯運中春去也鳥空鳴

壬申年　己酉月　甲辰日　己巳時

此八字甲木日元相配柱中金水偏官助印之格人生得此生於右族長於名門椿觀有倚鴻鴈行鳴其為人也丰姿清秀天性聰明五車書富三冬足兩石弓當萬驥冲衣冠濟濟人中傑和氣怡怡席上珎終是功名之客豈為田舍之翁鵬路高搏之徒翼龍門深躍見修鱗一朝但得風雲便九重天府沐皇恩此則榮貴之命鴛幃得配名門女子嗣生成貴顯人運行初庚戌上人庇下未斷平生辛亥運中十年窓下無人問一舉成名天下聞壬子運中千里霜威名令重三秋風過綉衣輕癸丑運中腰横金作帶符剖玉為鱗甲寅運中衣冠正在權衡處何忌飛來雪滿庭乙卯運中有財應大用未許便辞榮丙辰運中春光去也一枕清風

壬申年　己酉月　丙子日　戊戌時

此八字丙子之日相配金水才敍之格人生得此生於右族長於良門椿父先歸萱耐晚天邊鴻鴈各行鳴其為人也丰姿清秀天性聰明知高下識重輕有近貴親賢之德應上和下之能重成新事業再整舊門庭萬里無雲天一色三秋好景月長明田園桑柘茂畝畝稻梁馨水光浮座盃盤瑩花氣侵人咲語馨不以功名為念豈將冠冕磨礱時至財源旺足運来第宅增新滿世功名身外事五湖風月樂怡情此則發福之命鴛幃有碍須捂硬子嗣森枝晚節馨運行初庚戌上人庇下淡淡青雲辛亥運中雲龍皎月水泛浮萍壬子運中晝水無声空有浪繡花雖艷不聞馨癸丑運中寒向梅中盡春從柳上生甲寅運中則源旺足家業餘盈乙卯運中延賓玩物會友開樽丙辰運中晚年快樂福祿無窮丁巳運中春光如過隙一枕入巫峯

壬申年　己酉月　丙子日　戊子時

此八字丙子日相配柱中金水才官之格本輕用重減我功名主人生於仁門長於良族椿萱双晚茂鴻鴈各飛騰其為人也丰姿清淡天性機関知高識下近貴親賢豈旁書史不誦簡篇自有順天之慶豈無福地之深飛詔任他来北闕草主終不出南山祖基應整頓事業再新添處事无榮辱生平不㨿寒但願一生逢貴助江湖風月樂怡然此則守成之命外幃連珠低二載子嗣秋枝孝義人運行初庚戌上人庇下淡霧淡烟辛亥運中雲籠皎月或缺或貞壬子運中寒向梅中尽春從柳上还癸丑運中三陽開泰運一氣轉人間甲寅運中虽則行藏有慶也應柳絮飄綿丁卯運中世利浮生皆莫說不如高卧且加飡丙辰運中安閑晚景丁巳運中花落春残

壬申年　己酉月　乙未日　丁亥時

此八字乙未日元相配柱中金水殺生印綬之格女人得此生於右族配於仁門椿萱双晚茂鴻雁各行鳴其為人也丰姿清秀天性聰明有針綫之巧立業之勤雪為輕粉憑風傳霜作胭脂仗日匀翁姑有倚妯娌情輕風送芰荷香滿院日匀花萼發新紅錦綉花開家富琅玕竹振日升平难觸难犯易喜易嗔雖不鳳冠帔服自然金谷豐盈此則稳厚之命良人同属如魚水子嗣生成蹺灶人運行初辛未上人庇下毓秀閨門庚午運中匹配名門交花從錦上增須臾風雨雨過山青己巳運中萬疊好山雲乍歛一樓明月雨初晴戊辰運中食則珍羞百味衣則羅綺千層丁卯運中彩中加彩色紅上贈紅英丙寅運中晚年多快樂乙丑運中一枕入佳城

壬申年　己酉月　丙戌日　癸巳時

此八字丙火相配柱中金水才杀之格喜逢日祿以歸時過斯命者生於右族長於高門椿親耐晚萱先別天边鴻雁不趁群丰姿清秀天性老成謀動君子威伏小人争長名園過旧竹花開上苑勝先春翔凌雲樓閣葦棹漢雕鸞功名甘不欲無尊樂平生此則發福之命鴛偏配得名門女子嗣先亏後有盈運中初庚戌青風淡蕩夏日炎萱辛亥運中詩書說易訓究沛未能伸壬子運中萬里烟雲收歛一樓明月光明癸丑運中一番風雨過依旧福元增甲寅運中門楣壮觀樓閣增新乙卯運中富貴崇華當此際何愁第宅不興隆丙辰運中光陰如撚指一枕了平生

壬申年　己酉月　戊戌日

此八字戊戌魁罡之日相配柱中金水傷官敗才
之格人生得此生於右族長於高門椿萱双晚戊
鴻雁各行鳴其為人也丰姿清秀清秀天性聰明
胸羅今古事夲訓聖賢心太山北斗千年在和氣
春風四座傾終是功名之客豈為田舍之翁雲程
坦坦登天去夲廷悠悠名利成一日風雲相際會
九天雨露沐

壬申年　己酉月　壬寅日　辛丑

此八字壬寅趨艮之日相配柱中金土傷官之格
女人得此生於右族長於名門萱母先歸椿蘤落
天邊鴻雁群生其為人也丰姿清秀髮兒精神有
針綫之巧立產之勤雲收楚嶺千山秀水到湘江
一樣清箕帚蘋蘩存禮節相夫教子蹈賢明克勤
克儉易喜而易嗔萬里無雲天一色三秋好景月
長明雖不鳳冠帔服自然金谷豐盈此則積厚之
命良人贖達無他碍子嗣森然有挺崇運行初戊
申土人庇下天朗氣清孔雀屏開花爛熳橋横銀
漢水澄清己酉運中雨過山青庚戌運中雖則行
藏有慶幾番微雨弄晴辛亥運中梅須遜雪三分
白雪却輸梅一段香當此之際風雨還生壬子運
中潛潛郡裙釵照日輝輝羅綺臨風癸丑運中夫
賢子秀樂意光亨甲寅運中夕陽有限春夢無憑

壬申年　己酉月　丙戌日　乙未時

此八字丙戌日元相配柱中金水才殺之格人生得此生於右族長於良門椿萱雖並耄鴻雁有飛騰其為人也丰姿清秀天性聰明般般稍覺件件不精有近貴親賢之德應上和下之能祖業添新變根原勝舊風不以功名為念豈將冕冕磨礱是非莫管門前客得失須憑塞上翁花無桃李非春色人有笙歌是太平但願人生財祿旺何必天遑沐寵榮此則旺足之命鴛幃宜有贈子嗣晚光榮運行初庚戌上人庇下淡淡青雲辛亥運中世事宛如春夢人情薄似秋雲壬子運中畫水無聲空有浪綉花雖艷不聞馨癸丑運中財源滾滾家居好風雲飛來尚惱人甲寅運中天上三陽泰人間五福增乙卯運中歲寒松尚茂秋老菊尤馨丙辰運中春光如過隙一枕了平生

壬申年　己酉月　丁酉日　乙巳時

此八字丁酉日元相配柱中金水才旺生官之格才盛生官於身有慶遇斯命者生於右族長於名門椿萱合遂双双耄鴻雁奚能隊隊群其為人也丰姿清秀天性聰明千古文章逞榮耀一天星斗煥心胸驪珠魏光雖掩雷劍生豐氣自充終是錦衣肥馬客豈於田舍鑿耕人一日風雲相際會天府榮沾聖主恩此則榮貴之命鴛幃金玉潤子嗣晚光榮運行初庚戌上人庇下未斷平生辛亥運中欲遂平生志須加董子功壬子運中莫愁雲阻藍関道時來風送馬蹄輕癸丑運中粉署聯斑才獨称皇恩有感職加陞甲寅運中雪晴重壯觀金紫職權衡乙卯運中有材應大用未許便辭榮丙辰運中故園春景好丁巳運中一枕入巫峯

壬申年　己酉月　庚辰日　辛巳時

此八字庚辰日德之辰相配柱中傷官制殺之格陽刃合殺有功遇斯命者生於右族長於名門椿萱雙晚茂鴻鴈各摶風其為人也丰姿清秀天性聰明錦繡胸藏賢聖學珠璣口吐武文風衣冠濟濟人中傑和氣怡怡席上珎終是文場折桂客豈為田舍鑿耕人北海蛟龍頭角聳南山豹變爪牙新一從姓字傳揚後人似神仙馬似龍瑤池鞭静朝南極五夜鐘停拱北宸此則榮貴之命鴛幃年長名門女子嗣生成貴顯人運行初庚戌上人庇下未斷平生辛亥運中不負寸陰之惜豈辜題柱之功壬子運中禹浪三層都躍過風生鉄面鬼神驚癸丑運中三度君恩金紫貴兩番風木使人驚甲寅運中藩臬陞陞超二品山河十郡仰威旌乙卯運中正欲忠君輔國豈期鮮組思尊丙辰運中子貴晚年還沭寵水流花落鳥無聲

壬申年　己酉月　甲辰日　乙丑時

此八字甲木日元配乎柱中金土才官之格時帶金神女人得此生於良族配於殘婚椿萱棠棣霜晞日妯娌翁姑不共群其為人也姿容閨朗髮貌精神深明閨壼理洞識古今情雖非正娉亦不言奔一苑杏花鋪錦綉澌山松柏映幃屏憂禍自能辞肉味愛琴瑟觧辮絃声時来福禄滔滔振子秀夫榮樂莫窮此則益旺之命良人年長簪纓客子嗣森枝一巢榮運行初戊申上人庇下毓秀閨門丁未運中匹配名門友花從錦上增丙午運中疾雲藏月色垢雨損花容乙巳運中滔滔無阻滞步步勛夫門甲辰運中羅綺臨風彈珎羞百味新癸卯運中簾捲香風生百福軒開化日禄元增壬寅運中晚年多快樂辛丑運中一枕入佳城

壬申年　己酉月　甲戌日　己巳時

此八字甲木相配柱中火土傷官助才之格亦有金神之意女人得此姿容雅淡髮皃異常有針綉紡績之機巧助勤教子之義方明月當天生意爽光華萬象色光昌風送浮雲歸古洞雨滋花蕊發新粧此則穩旺之命良人配合須年長子嗣秋來發秀香運行初戊申上人花下其樂何當丁未運中竹戀花蝴蝶花貪竹鳳凰丙午運中柳色金絲綠黎花白雪香乙巳運中滾滾才源旺滔滔福祿昌甲辰運中飄殘楊柳絮萬物被春陽癸卯運中桑榆暮景壬寅運中流水湯湯

壬辰年　己酉月　己未日　乙亥時

此八字己未陽刃之日相配柱中金木食神制殺之格人生得此生於右族長於名門水木椿萱雙晚茂天邊鴻鴈有行鳴其為人也丰姿清秀天性聰明千古文章逞榮耀一天星斗煥心胸衣冠濟濟人中傑和氣怡怡席上珎終是功名之客豈為田舍之翁珥章自是清朝器律呂偏諧治世音萬里扶搖鶯睡蟄一聲霹靂躍潛鱗瑶池鞭靜朝南極五夜鍾停拱北宸此則榮貴之命鴛幃全命須年小子嗣秋來朵朵榮運行初庚戌春風融蕩夏日炎蒸辛亥運中讀殘茅店月囊聚案頭螢壬子運中騰身離泮水攀桂步蟾宮癸丑運中躍過三層浪威飛郡縣驚甲寅運中職位兩廷金紫貴愁看門外雪盈盈乙卯運中有材應大用未許便辞榮丙辰運中人生從此別無福見儀形

壬辰年　己酉月　甲戌日　辛未時

此八字甲戌日元相配柱中金土才官之格人生得此生於右族長於名門椿萱一享期頤壽鴻雁天邊各奮騰其為人也丰姿清秀天性剛忠知高識下理白分清五車書富三冬足兩石弓當萬騎衝豈是池中物尤未席上珎豹变南山霧鵬搏北海風一日風雲相際會九天雨露沐皇恩瑤池鞭靜朝南極五夜鍾停拱北宸此則榮貴之命鴛幃春色麗子嗣継衣新運行初庚戌上人庇下花放風生辛亥運中讀殘茅店月囊襞棨頭螢壬子運中藏器待時時必達時来頃刻便廾騰癸丑運中恩沐天邊寵威飛四海清甲寅運中錦衣肥馬重重貴天上恩波浩浩新乙卯運中曲突徙薪人不會海邊堪作釣漁翁丙辰運中春光歸去也花落水汯汯

壬辰年　己酉月　己未日　丙寅時

此八字己未陽刃之日相配柱中火土傷官助財之格喜逢天月二德相扶主人生於右族長於西房椿親磊落萱婦副天邊鴻鴈各翺翔其為人也丰姿清秀天性剛忠口吐珠璣言語胸藏錦綉文章驪珠照魏光難掩雷劍生豐氣自充終是功名客豈為田舍郎笑顏登試院唾手赴科場一朝馬上衣冠别此是男兒當自強此則榮貴之命鴛幃宜有贈子嗣長珠光運行初庚戌災関已過賜福近祥辛亥運中味道心千古批文目五行壬子運中禹浪三層都躍過秉笏金鑾拜袞章癸丑運中雪晴開閬闔金紫職加昌甲寅運中皇恩有感重加祿聲名當列大夫行乙卯運中正欲侍明主何事返家鄉丙辰運中夕陽有限一枕黃粱

壬申年　己酉月　壬寅日　丁未時

此八字壬寅日元相配柱中金土官印之格人生得此生於右族長於仁門椿父先歸萱耐晚天邊鴻雁各行群其爲人也手姿清淡面上疤痕世事頗能將就般般學欠精通有近貴親賢之德應工和下之能出土黄金顯十分之貴色雖雲皓月布萬里之清明祖基祖業添新財慶帛資囊勝舊風江湖有意公卿小廊廟無心宇宙輕此則發福之命鸞幃同驪須年敵子嗣榮門晚都馨運行初庚戌上人庇下未斷平生辛亥運中娟娟梅月白淡淡柳風清壬子運中乍雨乍晴留客景或寒或煖困人春癸丑運中爆竹聲催燄騰尽折梅香引早春逢甲寅運中雖則財源旺足還愁耗災迍乙卯運中福壽兩全財祿旺賀客塡門樂酒鍾丙辰運中安閑晚景月白風清丁巳運中人生從此別無復見儀形

壬申年　己酉月　己卯日　丙寅時

此八字己酉日元相配柱中金木傷官制殺之格四柱兩冲減吾貴氣主人生於右族長於高門椿親耐晚萱先別天邊鴻雁各行鳴其爲人也手姿清秀天性乖能有慱古通今之志截長補短之能祖業添新慶根原勝舊風自有順天之慶豈無福地之深欲爲商賈思慕功名古來醫道通仙道半積陰功半養身但願才源充足何須身入雲津此則穩厚之命鸞幃有配須年敵子嗣榮門孝感人運行初庚戌上人之下未斷平生辛亥運中莫道儒冠悞螢窗患不勤壬子運中刻鵠不就畫虎未成癸丑運中雖則行藏有慶幾多人事虧盈甲寅運中才源滚滚家居好尚有災非素耗生乙卯運中心事數莖白髮生涯一片閑情丙辰運中春光去也一枕清風

壬申年　己酉月　辛卯日　丁酉時

此八字辛卯之日相配柱中水火傷官制殺之格人生得此生於西室長於仁門椿親磊落萱後別鴻鴈各飛鳴其為人也丰姿青淡天性老誠有微微之計較淡淡之聰明過火黃金昰十分之貴色離雲皎月倍萬里之清明祖業添新慶根源勝旧風生於湖海上道路或西東門外田疇千古計庭前花木四時春花無桃李非春色人没荣枯是太平但頗一生多發福何少天边沭寵荣此則穏享之命死幃有犯須招副子嗣荣門晚節香運行初庚戌上人庇下雲月朦朧辛亥運中登臨还值雨賞玩又春陰壬子運中爆竹声催残臘尽折梅香引早春逢癸丑運中人生正在風光処只恐閑非素耗生庚寅運中才源旺足家業增新乙卯運中黎花香馥郁松栢耐長青丙辰運中晚年多快樂丁巳運中一枕清風

壬申年　己酉月　戊子日　癸丑時

此八字傷官劫才之格傷官者剛毅之物也主人生於右族長於仁門椿萱双脫浅鴻鴈獨先行其為人也手姿清秀天性聰明學問三冬足群書貫一經定擬得名得祿豈為避世之灵一朝騰踏飛黃去祿位荣肴次第陞此則荣貴之命篤幃宜正副子嗣襁衣新運行初庚戌上人庇下未斷平生辛亥運中十年窓下業黃卷與青灯壬子運中雲程坦坦登天去舉足悠悠名利成癸丑運中處事但憑三尺法理刑澤似一圍春當此之際一番風雪甲寅運中戦位廷金紫權衡出等倫乙卯運中冲擊之所旺處生驚丙辰運中英雄兩字成何用獨留姓名對寒槊

壬申年　己酉月　己亥日　己巳時
此八字己土相配柱中金水傷官助財之格主人
生於文望之族長於詩禮之庭椿萱双晚茂鴻雁
有飛騰丰姿清秀天性平能世事添新慶根原勝
舊風市纏生計廣湖海有光荣淵世功名身外事
五湖風月樂無窮此則穩富之命鴛幃淂配能家
女子嗣金風孝義深運行初庚戌春風馳蕩夏日
炎蒸辛亥運中如日初出似月始昇壬子運中滚
滚財源旺滔滔財祿增癸丑運中一番風雨過依
旧樂昇平甲寅運中成四時佳趣立萬古門庭乙
卯運中冲擊之所如履薄氷丙辰運中香魂杳裊
返佳門

壬申年　己酉月　甲午日　辛未時
此八字甲午日元相配柱中水金偏官之格人生
得此生於右族長於仁門水土椿萱双茂晚天邊
鴻雁陣行分其為人也丰姿清雅天性剛忠頗
曉三分道理文章一飯不通過火黃金重長價
雖雲皓月倍清明第長名園過旧竹花開上苑勝
先春終是功名之客豈為田舍之翁律法久誇
勞案牘功名須藉筆刀成一朝但得風雲際
跨馬天邊沐寵荣此則荣貴之命外幃重合
蚤子嗣晚光荣運行初庚戌上人庇下未断升
沉辛亥運中貴人相指引揮筆助公廳壬子運
中幾度超趄方且吉跨馬天邊沐寵荣癸丑運中
皇恩有感粉署馳名甲寅運中耿耿声名顯滔滔
祿位增當此之際風雲滿運乙卯運中未許懸車
轉還留祿位陞丙辰運中夕陽有陷春夢無憑

壬申年　己酉月　丙子日　癸巳時

此八字丙火相配柱中金水才殺之格喜逢日祿以歸時遇斯命者生於右族長於高門椿親耐晚萱先別天邊鴻鴈不聯群丰姿清秀天性老誠謀動君子威伏小人筭長名園過旧竹花開上苑勝先春翱凌雲樓閣儁才漢雕甍功名甘不顧無辱樂平生此則發福之命鴛帏得配名門女子嗣先歹後有盈運行初庚戌春風駘蕩夏日炎雲辛亥運中詩書從易訓究滯未能伸壬子運中萬里烟雲收歛一樓秋月光明癸丑運中一番風雨過依舊祿元增甲寅運中門楣壯觀樓閣增新乙卯運中富貴榮當此際何愁弟宅不興隆丙辰運中光陰如燃指一夢了平生

壬申年　己酉月　丁亥日　庚戌時

此八字丁亥日貴之辰相配柱中金水才官之格才盛生官終身有慶遇斯命者生於右族長於名門椿父早歸萱耐晚天邊鴻鴈各行鳴其為人也丰姿清秀天性聪明般般稍覽件件不精有近貴親瞭之德膺上和下之能祖基祖業添新慶才帛盈囊勝舊風福布江山外名聞湖海中花無桃李非春色人有笙歌是太平施恩慈悲布德咸嗔但願才源富足何須天府求榮此則豐潤之命鴛帏有犯須招副子嗣秋來朶朶成運行初庚戌上人庇下未断平生辛亥運中古樹含風常帶雨寒岩四月始知春壬子運中雖則行藏有慶還愁素耗非生癸丑運中天上三陽泰人間五福臻須史風雨頃刻遼逖甲寅運中才源從此長福祿愈駢臻當是時也風雪還驚乙卯運中如花開上苑似菊綻籬東丙辰運中晚年開快樂丁巳運中一枕入巫峯

壬申年　己酉月　丁丑日　乙巳時

此八字丁火相配柱中金水財官之格才盛生官終身有慶女人得此福足以庇其身主人生於右族長配高門姿容清秀髮兒精神有針線之巧立業之能萬里無雲天一色三秋好景月常明翁姑有倚妯娌行睦克勤而克儉易喜而易嗔處世素無榮辱生平喜富不貪信看来晚節金石足豐盈此則旺足之命良人木命須年長子嗣枝頭彩色新運行初戊申上人庇下毓秀閨門丁未運中匹配名門友花從錦上增當此之際須史悔耗丙午

運中萬疊好山雲下歛一楼明月雨初晴旺中曾見風酋浪灾煞相侵羊不驚乙巳運中珍饈百味羅綺馨香甲辰運中一輪明月當秋夜無限奇花正遇春癸卯運中桑榆暮景壬寅運中一枕清風

壬申年　己酉月　辛卯日　丁酉時

此八字辛卯日元相配柱中水火傷官合殺之格刑冲太重減我功名主人生於右族長於高門椿萱有倚先彰父天邊鴻鴈各行鳴其為人也半資清秀天性剛忠知高識下自是自能頗知礼義稍識古今有近貴親賢之德應上和下之能祖業添新慶根原勝旧風月離海嶠山山秀春入園林慶處英萬里無雲天一色三秋好景月長明水光浮座盃盤叢花乱侵人咲語欣拙與自己巧與他人但願一生衣綠旺何必恩光沐寵榮此則穩享之

命鴛幃重合毯子嗣襁衣新庚戌運中上人庇下淡淡青雲辛亥運中雪消天未暖行樂未如心壬子運中雖則行藏有慶我翻微雨弄晴癸丑運中才源衮衮家居好还愁素耗序時生甲寅運中才旺生官家業長福星臨照喜非輕當此之際風雨还生乙卯運中威權有布人難服才到興隆福祿增丙辰運中脱年閑快樂丁巳運中一枕入巫峯

壬申年　己酉月　丙戌日　丙申時

此八字丙戌之日相配柱中金水才殺之格人生
得此生於宦族長於名門火木椿萱榮皓若天必
鴻鴈有行鶺其為人也丰姿清秀天性聰明般般
稍攬件件不精高人尊敬貴客相欽行藏瀟洒倡
傲檮榮萬里無雲天一色三秋好景月長明不以
功名為念豈教冠冕齊龍西都秋色皆喬木老舊
風流有幾人才源有分生涯好何必天邊沐寵榮
此則發祿之命鸞幃重合配子嗣桂蘭榮運行初
庚戌上人庇下未斷深沉辛亥運中世事究如春
夢人情薄似秋雲壬子運中近水楼臺先得月向
陽花木早逢春癸丑運中雖則行藏有慶幾多人
事虧盈甲寅運中才源富足家居好風來飛未撃
不驚乙卯運中簾捲香風生百福軒開化日福元
增丙辰運中無雲尽從詩礼樂有朋來自遠方親
丁巳運中一枕清風

壬申年　己酉月　庚子日　戊寅時

此八字庚子之日相配柱中水木傷官助財之格
女人得此生於右族長配名門椿萱有倚難双耋
鴻鴈天邊不共群其為人也姿容秀雅髮貌精神
有針綴之巧立業之勤翁姑双晚茂妯娌尚情輕
助勤每效和熊膽剪髮能傳侃母心滔滔无阻滯
步步助夫門紅日點穿湘水碧白雲堆破楚山青
克勤而克儉易喜而易嗔雖不鳳冠帔服自然福
祿駢臻此則穩厚之命良人火命須年小子嗣秋
來朶朶馨運行初戊申上人庇下毓秀閨門丁未
運中路入桃源花爛熳橋橫銀漢水澄清須史風
雨雨過山青丙午運中萬疊好山雲乍歛一輪明
月雨初晴乙巳運中羅綺千般色珍羞百味新甲
辰運中夫賢子顯樂意忘情癸卯運中財旺生官
家業長福星臨照喜非輕壬寅運中晚年夫子貴
辛丑運中一枕入巫峯

壬申年　己酉月　辛巳日　戊戌時

此八字辛巳日元相配日中水火傷制煞之格女人得此生於右族長於名門萱母先歸父天邊鴻鴈各行鳴其為人也姿容清秀髮貌超群有針綫之巧立業之雲妝華岳千山秀水到湘江一様清箕箒頻繁存礼節相夫教子道覽名滔滔無阻滯步步旺夫門丁未難犯易喜易嗔雖不鳳冠帔服自然福祿駢臻此則益旺之命良人火命須年少子嗣生成貴顯人運行初戊申上丘下毓秀閨門丁未運中紅華溝中傳密意赤繩月下結良姻丙午運中萬疊好山雪作斂一輪明月雨初晴乙巳運中雖則夫門才業旺尚愁人事虧盈甲辰運中作雨作晴留客景或寒或煖困人春癸卯運中羅綺臨風色群欽耀日輝壬寅運中晚年快樂辛丑運中一枕了平生

壬申年　己酉月　庚辰日　辛巳時

此八字庚辰日德之辰相配柱中水火傷官制殺之格人生得此生於右族長於名門椿萱皓首一朝別天邊鴻鴈各行鳴其為人也丰姿清秀天性聰明知高下識重輕有抵雪欺霜之智裁長補短之能高人起敬貴客相歡施恩惹怨布德成嗔祖基祖業添新慶才帛資囊厚積存不向仕途求聞達却來湖海覓黃金身將隱矣文何用人不知之味更真雖不建侯封爵自然潤屋潤身此則穩厚之命鴛幃有犯須年數子嗣金風孝且忠運行初庚戌上人庇下未斷平生辛亥運中娟娟雲裏月灼灼葉中英壬子運中才源滚滚家居好選愁素鬢時生癸丑運中梅須遜雪三分白雪亦輸梅一段香丑字之中花放風生過此甲寅運中富之以潤其屋德之以顯其身乙卯運中才權高貴福祿無窮丙辰運中雖有徳幃處青山對臨門

壬申年　己酉月　丁酉日　庚子時

此八字丁酉日貴之良相配柱中金水才官之格女人得此生於右族配於名門姿容窈窕髮兒精神一娘幾箇父此事罕曾聞椿親先早別萱母後隨行不撓三分理豈全四德新明月樓臺歌幾曲清風庭院撥琴箏女流之輩鴻鴈裙釵之下妏精公子皆未有意春風揚柳萬条枝一朝遇貴公卿輩免教人在淤泥中此則秀麗之命良人衆意幾度成婚子嗣無多晚年有慶運行初戊申上人庇下未斷平生丁未運中不必求媒配良婿囊中有宝是夫身丙午運中拋却銀官簇結配始知春日色融融乙巳運中罗綺千般色珍饈百味新甲辰運中一楊樹上添新綠無限風光正遇春癸卯運中晚年快樂壬寅運中花落月沉

壬申年　己酉月　丙申日　甲午時

此八字丙申之日相配柱中金水財殺之格人生得此生於右族長於高門金水椿萱萱歲長天邊鴻鴈少聯鳴其為人也丰姿清秀天性剛忠世事頗能將就般般學久精通祖業添新慶根原勝舊風田園桑柘茂畝畝稻粱馨過火黄金重長價離雲皓月倍清明親貴客近高人水光浮屋盃盤瑩花氣侵人唉語馨但願一生財祿旺何必天邊沐寵榮鄉民仰德閭里推尊此則饒裕之命駑幬有犯重年敵手嗣秋來朶朶馨運行初庚戌上人庇下進退因循辛亥運中春風播爽微雨弄晴壬子運中漸覓夜凉池雨過信知花放曉風輕癸丑運中財旺生官家業長還愁素耗片時生甲寅運中豐年田舍禾盈罌臘日山家酉滿斟當此之際風木慘情乙卯運中富之以潤其屋德之以顯其身丙辰運中無思無慮丁巳運中一枕清風

壬申年　己酉月　壬辰日　甲辰時

此八字壬辰日元相配柱中金土殺生印綬之格殺印相生功名顯達主人生於右族長於名門椿萱中道别鴻鴈陣行分其為人也丰姿清秀天性聰明有博古通今之志窮書覧史之能驪珠照魏光難掩雷劍生豐氣自充終是功名之客豈為田舍之翁奮身辭白屋平步入青雲一朝騰踏飛黃去濟濟衣冠拜九重此則榮貴之命鴛幃金玉潤子嗣晚光榮運行初庚戌上人庇下未斷平生辛亥運中欲遂平生志須加董子功壬子運中刻鵠不就畫虎不成癸丑運中到此始知文學好長安道上馬蹄輕甲寅運中一天膏雨隨車至千里仁風逐扇生當此之際風雷滿庭乙卯運中沖擊之形進退因循丙辰運中鵬鳥賦成人已去嘉魚詩在浪傳名

壬申年　己酉月　庚寅日　庚辰時

此八字庚寅之日相配柱中水木食神助才之格陽刃持令事不十全主人生於良族長於仁門椿萱雙晚茂棠棣小敷其為人也姿容清秀髮貌精神有針線之巧立業之勤風送芰荷香滿院日勻花蕚發新紅萬里無雲天一色三秋好景月長明不隨夫家基業只守自己門庭楊柳舞風枝嫋嫋梅花有月蕚精神雖觸難犯易喜易嗔雖不鳳冠霞帔時來才祿餘盈此則穩厚之命良人入贅不睦耐長春子嗣有成晚節班衣而有慶運行初戊申上人庇下未斷平生丁未運中紅葉灕中傳密意赤繩月下結良姻當此之際風雪滿庭丙午運中萬里烟雲收斂一輪秋月光明乙巳運中滔滔無阻滯步步助夫門甲辰運中明月當天春氣爽光華萬象色尤新癸卯運中晚年快樂壬寅運中一枕清風

壬申年　己酉月　壬辰日　庚子時

此八字壬辰魁罡之日相配柱中金土官印之格正謂有官有印無破作廊廟之材遇斯命者生於詩書之族長於顯宦之堂椿萱有倚奕雙耄春風棠棣有芬芳其為人也丰姿慷慨天性果剛聰明書藝逹倜儻世情長峯問三冬足群書萬卷藏咲顏登試院皆手赴科場瑪珂金鞭上朝夕覲明王此則榮貴之命鴛幃金玉潤子嗣長珠光運行初庚戌上人庇下紹襲近祥辛亥運中螢窗雪案秉烛尋章壬子運中三級浪中龍变化九重天際沐恩光癸丑運中皇恩有感重重貴翱龍歸來淌袖香甲寅運中重紫重金當此際西風洒雪滿門墻乙卯運中冲繫之所權重生殃丙辰運中榮回離下丁巳運中一枕黄泉

壬申年　己酉月　壬寅日　己酉時

此八字壬水相配柱中金土官印之格正謂有官有印無破作廊廟之材人生得此椿萱有倚難雙耄棠棣庭前独出奇其為人也丰姿清秀天性操持穷今古覽詩書比海蛟横頭角聳南山豹变爪牙齊一日風雲相際會濟濟衣冠拜鳳池此則出臼之命鴛幃春麗子嗣枝枝運行初庚戌上人庇下未斷高低辛亥運中篤峯居顏巷潛心下董帷壬子運中雖未居人爵長安躍馬蹄癸丑運中耿耿聲名重滔滔雨露濡甲寅運中一番風雪初晴後三度君恩墜紫泥乙卯運中冲擊之所權重生非丙辰運中一夕不来都是夢空山月冷鷓鴣啼

壬申年　己酉月　戊寅日　乙卯時
此八字戊寅專權之日傷官印財之格人生得此
生於温潤之族長於豊厚之門火土椿萱雙
晚茂天邊鴻鴈少行群其爲其人也丰姿清秀
天性老誠有抵雪欺霜之替應上和下之能遇
欽終無欽逢凶幸不凶重成新事業再整舊
門庭萬里春風行樂頌四時佳趣瑞祥五片霞
藹畲連野綠週迴甲第聳雕甍多聞湖海聲
振听鄉村何必跨鞍登上国但祈貫朽粟尤陳
此則豊厚之命鴛幃同屬須年敵子嗣生

成貴顯人運行初庚戌上人庇下何慮平生
辛亥運中始覓陽和滿目还愁微雨無晴壬
子運中財始風捲浪福似月離雲癸丑運中
一番風雨過萬物被陽春當此之際悔耗还生
甲寅運中梅須遜雪三分白雪亦輸梅一段
馨乙卯運中有田皆種玉無樹不生英丙辰
運中安樂運中晚景丁巳運中花落月沉

壬申年　己酉月　丙戌日　戊子時
此八字丙戌日相配柱中金木才官之格女人得此生
於右族長於名門椿萱雖病老鴻鴈各行明
其爲人也紫荣清繡髮帽精神有針綴紡績
之考助家九疇之能一苑杏桃鋪錦繡滿山松
栢映幃屏滔滔扶阻滯步步坐夫門楊柳無
風枝娲娜梅花有月夢精神雖觸雖能易喜
易真雖不鳳冠帔服自然福祿無乎此則風
閨之命良人大命須年長子副生未祿有盈
運行初戊申工人庇下鏀繡閨門丁未運中

契合翠鸞成好夢夤緣紅葉是良姻丙午
運中雖則夫門多快樂还愁花放尚風生乙
巳運中正是太平光志景須史風雨須時生
甲辰運中萬疊好山雲下歛一輪明月雨初晴
當是時也風雪还生巳卯運中夫榮子貴
壬寅運中晚年閑快樂辛丑運中葉藥掩
晨神

壬申年　己酉月　己卯日　己巳時

此八字己卯專權之格傷官制杀之格人生得此生於望族長於名門椿萱有倚雖双鳧天邊鴻鴈不同群羊姿磊落天性聰明有博古通今之智截長補短之能孝間有成一拳可冲拳勢英才敏達片言有折獄之能一從姓字標揚後人似神仙馬似龍比則崇貴之命鸞幃賢淑子嗣杳運中初庚戌只宜庇下未嘶平生辛亥運中不負寸陰之習豈乘題柱之功壬子運中雲程坦坦登天去庠足悠悠名利成癸丑運中正在風光處遂愁雪满庭甲寅運中衣惹御爐袍瑞錦筆宣皇澤洒杏霖乙卯運中冲擊之所權重生鷩丙辰運中花源杳去也蓬島信難通

壬申年　己酉月　己亥日　乙亥時

此八字己土天元相配柱中金木傷官制殺之格人生得此生於宦族長於名門椿萱曾享椂鴻鴈獨超群羊姿清秀天性聰明窮今覽古學足三冬豈是池中物尤來席上珎一朝騰踏飛黄去禄仕營看次第陞此則榮貴之命鸞幃正副方偕老子嗣榮門孝義深運行初庚戌上人庇下霽月光風辛亥運中欲遂平生志潛心對短檠壬子運中貴人相指引禄馬旺前程癸丑運中一番風雪過依舊沐深恩甲寅運中聲名耿耿氣宇奐乙卯運中正宜食禄未許肆榮丙辰運中花已落鳥無聲

壬申年　己酉月　辛巳日　癸巳時

此八字辛金相配柱中水火傷官之格金水傷官喜見官星斯象者播蘆脫茂鴻鴈分郡其爲人也手姿清爽天性聰明當人不讓見善到欽祖業增華麗才囊厚積存水府不敵珍怎覓豐城不掘劍無時玉產崑崙藏韞色蘭生楚澤散清馨此則穩厚之命允幃宜有贈桂子長金英運行初庚戌踈雨捲月何損其明乙亥運中如日昇暘谷似月皎中庭丙子運中正是梅清卉月白何宅第宅不增新丁丑運中旺中尚有盈虧事安才添積存戊戊寅運中家居有慶人事無新己卯運中桑榆暮景樂意忘情庚辰運中一夕不來非是夢蔦花又値一年春

壬申年　己酉月　癸卯日　壬戌時

此八字癸卯日貴之辰官印之格主人丰姿瀟洒頭角嶄然識古今之事理讀聖人之簡編嚴慈榮倚雙鸞鴻鴈天邊不共聯鼓搥清韻動石擊自生烱留心仕名終显篤志藝聰姓心傳定擬名成利就豈教豹隱龍蟠此則榮盛之命鴛幃春麗桂子秋妍運行初庚戌紅花綠柳娆苑春山辛亥運中囊螢休悼苦䟫雪莫辭寒壬子運中時來名始就跨馬到長安癸丑運中清名已在雲宵上逸氣還充宇宙間甲寅運中心腹間中險邊隅蜀道難當此之際雪霽依然乙卯運中安享華堂福琴樽樂自然丙辰運中香兔杳杳流水潺潺

壬申年　己酉月　壬午日　乙巳時

此八字六壬生臨午位號曰禄馬同鄉奈生印綬之格人生得此生於右族長於高門椿父先帰萱耐脫天边鴻鴈有同生其為人也丰姿清秀天性聰明頗知禮義稍識古今親賢近貴理白分清水光浮座盃盤瑩花氣侵人咲語馨祖業添新慶根源勝舊風福布江山外名聞湖海中是非莫嘗門得失須憑塞上翁好意番成悪真心換得嗔但願一生才禄旺何必天边沐寵栄身受胚胎双並育一篚二果共同生此則旺足之命兆幃金命須年小子嗣花落果後威運行庚戌上人庇下未斷平生辛亥運中春帰柳葉晴初变紅入桃花熳未白片時素耗不損精神壬子運中人生正在風光処还應閑非素耗侵癸丑運中才源旺足家君好一番風雪尚愁人甲寅運中不独才源富足尚祈声势豪洪宴時栄閙一度憂驚乙卯運中安閑晩景丙辰運中夢入巫峯

壬申年　己酉月　甲午日　壬申時

此八字甲木配合柱中金水殺生印綬之格人生得此宜乎仕路栄登主人生於喬木長於名門椿萱不晩茂棠棣獨光鮮其為人也丰姿清秀天性機関英材而出類學問以渊深魚佩玉鱗光照地雀御瑞帶氣冲天一朝但得風雲便紫騮嘶過玉楼前此則榮貴之命鴛幃正副方偕老子嗣金風蘭桂馨運行初庚戌上人庇下未断暑寒辛亥運中篤志十年窓下時來鵬路高登壬子運中名登虎榜身邉鵷班登丑運中緋衣日暖趨金闕寶殿雲開識聖顔當此之際風雪一番甲寅運中名聞萬里外威布一方天乙卯運中冲擊之所進退迍邅丙辰運中花已落月尤残

壬申年　己酉月　戊子日　戊午時

此八字戊土相配柱中金水傷官𠡠才之格人生得此椿萱有倚分中道鴻雁行聯又斷聯其爲人也丰姿清秀性恪機関穷古今之事理習聖賢之簡編定擬得名得禄豈教豹隱龍蟠際會風雲應有峥嵘頭角見天顔此則穩荣之命鴛幃春麗桂子秋研運行初庚戌上人庭下春苑春山辛亥運中欲遂班超投筆志三冬映雪豈辝寒壬子運中清名已在雲宵上逸氣还充宇宙間癸丑運中名聞萬里微折片言甲寅運中雖在權衡處还愁雪滿巔乙卯運中耿耿声名重滔滔雨露添丙辰運中夢遊南逋鼂迈寒山

壬申年　己酉月　壬寅日　甲辰時

此八字壬寅趋艮之日相配柱中金土發生印綬之格人生得此生於右族長於仁門火土椿萱双晚茂天邊鴻雁各行鳴其為人也丰姿清秀天性聪明行藏果断作事乖能頗知礼義稍識古今有近貴親賢之德應上和下之能祖業添新變根原勝舊風門近四海客户納五湖賓花無尭李飛春色人有筆歌是泰平時來才禄旺運至福駢臻無辱心常足何須慕功名此則發福之命鴛幃有尅須重續子嗣金風孝且忠運行初庚戌上人庇下永断平生辛亥運中春園雖雨過桃李未生英壬子運中断絃声裏多惆悵雨晴雲散月重明癸丑運中嚴霜積雪都經過從此才源福禄增甲寅運中成四時佳趣立萬古門庭須史風雨雨過山青乙卯運中髙朋滿座美酒盈樽丙辰運中如履薄氷丁巳運中無思無慮一遒訃音

壬申年　己酉月　甲午日　丁卯時

此八字甲午日元相配柱中金土才杀之格女人得此生於右族長於名門椿萱双晚茂鴻鴈各行鳴其為人也姿容清秀髮貌精神有針線之巧立業之勤一苑杏桃鋪錦綉滿山松栢映幃屏衣冠濟濟三從備家業昂昂四德新滔滔無阻滞步步助夫門难觸难犯易喜易嗔雖不鳳冠帔服也應福禄無窮此則旺益之命良人水命皆長大子嗣金風有挺榮運行初戊申上人庇下未斷平生丁未運中須史風雨雨過山青丙午運中雖則夫門

才業旺旺中尚有事虧盈過此乙巳運中済済群釵約日耀輝羅綺臨風甲辰運中不用高燒銀燭月明添得精神癸卯運中夫賢子貴樂意忘情壬寅運中晚年閑快樂辛丑運中一枕了平生

壬申年　己酉月　癸巳日　乙卯時

此八字癸巳日元相配柱中金火裝生印綬之格人生得此生於盛族長於高門金木椿萱雙晚别天邊鴻鴈各行鳴其為人也丰姿清秀天性乖能斷為理直知重識輕頗知礼義稍識古今祖基重整頓事業必重新萬里春風行樂頌四時佳趣瑞祥生水光浮座盃盤整和氣侵人咲語忻欲為商賈思恭功名箕困落籜方成竹魚為乔波始化龍君若有心為仕路也應光躍舊門庭不貴區區力終為發福人此則繫石生烟之命鴛幃有犯須同

屬子嗣森然有挺榮運行初庚戌上人庇下天朗氣清辛酉運中淡烟堤柳岸薄霧杏花村壬子運中精神又憔悴憔悴又精神癸丑運中財禄盈盈當此陰素耗還愁傾刻生甲寅運中名成利就多如意旺中事有事虧盈乙卯運中不獨財源益旺尚祈聲勢豪攅印字之中一番風雨丙辰運中子貴晚年多快樂丁巳運中逍遙一枕入巫風

壬申年　己酉月　壬辰日　辛亥時

此八字壬辰魁罡日相配柱中金土官印之格人生得此生於右族長於名門椿萱分別先虧父天边鴻鴈各行鳴其為人也丰姿清秀氣宇高奇頗知禮義懶習詩書遊山翫水携詩卷對月觀花把酒斟重成新事業再整舊門閭生涯湖海上道路或東西罗綺飄香風蕩蕩臺觴列座草萋萋江湖風味多饒裕何須跨馬入雲衢此則旺廷之命鴛幃年小須年敵子嗣秋來有出奇運行初庚戌紉年之下有何是非辛亥運中雖湯三月花如錦又被西風雪壓枝壬子運中得中有失喜處成悲癸丑運中幾番駁襍都經過始覔湯回萬物齊甲寅運中才源富足福禄崔嵬一番風雨頃刻盈虧乙卯運中但使家園富足何嵇白髮龎眉丙辰運中無思無慮丁巳運中歸去来兮

壬申年　己酉月　戊子日　己未時

此八字戊土日元相配柱中金木傷官助才之格傷官者剛毅之物也人生得此生於右族長於仁門土命椿萱双脱茂天邊鴻鴈各飛鳴其為人也丰姿清秀天性聰明孝問異常錦綉胸藏賢聖孝英材敏捷珠璣官吐武文風太山北斗千年在和氣春風四座傾芝擬南山豹变准教北海蛟横一朝騰踏飛黃去金紫榮君次弟陞此則榮貴之命鴛幃有配須重續子嗣榮門脫節馨運行初庚戌上人庇下淡々平生辛亥運中不負寸陰之惜豈無題柱之功壬子運中報道是龍還不信果然平地有雷聲癸丑運中容拂紫衣催驛騎先生名節下雲層甲寅運中腰横金作帶符剖玉為鱗當此之際風雪滿庭乙卯運中明時柱石盛世股肱丙辰運中正欲趨朝輔

明主何事蓦嗟憶在心丁巳運中百年富貴成何用一旦傾亡総是空

壬申年　己酉月　癸巳日　辛酉時

此八字癸巳貴人之日相配柱中金土殺生印綬
之格女人得此生於右族長於高門翁姑不相倚
妯娌尚無緣其為人也姿容清秀髮貌過群有針
綫之巧立業之勤春入水光成𣹢綠日匀花萼發
新紅萬里無雲天一色三秋好景月長明相夫應
有道訓子揔成群憂禍自能鮮肉味受琴應解辨
絃声克勤而克儉易喜而易嗔雖不鳳冠帔服時
來祿福無窮此則旺益之命良人土命須年長子
嗣森枝有挺榮運行初戊申上人庇下敏秀閨門
丁未運中路入桃源花爛熳橋橫銀漢水澄清丙
午運中正在太平光霽景还愁風雨亇時生乙巳
運中才源富足羅綺千層須臾風雨過山青甲辰
運中不用高燒銀烛月明倍有精神癸卯運中子
貴夫榮才祿旺何愁白髮鬢邊生壬寅運中安榮
晚景辛丑運中花落月沉

壬申年　己酉月　庚寅日　丁亥時

此八字庚寅之日相配柱中木火才官之格陽刃時
令運行皆方臧吾貴氣主人生於溫潤之族長於清
白之門生我四春先剋父金生老母受辛勤天邊鴻
鴈有不同群其為人也丰姿清秀言語輕清截長補
短知重識輕學問不深君子敬生平當有貴人欽萬
象光華沾沛澤四時佳勉瑞祥生花無桃李非春色
人有笙歌是太平門外生涯曠庭前活計惟新時来
借得吹噓力也應祿馬旺前程此則特達之命鸞幃
年少方諧老子嗣森枝孝且忠運行初庚戌萱親庇
下未断平生辛亥運中幾度雲籠皎月依然雲散月
明壬子運中近水樓臺先得月向陽花木早逢春癸
丑運中旺中尚有盈虧雪雪霽依然福祿增甲寅運
中成四時佳趣立萬古門庭乙卯運中才旺生官家
業長福星臨照喜非輕丙辰運中春光去也一枕清風

壬申年　庚戌月　甲子日

此八字甲子日元配金火食神制[illegible]之格女不得此生於右族長配名門椿萱有倚雖双雀天邊鳩鴈各行鳴其為人也丰姿清秀髮貌精神勝丈夫之氣槩有男子之材能雲收華岳千山秀水到湘江一様清每懷丸膽志常抱擇隣心衣冠濟濟三從備家業昂昂四德新滔滔無阻滯步步助夫門克勤而克儉易喜而易嗔佇看夫榮子貴也應同沐皇恩此則榮益之命良人木命須年長子嗣生成貴顯人運行初己酉上人庇下未断平生戊申運中契合翠鸞成好夢寅緣紅葉是良姻丁未運中雖則夫門多快樂幾多人事尚虧盈丙午運中夫榮子貴當斯際尚恐花開風又生乙巳運中羅綺千般色玲羞百味新甲辰運中子貴重榮贈癸卯運中春歸鳥不鳴

壬戌年　庚戌月　辛巳日　乙未時

此八字辛巳日元相配柱中火土雜氣殺印之格人生得此生於右族長於名門椿萱半路先亡父萱母遲遲玉樹青天邊鴻鴈各行鳴其為人也丰姿清秀天性聰明世事頗能將就般般學欠精通萬里春風行樂頌四時佳趣瑞祥生祖業添新慶財源旺積存不以功名為念豈將冠冕縻馨消閑碁一局遺興酒三鍾生涯湖海上道路或西東但願人生財祿旺何必天必沐寵榮運行初辛亥上人庇下未断平生壬子運中天雪晴猶未暖行樂未如心癸丑運中乍雨乍晴留客景或寒或暖困人天甲寅運中雖則行藏而有慶何期素耗又相侵乙卯運中到此始知時運好萬物光華百事通丙辰運中戊四時之佳趣立萬古之門庭丁巳運中財源富足家業餘盈戊午運中無憂無慮己未運中花落月沉

壬申年　庚戌月　辛酉日　庚寅時

此八字辛酉專祿日相配柱中火土雜氣殺印之格喜逢時值貴人主人生於右族長於仁門萱母早歸椿耐晚天邊鴻鴈各行鳴其為人也丰姿清秀天性老誠般般稍覺件件不精高謀遠見機關別慷慨春風一妙人祖業添新慶根源勝旧風有心於貨利無意慕功名消閑碁一局遣興酒三鍾花無桃李非春色人有筆歌是太平拙於自己巧與他人但願一生多快樂何須天府沐皇恩此則豐潤之命鴛幃有紀須年献子嗣森枝晚節榮運行初辛亥上人庇下未

斷平生壬子運中古樹金風常帶雨寒岩四月始知春癸丑運中雖則行藏有慶還愁素耗相侵甲寅運中才源富足家業長根從福至又非輕當是時也風雨運生乙卯運中軒開化日千祥集簾捲香風百福增丙辰運中晚年多快樂丁巳運中一枕了平生

壬申年　庚戌月　乙巳日　丙子時

此八字乙木相配柱中金火傷官助才之格人生得此生於良族長於高門火土椿萱双晚茂天邊鴻鴈隻聯行其為人也丰姿清秀天性果剛稍有賢良之志頗知礼義之方學問不親顏孟業生平常屢貴人鄉重成新事業再整旧門墻才源旺足樓閣軒昂春草春江相妬綠新蒿新柳競爭黃五湖生計好四海祿元昌但願良田千百畝何必思登天子堂此則穩富之命鴛幃同屬須年献子嗣生成貴显郎運行初辛亥上人庇下其樂何當壬子

運中雖則行藏有慶也愁柳絮飄綿癸丑運中才源滾滾家居好片時風雨喜何妨甲寅運中英雄惟贈劍三尺豪傑相逢酒一鍾乙卯運中門近珠履三千客屏列金釵十二行丙辰運中村逕遶山松葉暗紫門流水稻花香丁巳運中才源富足行樂如心戊午運中春光去也一枕黃粱

壬申年　庚戌月　壬子日　辛亥時

此八字壬子日刃之辰襟氣才杀之格人生得此生於良善長於仁門火水椿萱有倚天邊鴻雁聯群手姿清雅性格異常聰明書藝遠倜儻世情長祖業須重立才藝掌積藏家門頗知今古事生平嘗獲貴人仰但顯粟陳并貫朽何必思登天子堂此則旺足之命鴛幃同壽須年敵子嗣生成奪錦郎運行初辛亥上人庇下風雪一場壬子運中乍晴乍雨武煖冰凉癸丑運中滾滾才源旺滔滔福祿昌甲寅運中人生正在風光處只恐天邊雪滿墻乙卯運中樓臺疊疊生涯富才帛盈囊又積倉丙辰運中門迎珠履三千客屏列金釵十二行丁巳運中安閑晚景戊午運中一枕黃梁

壬申年　庚戌月　乙巳日　戊寅時

此八字乙巳日元相配柱中才官印三奇之格人生得此生於右族長於名門椿親耐晚萱先別天邊鴻雁各行鳴其為人也手姿清秀天性聰明胸羅今古事參識聖賢心泰山北斗千年在和氣春風四座傾終是功名之客豈為田舍之翁北海蛟橫頭角聳南山豹變爪牙新龍飛九五青霄近鵬路三千滄海中瑶池鞭靜朝南極五夜鐘停拱北宸此則穩厚之命鴛幃春麗須年敵子嗣枝來朵朵榮運行初辛亥上人庇下詩礼趨庭壬子運中十年窓下業時至便成名癸丑運中禹浪三層都躍過秉笏金門面聖容甲寅運中職遷金紫声名重風雪飛來尚極人乙卯運中停看官封三級酌然祿享千鍾丙辰運中正宜侍明主何事解簪纓丁巳運中夕陽有限春夢無憑

壬申年　庚戌月　丙寅日　己丑時

此八字丙寅日刃長生之格相配柱中水土傷官制殺之格人生得此生於涼適之室長於名望之家椿萱雅並耄鴻雁各天涯 其為人也丰姿清秀性格驕奢季問三冬足詩書覽五車應聘定須頒紫詔節超不侍賜黃麻五度衣冠昌奕葉百年喬木發槎枒此則榮貴之命鴛幃宜有贈子嗣長奇葩運行初辛亥上人庇下安樂何加壬子運中夜案挑灯行翠幙曉窓清露滴珠砂癸丑運中時来方顯男兒志三場筆底走龍蛇甲寅運中玉殿承恩金堦拜爵乙卯運中

須則名聞朝野还愁三載披麻丙辰運中名聞遠迩贊根迩遊丁巳運中青春易老鶯時序黃卷留心論歲華戊午運中帰去也

壬申年　庚戌月　乙卯日　己卯時

此八字乙卯專祿之日相配柱中金土雜氣才官之格女人得此生於右族長配名門椿父先歸萱耐歲天邊鴻雁各行鳴其為人也姿容清秀髮貌精神有針綴之巧立業之勤雪為軽粉憑風傳霞作胭脂伏日句每懷九膓意時抱擇憐心楊柳無風枝嫋娜梅花有月影精神難餬難犯易害易真錐不鳳冠坡服自然益旺夫門此則穩字之命良人火命須一矣子嗣秋来朵朵榮運行己酉上人庇下未斷弁沉戊申運中匹配名門友花從錦上

贈丁未運中雖則夫門閑快樂幾多人事尚虧盈丙午運中須史雲暗月頃刻月離雲乙巳運中財旺福盈家業廣還愁微雨弄晴空甲辰運中羅綺千般色珍羞百味馨癸卯運中子貴夫榮家業旺壬寅運中春歸花落鳥無聲

壬申年　庚戌月　甲戌日　癸酉時

此八字甲木相配柱中金火傷官制殺之格時值金神遇斯令者生於良族長於官門水土春萱雙晚茂天邊鴻鴈各聯翔其為人也丰姿清秀天性果剛總有賢良之智釋知禮義之方學問不登顏孟業古今當遇貴人明樓臺疊疊生涯富財帛豊盈又積倉閭里聲名播江湖姓字揚門迎珠履三千客屏列金釵十二人但欲良田千萬頃何必昕聞天子宣此則稳旺之命幃帳同屬如魚水子嗣枝枝一菓香運行辛亥上人庇下其樂何當壬子運中水向石邊流出冷月從花底過香来癸丑運中片雲能發千山雨雨過千山倍錦粧甲寅運中財源富足行樂勝常乙卯運中人生正是風光處只恐西風雪滿墻丙辰運中富貴榮華當此際何愁人事有虧盈丁巳運中于莚于筍乃積乃倉戊午運中黃粱一夢中也

壬申年　庚戌月　己巳日　庚午時

此八字己巳日元相配柱中旺火祿氣印綬之格喜逢日祿陽刃持人生得此生於石族長於高門椿父先歸萱耐晚天邊鴻鴈各行鳴其為人也手姿清秀天性聰明源流三峽水誰能及筆掃千軍孰與論終是功名之客豈為田舍之翁三級浪中龍変化九霄雲外鳳飛騰一朝騰踏飛皇去金紫榮看次第陞此則榮貴之命鴛幃宜有贈子嗣晚光榮運行初辛亥上人庇下未斷非泥壬子運中雪晴天未暖芹泮有書聲癸丑運中蔵器待時時必達時来頃刻便飛騰甲寅運中躍過三層浪朝班識聖明乙卯運中金紫迁榮權任重雪晴雲散又加陞丙辰運中佇看官封三級太然祿享千鍾丁巳運中天邊步愚澤籬下樂高情戊午運中春光去也一枕清風

壬申年　庚戌月　甲子日　乙亥時

此八字甲木相配柱中庚金羊刃合殺之格女人得之姿容清雅天性明良水火椿萱雙晚茂天還鴻雁各翱翔有針綫刺綉之機巧斷機教子之義方風送浮雲歸古洞雨滋花蕚發新粧平生才福無虧欠使婢驅奴樂華堂此則穩旺之命良人得配名門友挂子秋成奪錦郎運行初已酉上人庇下毓秀蘭房戊申運中竹恋花蝴蝶花貪竹鳳凰丁未運中才源滾滾福祿榮昌丙午運中多病得閑殊不惡息心似藥更無妨乙巳運中食則珍羞百味衣則羅綺千箱甲辰運中子簇子笥乃積乃倉癸卯運中春光去也一夢黃粱

壬申年　庚戌月　丙寅日　戊戌時

此八字丙寅長生之日水土傷官制宗之格生而值此生于良族長于仁門椿萱不並老鴻雁各行鳴其為人也丰姿儒雅天性聰明千古文章逞榮耀一天星斗燃心胸驪珠照魏光准擡雷劍生豐氣自充終是功名之客豈為田舍之翁北海蛟橫頭角聳南山豹変爪牙新一朝騰踏飛黃去金紫榮看次第陞此則榮貴之命鴛幃燭底添新巹子嗣生成貴顯又運行初辛亥上人庇下未斷平生壬子運中款向雲中夆足須從灯下留心癸丑運中不負寸陰之惜豈辜題柱之功甲寅運中到此始知文章好長安道上馬蹄輕乙卯運中梨花舞雪雨過山青郎署宮函何足羨大夫職位喜重封丙辰運中職廷金紫布政施仁丁巳運中有材稱大用何事便辭榮戊午運中春光去也一枕清風

壬申年　庚戌月　己酉日　戊辰時

此八字己酉日元相配柱中金水傷官助財之格人生得此生於右族長於名門金水椿萱双睍茂天遐鴻鴈各行鳴其為人也丰姿清秀天性聰明㲲㲲稍覽件件不精有近貴親賢之德應上和下之能胸羅星斗學貫古今定擬南山豹变豈為鑿井耕耘萬里扶搏鷲睞蟄一聲霹靂躍潛鱗長安人満路争看緑衣郎明時柱石盛世股肱此則榮貴之命鴛幃同屬須年歛子嗣來朶朶馨運行初辛亥上人庇下未断平生壬子運中欲蹿騰雲鶴兆囊照露螢癸丑運中執卷幾回空探月時來平步入青雲甲寅運中躍過三層浪衣冠拜九重乙卯運中仁風驚郡縣化雨潤双旌當此之際風雪満庭丙辰運中赤心扶日月素志盡經綸丁巳運中榮帰故里羡酒盈尊戊午運中花已落月尤沉

壬申年　庚戌月　癸亥日　壬戌時

此八字癸亥日元相配柱中火土雜氣財官之格人生得此生於右族長於名門椿萱榮晚贈鴻鴈有凌雲其為人也丰姿清爽天性聪明千古文章遅榮耀一天星斗煥心胸播與同重清時譽律呂偏諧治世聲終是玉堂金馬客豈為田舍鑿耕人萬里扶搖鵬翮穩一聲霹靂躍潛龍錦衣日㬥趋金殿寶扇雲開識聖容此則榮貴之命鴛幃花烛偕新舊子嗣榮門孝且忠運行初辛亥上人庇下未断升沉壬子運中篤學十年窓下佇看一舉成名癸丑運中有器待時時必達時來平步入雲津甲寅運中熏沐恳波鳳池裹朝朝染翰侍明君乙卯運中西風吹過天邊雪從此滔滔風浪澄丙寅運中為朝廷之柱石作君后之股肱丁巳運中解組正宜閑故里仆音一報衆傷情

壬申年　庚戌月　庚午日　丙戌時

此八字庚午貴人之日相配柱中火土𥙷氣殺印之格傷官若用印官殺不為刑女人得此生於右族長配名門椿萱有倚雙雙𦓤天邊鴻鴈各西東其為人也姿顏圓朗性格和温有肝食宵衣之懊惱治家立業之材能萬里無雲天一色三秋好景月長明紅日点穿湘水碧白雲推破楚山青喜則春陽和煦怒則電掣雷轟佇看夫榮子貴也應同沐天恩此則榮貴之命良人連珠高一載子嗣秋來朶朶榮運行初已酉上人庇下毓秀閨門戊申運中得配名門友花從錦上增丁未運中雖則夫門多快樂幾番微雨幾番晴丙午運中疊疊光華當此際須吏風雨尚愁人乙丑運中食則珍羞百味衣則羅綺千箱甲辰運中子貴當榮贈何愁白髮生癸卯運中晚年快樂壬寅運中粧樓人去也臺鏡掩塵明

壬申年　庚戌月　乙卯日　甲申時

此八字乙卯專祿之日相配柱中雜氣財官之格生於丈望之族長於深邃之門椿萱堂上雙雙壽鴻鴈天邊陸陸群其為人也丰姿清秀天性聰明窮書覽史學足三冬衣冠濟濟人中傑和氣怡怡席上珎豈是池中物尢來席上珎一日風雲相際會九五金門面聖君此則榮貴之命鴛幃宜有贈子嗣悅年榮運行初辛亥運中上人庇下未斷生平壬子運中不負寸陰之惜豈無題柱之時癸丑運中將來風送騰王閣須刻高談萬里程甲寅運中令重奸邪伏威猛鬼神驚乙卯運中職位兩遷金紫貴六出飛不損身丙辰運中一舉一毀名揚抑能盡忠誠反有陞丁已運中解組回田里流水各西東

壬申年 庚戌月 辛酉日 庚寅時

此八字辛酉專祿之日相配柱中木火離氣才官之格喜逢印綬生身過斯命者生於旺族長於名門椿親耐晚萱先別天邊鴻鴈各行鳴其為人也年姿清秀天性聰明斷高理直處事公平謀君動子戚服小人爭長名園過舊竹花開上苑勝先春綠是功名之客豈為田舍之翁不用十年苦學定應九載成名任看頭角聳光顯舊門庭晚年光齊景疊疊福綠陞此則榮貴之命鸞幃火命須宜小子嗣生成貴顯人運行初辛亥上人庇下未遂生平壬子運中時來逢貴助從事入公門癸丑運中雨晴跨馬登天路還宜幾載受殷勤甲寅運中皇恩有威聲名重衣冠殊絕勢崢嶸乙卯運中到此始知時運好便將德惠軍民當此之際風雪還侵丙寅運中有才還擢戕未許向籬東丁巳運中子宗重沐寵戊午運中一枕了平生

壬申年 庚戌月 丙辰日 乙未時

此八字丙辰日德之辰食神劉杀之格人生得此生於右族長於高門火土椿萱萱髦茂前飛鴻損後升騰其為人也丰姿濟楚天性雍容有慷古通今之志隨機應变之能世事每從忙裏就才源自向遠方生根原重整頓事業再添新消開基一局遣興酒三鍾不以功名為念豈將冠冕磨礱非吏非儒非釋道也須名譽遍鄉村一朝才祿旺頭角聳崢嶸此則富貴之命鸞幃早歲相分別子嗣森枝有曇榮運行初辛亥上人庇下天朗氣清壬子運中不幸庭前損棠棣何期然斷又傷情癸丑運中漸漸精神爽看看氣象新甲寅運中紫陌親馳金勒馬錦階爭看玉樓人乙卯運中富貴榮華當此際一番風雨倍傷情丙辰運中高朋滿座美酒盈樽丁巳運中晚年安逸戊午運中春夢無憑

壬申年　庚戌月　己未日　戊辰時

此八字己未淦刃之日相配柱中金大傷官帶印之格女人得此生於右族長配仁門椿萱有倚先兮父天邊鴻鴈各西東其為人也姿容雅淡髮鬢精神不能三從理豈會四德情萬里無雲天一色三秋好景月華明奏箏有心難向日楊花無力暫隨風生平素無榮辱处匹豈有富貧此則兮顯之命良人火命低微亥子嗣秋来孝義深運行初己酉上人庇下未断平生戊申運中氷人說好月老命監平門淡烟楊柳岸薄霧杏花村丁未運中乍

雨乍晴留客景或寒或煖困人春丙午運中誰覓夜深池雨過豈知花落晚風輕乙巳運中爆竹聲推殘臈盡折梅香引早春回甲辰運中無思無慮不驚不荣癸卯運中春光如過隙壬寅運中一枕了平生

壬申年　庚戌月　丙午日　己丑時

此八字丙午日刃之辰相配柱中水土傷官制殺之格人生得此生於温潤之族長於辛德之門萱毋先歸椿耐晚天邊鴻鴈各行鳴其為人也丰姿清雅天性老誠頗曉三分道理文章一竅不通雖成新事業難守舊門庭梅開白雪飄東閣笋出新梢過北庭自有順天之慶豈無福地之深花無桃李非春色人没荣枯見太平處世素無榮辱生来豈不富貧飢窮但得人呼喚從此滔滔福祿增此則守成之命鴛幃瓜葛方偕老子嗣秋来旺宅門

運行初辛亥上人庇下未断平生壬子運中雒陽三月花如錦偏我来時未遇春癸丑運中乍雨乍晴留客景或寒或暖困人春甲寅運中春風播爽微雨弄晴乙卯運中雪晴雲散天如洗從此財源倍有增丙辰運中愈老黄花香馥郁歲寒松栢耐長青丁巳運中晚年快樂會友開樽戊午運中一宵春夢断萬事揔成空

壬申年　庚戌月　戊申日　癸亥時

此八字戊申長生之日相配柱中金水傷官助才之格人生得此生於右族長於名門堂上椿萱當長天边鴻雁各行鳴其為人也丰姿清秀天性老誠般般稍覽件件不精有近貴親賢之德處上和下之能祖業添高宅才源孚積存生涯湖海上道路或西東水光浮座盃盤瑩花氣侵人笑語馨不以功名為念豈將冠冕磨礱得意江山詩句絕忘懷日月酒盃深時来自有淵淵福運至还教路路通但願一生才祿旺何必天边沐寵榮此則穩

足之命鴛幃有犯須年長子嗣秋来旺一門運行初辛亥上人庇下未斷平生壬子運中春風播暖微雨弄晴癸丑運中財源雖旺益人事尚亏盈甲寅運中正是太平光寄景須更風雨尚愁人乙卯運中庭前竹報平安日檻外花開富貴春丙辰運中門欄壯觀福祿駢臻丁巳運中正享兒孫福胡為杜宇鳴

壬申年　庚戌月　癸丑日　癸丑時

此八字癸丑日元相配柱中火土雜氣才官之格官殺混雜丑字重逢水土混雜減我榮封女人得此生於右族長配高門椿萱棠棣雙睇日妯娌公姑分尚輕其為人也姿容窈窕髮貌超群有針黹之巧立業之勤一苑杏桃紅錦點半溪山水綠羅新萬里無雲天一色三秋好景月長明玉產崑崗藏蘊色蘭生楚澤散清馨雖饀難犯易喜易嗔雖非正娉亦不言奔雖不鳳冠帔服平生福祿無窮此則旺益之命良人年長殘婚客子嗣森枝楨後

戍運行初已酉上人庇下毓秀閨門戊申運中紅葉溝中傳密意赤繩月下結良姻丁未運中狐假虎威而獲福蛇居虯穴退精神須更風雨傾刻迮廻丙午運中萬疊好山雲乍斂一輪明月雨初晴當此之際風雨還侵乙巳運中夜雨自添池水滿春風吹暖海棠紅甲辰運中晚年子秀多歡樂癸卯運中花落春歸鳥不吟

壬申年　庚戌月　辛未日　丁酉時

此八字辛未日元相配柱中火土雜氣殺印之格人生得此生於右族長於仁門椿父先歸萱耐晚天邊鴻鴈各行鳴其為人也丰姿清秀天性多能頗知禮義稍識古今親賢近貴自足自能重成新事業再整舊門庭不向仕途求聞達却來湖海覓黃金花無桃李非春色人有笙歌是太平時至才源旺是近來第宅增新無慮心常足何須慕利名此則發福之命鴛幃有犯須招硬子嗣秋來旺宅門運行初辛亥上人庇下淡淡春雲壬子運中風

帶雪來應覺今鳥啼花落始知春癸丑運中世事有終有始才源或廢或興甲寅運中成四時佳趣立萬古門庭乙卯運中旺中尚有盈頭雪雪霽才源倍有增丙辰運中蓍捲香風生百福軒闢化日祿元豈丁巳運中晚年快樂美酒盈罇戊午運中春光去也花落月沉

壬申年　庚戌月　辛亥日　辛卯時

此八字辛亥日元相配柱中木火雜氣才殺之格人生得此生於右族長於仁門椿父先歸萱柔晚天邊鴻鴈各行鳴其為人也丰姿清秀天性聿能般般稍覽件件不精有近貴親賢之德應上和下之能祖業添新慶根源勝舊風水光浮座盃盤瑩花氣侵人笑語聲終是功名客豈為田舍翁不發十年苦學定應九載成名佇看頭角聳光耀舊門庭此則榮貴之命鴛幃有犯須招副子嗣秋來有挺榮運行初辛亥上人庇下未斷平生壬子運中

雪晴天未暖仕路待時亨癸丑運中幾載辛勤甘苦守一朝天府沐皇恩當此之際風雪還生甲寅運中雖則嶒崚頭角還宜困守家門梨花舞雪雨過山青乙卯運中皇恩有感聲名顯贊政民安德澤新丙辰運中耿耿聲名顯滔滔雨露新辰字之中蘚組思尋丁巳運中子貴晚年閑快樂戊午運中春歸花落鳥無聲

壬申年　庚戌月　甲子日　乙亥時

此八字甲子日元相配柱中旺金陽刃合之格女人得此生於右族長於名門姿顏開朗髮貌精神有針綴之巧立業之勤一苑杏桃鋪錦繡兩山松栢映幃屏萬里無雲天一色三秋好景月長明每懷九膽意時抱撑憐心憂裯自能辭肉味愛琴應解韡絃聲滔滔無阻滯步步旺夫門子賢夫貴樂意忌情卷非二次明花燭天定生来配舊婚此則榮益之命良人配舊須年長子嗣生成貴顯人運行初己酉幼年之下毓秀閨門戊申運中紅葉溝中傳密意赤繩月下結良姻丁未運中羅綺千般色珍羞百味新丙午運中雖則夫門多快樂幾番徽雨幾番晴乙巳運中羅綺千般色珍羞百味新甲辰運中子貴重榮顯癸卯運中春歸鳥不鳴

壬申年　庚戌月　丁卯日　壬寅時

此八字丁卯之日相配柱中水土傷官助才之格人生得此生於右族長於仁門椿父先歸萱耐歲天边鴻鴈各飛鳴其為人也丰姿清雅天性聰能頗知礼義稍識古今過火黃金重長價雜雲皓月倍清明重成新事業弄整舊門庭兩都秋色皆喬木眷舊風流有發人不向仕途求聞達却來湖海覓黃金片葭蓄含連野綠週迎甲第肇雕豐才源旺足閭里聞名晚年愈光彩福祿享無窮此則豊饒之命鴛幃春靄須招觚子嗣森枝晚節榮運行初辛亥上人庇下月白風清壬子運中雪晴天來煖行樂尚因循癸丑運中近水樓臺先得月向陽花木早逢春甲寅運中財源富足畝畝增新乙卯運中一番風雪初晴後從此滔滔福祿增丙辰運中引鶴徐行三徑足析梅同醉一壺春丁巳運中無思無慮戊午運中一枕巫峯

壬申年　庚戌月　辛亥日　己亥時

此八字辛亥日主相配柱中水火制殺之格喜逢印綬生身人生得此生於右族長於名門椿萱有倚一朝別天邊鴻鴈各行嗚其爲人也丰姿清秀天性聰明腕羅今古事亭試圣賢心麗句好爲天下白英才俊似海東青衣冠濟濟人中傑和氣怡怡席上孫終是功名客豈爲田舍郎北海蛟橫頭角聳南山豹變爪牙新一從姓字傳揚後九天雨露沐皇恩此則榮貴之命兆幃有紀須招娶子嗣秋來朵朵榮運行辛亥上人庇下未斷平生

壬子運中雖則攬書覽史还愁灾晦相侵癸丑運中螢窓宜督志化日九宵冲當此之際花放風生到此始知時運好長安道上馬啼輕梨花舞雪雨過山青郎署官函何足羨大夫職位貴重封丙辰運中有才纔大用何事便辞榮丁巳運中夕陽有限春夢無憑

壬申年　庚戌月　丁卯日　癸卯時

此八字丁卯之日傷官制杀之格官杀混雜名利奐成主人生於右族長於高門金木椿萱歲長天邊鴻鴈占先鳴其爲人也丰姿磊落天性弁能雖无深計較稍有淡聰明生涯湖海上道路或西東才源滾滾家居好福祿駢臻第宅興何用爲官食祿但祈金谷豐盈此則旺邑之命兆幃同屬如魚水子嗣春英晚始成運行初辛亥上人庇下月白風清壬子運中未觀桃李紅紅色且喜湖光淡淡晴癸丑運中雖則家居有慶也愁人事虧盈甲

寅運中天上三陽泰人間五福均乙卯運中風帯雪來應覺冷始知花放又風生丙辰運中才源富邑第宅興隆丁巳運中晚年閑快樂戊午運中一枕入佳城

壬申年　庚戌月　丙寅日　丙申時

此八字丙寅長生之日相配柱中水土傷官印殺之格殺輕才助為奇女人得此生於古族長於高居椿萱双𣍰茂鴻鴈各行飛其為人也姿容清秀髮貌不低過如男子勝如丈夫鮮同心於妯娌能奉侍於翁姑有針綴之巧立業之機步步有助夫之樂滔滔無阻滯之危楊柳無風枝娜娜梅花有月倍光輝易喜易嗔难觸难犯住看夫榮子貴也應福祿崔嵬此則榮貴之命良人連珠榮貴客子嗣秋来有出奇運行初巳酉上人庇下未斷高低戎申運中契合翠鳶戌好夢黄缘紅葉會佳期丁未運中正是梅春月向还愁人事趦趨丙午運中雖則夫門榮快樂还愁花放尚風欺乙巳運中夫榮子富樂意安情須臾風雨賣無花甲辰運中光容梅柳暮景桑榆癸卯運中花落月帰西

壬申年　庚戌月　甲辰日　丁卯

此八字甲辰日元相配柱中金土雜氣才殺之格人生得此生於右族長於仁門椿萱双脱别鴻鴈各行聯其為人也丰姿清秀天性機関知高識下近貴親賢雖成新事業難守舊根原福布江山外名聞湖海間不愚不惷可方可員旭日桑麻茂薰風木遅阡飛詔任他未北闕草亭終出南山但頓時来才祿旺何須随馬去朝王此則穩盛之命鴛幃有犯須年長子嗣秋来發桂蘭運行初辛亥上人庇下未断平生壬子運中微風微雨淡霧淡烟癸丑運中雖則行藏有慶还愁人事逡巡甲寅運中才源旺足家居好須臾風雨事徒然乙卯運中韶華景美春色一聯丙辰運中清歌花落月行樂惟看坑上山丁巳運中夕陽有恨流水滔滔

壬辰年　庚戌月　戊午日　己未時

此八字戊午日刃之辰相配柱中金火傷官去印之格人生得此生於右族長於名門土木椿萱双挽别天邊鴻雁有飛騰其為人也丰姿清秀天性果剛行藏終豁達生計寬非常自有順天之慶豈無福地之深祖業有依須爭整財源厚積足豐盈門外田疇千古計庭前花木四時新是非莫問門前客得失須憑壟上翁祿元成岳瀆威勢壓鄉民此則穩足之命鴛幃火命須年小子嗣森然旺益門運行初辛亥驚濤亂水脈驟雨暗峯紋壬子運

中微雨洒開紅芍藥秋風吹破白荼蘼癸丑運中五湖四海生涯好萬水千山活計通甲寅運中富貴榮華當此際何愁風雨片時生乙卯運中瑞氣盈門生百福軒開化日祿元增當此之際風雪滿庭丙辰運中有田皆種玉無樹不生春丁巳運中花落水流春已失蘭摧玉折恨何明

壬辰年　庚戌月　戊申日　丙辰時

此八字戊申長生日相配柱中金水傷官旺才之格人生得此生於右族長於名門堂上椿萱双天边鴻雁各行群其為人也丰姿清秀天性聰明般般稍覧件件不精行藏果断作事老誠有通今覧古之學德上和下之能祖業添新慶根原勝旧風有心於貨利無意慕功名得意江山詩句建忘情日月酒盃深雖不建侯封爵自然潤屋潤身此則穩厚之命鴛幃達珠須配硬子嗣生成跨灶人運行初辛亥上人庇下容晦来伸壬子運中雲開山

聳翠雨過竹重青癸丑運中晝水無声空有浪繞花雖艶不開馨甲寅運中近水楼臺先得月向陽花木易逢春乙卯運中威權有節人欽服才帛興隆福禄增當此之際風雪滿庭丙辰運中心事數莖白髮生涯一片閑情丁巳運中人生從此别無復見儀形

壬辰年　庚戌月　辛卯日　戊子時

此八字辛卯日元相配柱中火土雜氣殺印之格殺印相生功名顯達主人生於右族長於名門木火椿萱双晚茂天邊鴻鴈各行鳴其為人也丰姿清秀天性聰明錦綉胸藏賢聖學珠璣口吐武文風麗句妙為天下白高材俊似海東青終是功名之客豈為田舍之翁奮身离白屋舉步入青雲三級浪中龍变化九霄雲内足飛騰瑶池鞭靜朝南極五夜鐘停拱北宸此則榮貴之命鶯𢘛金命須年小子嗣森枝孝且忠運行初辛亥上人庇下天朗氣清壬子運中十年窓下業一舉便成名癸丑運中禹浪三層都躍過風生鐵面鬼神驚甲寅運中虬浪怒虎風生重紫重金布德施仁乙卯運中雪晴雲散天如洗金星光照紫薇宮丙辰運中有材膺大用未許便辭榮丁巳運中九地可容埋片玉五雲無復見儀形

壬申年　庚戌月　乙酉日　辛巳時

此八字乙酉專權之日殺生印綬之格主人生於右族長於高門萱毋先帰椿後別天邊鴻雁各行鳴丰姿清秀天性雍雍劍鋒穎利疑無敵筆刀縱横若有神一朝騰踏飛黃去祿位榮看次第陞此則榮貴之命兆帰正副霜添髮桂子金風有継榮運行初辛亥上人庇下天朗氣清壬子運中焚膏展卷秉烛観文癸丑運中幾故思高慕遠番成捉月捕星甲寅運中橋門跳出登雲路天府榮沾聖主恩乙卯運中耿耿声名重滔滔祿位陞丙辰運中重金重紫布德施仁丁巳運中故園風景好戊午運中一夢返巫峯

壬申年　庚戌月　己巳日　癸酉時

此八字己巳日元相配柱中水土傷印才之格傷官者剛敎之物主人生於右族長於高門椿父先帰萱耐茂天邊鴻鴈各行鳴其為人也丰姿清秀天性聰明般般稱覽件件不精豈無高仕敵自有貴人欽祖業添新慶根源勝旧風福布江山外名開湖海中花無桃李非春色人有笙歌是太平雖不建侯封爵自然潤屋潤身此則穏厚之命鶯幃同属須相配子嗣秋来有显荣運行初辛亥上人庇下未断平生壬子運中風帯雪来方覔冷鳥啼花落始知春癸丑運中雖則遨遊湖海还愁素耗相侵甲子運中才原富足家居好風雪閑非事未寧乙丑運中桃李千般色江山一叠屏須吏風雪雨山过山青丙寅運中庭前竹報平安日攧外花開富貴春丁卯運中子貴家門增禄旺戊辰運中春帰花落鳥無声

壬申年　庚戌月　壬申日　壬寅時

此八字禄氣財官之格喜得印綬生身主人生於茂族長於華居椿萱晩茂棠棣聯枝其為人也行藏果断作事三思有傳古通今之志高謀遠見之機祖基祖業添新慶財帛貲囊自琢齊羅綺飄香風淡蕩壺觴列座草凄萋此則穏富之命鴛幃全正副桂子有標奇運行初辛亥上人庇下何論高低壬子運中如花向日似笋穿籬癸丑運中益泪芰荷香馥郁満園花木色芳菲甲寅運中衣冠雖壮麗還愁風木悲乙卯運中家居有慶楼閣崔嵬丙辰運中有茶留客有酒盈卮丁巳運中桃源春去也蓬島信来稀

壬申年　庚戌月　甲午日　乙丑時

此八字甲午之日相配柱中金火傷官制杀之格甲以乙妹妻庚亞為吉非遇斯命者生於右族長於高門椿萱雖並耄鴻鴈各行鳴其為人也姿容闓朗德茂行真有針繳之巧立業之勤雲妝華岳千山秀水到湘江一様清衣寇濟濟人中傑和氣怡怡席上珍每懷凡膽意時抱擇隣心身靜似月明雲漢性急如風捲残雲夫榮何足羨子貴又榮封此則榮旺之命良人土命棟樑客子嗣生成貴顯人運行初己酉上人花下綠秀閨門戊申運中春歸柳葉晴初変紅入桃花㨾未旬丁未運中渼烟楊柳蓮村杏花村丙午運中春園雨過萬物增新乙巳運中羅綺千般色珍饈百味新甲辰運中萬象光華沾沛澤四時佳趣瑞祥生癸卯運中天上三陽大人間五福增壬寅運中彩中加彩色紅上贈紅英辛丑運中正享兒孫光顯貴还愁花放又風生君若有陰隲庚子運方終

壬申年　庚戌月　庚戌日　辛巳時

此八字庚戌魁罡之日陽刃合殺之格人生得此生於潭潭相府長於岳岳侯門椿萱棠倚雖双耄鴻鴈天邊各奮鳴其為人也土姿清秀性格聰明多智慧善操持見善則遷於已當仁不讓於師詩禮古今俱習玩鎗双弓馬慣操持智號人中傑門麾令闈旗龍韜每助經綸學豹畧還施肅殺威三賦御溝沾寵渥腰金衣紫座邊戎此則武肅之命鴛帏有配須招敵子嗣崇門有幾枝運行初辛亥上人庇下有何是非壬子運中不勞惑下攻書史自有天邊雨露濡癸丑運中臨祚傳檄何人及韓信功勞再有誰甲寅運中德仁施士卒推牽皆邊戎乙卯運中千里霜威狼虎肅一聲長笑劍閑低丙辰運中忠心尤壯義膽未灰丁巳運中英雄傳令苦能不方高危戊午運中春光去也花落月西

壬申年　庚戌月　癸酉日　壬戌時

此八字癸酉日元相配柱中火土雜氣才官之格人生得此生於右族長於仁門萱毋續紘椿磊落水火原來是納音天边鴻雁只自飛鳴其爲人也手姿清秀天性乖態般般稍覽件件不精難成新事業難守舊門庭第長名園過舊竹花開上苑勝先春終是功名之客豈爲田舍之翁三級浪中難變化九年場上都馳名不費區區力終爲隱跡人則此擊石生烟之命鴛幃連珠須配長子嗣森枝晚節馨運行初辛亥上人庇下乙断平生壬子運

中春園雖雨過桃李未生英癸丑運中藏器待時時必遇時来遇貴入公門甲寅運中幾載辛勤甘皆守雨晴跨馬入神京乙卯運中雖則峥嵘頭角依然困守家門梨花舞雪雨過山青丙辰運中皇恩有感重光顯紛紛德澤惠黎民丁巳運中榮歸故里美酒盈樽戊午運中春光去也一枕風清

壬申年　庚戌月　己未日　癸酉時

此八字己未陰刃之日相配柱中金水傷官助財之格喜逢印綬生身主人生於右族長於名門萱母先歸椿耐晚天邊鴻雁各行鳴其爲人也丰姿清秀天性聰明般般都好覽件件不全精自有順天之慶豈無福也之深親賢近貴理白分清不愚不魯自是自能福布江山生秀麗名聞湖海福光榮琴樽風月金谷松筠施恩惹怨布德成嗔薄有酒消閑日月苦無心緒營功名福元成岳瀆威勢壓鄉民此則穩厚之命鴛幃重乙爲一載子嗣秋

来朵朵榮運行初辛亥上人庇下未断平生壬子運中雪晴天未煖行樂未始心癸丑運中得中有失悔後還明當是時也素耗還生甲寅運中嚴霜積雪都經過從此財源禎祿増乙卯運中桃李千蹊景江山一畫屏須史風雨頃刻逡巡丙辰運中無慮盡傳詩禮樂有朋来自遠方親丁巳運中安閑晚景戊午運中春夢無憑

壬申年　庚戌月　辛酉日　己丑時

此八字辛酉專祿之日相配柱中火土襍氣殺印之格女人得此生於右族長於名門椿萱有倚先帰父天邊鴻雁不同鳴其為人也丰姿清秀髮貌超群有針綫之巧立業之勤衣别濟濟三從倫事業昂昂四德新萬里無雲天一色三秋好景月常明滔滔無阻滞步步助九州玉產崑藏韞色蘭生楚澤散清馨難觸難犯易喜易嗔難不鳳帏帳服自然福祿駢臻此則旺夫旺妻之命良人火命須年長子嗣秋來旺宅門運行初己酉　人庇下未斷乎

生戊申運中契合鸞鳳成好夢似緣紅葉是良姻丁未運中雖則夫門多快樂幾多人事有虧盈丙午運中萬疊好山雲作錦一輪秋月雨初晴午字之中炎晦還生乙巳運中不用高燒銀燭月明添倍精神當是時也頃刻風雲甲辰運中夫榮子貴樂意忘情癸卯運中春光去也一枕清風

壬申年　庚戌月　壬申日　辛亥時

此八字壬申長生之日相配柱中金水雜氣殺印之格殺印相生功名顯達人得此丰姿洒落天性剛明胸羅錦繡文章秀氣月襟懷翰墨機其為人也生於名族長於當庭椿萱雖問老鳴雁我飛騰奪問有成万里彩旗迎過客英材敏捷一声霹靂躍潛鱗閶闔開黃道衣冠拜帝君一朝天子馳名顯輔佐山河定太平此則貴顯之命兆幃有剋宜重剋續桂子運招出錦人運行初辛亥上人庇下無辱無榮壬子運中讀書窗下苦受險未能伸

癸丑運中禹門三層都躍過还有官受素来寧

甲寅運中皇恩有感身加貴法度潛令鬼膽驚乙卯運中腰橫金帶雪雨淋襟丙辰運中重金重紫臺憲威稜丁己運中官居極品解印回城戊申運中紅羅書姓字黃土蓋儀靈

壬申年　庚戌月　癸酉日　壬戌時

此八字雜氣財官之格喜得印綬生身爽得中和之道值斯象者生於富室長於良門水火撘萱蒼翠兩行鴻鴈飛鳴祖業添新慶馨名勝舊風鵠象光華沾沛澤四時佳趣舉昇平雖不達偧而封爵定教貴扔而粟陳此則豊饒之命鸞幃得配良家女子嗣森森孝義深運行初辛亥雙親庇下月白風清壬子運中畫水無聲空有浪繡花雖艷不聞馨癸丑運中到此始知光景好貴人提携有精神甲寅運中財源滾滾氣宇英英當此之際風雪盈庭乙卯運中所交者良友所處者高朋丙辰運中身賢子秀樂意忘情丁巳運中春光歸去也一夢入蓬瀛

壬申年　庚戌月　庚午日　丁亥時

此八字庚午日貴之辰相配柱中之火雜氣才官之格人生得此手資清爽性格聰明椿萱不逮双榮耄鳴鴈天邊不共鳴學識聰明定是求名之客英材特達豈為避世之民一從騰踏去化日藹春榮此則榮貴之命鸞幃招玉質桂子綻金英運行初辛亥上人庇下樂享安寧壬子運中思志登仕路映雪與囊螢癸丑運中一朝雲霧合变化顯峥嶸甲寅運中雪晴加祿位千里領昇平乙卯運中旺中生阻節依舊振威棱丙辰運中晚年加祿位未許樂閑情丁巳運中榮回鮮組戊午運中一夢難醒

壬申年　庚戌月　庚申時　丁丑時

此八字庚申專祿之辰雜氣官印之格值此象者必遂成名堂上二親椿耐歲天邊鴻鴈有和鳴其為人也羊姿瀟濟翰墨騰騰閱詩學禮博古通今萬里風雲相際會九重天府沐深恩政化東西洽仁風遠近清此則貴顯之命鴛幃連理合子嗣桂蘭馨運行初辛亥無榮無辱不雨不晴壬子運中雲程必有路燈火且留心癸丑運中鄣道是龍還不信果然奪得錦標新甲寅運中耿耿聲名著紛紛雨露均乙卯運中威權遍布名德蘭馨當此之際一度憂驚丙辰運中江山迎五馬花柳拂雙旌丁巳運中夕陽有限流水無心歸去也

壬申年　庚戌月　癸丑日　己未時

此八字癸水配合柱中旺土時上偏官之格喜逢印綬以扶身人生值此宜乎金玉之榮主人生茂族長於良纓羊姿濟濟翰墨騰騰理窮古事兼今事書對賢經與聖經萬里風雲相濟會九天雨露沐恩榮此則榮英之命鴛幃招賢宜土配秋風桂子發金英運行初辛亥上人榮庇詩禮趨庭壬子運中霜蹄千里駿風翮九霄鵬癸丑運中金笳一曲催行站律法三千屬秉行甲寅運中鉄面生風虬浪怒陣雲拂漢厲煙清乙卯運中皇恩有感祿位高陞當此之際風雪盈盈丙辰運中望玉堂而平步知駟馬以高乘丁巳運中英雄一去豪華盡花落春歸杜宇聲

壬申年　庚戌月　壬申日　壬寅時

此八字壬申日相配柱中土金様氣殺印之格人生得此行藏洒落奉用人欽椿親榮晚萱先別鵠鴈天邊各奮身般般都好事件件不成真祖業增華廉財囊厚積存市上生涯益旺江湖豪傑相親門闌壯觀多饒裕車馬喧喧擁淌門此則富厚之命鴛幃賢淑須年少桂子森森發嫩蕊運行初辛亥衣却蘆花絮寒来病怯身壬子運中倦讀詩書生貨利財来滾滾事遂巡癸丑運中儻馬從行樂風霜豈惱人甲寅運中一番風雪後貫朽粟還陳乙卯運中翔凌雲之樓閣樂湖海之佳賓丙辰運中老當益壯庫積珠珎丁巳運中子秀孫賢宜享用胡為一夢逐風塵

壬申年　庚戌月　甲寅日　庚午時

此八字甲寅日相配柱中之金偏官之格喜逢火局制剛強人生得此仕路光揚椿萱榮皓首鴻鴈有聯行理窮賢聖業奉貫古今章滄海明珠能集見豐城雷劍不終藏機會来時逢貴助高揮劍筆振權衡此則榮達之命鴛幃全正副桂子發天香運行初辛亥樂思無處底下安詳壬子運中志欲登天步月心遂摘句尋章癸丑運中到此貴人扶助果然嚴達公堂甲寅運中三唱陽關斟別酒九重天府沐恩光乙卯運中萬民樂業何處風霜丙辰運中禄元重顕擢紫綬束銀章丁巳到戊午歸去也

壬申年　庚戌月　己酉日　甲子時

此八字巳土配合柱中金水傷官用印之格傷官若用印官殺不為刑人生值此年姿態㦙體兒清奇高謀遠見機關别懔慨情懷志氣深其為人也生於名室長於豊居奴恩顯慶雛鵉别鴻鴈聯行顯出鳴學問聦明潤屋雕梁真富貴英才敏捷錦衣肥馬到門庭非嫌病痰相纏恼一郡馳名福不輕初歲年中灾非耗暮年積與堆金此則富貴之命鴛正副桂子麒麟運行初辛亥恩光之下學禮攻經壬子運中意歆思高并慕遠灾非破耗悔憂

遁癸丑運中禄如春水滔滔長福似秋蟾皎皎明

甲寅運中門楣壯觀黎雨盈庭乙卯運中門迎車馬客四遠播声名丙辰運中子朝帝闕官誥封身

丁巳運中紅羅娃字紅土儀灵

壬申年　庚戌月　乙丑日　戊寅時

此八字乙丑日相配柱中金土雜氣財官之格女人得此姿容秀奕體態輕盈生于詩書之族配于豊潤之庭椿萱棠棣終相倚妯娌翁姑尚有情有針緻之巧刺綉之能此則榮秀女命良人同壽方偕老桂子班衣絑弁戊運行初己酉上人庇下月白風清戊申運中藍田種玉足繫赤繩丁未運中雖則夫門財業旺一番行樂尚憂驚丙午運中憗度風顛雨驟依然福氣峥嵘乙巳運中裙釵濟濟羅綺層層甲辰運中衝撃之所月入雲屏癸卯運中落日青山外哀傳三兩聲

壬申年　庚戌月　辛丑日　己丑時

此八字辛金坐庫生於戌月丑時楪氣印綬之格女人得此本受褒封只嫌印氣太重福力消乏注人生於富室配于良門儀容嬌媚德性和溫堂上擔蓋難倚靠天边雁字各分行罗綺明霞彩裙釵攢髮雲一院杏桃鋪錦秀滿山松柏秀長春此則能家女命良人有犯須招硬手副秋危吐畏香運行初己酉上人庇下和氣氤氳戊申運中要鳶匹足賢良女瑟弄琴調喜氣均丁未運中花開風又急雨過水迷奔丙午運中滾滾才源旺滔滔福勢尊乙巳運中梨雨初晴天似洗一輪明月照閨門甲辰運中提綱擊戟禍及兒孫癸卯運中衰草含微露寒鴉撲隴雲

壬申年　庚戌月　甲寅日　壬申時

此八字甲木相配柱中金火傷官帶殺之格傷官者傲物氣高本緣好尚權富之美奈緣官殺混雜以致福無及美注人生於良善之家更於佛地之門生我恩親吾背奉祖師香火我承當華蓋逢空宜僧道五行無助住僧廊肥馬錦衣都不顧袈裟錫杖過時光紅粉嬌娘今世料然無分黃紗直裰一生快樂軒昂此則為僧之命鶯鸞畫上嬌娘雖美難歡合親見洞內仙童怎得作見郎運行初辛亥早年之下秋月雲藏壬子運中拜別父恩為釋子袈裟掛體學經章癸丑運中雖在佛門清淨地暑防心事有憂揚甲寅運中一輪明月一張琴一卷心經一炷香乙卯運中正在寺中為守座陡防微滯惱心腸丙辰運中徒弟蕭前來聽法度亡煉魄好声腔丁巳運中優鉢羅花持在手迷往西天再不還

壬申年　庚戌月　壬戌日　丁未時

此八字壬戌日德之辰相配柱中金土雜亂魁印之格救印相生聲名特達人生逢此丰姿瀟洒天性機深克己克恭人仰敬施仁施德貴賢欽其為人也生於名族長於良門双親難並老鴻鳫挺鳴清學問聰明筆鋒雄健千人敵英材出類才祿聲名晚景閑非獨家門而有慶郡縣人民盡伏遵初限中年然勞碌暮年富貴子腰金此則强宗顯祖之命鸞幃宜敵桂子遜英運行初辛亥上人之下不足談論壬子運中讀書辛苦憂悔無侵癸丑運中自有貴人相薦引官非灾險破憂驚甲寅運中祿如春水滔滔旺福似秋蟾皎皎明乙卯運中門楣壯觀雪洒門庭丙辰運中門迎車馬客積玉與堆金丁巳運中子顯朝綱戊午運中一夢佳城

壬申年　庚戌月　丁丑日　辛丑時

此八字丁丑辛丑庫中才官生於戌月日主剛強值此格者自揚志氣謾多能廣學徒然子少成運到別爲一戶計水邊橫綠成得名逢高遇貴多和合棄舊更新可進呈松竹菊傲霜開較晚恁時安定見身榮妻見雙雙子當對對運行初有官有印其樂安榮運行中寅卯之中木能生火流水溪邊斷渡夕陽路上行人運行暮丙辰丁巳運中老景安荣

戊午運中歸去也

壬申年 庚戌月 甲辰日 庚子時

此八字甲辰日相配柱中金水忝卯之格人生得此宜乎福祿得名主人生於仁學之族長於詩禮之庭捧萱分別去鴻鴈少聯盟學問淵源終顯貴英才捷擬登瀛洲長安花夾道相映彩衣明此則貴顯之命鶯幃金玉麗子嗣桂蘭香運行初辛亥上人庇下柳絮風輕壬子運中云窻篤志未應鴈塔高登癸丑運中到此方知雲遠達高秉駟馬上神京甲寅運中風雪初消開闔闔榮看祿位再加陞乙卯運中威稜肅肅氣焰騰騰丙辰運中狂中生跋涉事妥復加榮丁已運中悠悠難下樂戊午運中一枕了平生

壬申月 庚戌月 戊辰日 癸亥時

此八字戊辰日德之辰相配柱中之水雜氣才官之格人生得此嚴毅之志慷慨之資椿萱榮耐晩棠棣錦連枝理貫古今之學心明賢聖之書袖裏虹蜺冲霄色筆端風雨駕雲梯姓字傳揚沾寵渥威風肅肅播京畿此則聯榮之命鶯幃全正副桂子舞班衣運行初辛亥幼承 尊庇學禮聞詩壬子運中詩書覧萬卷平安上雲梯癸丑運中姓字登高選沾恩掛綉衣甲寅運中職列大夫權任重山河十郡仰威儀乙卯運中藩臬一方天下一番風雪傷悲丙辰運中再 再權位列金堦丁已到戊午運中歸去也

壬申年　庚戌月　丁卯日　乙巳時

此八字丁卯日相配柱中金水祺氣才官之格人生得此仕路声揚椿萱榮贈難全鶺鴒天邊各奮鳴丰姿洒落天性聰明學問胸中廣源詞筆下精黄道三秋騰驥足赤霄千里奮鵬程長生人似蟻争看錦衣榮此則顯榮之命鸞幃全正副桂子有承榮運行初辛亥上人庇下快樂怡情壬子運中讀殘芹店月行樂泮林星癸丑運中霹靂一声雲霧合果然躍過浪三層甲寅運中改化揚神域風霜一旦生乙卯運中禄位重加權万里腥風捲浪不為鶵丙辰運中大才大用威振邊城丁巳到戊午運中帰去也

壬申年　庚戌月　丙辰日　己丑時

此八字丙戌日配乎柱中金水雜氣才官之格人生得此富貴兩全椿萱堂上先亏母鴻鴈西風各一天丰姿洒落天性良賢學識粗通書史智謀旺才源祖業添新慶財囊厚積成佇看晚年光寄景恩榮身沐勢昌然此則富上加榮之命鸞幃配合貞良女桂子金風拂九天運行初辛亥幼承上庇芦絮生寒壬子運中有心生貨利無志讀青篇癸丑運中家業多豐足風霜又一番甲寅運中金玉滿堂行樂順喧喧車馬集門前乙卯運中交四方之豪傑壯兩倚之才源丙辰運中孫賢子秀沛澤綿綿丁巳運中安樂處富戊午運中夢入九泉

壬申年　庚戌月　庚申日　丙子時

此八字庚申專祿之日相配柱中火土雜氣敍印之格值斯象者注人丰姿蒲洒天性聰明高謀遠見機關剔慷慨襟懷志氣深其為人也生於豐富之宅長於有名之庭椿萱有慶棠棣難老鴻鴈天邊我奮清父母根基稀興罕吾當增整塞宗親學問聰明終是利名之客英材出類豈為田舍之人烟潤綠楊官路靜雨滋紅杏宅門新錦綉花開真富貴積玉堆金貫粟陳非獨田園桑蔴盛尚祈嘗播有名聞佇看晚年高棠日四海馳名福不輕此則強宗勝祖之命駕幃有犯須添贈桂于掐來顯錦英運行初辛亥襁褓之下未論升沉螢窓努力焉肯通經官破交憂謹已而行癸丑運中富貴榮華當此際祿元滾滾顯威名甲寅運中門迎珠履千千客風雪淋身不損驚乙卯運中剏置樓臺增産業堆金積玉不非輕丙辰運中有子朝帝闕愈老退鵜東丁巳運中滿庫金銀將不去闇王邀請煕行程

壬申年　庚戌月　甲戌日　己巳時

此八字甲木相配柱中庚金月上偏官之格喜年背印峻以扶身人生得此丰姿標致天性機深懶向文林習舉業自然鄉里有威稜其為人也生於富宅長於良門土命椿親心慈善萱花兩朶損偏親鴈字行中俱和富平生繼業化為灋錦綉花開春富貴琅玕竹振日康寧田連阡陌桑麻富府縣馳名福不輕多鬧多見性不伏人一世有醪交貴客暮年積玉與堆金此則勝祖強宗之命駕掐正副方無剋桂子中掐奪錦榮運行初辛亥双息之下晦滯無侵壬子運中螢窓曾讀誦憂危焉貫經癸丑運中自有貴人來指引官災破脈險非延甲寅運中添起樓臺增産業往來交結達賢朋乙卯運中威名當赫赫製雨淚傾身丙辰運中富貴兩全多快樂紛紛車馬集門庭丁巳運中得子朝綱顯封贈愈精神戊午運中日效先親心善路闇王來請赴幽濵

壬申年　庚戌月　辛未日　丙申時

此八字辛未日相配柱中之火雜氣才官之格人生得此丰姿英雅處用多機椿萱双壽鴻鴈連飛學識粗知今古智謀能辨狐疑祖業添新慶才囊自積齊但額門迎車馬客何須身到鳳凰池此則富實之命鴛幃全正副桂子有芳林運行初辛亥上人庇下有何是非壬子運中有心生貨利無志讀詩書癸丑運中家業有成人欽仰浪遊湖海旺威儀甲寅運中一番風雪過金玉積多餘乙卯運中才源來滾滾福慶樂怡怡丙辰運中粟陳貫朽閥閱增輝丁巳運中孫賢子秀戊午運中帰去来兮

壬申年　庚戌月　庚午日　辛巳時

此八字庚午日相配柱中之火偏官之格人生得此仕路荣登椿萱荣養難全耄鴻鴈天邊各奮声丰姿洒落天性剛明學問贯中廣詞源筆下精黃道三秋騰驥足赤霄千里奮鵬程禹浪連三躍衣冠拜鳳庭此則顯荣之命鴛幃全正副桂子有高荣運行初辛亥上人庇下詩禮趋庭壬子運中禹浪三層都躍過班聯粉署戟兵刑癸丑運中禄元重擢戟列大夫荣甲寅運中一番風雪過金紫勢英英丙辰運中秉持重柄丁巳運中夢入蓬瀛

壬申年　庚戌月　壬戌日　戊申時

此八字壬戌日相配柱中金土雜氣殺印之格人生得此本顯科名只嫌殺重身柔減虧福力萱毋先歸椿晚別鴈行天際各飛鳴學識粗通今古智謀能靡賢英祖業添新慶財囊自積成佇看晚年光審景喧喧車馬集門庭此則豪華之命鴛幃配合須年長桂子秋來有顯英運行初辛亥上人庇下快樂昇平壬子運中詩書雖有志貨利亦閑情癸丑運中風雪初消後財源日有增甲寅運中湖海英雄敬仰門庭車馬喧爭不獨粟陳貫朽尚祈金玉盈盈丙辰運中孫賢子秀丁巳運中一夢難醒

壬申年　庚戌月　辛亥日　甲午時

此八字辛亥之日相配柱中火土雜氣官煞之格人生得此生於右族長於名門水土椿萱雙晚茂天邊鴻鴈各行鳴其為丰姿清秀言語不清般般稍攬件件不精有近貴親賢之德應上和下之能過火黃金重長價離雲皎月倍清明重成新事業再整舊門庭閑憂愛步冷處不行笋長名園過舊竹花開上苑勝先春時至自然才業旺運來福祿自駢臻此則發福之命鴛幃有犯須招副子嗣秋秋来朵朵榮運行初辛亥上人庇下未斷平生壬子運中狼虎窠中得食荊棘叢裏安身癸丑運中雖則行藏有慶幾多人事虧盈甲寅運中天上三陽泰人間五福增當此之際素耗還生丁卯運中着意種花花不活無心插柳柳成陰丙辰運中財源旺足家業重增丁巳運中無愁無慮戊午運中一枕难醒

壬申年　庚戌月　丁酉日　庚戌時

此八字丁酉日貴元相配柱中金水才官之格財旺生官終身有力遇斯命者生於右族長於名門椿父先歸萱耐脫天邊鴻鴈各行鳴其為人也丰姿清秀天性老成世事頗能將就般般稍覺精通近貴親賢知高識下祖業添新變根源勝舊風姓著山川外名聞湖海中豐年田舍稻盈豐臘入山家酒滿尊不以功名為念長將冠冕磨礱施恩惹怨布德成嗔但願人生財祿旺何須天府沐皇恩此則穩享之命鴛幃有碍須年敵子嗣秋來始有成運行初壬子上人庇下未斷平生癸丑運中風剪雪寒總覺冷鳥啼花落始知春甲寅運中雖則行藏有變尚多人事虧盈乙卯運中財源旺足家居好素耗須防頃刻生丙辰運中財源旺足風雨還生丁巳運中延賓翫月會客開尊戊午運中如月入雲己未運中子貴孫榮夢別無憑

壬申年　庚戌月　庚申日　丁丑時

此八字庚申專祿之日雜氣官印之格人生得此生於良族長於仁門椿父先歸萱晚翠天邊鴻鴈各行群其為人也丰姿清秀天性聰明知上下識重輕過犬黃金重長價離雲皓月倍清明名聞湖海声振鄉村祖業重新立財源自學成江湖有意公鄉小廊廟無心宇宙弘晚年光霽景財帛有餘盈此則旺益之命鴛幃有碍須添寵子嗣生成俊傑人運行初辛亥萱親庇下未斷平生壬子運中春雪消春信至漸覓有光榮癸丑運中得失相半憂喜並行甲寅運中則源旺足安居好一番虧耗尚愁人乙卯運中梔李千株錦江山一晝屏丙辰運中松尚茂栢尤青丁巳運中享子晚景一枕清風

壬申年　庚戌月　戊午日　辛酉時

此八字戊午日刃之辰傷官用印之格人生得此金
木椿萱双晚茂天边鴻鴈各聯群丰姿清秀天
性聪能知高下識輕重祖業添新變財囊晚積
存田園桑柘茂畝畝稻粱馨香不須問覔功名路
但願平生福祿增此則穩旺之命处幃配得須
年敵子嗣秋来孝義深運行初辛茂上人庇下
未斷平生壬子運中乍晴乍雨留客景或寒或暖
困人天癸丑運中始覔行藏有憂还愁舞雪㴬
空甲寅運中到此始知時運好果然才帛有餘盈
乙卯運中正是梅青弄月向何愁第宅不增新丙
辰運中暮景昇平樂丁巳運中黃粱夢不醒

壬申年　庚戌月　壬子日　癸酉時

此八字雜氣財官之格四柱空亡曷能發祿
主人生於貧里長於寒門少年零落畢徒自
有親昆丰姿麗狠德行欠温日日垢衣弊服
朝朝遶巷沿村此則貧子之命運行初辛
亥沿途乞丐誰與談論壬子運中命自當
如此何須吾吾奔癸丑運中衣則蓑草食
則瓦盆甲寅運中生計從容暫安樂乙卯
運中埋屍無地敬冤鬼

壬申年　庚戌月　庚申日　甲申時

此八字庚申爵祿之日雜氣官印之格人生得此生於文望之俗長於詩禮之庭水土椿萱文貴天邊鴻鴈飛騰手姿清秀天性老成高謀遠見機關別慷慨情懷學識深終是功名之客豈為田舍之人一朝但得風雲便九重雨露沐深恩舒長化日桑麻茂融洛仁風雨露清此則繼顯之命鴛幃重鬯子嗣有成運行初辛亥上人光被襁褓平生壬子運中詩書從易訓灾滯未能伸癸丑運中歡遂平生志宜功繼㲲功壬寅運中到此始知時正好長安道上誇花驄仁風揚遠近德化洽西東乙卯運中衣冠正在權衡處何事天邊雪滿空丙辰運中南陽郡杜名高著西漢龔黃令大行己巳運中假若瓊瑶之醖名如蘭蕙之馨戊午運中春光有限花落月沉

壬申年　庚戌月　戊申日　乙卯時

此八字戊申長生之日相配柱中木火雜氣官印之格女人得此生於良族配於名門姿容清秀鬓貌超群有針綫之巧立業之勤一苑杏桃鋪錦綉滿山松柏映幃屏雲收華岳千山秀水到湘江一様清克勤而克儉易喜而易嗔錦綉花開家富貴琅玕竹報日升平晚年子貴多歡樂滔滔福祿享無窮此則晚榮之命良人有犯須年敵子嗣生成貴显人運行初己酉上人庇下未斷平生戊申運中青帰柳葉睛初变紅入桃花煖未匀丁未運中雖則夫門才業旺旺中尚有事虧盈丙午運中乍雨乍晴留客景或寒或煖困人春乙巳運中一度愁心對蒼雪沙鷗尤鮮報升平甲辰運中有子登黄甲何愁晦耗生癸卯運中晚年榮贈福祿駢臻壬寅運中享子孫之福慶辛丑運中夢杳杳之佳城

壬申年　庚戌月　丁未日　辛亥時

此八字丁未陽刃之日相配柱中金水雜氣財官之格傷官在柱減我功名主人生於仁厚之門長於名望之族士命椿萱雙晚茂天邊鴻鴈不同群其為人也丰姿清秀天性聰明有剛斷明敏之機閑慷慨賢良之智氣親貴客近高人重成新事業再整旧門庭生涯湖海之上道路或西或東萬象光華沾沛澤四時佳趣瑞祥生門楣壯觀第宅增新花果桃李非春色人有窒歎是太平時來財祿旺金谷足豐盈此則穩厚之命篤怖同羈如魚水子嗣森枝一果榮運行初辛亥上人庇下未斷界況壬子運中登臨值雨賞翫春陰癸丑運中財如春水滔滔長福侶秋蟾皎皎明甲寅運中福元成岳瀆威勢壓鄉人當此之際風雪滿庭乙卯運中富貴榮華當此際何愁人事不光榮丙辰運中如松含晚茂似菊綻籬東丁巳運中引鶴徐徐三徑曉約梅同醉一壺春戊午運中春光一去無消息流水潺潺不絕聲

壬申年　庚戌月　戊午日　丁巳時

此八字戊午日刃之辰相配柱中金水傷官帶印之格人生得此生於右族長於名門椿萱有倚先歸母天邊鴻鴈各行鳴其為人也丰姿清秀天性聰明膏羅今古事學識聖賢心太山北斗千年在和氣春風四座傾終是功名客豈為田舍翁北海蛟龍頭角聳南山豹變瓜牙新一從姓字傳揚侯濟濟衣冠拜九重此則榮貴之命然篤怖有抱負招副子嗣晚榮門辛亥上人庇下未斷平生壬子運中欲遂平生志須加董子功癸丑運中遠望天邊雲外路思攀桂子手中馨甲寅運中禹浪三層都躍遍風生鐵面鬼神驚乙卯運中腰橫金下帶符剖玉為鮮當此之際風雪滿庭丙辰運中但願官超二品自然福享千鍾丁巳運中晚年快樂會友開樽戊午運中春歸去一枕巫峯

壬申年　庚戌月　丙辰日　己亥時

此八字丙辰日德之辰配合柱中金水襟氣財剎之格人生值此丰姿清俊天性聰明生於名望之家長於仁威之庭堂椿應顯萱先别鴻鴈天邊有序鳴祖基祖業添加置財帛聲名且立成學問通今古詩書也覽親一朝身脫白禄馬旺前程氣高而傲物性又不伏人蛟龍豈是池中物騰踏飛黄禄位增此則貴秀之命鴛幃宜正副子又去攀榮運行初辛亥災関尤未息磨下保無驚當是時也雪洒衣襟壬子運中任君揔有凌雲志未能霄漢奮天庭淡雲不雨保守前程癸丑運中聲名從此顯泪没一朝伸甲寅運中正在榮陞高擢地一番梨雨守憂親乙卯運中号令安黎庶嚴威華弊清丙辰運中子又豸冠山嶽動吾受重封爵不輕丁巳運中觧印歸郷里五斗樂心情戊午運中英雄堪嘆息精鬼赴幽冥回去也

壬申年　庚戌月　癸亥日　庚申特

此八字癸亥日元相配柱中火土雜氣才官之格人生得此生於右族長於名門椿父先帰萱耐晚天邊鴻鴈有飛騰其為人也丰姿清秀天性聡明知礼冐識古今高人相敬貴客相欽謀動君子威伏小人笋長名国過旧竹花開上苑勝先春終是功名之客豈為隱跡之翁時来機會好運貴也光荣不貴盧憂力終為發福人此則攀右生烟之命鴛幃有犯湏重續子嗣秋来貴顯荣運行初辛亥運中上人庇下未断平生壬子運中雪牆天未熡弦断尚愁人癸丑運中嚴霜積雪都經過從此才源倍有增甲寅運中聲名耿耿氣宇英英當此之際風雪満庭乙卯運中庭前竹根平安日艦外花開富貴春丙辰運中有名開富貴無事樂丰生丁巳運中子嗣光荣贈戊辰運中春帰馬不鳴

壬申年　庚戌月　庚申日　壬午時

此八字庚申專祿日相配柱中火土雜氣官印之格正謂有官有印無破作廊廟之材遇斯命者生於右族長於名門椿萱有倚難雙耄鴻雁天邊不共群其為人也丰姿清秀天性聰明美材出類學問淵源宜是池中之物尤來席上之珍龍飛九五雲霄外鵬翼三千翰海中閶闔開黃道崇見降紫宸威揚萬里政化西東此則榮貴之命鸞幃重合蚤子嗣彩衣新運行初辛亥上人庇下化日陽春壬子運中踏破泮橋霜幾板讀殘茅店月三更癸丑運中有路必達有志必伸甲寅運中雁塔題名後朝班立縉紳乙卯運中千里霜威金釜重三秋風色總不枉當此之際風木之驚丙辰運中劍光飛赤電雨氣判鴻濛丁巳運中有名蕉有貴無事樂從容戊辰運中春光如過隙一挽了平生

壬申年　庚戌月　庚申日　丙子時

此八字庚申專祿之日相配柱中火土襍氣殺印之格人生得此生於右族長於名門萱母先歸椿顯貴天邊鴻雁各行鳴其為人也丰姿清秀天性豪洪世事頗能將就般般孛父精通祖業添新慶財源晚倍增豈無高士敬時有貴人欽月掛碧天多皎潔名揚湖海有声名第因落籜方成竹魚為奔波始化龍君若有心於仕路貴人一薦祿元豐不費區區力終為貨利人此則擊石生烟之命鸞幃有犯須於剋子嗣生成貴顯人運行初辛亥上人庇下天朗風清壬子運中綉花有艷昼水無声癸丑運中水府不駭珠怎見豊城不掘劍無明甲寅運中問名則名顯問利則利豐花木生香潤屋潤身乙卯運中威權有瑞声名重財祿興隆福祿增當此之際風雪滿庭丙辰運中財源富足家業興隆丁巳運中春光去也花落月沉

壬申年　庚戌月　甲寅月　壬申時

此八字甲寅專祿之日相配柱中金火傷官制殺之格人生得此生於名族長於名門椿萱耐晚萱母先亡天邊鴻鴈有不同行其為人也手姿清秀性格果剛矜悶不親顏孟業生平常展貴人鄉樓臺疊疊生涯好財帛盈囊又積倉麗珠照殿光難掩雷劍生風氣羨藏閭里声名播江湖風味香豐年田舍禾盈譽臘日山家酒滿斟但類財源富足何須朝拜天堂此則穩厚之命鴛幃有犯須年火子嗣生成貴顯人運行初辛亥上人庇下風雲何妨壬子運中雪晴天未煖人事尚悠揚癸丑運中春水春江相妬綠新鶯新柳競爭黃甲寅運中財源富足樓閣軒昂乙卯運中子孫于芮乃積乃積當此之際風雲滿墻丙辰運中不獨財源富足尚計名播明邦丁巳運中晚年宴樂戊午運中一枕黃梁

壬申年　庚戌月　辛未月　丙申時

此八字辛未日元相配柱中火土雜氣官印之格人生得此生於名族長於仁門萱母先歸椿後別天邊鴻鴈各搏風其為人也手姿清秀天性聰明世事頗能將就般般事父精通自有順天之慶豈無福地之深重成新事業再整旧門庭泮林空着脚湖海可經營自將隱矣文何用人不知之味更真時至自然成業運來財祿足豐盈祿元成岳瀆威勢壓鄉民此則穩厚之命鴛幃得配名門女子嗣枝枝孝義深運行初辛亥上人庇下風雲滿庭壬子運中莫道儒冠誤螢窗患不勤癸丑運中昼水無声空有痕綉花雖艷不聞馨甲寅運中到此始知時運好萬象光華百事通乙卯運中桃李千綺錦江山一昼屏丙辰運中愈老黃花香馥郁歲寒松柏耐青春丁巳運中晚年快樂戊午運中一枕清風

壬申年　庚戌月　丙寅日　壬辰時

此八字丙寅長生之日相配水土傷官制煞之格四柱兩冲滅吾功名主人生於右族長於仁門椿萱双晚芪棠棣各親榮其為人也丰姿清秀天性聰明有傳古通今之書憂上下和之能祖業難守旧門庭梅開白雪飄東閣笋出新梢過北庭福布江山外名聞湖海中艘艇梢覧件件如新遊山翫水携詩卷對月觀花把酒酣歌不戚名利豈知近貴人花無桃李非春色人有笙歌樂太平但顧財原富足任他身外無名此則發福之命鸞幃重合奁子嗣晚成榮運行初辛亥上人庇下月白風清壬子運中春歸柳葉情初变紅入桃花暖未匀癸丑運中雖則行藏有慶幾多人事厨盈甲寅運中財源旺足家居好處有開非索耗生乙卯運中桃李千層錦江山一晝屏丙辰運中黨捲香風生百福軒開化日禄園增丁巳運中青春如夢過一枕夢先憑

壬申年　庚戌月　己卯日　辛未時

此八字己卯專權之日相配柱中木火襍氣杀印之格女人得此主於右族長於名門椿萱双晚茂棠棣各數榮其為人也姿容清秀鬓兒精神有針綴之巧立業之勤雲妆華岳千山秀水到湘江一樣清翁姑姑有倚妯娌尚情輕憂禍自能辞肉味愛琴絲鮮辨絃聲心静似月明雲漢性急如風捲殘雲雖不鳳冠帔服自然金容豐盈此則榮旺之命良人同屬如魚水子嗣秋來始秀馨運行初己酉上人庇下未斷平生戊申運中路入花源花爛熳橋横銀漢水澄清丁未運中淡烟楊柳岸薄霧杏花村丙午運中正是梅青月白幾番微雨美晴乙巳運中一輪明月當秋夜無限奇花正遇春甲辰運中夫賢子秀樂意忘情癸卯運中晚年多快樂一枕了平生

壬申年　庚戌月　戊申日　癸亥時

此八字戊申長生之日相配柱中金水傷官助才之格人生得此生於右族長於名門椿父先帰萱後別天边鴻鴈各行鳴其為人也丰姿清秀天性老誠頗曉三分道理文章一竅不通萬里春山行樂頌四時佳趣瑞祥生福布江山生秀氣名聞湖海有光揚祖基華古事業昂昂時至才源旺足運未福祿駢臻無辱心當足何須慕利名此則旺足之命鴛幃有伲須年敵子嗣秋来旺宅門運行初辛亥上人庇下未断平生壬子運中西風吹過天边雪五夜金風未放晴癸丑運中得中有失悔処还明甲寅之中爆竹声催残臘去折梅香引阜春逢須史風雨雨過山青乙卯運中天上三陽泰人間五福增丙辰運中戌四時佳趣立萬古門庭丁巳運中松尚茂柏尤青戊午運中帰去也

壬辰年　庚戌月　甲辰日　丙寅時

此八字甲辰日元相配柱中金火傷官制殺之格人生得此雖不成名安能發福主人生於右族長於名門水火椿萱晚栄贈天邊鴻鴈各搏風其為人也丰姿清秀天性聰明般般稍覽件件不精豈無高仕敬特有貴人欽無慮人傳詩礼樂有時来句遠方親祖業有依須再整才源浮積晚餘盈江湖有意公卿小廊廟無心宇宙輕此則發福之命鴛幃金命須年小子嗣秋来孝且忠運行初辛亥上人庇下灾悔之中壬子運中爆竹声中傳臘去折梅香東送春過癸丑運中萬里烟雲被阻一輪明月光明甲寅運中天上三陽泰人間五福臻乙卯運中富貴栄華當此際西風洒雪滿門庭丙辰運中如松長晚翠似菊吐金英丁巳運中一枕不醒陽関夢斜風吹落楚山雲

壬申年　庚戌月　丁卯日　癸卯時

此八字丁卯日相配柱中之水時上偏官之格喜逢印綬以相幫人生浮此多機多智不柔不剛椿萱分皓首鴻鴈有分翔學問有成終是功名之客筆刀雄健豈爲田舍之郎天官考最沾恩寵百里山河化日長此則榮貴之命鸞帏全正副桂子發天香運行初辛亥幼年之景摘句尋章壬子運中詩書心不倦遇貴便名揚癸丑運中三疊陽關對別酒九重天府沐恩光甲寅運中一番風雪過化日照河陽乙卯運中祿元重顯耀風浪又驚狂丙辰運中黃花綠酒丁巳運中夢入仙鄉

壬申　庚戌　丁卯　戊寅

此八字乙卯專祿之辰雜氣財官之格伏此根基主人生於帥府長於高堂椿親英傑鴈字同翔其爲人也天資明敏氣槩軒昂涯水生駿驥册山去鳳凰鞘　青萍虬浪恕合傳紫塞虎風狂名高柱国威肅万方此則大臣之命鴛帏雙之桂子飄香運行初辛亥老庇之際冬温夏凉壬子運中紅杏叢中現戲彩綠揚庭上飲壹觴癸丑運中韶華滿日多餘慶些少風波幸不妨甲寅運中威權縱此大旧没一朝陽乙卯運中天語叮嚀權令重宣威沙漠冠潛藏丙辰運中莫忘恩波恒聞菊酒香丁巳運中卧音一道醇酒三觴

壬申年　庚戌月　辛亥日　己丑時

此八字辛亥日相配柱中之土雜氣印綬之格人生得此多機多斈件件粗知祖業添新改舊才囊自積豐肥湖海市廛生計旺果然晚節福安舒此則自成之命雋幃年少双諧老桂子秋来舞綵衣運行初辛亥上人庇下有何是非壬子運中財源来便旺何必讀詩書癸丑運中行藏多順利風雪又輕飛乙卯運中才源来滚滚名勢提輝輝丙辰運中孫賢子秀丁巳運中帰去来兮

子平遺書　三

壬申年　庚戌月　辛亥日　丁酉時

此八字時上偏官之格喜逢日禄以歸時主人生于邃室長於高居火土椿萱雙發秀聯枝棠棣獨芳菲其為人也多機變有操持多聞多見學礼學詩萬里韶華必許利名烜赫一聯美景管教福禄高弥鰲逐玉蟾攀桂去馬随青帝踏花歸此則顯達之命处幃賢淑子嗣能為運行初辛亥雙親庇下有何是非壬子運中芸窓辛苦雪案驅馳癸丑運中到此始知名譽好綠楊汀外馬頻嘶甲寅運中財名輝耀德望崔嵬當此之際柳絮盈堤乙卯運中耿耿聲名振紛紛雨露濡丙辰運中英雄有限何不思歸丁巳運中春光去也欤

子平遺書　四

壬申年　庚戌月　戊午日　甲寅時

此八字戊午日丑之辰相配柱中之木時上偏官之格人生得此丰姿英傑天性聰明椿親耐晚萱先別鴻鴈天邊有各鳴明韜畧之法習賢聖之經休向天山勞汗馬可以翰苑取功名一朝馬上衣冠別此是男兒志猷騰此則貴達之命鴛幃配合終年少桂子秋来三兩英運行初辛亥上人庇下快樂悲生壬子運中雖則詩書有志誤教貨利関情癸丑運中時来雲霧合變化頭峥嵘甲寅運中不獨聲華燁燁果然財帛盈盈乙卯運中重重沾沛澤肅肅振威聲丙辰運中榮囬故里丁巳運中一夢難醒

壬申年　庚戌月　丙寅日　己丑時

此八字丙寅之日身寅之日身坐長生傷官帯財之格人生得此丰姿秀爽德性温良生於望族長於高堂一樹椿萱榮皓芍幾枝棠棣獨呈芳文彩光天地聲華達上邦此則榮顯之命

壬申　庚戌　丙辰　戊子

此八字丙辰日相配柱中水土去煞留官之格人生得此顯姓揚名椿萱榮且耄鴻雁有聯鳴丰姿磊落性理剛明學問有成終是功名之客英才特達豈為避世之英一從姓字傳揚後禄位輝輝化日明此則榮顯之命鴛幃金玉重重麗桂子秋来朶朶榮運行初辛亥不榮不辱庇下安寧壬子運中歆遂平生志潛心對短檠癸丑運中甲寅運折桂榮回光故里陽關三疊馬蹄輕乙卯運中寵渥榮沾後仁風千里清丙辰運中金魚初綰帶籬下

樂高情丁巳運中黃花醱酒戊午運中香夢蓬瀛

壬申年　庚戌月　辛未日　己亥時

此八字辛未日相配柱中水火雜氣官印之格人生得此丰姿穩厚天性剛雄椿萱堂上雙年老鴻鴈天邊必有從艇擬歷學件件粗通祖業終宜更換財囊自積豐盈江湖自有生財路何必天門拜袞龍此則守成之命鴛幃年少雙諧老桂子庭前長嫩葉運行初辛亥上人庇下快樂從容壬子運中不向芸窗讀書史却来湖海會英雄癸丑運中藕穿平地生荷葉芽過東家作錦業甲寅運中財帛来多旺風波不致凶乙卯運中家業多光霽財

名處處通丙辰運中孫賢子秀丁巳運中人去家空

壬申　庚戌　壬子　庚戌

此八字壬子日相配柱中火土雜氣才官之格人生得此多機多智不柔不剛生於攜井長於高堂椿親豪傑萱西室鴻鴈天邊後有行指下有濟人之德胷中藏賢聖之章交貴親賢歷湖海臨風對月樂壺觴但願杏林尊德望何須天府沐恩光此則豪傑之命鸞幃配合須年少桂子秋來朶朶香運行初辛亥上人福庇摘句尋章壬子運中便有人尊妙手何須苦向書窓癸丑運中世事光華才祿旺一番風雪墜門墻甲寅運中英雄惟贈劍三尺豪傑相逢酒一觴乙卯運中財源滾滾氣勢洋洋丙辰運中輝光生第宅車馬集門墻丁巳運中滔滔發旺戊午運中夢入仙鄉

壬申　庚戌　壬戌　辛亥

此八字壬戌日相配柱中火土雜氣才官之格喜逢日祿以歸時人生得此多機變善操持般般歷學件件粗知椿萱堂上先歸毋鴻雁天邊有共飛祖業更新換舊才囊自積豐肥佇看晚節家業光輝此則富實之命鸞幃配合須年少桂子庭前秀四枝運行初辛亥初年之景風雪相欺壬子運中身衣芦花絮寒來只自知癸丑運中才源來旺剋人事有趑趄甲寅運中一番風雪過金玉積多餘乙卯運中英雄惟贈劍三尺豪傑相逢酒一卮丙辰運中晚年發旺丁巳運中夢斷華胥

壬申　庚戌　癸亥　癸丑

此八字雜氣才官具於今日時虚祿拱其中主人生於豪裔長於華宗其爲人也嚴慈含晚翠棠棣長春江其爲人也丰姿俊秀天性從容學問論思千古詩書恒足三冬佇爲飛黄騰踏去峥嶸頭角勢豪雄此則青出於藍之命鴛幃花柳媚子嗣桂蘭榮運行初辛丑襁褓之下無去無凶壬子運中必及青雲第宜加維功癸丑運中致此始知文學好長安道上踏花驄甲寅運中清風振遐迩化日耀西東乙卯運中雖致權名振顯也愁風浪重重丙辰運中未許田園樂還爲寵渥封丁巳運中晚未無一事且飲酒三鍾戊午運中帰去也

壬申年　庚戌月　辛酉日　壬辰時

此八字辛酉日相配柱中水土傷官之格人生得此丰姿清致天性果剛椿親耐晚萱帰早棠棣庭前異葉芳梢有賢良之志粗知禮義之方不向仕途求聞達却来湖海匿風霜佇晚年光霄景喧喧車馬集門墻此則富厚之命鴛帳連珠低一歳桂蘭还擬發秋香運行初辛亥身衣芦花絮寒来只自當壬子運中才源来便旺何必習文章癸丑運中世事光華行樂順風霜阻節不爲傷甲寅運中一番風雪過金玉積盈囊乙卯運中滔滔旺家業日日會賢良丙辰運中冲擊之鄉樂処生殃丁巳運中落日青山外西風慘白楊

壬申年　庚戌月　辛未日　己亥時

此八字辛未日相配柱中火土雜氣官印之格人生得此半姿穩厚天性剛雄椿萱堂上雙年老鴻鴈天邊少有從般般歷學件件粗通祖業終宜更換財囊自積豐隆江湖自有生財路何必天門拜衮龍此則守成之命鴛幃年少雙諧老桂子庭前長嫩叢運行初辛亥上人庇下快樂從容壬子運中不向芸窗讀書史郝來湖海會英雄癸丑運中藕穿平地生荷葉笋過東家作錦叢甲寅運中財帛來多旺風波不致凶乙卯運中家業多光霽才名處處通丙辰運中孫賢子秀丁巳運中人去家空

壬申　庚戌　癸亥　丙辰

此八字癸亥日相配柱中火土雜氣才官之格人生得此嚴毅之志慷慨之資椿萱皓首難全贈鴻雁天边有共飛窟通今古事博覽聖賢經壯海蛟橫頭角聳南山豹變爪牙齊姓字傳揚沾寵渥輝輝祿位又加增此則显揚之命鴛幃金玉蘭子嗣桂蘭奇運行初辛亥庇佑之下無慮無思壬子運中欲遂平生志潜心下董帷癸丑運中禹浪三層都躍過榮沾寵渥振威儀甲寅運中一番梨雨過千里勢輝、乙卯運中金紫大夫權任重山河十郡樂雍熙丙辰運中老當大用未許懸車丁巳運中黃花綠酒戊午運中歸玄來兮

壬申年　庚戌月　丙辰日　己亥時

此八字丙辰日相配柱中之水偶官之格女人得此福足以底其身儀容英雅氣象清新椿萱有倚分中道妯娌翁姑半失群有立業掌家之道相夫教子之勤初運清平初發福晚年福慶愈臻臻此則穩秀女命良人配合須年長桂子庭前發錦蓁運行初己酉閨門之内化日陽春戊申運中匹配成佳偶花開錦綉新丁未運中昂昂家業濟濟斂裾丙午運中一番風雪過財帛旺夫門乙巳運中名花含細雨皓月入疎雲乙巳運中助夫門之才業長自己之精神甲辰運中孫賢子秀癸卯運中夢入風塵

壬申年　庚戌月　庚申日　庚辰時

此八字庚申日配乎柱中之土雜氣印綬之格人生得此手姿英雅多見多能椿萱榮養方虧奉鴻鴈情分不共鳴識達聖賢之學辯分宽抑之情刀筆高揮勞紧牘功成考最沐恩榮此則榮貴之命鴛幃同屬雙榮耄桂子庭前三四英運行初辛亥工人庇下詩禮趨庭壬子運中洛陽三月景花柳競芳榮癸丑運中貴人薦引登公府財旺威揚浪又生甲寅運中足馬登天沾寵渥功光家世振威聲乙卯運中一番風雪過化日照民情丙辰運中禄元重顯擢戎幕羨多能丁巳運中榮回慶樂戊午運中一夢難醒

壬申年　庚戌月　戊申日　壬子時

此八字戊申日相配柱中之水雜氣財官之格人生得此丰姿洒落性格聰明堂上椿萱皓首天邊聯鳴學問胷中廣詞源筆下精擬向仕途騰踏豈教革野躬耕佇看風雲相際會果然變化上天庭此則顯貴之命鴛幃同屬婁諧老桂子森森綵舞榮運行初辛亥上人福庇黃卷青燈壬子運中讀殘窻下月未擬顯科名癸丑運中到此飛黃騰踏果然身沐恩榮甲寅運中一番梨雨初晴後閶闔天開祿位陞乙卯運中旺中生阻節依舊顯威聲

丙辰運中職列大夫權任重心灰便擬解簪纓丁巳運中雞邊處樂戊午運中憂入佳城

壬申　庚戌　壬戌　丙午

此八字壬戌日相配柱中大土雜氣才官之格人生得此丰姿洒落天性果剛椿萱雙耐脫棠棣有同芳學問三冬足猜書萬卷嚴終是功名之客豈爲田舍之郎一朝騰踏飛黃去此是男兒當自強此則顯榮之命鴛鴦配合須藥桂子秋来朶朶芳運行初辛亥上人庇下何海炎涼壬子運中尋章摘句入室升堂癸酉運中禹浪連三躍衣冠弦袞章甲寅運中一番梨雨過職列大夫行乙卯運中權衡千萬里風浪兩三場丙辰運中大才大用威振邊疆丁巳到戊午運中歸去也

壬申年　庚戌月　壬戌日　庚戌時

此八字壬戌日德之辰相配柱中金土殺印之格人生值此注人生於橘井長於仁庭椿萱數晚翠鴈字斷連群其為人也丰姿俊傑處事機深學問稍知今古英才可顯利名水府不敲珠怎覓豊城懶握劍河騰此則擊石生煙之命驚悼土命前生定桂子生来發秀英運行初辛亥上人之下詩禮相親壬子運中志留割席功名大心在窮書事業榮癸丑運中忽日聲名馳鳳鬮方顯児男志氣雄甲寅運中月掛碧多皎潔名揚里閭有光榮乙卯運中威權有布福祿重重當此之際一度風攻丙辰運中再沾新氣象重成整舊威容丁巳運中優游田里會友論文戊午運中春光一去萬水流東

壬申　庚戌　乙巳　癸未

此八字乙木相配柱中金土雜氣才官之格女人值此容顏美秀体貌精神其為人也生於望室長配豪門一對翁姑難倚靠妯娌行中各有馨花無桃李非春色人有笙歌是太平衣冠濟濟三從備家業昂、四德貞助勤每効凢態膳遺訓還從斷織心性急起來如火發安然便似月當中針線之巧勤儉之能初運中年防災險暮年夫顯子榮身此則助夫顯子女命良人火命宜招配桂子先傷晚顯英運行初己酉花房之內未論生平戊申運中忽然父喪災憂過赤繩月下結婚姻丁未運中一對鴛鴦齊並立產中有厄見憂迍丙午運中良人身勢重奴婢有隨跟乙巳運中萬紫千紅花及景西風梨雨淚傷情甲辰運中出則高擡紅頂轎歸則僕從亂紛紛癸卯運中有子威揚顯愈老菊花新壬寅運中不管堂前事無常又促程

壬申年　庚戌月　己亥日　乙巳時

此八字己亥日相配柱中之水雜氣才官之格人生得此金紫榮封椿萱榮耐晚鴻雁有聯鳴丰姿慷慨天性公平貫古今之學心明贊聖之經一舉可冲天之勢片言有折獄之能姓字傳臚沾寵渥威風肅肅四方清此則兵肅之命鴛幃全正副桂子有高榮運行初辛亥幼承工庭詩禮趨庭壬子運中讀殘官舍月行落泮林星癸丑運中世事光華雲路達禹門三跳沐恩榮甲寅運中威風驚郡縣祿位便加陞乙卯運中權衡千里萬里風霜一層兩層丙辰運中晚年持重柄　怒遑城丁巳到戊午運中歸去也

壬申年　庚戌月　庚申日　己卯時

此八字庚申專祿之辰雜氣財官之格值此象者萱母先歸椿老壽西風鴻雁有群行其為人也丰姿磊落性格異常自覺平生旺財業豈思翰苑習文章門外生涯千古計庭前活計四時昌但逢機會至遇貴足風光此則穩旺之命鴛幃得配貞良女子嗣生成特達郎運行初辛亥上人庇下宜安樂風雲無端惱一場壬子運中登臨值跡雨世事尚平常癸丑運中財源來滾滾福祿自洋洋甲寅運中門闌壯觀福慶輝光乙卯運中風浪層層何足畏依然安靜樂徜徉丙辰運中延賓酌酒會友流觴丁巳運中春光短也費入黃糧

壬申年　庚戌月　乙未日　丁亥時

此八字乙未日元相配柱中金土雜氣才官之格喜逢印綬生身遇斯命者生於右族長於名門其為人也丰姿清秀天性聰明胸羅今古事學識聖賢心麗句妙為天下白高材俊似海東青終是功名之客豈為田舍之翁鵬路高搏知建翼龍門深躍見脩鱗一從姓字傳揚後九五天門面聖容此則榮貴之命鴛幃金玉潤子嗣彩衣新運行初辛亥上人庇下未斷平生壬子運中十年窗下業黃卷與清燈癸丑運中報道是龍還不信果然奪得錦標新甲寅運中寒拂紫衣催驛騏光生玉節下雲層乙卯運中腰紅金作帶符剖玉為鱗當此之際風雲滿庭丙辰運中赤心扶日月素志展經綸丁巳運中胖組回田里雞邉樂性情戊午運中春光去也一道訃音

壬申年　庚戌月　戊辰日　丁巳時

此八字戊辰日德之辰日祿歸時之格雙親含晚翠鴻鴈有聯群其為人也丰姿瀟洒性格志觀貴客近高人争長名園過舊竹花開上院勝先春不是功名客還為豪傑人此則富足之命鴛幃得合羅帳同心桂子有成金風之粟運行初辛亥輕輕晚霧淡淡春雲壬子運中陽回喬木氣轉鴻鈞癸丑運中萬疊好山雲下斂一樓明月雨初晴甲寅運中財權秉美福祿駢臻乙卯運中一番榮閙依舊昇平丙辰運中人生正是光華景會丈中庭酌兕觥丁巳運中翩翩銘旐鬱鬱佳城

壬申年　庚戌月　己酉日　乙丑時

此八字己酉日相配柱中金木傷官合殺之格人生得此宜乎仕路崇登主人丰姿標俊氣象清新堂上椿萱數晚翠庭前棠棣發春榮學問聰明筆底詞源三峽水英才特達胸中學業五車文霹靂一聲隨變化峥嶸頭角現天津此則榮輝之命鸞幃全正嗣桂子秀陽春運行初辛亥上人光庇花柳精神壬子運中騰身離泮水舉足上雲津癸丑運中一從參玳宴天府沐深恩甲寅運中耿耿聲名重滔滔雨露新乙卯運中政引風霜成物色語回天地到陽春丙辰運中衣冠多壯麗未許乞閑身丁巳運中榮回故里多光壽一夢胡爲別故人

壬申年　庚戌月　丙辰日　庚寅時

此八字丙辰日德之辰相配格中金土雜氣才官之格人生得此丰姿清致性格剛忠生於茂族長於華家椿萱双白首鴻雁有搏風學問聰明終頭貴筆鋒雄健走蛇龍機會來時雲霧合也教光顯舊門風此則榮達之命鸞幃春色麗桂子沭秋容運行初辛亥上人庇下其樂雍雍壬子運中欲遂平生志宜加董子功癸丑運中雖則芸窗蔫志未歷穩步蟾宫甲寅運中到此始知文學好長安道上躍花驄乙卯運中皇恩有感祿位重重丙辰運中冲擊之所暫阻威雄丁巳運中落日青山外哀猿嘯晚風

壬申年　庚戌月　癸亥日　己未時

此八字癸亥日相配柱中金土殺印之格人生得此宜乎得祿得名注人生於詩禮之室長於華麗之居椿萱皓首相分別鴻鴈天邊有陣飛霄羅千古事學就五車書瓊林雖不忝高宴金紫榮看祿位巍此則崇顯之命鸞幃金玉麗子嗣桂蘭奇運行初辛亥上人庇下安樂何如壬子運中欲遂平生志潛心下董帷癸丑運中一從折得蟾宮桂寄跡橋門教載餘甲寅運中一番風雪過天府聽榮除乙卯運中仁風千里感祿位再加巍丙辰運中金魚初綰帶來許便懸車丁巳運中榮回故里戊午運中夢入仙鄉

壬申年　庚戌月　壬戌日　壬寅時

此八字壬戌日德之辰相配柱中火土雜氣才官之格人生得此丰姿洒落天性果剛椿萱堂上分並耄鴻鴈天邊有各翔學識聰明未必騰身於翰苑筆鋒雄健尤能顯姓於公堂天官奏最沾恩寵百里桑麻發秀音此則顯身之命鸞幃配合双諧老桂子庭前朵朵芳運行初辛亥幼承上庇其樂何當壬子運中時來逢貴助揮筆振權衡癸丑運中歷過超越登上国綬沾聖澤挺軒昂甲寅運中一番風雪過桃李發春陽乙卯運中祿元重顯擢未擬便還鄉丙辰運中榮回如樂丁巳運中夢入黃粱

壬申年　庚戌月　辛丑日　戊子時

此八字辛金相配柱中水土傷官用印之格人生得此宜爭金紫之榮注人生於文望之族長於詩礼之宗一對椿萱榮耐晚数行鳩雁各凌風學問聰明萬里扶搖騰鴐奮英才敏捷一声霹靂　龍長安春似海花映綵旗紅此則榮旁之命鴐幃青龐九昭刻桂子秋来長嫩叢運行初辛亥上人庇下快樂無窮壬子運中欲遂平生男子志宜加董子下惟功癸丑運中躍過三層浪衣冠拜袞龍甲寅運中一番風雪初晴後金紫榮看兩度封乙卯運中旺中生跛跡依旧振威雄丙辰運中身舊瑰璉貴權任棟梁洪丁巳運中春殘花落夢入仙鄉

壬申年　庚戌月　辛未日　己亥時

此八字辛未日相配柱中水土雜氣印綬之格人生得此仕路騰身椿萱數晥翠棠棣有聯荼丰姿清致天性維新理貫古今之學心明賢聖之文萬里扶搖騰彩鳳一聲霹靂躍潛鱗闔闢黄道衣冠拜紫宸此則顯耀之命鴐幃全正副桂子錦成茵運行初辛亥上人庇下化日陽春壬子運中詩書窮萬卷探月長精神癸丑運中禹浪連三躍衣冠覲紫宸甲寅運中一番風雪過祿位兩加新乙卯運中山河開十郡金帶綰魚鱗丙辰運中大才大用未許閑身丙辰到丁巳運中歸去也

壬申年　庚戌月　戊午日　壬戌時

此八字戊午日元相配柱中金水傷官助才之格人生得此萱母先歸椿後別天邊鴻雁各行鳴年姿清秀天性剛忠無高謀遠見之機策有識長補短之材能祖業添新慶根原勝旧風朝中無姓字湖海有声名是非莫管門前客得失須憑塞上翁萬里春風行樂頌四時佳趣福元生滿世功名身外事五湖風月樂怡情此則旺足之命鴛幃有杞損年敍子嗣秋来旺宅門運行初年吏上人底下未断外沉壬子運中風帶雪来應寬冷鳥啼花落始知春癸丑運中着意種花花不發無心栽柳柳成陰甲寅運中才源雖冨足人事尚虧盈乙卯運中桃李干路錦江山一畫屏丙辰運中門楣壯觀福禄駢臻丁巳運中無恩無慮不辱不榮戊午運中翩翩名旎鬱鬱佳城

壬申年　庚戌月　戊辰日　己未時

此八字戊辰日德之辰相配柱中金水傷官助才之格女人得此生於右族長於高門椿萱有倚先芳父天边鴻雁各行鳴其為人也卞姿清秀德茂行真有肝食霄衣之憁懰治家立業之材能雲妝華岳千山秀水到湘江一掇清每懷冗膽意時抱擇隣心滔滔無助阻滯步步助失門堆觸难犯易喜易嗔錦繡花開春富貴琅玕竹报日平安此則豊饒之命良人年小方偕老子嗣秋来旺宅門運行己酉初年之下毓秀閨門戊辰運中雖則夫門多快樂幾番微雨幾番晴丁未運中花嬌復愈寒雨柳媚尤帶金風過此丙午運中正是太平光霽景还愁花放尚風生乙巳運中萬疊好山雲乍歛一樓明月初晴甲辰運中晚年關快樂癸卯運中一枕入巫峯

壬申年　庚戌月　己未日　辛未時

此八字己未陰刃之日相配柱中金水傷官助財之格喜逢印綬生身人生得此生於右族長於仁門萱毋先帰椿後别天邊鴻鴈各行鳴其為人也丰姿清秀天性乖能知高識下理白分清世事頗能將就般般學欠精通自有順天之慶豈無福地深重成新事業再整舊門庭終是功名之客豈為田舍之翁不念十年辛苦學豈應九載成名特来沾寵渥光耀滿門庭此則榮貴之命鴛幃有贈須招副子嗣秋來有梃棠運行初辛亥上人庇下風雪滿空壬子運中登臨值雨賞翫春陰癸丑運中特来遇貴助提筆入公門甲寅運中跨馬起程登上國始知冠冕可榮身乙卯運中皇恩感聲名顯除奸祛悪播芳名須史風雪雨過山青丙辰運中正宜加爵禄未許便閑身丁己運中富貴足榮贈戊午運中胡為夢不醒

壬申年　庚戌月　癸酉日　壬子時

此八字癸酉日元相配柱中火土傷氣才官之格人生得此生於茂族長於名門椿萱有倚難雙老天边鴻鴈各飛騰其爲人也丰姿清秀天性聰明胸羅星斗學貫古今袖裏虹霓冲霄色筆端風雨駕雲衢泰山北斗千年在和氣春風四座輕豈是池中物尤来席上珍豹變南山霧鵬搏北海風一朝騰踏飛黄去此際不着蛇化龍此則榮發之命鴛幃有碍須相抵子嗣生成有旺榮運行初辛亥上人庇下繈褓平生壬子運中歘跨騰雲聡思囊照夜螢癸丑運中莫愁雲路遠時至便升騰甲寅運中到此始知文學好長安道上馬蹄輕乙卯運中令重奸邪伏威嚴鬼膽驚戚迁全榮風雪满庭丙辰運中藩臬方偕當此際来應解組向籬東丁巳運中晚年閑快樂戊午運中一枕了平生

壬申年　庚戌月　乙巳日　丙子時

此八字乙巳日元相配柱中食火傷官助才之格喜逢印綬生身人生得此生於右族長於名門堂上椿萱連珠屬天邊鴻鴈各搏風丰姿清秀天性平能世事都將就般般孝欠精豈無高仕敬時有貴人欽祖業添新慶才源自有增福布江山外名聞湖海中英雄惟贈劍三尺豪傑相逢酒一罇恩雖廣布怨却多生滿世功名身外事五湖風月樂怡情此則豊饒之命外帰有祀須招贈子嗣秋來旺宅門運行初辛亥上人庇下天朗氣清壬子運中世事有增有减才源或廢或興癸丑運中正是太平光霽景还忌閑非素耗侵甲寅運中滾滾才源來正旺任中正有事亏盈乙卯運中片霞畜連野緣週廻甲萼倚雕甍卯字之中一番風雨丙辰運中悦年開伏樂會交以開樽丁巳運中早宜收拾窓前月夢入南柯了此生

壬申年　庚戌月　己酉日　癸酉時

此八字己酉日相配柱中金水雜氣才官之格人生得此丰姿出類志氣超群生於茂族長於宦門椿萱堂上双荣壽鴻鴈天邊有舊身詞原到流三峡水筆陣獨掃千人軍一從姓字登黃甲清濟衣冠出寺倫此則荣耀之命鴛幃招賢宜有贈桂蘭藹藹發春蓁運行初辛亥上人庇下花放陽春壬子運中雲霄幾年劳苦志雲程萬里便騰程癸丑運中閶闔開黃道衣冠拜紫宸甲寅運中皇恩懋有感金帶起魚鱗當此之際一翻風雲乙卯運中山河十群皆吾屬何慮風波蕩釣舟丙辰運中金紫重重貴朝班立縉紳丁巳運中荣田窩下樂一夢入雲層

壬申年 庚戌月 丁巳日 戊申時

此八字日元相配柱中金土傷官助才之格人生得此生於右族長於高門椿萱雙睨别棠棣有行群其為人也丰姿清秀天性聰明般般稍覽件件不精有抵雪欺霜之智裁長補短之能水光浮座盃盤瑩花氣侵人咲語馨朝中無姓字閭里有声名田園桑柘茂畝畝稻梁馨花無桃李非春色人有笙歌是太平才源富足福禄無窮祿元成景續威势躍鄉民此則穩厚之命鶺鴒有犯須招副子嗣秋来朶朶成運行初辛亥上人庇下天朗氣清壬子運中雲開山聳翠雨過水重青癸丑運中正是梅青月白还愁人事虧盈甲寅運中才源富足家居好須史素耗尚愁人乙卯運中天上三陽泰人間五福增丙辰運中庭前竹報平安日檻外花開富貴春丁巳運中門媚壯觀宅弟增新戊午運中春光如過隙一枕了平生

壬申年 庚戌月 乙未日 癸酉時

此八字乙木日相配柱中金土才殺之格女人得此儀容英俊性格明良椿萱有倚分中道妯娌翁姑榮滿堂有針綫之機巧多立業之賢良萬里韶華福布閨門之秀一聯美景春回宇宙之陽晚年羅綺麗福慶異於常此則穩旺女命良人配合須年長桂子秋来有挺芳運行初己酉上人庇下快樂何當戊申運中杏艶還飛娟鶯歌鳳亦翔丁未運中居臻福慶行藏順一度風酸心自傷丙午運中絢日裙釵濟濟臨風羅綺洋洋乙巳運中金珠滿目夫門旺何慮風霜一度生甲辰運中孫榮子貴癸卯運中鏡捲晨光

壬申年　庚戌月　丙午日　乙未時

此八字丙午日配乎柱中金水雜氣才杀之格喜逢乙木以相生人生得此顯姓揚名椿萱双晚翠鴻鴈有聯鳴聿姿洒落天性以平理窮今古事學貫聖賢經姓字傳揚治寵渥絃鳴百里虎風生此則榮肅之命鴛幃配合双諧老桂子庭前有継榮運行初辛亥上入庇下暮史朝經壬子運中讀殘窓下月囊死業頭螢癸丑運中風雲相際會躍過浪三層甲寅運中百里聲馳風雪過飛騰肅氣位加陞乙卯運中權衡奮千里金紫大夫榮丙辰運中黃花綠酒丁巳運中一夢難醒

壬申年　庚戌月　壬申日　辛丑時

此八字壬申之日身坐長生雜氣官印之格女人得此亦足以潤其身主人生於富室配於高居椿萱棠棣分中道妯娌翁姑分不踈姿容清朗歷事勤敏有針綴刺綉之機巧治家立業之能為仲者夫榮子秀千般羅綺輝輝此則榮秀女命良人獲配英豪容桂子生成奪錦兒運行初乙酉閨門之內處樂自如戊戌運中配匹成佳偶鸞歌鳳亦儀丁未運中恰似洛陽三月景牡丹開處柳花飛丙午運中錦綉千層靡珍羞百味奇乙巳運中雖則夫榮身自樂一番風雪幸無危甲辰運中孫賢子秀暮景桑榆癸卯運中落日青山外風寒猿自啼

壬申年　庚戌月　丙午日　丙辰時

此八字身輕殺重早早傾亡

壬申年　辛亥月　丙戌日　癸巳時

此八字丙戌日相配柱中之水偏官之格丙辛作合有功人生得此本顯功名只嫌身歸時祿欲化不化减虧福力搘親豪傑萱賢會鴻鴈天邉後有鳴丰姿清楚性理剛明習君臣之理讀聖賢之經財囊宜自整祖業必新興交貴親賢尊妙訣何須騎馬上天廷此則冨實之命鴛幃麗春色桂子綻秋英運行初壬子上人福庇快樂昇平癸丑運中便有貴人交敬豈無財帛豐盈甲寅運中杏林生意足神効妙通灵乙卯運中財旺福興人敬仰無端風雪又嚴凝丙辰運中英雄惟贈劒三尺豪傑相逢酒一鍾丁巳運中老當益壯子秀孫榮戊午運中克昌晚節風浪無驚己未運中總有灵丹餌無常定促行

壬申年　辛亥月　辛卯日　癸巳時

此八字辛卯日之相配柱中水木傷官印財之格人生得此生於右族長於名門椿萱双晚别棠棣各數帶其為人也丰姿清秀天性聰明千古文章逞榮耀一天心斗煥心胸衣冠雅濤標格精神豈是池中物尤為席上珎北海恔騰頭角聳南山豹变爪牙新一從揚姓字秉笏拜金門此則榮貴之命鴛幃宜有贈子嗣緜衣新運行初壬子幼年之下未斷平生癸丑運中焚膏展卷秉燭觀文甲庚運中莫愁雲阻蘭関道時来頃刻便升騰乙卯運中躍過禹門三汲浪濟濟衣冠拜九重梨花墓雪雨過山清丙辰運中戦迂金子貴推任棟樑洪丁巳運中赤心扶日月素志展經輪戊午運中英雄都盡高塚臥麒麟

壬申年　辛亥月　戊子日　壬戌時

此八字戊子日元相配柱中水木才殺之格傷官助殺之為同主人生於右族長於高門土命椿萱連珠屬天邊鴻鴈各行鳴其為人也丰姿清秀天性聰明般般稍覽件件不精有理白分清之智截長補短之能祖業添新慶根原勝舊風福布江山外名聞湖海中雖不成名利生平近貴人花無桃李非春色人有筌敝是太平但願財源富足何須天府求榮此則穩厚之命鴛幃火命須年小子嗣秋來朶朶榮運行初壬子上人庇下未

斷平生癸丑運中天冷雲還凍江寬風自生甲寅運中雖則行藏有慶兇多人事虧盈乙卯運中祿元昌熾行藏好素耗閑非又欲驚丙辰運中負劍不能親孟業貨財唯喜四方通辰字之中如履薄氷丁巳運中天上三陽泰人間五福增戊午運中晚年多快樂己未運中一枕入巫峯

壬申年　辛亥月　戊戌日　乙卯時

此八字戊戌魁罡之日相配柱中水木才官之格才盛生官終身有慶遇斯命者生於右族長於仁門椿親耐晚萱母先行其為人也丰姿清秀天性老誠有近親貴賢之德截長補短之能祖業添新慶根源勝旧風終是功名之客豈為田舍之人雖不三登科甲九年也許成名信看頭角聳德澤惠黎民此則榮達之命鴛幃有破須招副子嗣生成貴顯人運行初壬子上人庇下未斷平生癸丑運中雪晴雲散天如洗時來揮筆助公聽甲寅運

中撫絲竹之乱耳有按牘之劳形須史風雨活愚弄人乙卯運中皇恩有感除巾幘烏紗角帶拜楓宸當此之際三載諒陰丙辰運中蓮幕聲名振顯滔滔祿位加陞丁巳運中治政腰銀當此際黎民頌德樂昇平戊午運中陽刃之地解組思構己亥運中人生從此別無復見儀形

壬申年 辛亥月 戊寅日 丁巳時

此八字戊寅專權之舍食神助才之格刑冲太重減我功名主人生於右族長於仁門金木椿萱双晚茂天边鴻雁奮長空丰姿清雅天性聰明行藏竟瀟洒嘆傲任枯栄萬里春風行樂頌四時佳瑞祥田園有意公卿小湖海留心宇宙軽此則旺是之命鴛幃得配連理女子翩生戍俊傑人運行壬子上人庇下未斷平生癸丑運中春入洞房生喜氣还愁微雨舞晴空甲寅運中漸漸精神爽青氣象新乙卯運中才源滚滚家業興隆丙辰運中一番風雪過依舊福元增丁巳運中延賓玩物會友閑攆戊午春去也鳥無聲

壬申年 辛亥月 己卯日 壬申時

此八字財旺生官之格傷官助用為良人生得此生於茂族長於高堂椿萱双晚茂鴻鴈各分翔其為人也丰姿磊落天性果剛聰明書藝廣倜儻世情長驪珠照龍豈难掩霄劍生豐氣莫藏豹变南山還沐九重雨露蛟横北海允成一代珪璋此則榮貴之命鴛鴦全正副子嗣長輝光運行初壬子上人庇下摘句尋章癸丑運中声名後北顕汨沒一朝揚甲辰運中百里絃鳴民樂業九天雨露再加昌乙卯運中序時風雨依舊光揚丙辰運中一天霄雨隨車至千里仁風逐扇凉丁巳運中榮平生阻節何不早還戊午運七尺紅羅書姓字一堆黃土蓋文章

壬申年　辛亥月　甲午日　戊辰時

此八字甲午之日相配柱中金水杀生印綬之格敌印相生功名顕達遇斯命者生於右族長於名門椿萱双脱娉鴻鴈各搏風其為人也丰姿磊落天性剛明錦綉肓藏賢聖李珠璣口吐武文風太山北斗壬年在和氣春風四座傾終是文場榮貴客豈為田舍鑿耕人鵬翼高搏知健翼龍門深躍見修鱗一從姓字傳揚後九重雨露沐
皇恩此則榮貴之命鸞幃金玉濯子嗣彩衣新運行壬子上人庇下未断平生癸丑運中不負才陰之惜豈辜題柱之功甲寅運中莫愁雪阻藍関道特未禹浪躍三層乙卯運中驛中曉日催行站江上春風促去程丙辰運中腰横金束帯符剖玉為鱗當此風雪蒲庭丁巳運中擢高損福慎則無驚戊午運中晚年快樂已未運中夢入佳城

壬申年　辛亥月　乙巳日　丁丑時

此八字日元相配柱中金水官印格女人得此生於右族長於名門椿萱双脱茂鴻鴈各行鳴其為人也姿顔清致美皃精神有針巧之能會立業之功雲妆華岳千山秀水到湘江一様清每懐施得意常報歲寒心萬里無雲天一色三秋好景月長空滔滔理世事步步助夫門楊柳無風枝嬈娜桂花有月倍精神难解难為易明易曉若非二次鸞配双行始見洞房花燭夜帰心得意尚為終此則穩厚之命良人火命須年長子嗣秋香朶朶戊運行初庚戌上人庇下未断平生已酉運中因緣偶合成佳眷紅葉題詩贈好音戊申運中雖則夫榮子貴尚愁果結無成丁未運中正是天光雲際何愁風雨愁人絡絡裙釵約日輝輝運行乙巳夫貴子賢雲閑月朦朧一夢入華風

壬申年　辛亥月　戊戌日　己未時

此八字戊戌魁罡之日相配柱中金水傷官助才之格人生得此生於右族長於西房椿親榮貴萱帏别天邊鴻鴈各分翔其為人也丰姿清秀天性聰明風流人事爽倜儻世情長口吐珠璣言語胸藏錦繡文章驪珠照耀光難掩雷鈞生豊氣莫藏終是功名客豈為田舍郎一咲顏登試院牽手赴科場一朝馬上衣冠别此是男兒當自強此則榮貴之命鴛帏有犯須招敵子嗣榮門晚節昌運行初壬子上人庇下其樂何當癸丑運中讀殘茅店月踏破板橋霜甲寅運中執卷幾田空嘆月時來跨馬入朝堂乙卯運中自沐天邊寵還聯粉署班丙辰運中一番風雪初晴後金紫煌煌照省堂丁巳運中正當佐明主未許便還鄉戊午運中天邊無沛澤籬下樂壺觴己未運中春光去也一枕清風

壬申年　辛亥月　辛卯日　戊子時

此八字辛金相配柱中之水傷官之格六陰朝陽之助過斯命者嚴慈耐晚鴻鴈聯行丰姿俊俏性格剛強順則春和景媚逆則日烈風狂文章出類李問異常挺挺三朝砥柱昂昂一代珪璋鞭靜瑶皆朝帝闕聯班環珮響琅琅此則輔国良臣之命鴛帏魚水之性子嗣麟凰之秀運行初壬子双親蔭下襲慶迎祥癸丑運中灯前寂寞窗下淒涼甲寅運中一朝馬上衣冠别此是男兒當自強乙卯運中威風揚万里德澤布諸方丙辰運中褒德加陞巍爵禄一番風雨恨何當丁巳運中正宜秉笏立朝野未許懸車返故鄉戊午運中晚景年來無簡事一樽春酒樂徜徉己未運中一夢飛登三島外平生踪跡更茫茫

壬申年　辛亥月　己丑日　戊辰時

此八字己丑日元相配桂中金水傷官劫才之格人生得此生於右族長於高門萱親先別椿存晚天邊鴻鴈各行鳴其為人也丰姿清雅天性乖能知高下識重輕過火黃金顯十分之貴色離雲皎月布萬里之清明笋長名園過舊竹花開上苑勝先春不向仕途求聞達却來湖海覓黃金遇險終無險逢凶吉不凶兩都秋色皆喬木耆舊風流有幾人不得綺羅衣錦綉也須財祿足豐盈此則穩厚之命鴛幃有把須抬硬子嗣秋來旺宅門運行

初壬子上人庇下風雪初晴癸丑運中世事宛如春夢人情薄似秋雲甲寅運中寒向梅中尽春從桃上生乙卯運中正是太平光霽景須史雲月又朦朧丙辰運中財旺生官家業長福星臨照喜非釋當此之際風雪滿庭丁巳運中延賓翫物會友開樽戊午運中春光去也花落月沉

壬申年　辛亥月　甲午日　乙亥時上四刻

此八字甲午日元相配柱中金水殺生印綬之格女人得此生拴右族配於殘婚椿父先歸萱耐晚天邊鴻鴈不同群其為人也姿容清秀髮貌精神勝丈夫之氣槩有男子之材能雲收華岳千山秀水到湘江一樣清每懷丸膽意時抱攀隣心滔滔無阻滯步步助夫門难觸难犯易喜易嗔夫榮倫足美子貴又沾恩可惜青春年火女却將玉体配殘婚此則榮益之命良人木命榮身客子嗣生成貴顯人運行初庚戌上人庇下毓秀閨門己酉運

中四配名門友花從錦上生戊申運中雖則榮夫子貴還愁微雨弄晴丁未運中沛澤廣沾當此之際須史雲月朦朦丙午運中羅綺千般色称羞百味新乙巳運中冲擊之所如月入雲甲辰運中夕陽有恨春夢無憑

壬申年　辛亥月　壬午日　甲辰時

此八字六壬生於午位号曰祿馬同鄉財殺之格人生得此生於右族長於高門萱母先歸椿耐晚天邊鴻雁各行鳴其為人也丰姿清秀天性聰明胸羅今古事學識聖賢心太山北斗千年在和氣春風四座傾然是錦衣肥馬豈是田舍鑿耕人三汲浪中龍變化九霄雲外鳳飛騰一從姓字傳揚後金紫榮看次弟進此則榮貴之命鴛幃有祀須年敲子嗣榮門苐且忠運行初壬子上人庇下未斷平生癸丑運中雪晴天始燦時至始風騰甲寅運中莫愁雪阻藍關道時來頃刻躍潛鱗乙卯運中寒拂紫衣催驛騎先生玉節下雲霄丙辰運中職任金紫聲名重風雪飛來尚惱人丁巳運中有才肩大用未許使辭榮戊午運中悦年閑故里巳未運中一枕入巫峯

壬申年　辛亥月　己亥日　己巳時

此八字己亥日元相配柱中水木官印之格人生得此生於右族長於名門椿父雙晚茂鴻雁各行鳴其為人也丰姿清秀天性聰明般般精覽件件不精高謀遠見機關別懷慨春風一妙人自有傾天之慶豈無福地之深苗長名園過舊竹花開上苑勝先春擊開水府珠生彩搖出豐城劍始明着意求名名必遂用心覓利利還豐君若有心於仕路也應光耀舊門庭不費區區力終為隱跡人此則擿鼓有聲之命鴛幃得配同寅女子嗣生成貴顯人運行初壬子上人庇下未斷平生癸丑運中世事短如春夢人情薄似秋雲甲寅運中欲速不達揚帆待風乙卯運中問名則名顯達問利則利豐盈丙辰運中雪晴雲散天如洗從此滔滔福祿增丁巳運中庭前竹報平安日檻外花開富貴春戊午運中夕陽有限春夢無憑

壬申年　辛亥月　壬寅日　甲辰時

此八字壬寅之日相配柱中戊土時上一位貴主人生於右族長於仁門椿親榮且壽鴻鴈各行鳴其為人也丰姿清秀天性聰明學問三冬足群書貫一經袖裏虹霓沖霄色筆梢風雨駕雲程衣冠濟濟人中傑和氣怡怡席上珍終是功名之客豈為田舍之翁萬里扶搖驚驪蟄一聲霹靂躍潛鱗一從姓字傳揚後秉笏趍朝拜聖明此則榮貴之命鴛幃金玉潤子嗣桂蘭英運行初壬子上人庇下未斷平生癸丑運中十年窓下業黃卷與青燈

甲寅運中何事不辞今日苦時來平步入青雲乙卯運中禹浪三層都躍過風生鉄面鬼神驚丙辰運中戌迁金紫聲名重風雪飛來喜不驚丁巳運中佇看官封三級酌然祿享千鍾戊午運中解祖歸田里己未運中常從去程

壬申年　辛亥月　庚寅日　辛巳時

此八字庚寅之日相配柱中水大傷官制殺之格澆刃逢露刑沖太重事不十全女人得此遇行旺地反見榮昌主人生於右族長於名門姿容月朗鬢兒蛩常間是女流之輩過如男子之權風送浮雲歸古洞雨滋花蕊發新枝心斷似月何雲漢情恍如風滄海波此則益旺之命良人手按榮華客子嗣生成貴客郎運行初庚戌上人扶下未斷平生閨門驕為行樂春光己酉運中春暖蝴蝶花開早含烟携杖又被霜戊申運中水向石邊流出冷

風送花衰過來看丁未運中万疊好山雲作斂一簾秋月正光揚丙午運中罗綺千箱足飾羞百味香乙巳運中千箱千積乃盈乃倉甲辰運中春光去也月落西沉

壬申年　辛亥月　戊子日　己未時

此八字戊午日元相配柱中水木財殺之格才多身弱尽避湯丹以相幫主人生於右族長於名門萱椿已皓貧鴻雁各飛行其為人也丰姿清秀天性果剛頗知書史遠倜儻世情長學問空親顏盃業生平常屢貴人鄉祖業添新慶才源厚積藏英雄推增三尺劍豪傑相逢酒一觴碧揮風月天边掛金玉松筠舊歲容好意番成惡真心換得嗔但願一生湖海樂何必思登天子堂此則穩享之命鴛幃有紀須年小子嗣生成貴顯榮運行壬子上人庇下世事何當癸丑運中水向石邊流出谷風從花底過來香甲辰運中幾欲思高蓀遠还愁素耗一番乙卯運中湖海遠遊財祿旺还愁風雨暗滄浪丙辰運中門迎珠履三千客屏列金釵十二行當此之際一番風雨丁巳運中于篋于笥乃積乃倉戊午運中歸去也

壬申年　辛亥月　丁巳日　丙午時

此八字丁巳孤高之日相配柱中金水才官之格女人得此生於右族長配名門椿萱有倚雅双耄天边鴻鴈各行鳴其為人也姿顏清秀体態和溫勤於女績多務女工有遺訓斷機之志相夫教子之勤紅日点穿湘水碧白雲堆破楚山青憂祖自能知肉味處琴應解辨絃声順之則喜逆之則嗔錦綉花開家富貴琅玕竹報日外平停看夫榮子貴也應同沐皇恩此則榮益之命良人貴達宜年小子嗣生成貴顯人運行初庚戌上人庇下未斷平生己酉運中佳配柔龍友花從錦上增戊申運中須臾風雨雨過山青丁未運中雖則夫門榮快樂五夜金風未放晴丙午運中食則珍羞百味衣則羅綺千層乙巳運中重沾寵澤疊疊沐恩甲辰運中晚年閑快樂子貴又光榮癸卯運中粧楼人去也臺鏡掩晨明

壬申年　辛亥月　丙子日　戊戌時

此八字丙子日元相配柱中水木偏官助印之格
人生得此生於右族長於名門椿萱晚茂贈鴻雁
各掉風其為人也丰姿清秀天性聰明錦綉育藏
賢聖李珠璣口吐武文風太山北斗千年在和氣
春風四座傾終是功名之客豈為田舍之翁三級
浪中龍變化九霄雲外鳳飛騰一日風雲相際會
九天雨露沐深恩此則榮貴之命鴛幃宜有贈子
嗣晚光榮運行初壬子上人庇下未斷平生癸丑
運中不負寸陰之惜豈辜題柱之功甲寅運中禹
浪三層都錦過兼笏金鑾拜聖明乙卯運中職位
两迁金紫貴愁看門外雪盈庭丙辰運中佇看官
封三級酌然祿享千鍾丁巳運中有材應大用何
事便醉朱戊午運中一枕黃粱夢千年不復醒

壬申年　辛亥月　辛未日　己丑時

此八字辛未日元相配柱中水木傷官助才之格
女人得此生於右族長於名門椿萱雙晚茂鴻雁
不同群其為人也姿容清秀髮貌精神有針綴之
巧立業之勤雲收筆岳千山秀水到湘江一樣清
滔滔無阻滯步步助夫門每懷九膽意時抱擇隣
心難觸難犯易喜易嗔錦綉花開春富貴琅玕竹
報日升平雖不鳳冠帔服自然福祿無窮此則益
旺之命良人木命須年長子嗣秋來朶朶榮運行
初庚戌上人庇下毓秀閨門己酉運中紅葉溝中
傳密意赤繩月下結良姻須史風雨兩過山壬戌
中運中雖則夫門多快樂幾多人事尚齡盈丁未
運中羅綺千般色珍羞百美新丙午運中不用高
燒銀燭月明添倍精神乙巳運中晚年多快樂子
貴也治恩甲辰運中春光去也鏡掩晨明

壬申年　辛亥月　癸巳日　戊午

此八字癸巳之日貴之辰相配柱中火火才官之格人生得此生於名族長於名門水命椿萱同屬壽天边鴻鴈各行鳴其為人也幸逢清秀天性聪明頗知禮義精織古今有近親賢之德應上和下之能祖業重新慶根源勝旧風有心於貨利無意暮功名是非莫問前門客得貴須憑塞上翁遇險終無險道凶吉不凶好意者成惡真心懊得嗔時至財源旺花運来福禄駢臻晚年光好景頃刻有進也　此則穩厚之命鴛幃同谐須年敵子嗣秋来始有成運行初壬子上人庇下未斷平生癸丑運中寒向梅中尽春從柳上生甲寅運中午雨午晴商客悶或寒或暖困人天乙卯運中雪晴雲散天如洗從此才源始有增丙辰運中福右泉源湧才如春氣生丁巳運中子貴脱年閑快樂才祿旺門庭戊午運中無思無慮己未運中一枕清風

壬申年　辛亥月　甲子日　辛未時

此八字甲子日相配柱中金水殺生印綬之格女人德此生於石族長於高門椿萱双悦戊案棣各敷榮其為人也姿顏清稚性格和溫有針紉之巧立業之能風送芰荷香滿院日匀花蕊色盈庭滔滔無阻滯步步踏夫門紅日点穿湘水碧白雲非破白雲清心安似月明雲漢性急如風捲殘雲才源旺足家業有余若不望門有尅天定須来配旧婚此則穩厚之命良人有犯須招术子嗣生成貴顯人運行初庚戌上人庇下未断累況己酉運中慎前後紹鴛鴦帯貴上重開孔雀屏戊申運中須史雲捲月頃刻月離雲丁未運中明月當天生氣象光華萬里色尤新丙午運中威澤山川生秀氣恩沾草木動陽春乙巳運中一輪明月當秋夜無限奇花正遇春甲辰運中晚年快樂癸卯運中春旁無憑

壬申年　辛亥月　丙申日　戊戌時

此八字丙申之日相配柱中旺水偏官之格傷官制殺為一殺一制豈是常人之命生於右族長於名門椿萱不逮双樣脫天邊鴻鴈奮長空其為人也丰姿清秀禮樂縱横詞鋒顯利疑無劲筆力縱横若有神終是功名之客豈為田舍之翁足履三千皆後學擡風九萬郎前程奮身辞白屋平步上青雲一朝騁風登天去凜凜威風四海聞此則顯耀之命鴛幃全正副子嗣桂蘭崇運行壬子上人庇下雲月朦朧癸丑運中聞詩學禮負笈趨庭甲寅運中何是不辞今日

顯時來頃刻便飛騰乙卯運中到此始知學文好長安道上馬蹄輕丙辰運中千里霜威金谷重三秋風色錦衣輕丁巳運中當此之際風雲满庭丁巳運中腰横金作帶冠列玉為紋戊午崇歸故里己未運中一道訃音

壬申年　辛亥月　丁丑日　辛亥時

此八字丁丑日元相配柱中金水才官之格人生得此生於右族長於名門木土椿萱双配别天邊鴻鴈有聯鳴其為人也丰姿清秀天性老誠頗曉三分道理文章一竅不通行藏覓消洒咲傲任括崇萬里詔華世事每懷忙裏説一聯美景才源自向遠方生祖業添新慶根原勝舊風福步江山外名聞湖海中南餘椿色皆喬木慷慨風流有識人不以功名為念豈將冠冕磨礪但願一生常禄旺何必天邊沐寵崇此則声明之命鴛幃火命須年

敵子嗣秋来顯貴門運行初壬子上人庇下未斷平生癸丑運中世事短如春夢人情薄似秋雲甲寅運中才源滾滾家居好尚有閑飛素耗生乙卯運中福若泉源湧才如春氣生須臾風雨過山青丙辰運中堤柳已數新幹緑園梅不改舊時馨辰字之中花放風生丁巳運中延賓翫月會友閑攜戊午運中夕陽有限春歸去

壬申年　辛亥月　乙未日　丙子時

此八字乙未日元相配柱中金水發生印綬之格丙午得合有功人生得此生於右族長於將門萱母先歸椿顯達天邊鴻雁各行鳴其為人也丰姿儒雅天性平能微窮黃石畧稍識聖賢經衣冠濟濟人中傑和氣怡怡席上珎終是傳芳客豈為田舍翁三跳御溝沾寵渥便將德澤意芳營旗穿晴日雲霄礫山倍秋光劍蔵明此則榮貴之命鴛幃有兆須招長子嗣秋來有挺榮運行初壬子上人庇下突淡青雲癸丑運中世事宛如春夢人情薄似秋雲甲寅運中幾黃登上國相継祖先功乙卯運中雖則光顯榮須臾風雨還侵丙辰運中德仁攜掌卒推奉雷軍民丁巳運中子孫能承事業庆心焉過向籬東戊午運中子貴晚年開快樂己未運中春歸花落鳥無声

壬申年　辛亥月　辛丑日　己亥時

此八字辛丑日元相配柱中水木傷官助才之格飛天祿馬之竟只憑自未霸斜主人生於右族長於高堂椿萱有倚雍双憂天邊鴻雁各行聯其為人也丰姿清秀天性悅閒英材而出類拳問以淵源不慈不窮可方可圓終是功名之客豈教韵隱龍蟠時至恩沾而拜命運來騎馬去朝天根道是龍延不信昂昂崁角炙金鑾此則榮貴之命鴛幃有兆須招副子嗣秋來嗣桂蘭運行初壬子上人庇下春苑春山癸丑運中書窓勤十載雪案覽千篇甲寅運中執卷我田空探月時來騎馬上長安乙卯運中明堂名德播陰硯守寒氊須臾風雨何處嚴寒丙辰運中聲名播翰苑祿位登壘遷丁巳運中褒德封候當此際未應鮮組田田園戊午運中腎即紹錦重榮贈己未運中一枕黃粱示不延

壬申年　辛亥月　丙戌日　丙申時

此八字丙戌日元相配柱中旺水偏官之格人生得此生於右族長於名門椿萱雙晚茂鴻鴈各行鳴其為人也丰姿清秀天性聰明般般梢覺件件尖精謀動君子威伏小人萬里春風行樂頌四時佳趣瑞祥生祖業添新慶根源勝舊風遊山翫水題詩句對月觀花把酒斟不以功名為念莫將冠冕磨礱是非莫登門前客得失須憑塞上翁財源富足家居好何須随入雲津此則穩厚之命鴛幃有犯須招副子嗣秋来旺弟門運行初壬子上人庇下天朗氣清癸丑運中娟娟雲裏月灼灼葉中英甲寅運中雖則行藏有慶幾多人事斷盈乙卯運中財源滾滾家居好尚有閑非素耗生丙辰運中簾前竹報平安日門外花開富貴春丁巳運中心事数莖白髮生涯一片閑情戊午運中春光去也啼鳥無聲

壬申年　辛亥月　癸卯日　壬戌時

此八字癸卯之日貴長相配柱中水火傷官助才之格人生得此生於右族長於仁門椿萱双晚茂棠棣各數榮其為人也丰姿清秀天性聰明錦綉脇藏賢聖學珠璣口吐武文風麗句好為天下白英材俊似海東青終是功名之客豈為田舍之翁三汲浪中龍变化九霄雲外鳳飛騰一旦風雲相濟會九重雨露沐深恩此則榮貴之命鴛幃宜有贈子詞晚光榮運行初壬子上人庇下雖祿平生癸丑運中囊螢勞映雪勤苦讀殘經甲寅運中莫愁雲阻蘭闈道須臾跨馬入神京乙卯運中躍過三層浪朝班立縉紳丙辰運中三度君恩喜一番風木驚丁巳運中有材應大用未許便蕬榮戊午運中樽壘有酒延佳客閤室存書教子孫己未運中歸去也

壬辰年　辛亥月　庚申日　己卯時

此八字庚申專祿之日相配柱中水木傷官助才之格人生得此生於右族長於名門椿萱有倚难雙贈天邊鴻鴈各行鳴其為人也精神烱烱智慧明明胥羅星斗李貫古今麗句好為天下白英才俊似海東青終是文章折桂客豈為田舍鑿耕人瑶池鞭净朝南極五夜鍾停拱北辰此則榮貴之命鴛幃連理合子嗣稚衣新運行初壬子上人庇下癸悔未伸癸丑運中不負寸陰之惜豈辜題柱之功甲寅運中騰身離津水脊足入雲津乙卯運中郎署官函何足羨大夫職任貴重陞丙申運中南陽郎杜名高著西漢龔黃令大行當此之際飛絮蒲庭丁巳運中西風起處蓴鱸美晚節閑時菊酒馨戊午運中人生從此別無覆見形儀

壬辰年　辛亥月　丙寅日　癸巳時

此八字丙寅長生之日水火偏官助印之格女人得此生於右族配於名門椿萱早別父鴻鴈陣行分其為人也姿容闓朗德茂竹真勝丈夫之氣槩有男子之材能風送芰荷香滿院日夕花萼發新紅每懷九膽意時抱擇隣心玉產崑崗藏韞色蘭生楚澤散清馨心靜似月明雲漢性急如風捲空雲大榮子秀同沐皇恩此則榮旺之命良人火命榮華容子嗣生成貴顯人運行初庚戌上人庇下天朗氣清己酉運中孔雀屏開花爛熳美蓉帳煖氣氳氳戊申運中正是松青月白也愁人事虧盈丁未運中萬里光華沾沛澤四時佳趣瑞祥生須史風雨雨過山青丙午運中羅綺臨風多壯觀還愁人事尚困循乙巳運中冲擊之所如履薄氷甲辰運中晚年快樂樂意忘情癸卯運中花已落月尤沉

壬辰年　辛亥月　癸亥日　己未時

此八字癸亥日元相配柱中巳上時上一位貴格食神制殺身旺為良主人生於威福長於名門金火椿萱双晚茂天邊鴻鴈各翺翔其為人也羊姿清秀天性明良腹内包羅千古事胸中學識錦雲章驪珠照魏光難掩雷劒生豐氣莫藏終是功名之客豈為田舍之郎咲顏登鳳闕唾手入朝堂問學科場驚試院英材翰苑沐恩光此則榮貴之命鴛幃連珠須配小子嗣秋來有挺香運行初壬子上人疵下花放風狂癸丑運中讀殘芽店月踏破泮橋霜甲寅運中遠望天恩雲外降思攀桂子手中香乙卯運中禹浪三層都躍過凜凜威風郡縣怯丙辰運中職遷金紫權衡重風雪飛來也憐傷丁巳運中未許懸車轍還留作棟梁戊午運中紫陌縱榮焉及睡朱門雖貴不如閑己未運中帰去也

壬辰年　辛亥月　庚申日　丁亥時

此八字庚申專祿之日水火傷官印之格人生得此生於良族長於名門同屏椿萱先別母天邊鴻鴈各行鳴其為人也羊姿清秀天性聰明斷知古今事能曉世情心親近君子成伏小人行藏果斷作事老誠育成新事業存整旧門庭不以功名為念豈能冠冕榮身財源富足然旺何須天府求榮此則發福之命鴛幃重合蠡子嗣始難成運行初壬子上人庇下花落風生癸丑運中娟娟雲裏月漸漸離中天甲寅運中莫向直中直須防人不入乙卯運中一弓似洗無雲粟萬里長空皓月明丙辰運中須史雲掩月傾刻月離雲丁巳運中延賓玩物會友開樽戊午運中春光去也花落月沉

壬辰年　辛亥月　丙寅日　庚寅時

此八字丙寅長生之日相配柱中水木煞生印綬之格煞印相生功名顯達主人生於右族長於名門萱母先帰椿耐晚天邊鴻鴈各行鳴其為人也丰姿清秀天性聰明胸羅今古事事學識聖賢心衣冠濟濟人中傑和氣怡怡席上珍終是功名客豈為田舍翁三級浪中龍变化九霄雲外鳳飛騰一從姓字傳揚後金紫榮看次第陞此則榮貴之命鴛幃有碍須年敵子嗣森枝孝且忠運行初壬子上人庇下天朗氣清癸丑運中一旦貫通諸事覽雲霄有日始升騰甲寅運中躍過禹門三級浪秉笏金鑾輔聖明乙卯運中獄折片言民訟息九天金紫又重陞梨花帶雪雨過山青丙辰運中佇看官封三級酌然祿享千鍾丁巳運中亦心扶日月素志展經綸戊午運中榮帰故里子貴重封已未運中夕陽有限春夢無憑

壬辰年　辛亥月　戊寅日　丙辰時

此八字戊寅專權之日相配柱中水木才殺之格人生得此生於右族長於名門椿萱倜倘鴻雁各行鳴其為人也丰姿清秀天性聰明頗知礼義識達古今有近貴親賢之德應上和下之能重成新事業再整舊門庭福布山水外名聞湖海中得意江山詩句好忘情風月酒色深遇火黄金高長價離雲明月倍清明雖不建侯封爵自然鄉教欽尊此則發福之命鴛幃有犯須年敵子嗣秋来朶朶榮運行初壬子上人蔭下災悔未伸癸丑運中春風雖雨過桃李未生英甲寅運中梅須遜雪三分白雪亦輸梅一段馨乙卯運中天上三陽泰人間五福臻丙辰運中財源衮衮家居好風雲蕭蕭更惱人丁巳運中心事數莖白髮生涯一片閑情戊午運中一挑清風

壬辰年　辛亥月　辛酉日　甲午時

此八字辛酉專祿之日傷官制殺之格人生得此生於茂族長於高門椿萱有倚先别父鴻鴈天邊不共群其為人也丰姿清秀天性老成行藏果断作事乖能有理白分清智慮截長補短之能萬里春風行樂頌滿庭佳趣瑞生門外生涯贍闊江湖活計継新祖基祖業須重立財帛声名自務成花無桃李飛春色人有笙歌是太平滿世功名身外事但無虧益樂平生此則穏足之命鴛幃有祿須难老子嗣秋未孝且忠運行初壬子上人庇下緜緜平生癸丑運中雨過山方秀雲開月始明甲寅運中行藏雖有慶人事尚之盈乙卯運中財源滾滾家居好作時風雨不為驚丙辰運正是梅青月白不愁微雨弄晴丁巳運中得中有失晦後还明戊午運中安亨暮景之福慶乙未運中一宵花落鳥無声

壬辰年　辛亥月　丙寅日　己丑時

此八字丙寅長生之日相配桂中水木旋生印綬之格女人得此生於右族長配名門椿萱双脫茂棠棣各敷榮其為人也姿容闓朗髮皃精神翁姑有倚妯娌行輕雲肢華岳千山秀水到湘江一樣清每懷丸膽意時抱擇隣心斷機曾勸軻親訓剪髮能傳侃母心楊柳無風枝婀娜梅花有月夢精神克勤而克儉易喜易嗔佇看夫榮子貴也應同沐皇恩此則榮益之命良人得配名門友子嗣生成貴顕人運行初庚戌上人庇下花放風生己酉運中孔雀屏開花爛熳芙容帳煖氣氤氳戊申運中雖則夫門才業旺旺中尚有事虧盈丁未運中羅綺千般色珍羞百味新丙午運中一度愁心對蒼霆沙禽尤解報平安乙巳運中光華疊疊沛澤紛紛甲辰運中花落水流春已失蘭摧玉折恨何明

壬申年　辛亥月　甲申日　壬申時

此八字甲申專權之日相配柱中金水救生印綬之格主人生於右族長於高門萱親先別還指繼椿父蒼年始送終天邊鴻鴈有合飛騰其為人也丰姿清秀天性聰明世事頗能將就般般學久精通萬里無雲天一色三秋好景月長明五湖生計好四海福元增笙歌鬧處會行樂羅綺叢中幾醞醒財源富足家居好何必天邊沐寵榮此則穩富之命篤悻同屬亡格副子嗣榮門孝且忠運行初壬子上人庇下未断平生癸丑運中掷陌花街偏

得意江湖春老尚因循甲寅運中財源滾滾家居好何慮鬧非素耗生乙卯運中庭前竹報平安日檻外花開富貴春丙辰運中正在光華裏還愁雪滿庭丁巳運中晚年快樂會友開樽戊午運中桑榆暮景己未運中花落月沉

壬申年　辛亥月　丁丑日　辛亥時

此八字丁丑日相配柱中金水才官之格人生得此生於右族長於高門堂上椿萱同皓首天邊鴻鴈有行鳴其為人也丰姿清秀天性聰明頗知禮義捐識古今風月處友瀟洒客情機謀輒腹舉用人欽自有順天之慶豈無福地之深祖基祖業添新慶財帛根源再整新萬里無雲天一色三秋好景月長明福布江山外名聞湖海中逢凶有救遇難無凶時至財源旺足運來福祿駢臻此則豐饒之命篤悻土命須年長子嗣然有挺榮運行初壬

子上人庇下未天朗氣清癸丑運中青帰柳葉晴初变紅入桃花燦未匀甲寅運中財源富足家居好尚有鬧非素耗生乙卯運中官職不辭千里遠貨財惟喜四方通須史雨過頃刻逸地丙辰運中家門盛旺行藏好片時風雨尚虧盈丁巳運中如履薄氷戊午運中帰去来兮

壬申年　辛亥月　壬辰日　庚子時

此八字壬辰魁罡之日傷官帶印之格主人生宦俗長於高家椿萱榮茂鴻鴈行鳴其為人也精神耿耿慧慧雍雍覽千篇之文字繼三代之遺風飛黃騰達去衣惹御爐馨官居三品祿享萬鍾此則傳房之命篤幃簇簇桂子叢叢運行初壬子只宜庇下焉論枯榮癸丑運中一朝雲霧合折桂步蟾宮甲子運中清風播寰宇政化洽西東乙卯運中宰正一方才獨稱片時風雨杏何鶩丙辰運中重紫重金之貴高名高位之陞丁巳運中英雄只有限及早向籬東戊寅運中訃音一道醻酒三鍾

壬申年　辛亥月　己丑日　戊辰時

此八字己丑日元相配柱中金水傷官助財之格女人得此生於右族長於高門椿文先歸萱耐晚天邉鴻鴈少交飛其為人也姿容清秀體態豐腴多智慧稍操持鮮同心於妯娌不並侍於翁姑過如男子勝如丈夫一苑杏桃鋪錦綉淵山松栢映薰幃楊柳無風裊娜梅花有月光輝桃李紛紛嬌媚財源滾滾來親時来發財祿運至福光輝此則旺足之命良人有絕須年長子嗣生成貴顯児運行初庚戌上人庇下有何是非己酉運中淡烟楊柳岸薄露杏花堤戊申運中幾度樂中有悶數番新裏憂疑丁未運中天上三陽泰人間五福齊丙午運中羅綺千般色珍羞百味奇乙巳運中雨過萬重山有色門開半牖月光輝甲辰運中子榮孫貴多如意癸卯運中一枕黄粱永不歸

壬申年　辛亥月　甲申日　乙亥時
此八字甲申專祿之日相配柱中金水殺生印綬
之格人生得此生於右族長於名門連珠堂上椿
萱屬天邊鴻鴈各行鳴其爲人也丰姿清秀天性
老誠世事頗能將就般般學欠精通自有順天之
慶豈無福地之深重成新事業再整舊門庭福布
江山外名聞湖海中花無桃李非春色人有笙歌
是太平英雄惟贈劍三尺豪傑相逢酒一鍾雖不
建侯封爵自然潤屋潤身此則穩厚之命鴛幃水
命須年小子嗣秋來有捷榮運行初壬子上人庇
日陽春癸丑運中寒向梅中畫春從柳上生
甲寅運中雖則才源滾滾還愁素耗相侵乙卯運
中天上三陽泰人間五福增當此之際風雨還生
丙辰運中福元昌熾行藏好片時風雨尚愁人丁
巳運中軒開化日千祥集麓捲香風百福增戊午
運中花落水沉春已去蘭摧玉折恨何明

壬申年　辛亥月　己酉日　丙子時
此八字己酉專權之日相配柱中金水殺生印綬
之格殺印相生功名顯達只嫌身弱減我科第成
名主人生於右族長於名門椿萱老茂先尅父天
邊鴻鴈少同群其爲人也丰姿清秀天性乖能頗
知禮義稍識古今豈無高仕敬時有貴人欽終是
功名客豈爲田舍翁三級浪中難變化九重場上
卻馳名佇看頭角聳光耀舊門庭此則榮貴之命
鴛幃有犯須相舫子嗣秋來旺宅門運行初壬子
幼年之下未斷平生癸丑運中雪晴雲散後提筆
入公門甲寅運中幾番駁雜都經過雨晴跨馬入
神京乙卯運中衣冠各異多丰彩還宜幾載困豪
門當此之際風雪還生丙辰運中皇恩有感簾幕
馳名丁巳運中正宜加爵祿何事便辭榮戊午運
中晚年閒快樂一枕夢平生

子平遺書　一

壬申年　壬子月　壬申日　[illegible]時
此八字壬申長生之日配合柱中[illegible]
女人得此姿顏美兒言語輕清其為人也生於望
室長配名居奉翁姑然行孝道待妯娌以盡怡情
羅綺層層家富貴金玉盈盈衣錦豈助勤每致九
熊膽遺訓還從斷織心三從有倫閨門玉四德無
偏女內稱聰明賢曉髮兒精神待夫有禮難犯難
欺初運中年定產難暮年榮子貼夫身此則顯祖
子助夫之命良人英豪支子嗣跳龍門運行初辛
亥毓繡閨門然喜慶總有危憂幸不侵庚戌運中
結髮永為天地遠灾厄慝來保祐身己酉運中良
人攉耀重還見悔來迯戊申運中梨梅樹盡奴婢
紛紛丁未運中出入僕童前後擁四時錦繡又馨
金丙午運中子朝鳳闕乙巳運中一旁佳城

子平遺書　二

壬申年　壬子月　丁酉日　庚戌時
此八字丁酉日貴之辰相配柱中金水
財殺之格伏此根基焉得不貴手姿閨
即氣宇高奇有英豪之志慷慨之機學
問有成一舉首登龍虎榜英才出類十
年身到鳳凰池謀畧存三顧聲盖九區
此則光輝之命鴛幃得合連理之枝柱
子有成瑚璉之器運行初癸丑上人庇
下未必為期甲寅運中淹晋凈几困守
杳帷乙卯運中三級浪中龍变化溥施
霖雨潤黔黎丙辰運中片言折獄筆掃
究危丁巳運中赫赫公台位重重冨貫
時戊午運中正直秉笏未許懸車己未
運中安享華堂福庚申運中春風子規

壬申年　壬子月　癸亥日　癸亥時

此八字飛天祿馬之格值此象者雖不成能亦能
發福當觀續聯搭歸畢鴻鴻無飛一丙行其為人
也丰姿穩秀性格明良應工和下抵虛欺霜出土
黃金成赤色離雲脫月而清光家門饒裕生涯汪
一世安和樂趁長子嗣富庭之命篤幃得配連珠
女子嗣生成孝義郎運行初癸丑正欲尋春去寒
烟掩洛陽甲寅運中或精或雨或綫或凉乙卯運
中陽和回宇宙瑞色藹門墻丙辰運中漢溪財源
旺紛紛朔月陽丁巳運中桑麻偏野金玉盈囊戊
午運中福祿綿綿人罕羨晚年富貴異於常己未
運中春花短也音容黯茫

壬申年　壬子月　戊申日　丁巳時

此八字戊申日相配柱中之水才旺生官之格喜
逢日祿以歸時稟得五行之秀氣人生得此丰姿
清致天性果剛椿親耐晚萱先別棠棣庭前異吐
芳學問粗通今古智謀能合賢良湖海才名重鄉
邦德望長作看家業旺珠履滿華堂此則巨富之
命篤幃正副双諧老桂子榮看吐異香運行初癸
丑幼年之景冬暖夏涼甲寅運中身衣芦花絮寒
來心自傷乙卯運中不獨粟陳貫朽尚有金玉滿
堂丙辰運中延賓覲物會友流觴丁巳運中一番
梨雨過萬物麗春陽戊午運中滔滔發旺快樂何
當己未運中至庚申歸去也

壬申年　壬子月　辛亥日　庚寅時

此八字辛丑日相配柱中之水傷官之格傷官者
勇之宿也人生得此丰姿穩重天性剛明椿萱半
道相斷奉鴻雁天邊少共鳴有濟人之心德無毒
害之性情十斷九連成大業三番四覆旺門庭晚
年更有昌榮景財旺英雄擁滿庭此則晚富之命
鶯幃有犯重偏正桂子秋來挺顯英運行初癸丑
上人庇下快樂升平甲寅運中春園風雪過桃杏
吐紅英乙卯運中樂中生出悶悶過旺才名丙辰
運中漸覺陽和回宇宙雪消人事便昌榮丁巳運
中重成新事業再旺旧門庭戊午運中沖擊之鄉
風浪過才源滾滾自天生己未運中不獨金珠滿
目尚祈蘭桂生英庚辰運中老富發旺倉廩皆盈
辛巳運中惟有悽啼處山空月淚明

壬申年　壬子月　壬子日　辛亥時

此八字壬子日刃之辰相配柱中亥子旺水飛天
祿爲之格喜水居冬旺生平樂自無憂人生值此
丰姿秀氣天性標奇天生福祿誰能及胸學業堅
賢經其爲人也生於名族長於詩庭双恩難並毫
鴻雁出飛騰學問聰明萬里扶搖驚騰蟄英材豪
邁一聲霹靂躍潛鱗抱濟世安邦之業懷經天緯
地之心行看輔佐山河日腰橫犀帶治軍民此則
貴顯之命鶯幃宜贈桂子金英運行初癸丑上人
庇下學禮攻書甲寅運中天門待於黃金榜仍見
寵憂險阻延乙卯運中皇恩隆祿位危非棄來寧
丙辰運中重重祿位腰帶圍金丁巳運中嚴霜消
盡萬里清聲戊午運中重金重紫鎮壓邊廷己未
運中官居一品一夢蓬瀛

壬申年　壬子月　庚辰日　甲申時

此八字庚辰魁罡之日配合柱中之水井欄又格值此象者生於名望之家長於富貴之室行藏慷慨標技精神學問資先覺聲名達紫宸自是人中傑由來麻上珎一朝變先登天去濟濟衣冠答聖仁此則富貴之命鴛幃聚得名家女子嗣生成跨灶人運行初癸丑上人庇下化日陽春甲寅運中少年用尽詩書志定許登程一問津乙卯運中忽聞春雷霹頃刻躍潛鮮丙辰運中錦衣肥馬滴滴貴牖上桃符字字真丁巳運中正是拚衙光寄暑景翔風寒雪根何仲戊午運中四境人民頌清德榮看高擢樂無垠己未運中解印福来春夢重落花行行水剗剗

壬申年　壬子月　戊午日　癸丑時

此八字戊午日刃之辰才旺生官之格主人生於威族長於華堂椿萱皓首方歸首鴻厲天遠後成行年資清楚性格高強學問三冬足詩書萬藏笑顏登試院垂首赴科場清映梅窗聖玉雪寒生酒府凜秋霜此則榮華之命鴛幃正劉桂子秋香運行初癸丑上人庇下紹龍迎祥甲寅運中讀書漂麥觀史行引光乙卯運中躍過三層浪威風肅憲綱丙辰運中風雲初晴後人金紫雨加昌丁巳運中錦衣肥馬重重貴牖上桃符字字張戊午運中羊刃之地權重生殃己未運中早宜避位何不還鄉庚申運中香沉歸閬苑精魄赴泉聊

壬申年　壬子月　丙辰日　戊子時

此八字丙辰日德之辰相配柱中旺水偏官之格正謂偏官有制化為權運助身強祿位遷人生得此宜乎全紫之榮椿親榮壽萱先別鴻雁天邊不共踪學問有成終是功名之客英才卓冠豈為田舍之翁霹靂一声雲霧合果然躍過浪三重此則榮显之命鴛幃全正副柱子秀秋㐂運行初癸丑上人庇下快樂無窮甲寅運中欲遂凌雲志須加映雪功乙卯運中三跳禹門登上第果然身躋五花驄丙辰運中威飛鷂鬼膳雪霽戟遷洪丁巳運中重重金紫赫赫威雄戊午運中晚年成大任天祿享千鍾己未運中正欲榮回故里胡為夢入巫峰

壬申年　壬子月　甲寅日　丙寅時

此八字甲寅日相配柱中之水印受之格人生得此丰姿英偉天性剛忠椿樹高榮尤耐壽雁行天際有相從學𡮢古今之理通明賢聖之風萬里扶搖騰彩鳳一声霹靂踏驪龍鳳詔榮徵沾寵渥果然身跨五花驄此則榮耀之命鴛幃諧玉葉桂子奔金風運行初癸丑上人帶庇快樂從容甲寅運中氣轉開天仗乘鸞步九重乙卯運中名勢洋洋声耆重權衡振作福融融丙辰運中一番風雪過天祿享千鍾丁巳運中旺中生阻節依旧樂雍雍戊午運中老當豫壯勲立邊功己未運中悠悠處樂庚申運中夢入無常

壬申年　壬子月　甲子日　乙丑時

此八字水生木印綬之格亦有金神之氣女人得此生於富室長於高門機關恰變倜儻廉能有內外之操持賢良之秀氣翁姑有倚妯娌相親有針綫之巧刺繡之勤夏日炎炎風送荷花香滿院春光藹藹雨滋花萼色盈庭一生自有清平福無是無非樂太平此則穩清之命良人特達子嗣豪榮運行初癸亥隱隱輕雷抽碧笋微微細雨潤紅英甲寅運中草草杯盤供晚景昏昏灯火話平生乙卯運中和風煖日春景錦繡花

開事業增丙艮運中桃李千谿錦江山一畫屏丁已戊午運中子秀夫賢倍享清清之福午字運逢一番風雨已未運中恨無五色如椽筆爲述平生作誄文

壬申年　壬子月　己未日　乙亥時

此八字己未陰刃之日相配柱中水木財殺之格人生得此生於右族長於名門椿父先歸萱耐晚森飛鴻鴈各行鳴其爲人也丰姿清秀天性聰明斷高理直処事公平頗知礼義稍識古今行藏奄消洒咲傲任枯榮福布江山外名聞湖海中祖業添新慶根源勝舊風花無桃李非春色人有笙歌是太平但願一生財祿旺何須跨馬入青雲此則穩厚之命鴛幃配合須年長子嗣森枝有挺榮運行初癸丑上人庇

下化日陽春甲寅運中雪晴天未煖行樂未如心乙卯運中春風播爽微雨弄晴丙辰運中財源滾滾家居好尚有趑趄未称情丁已運中戍四時佳趣立萬古門庭當此之際一番風雪戊午運中簾捲香風生百福軒開化日福源增已未運中約梅同醉引鶴徐行庚申運中楚臺雲外空留夢漢苑香消不返魂

壬申年　壬子月　乙卯日　丙子時

此八字專祿之日相配桂中金水官印之格人生得此生於右族長於高門椿萱難並耄鴻鴈各行鳴其為人也丰姿清秀天性聰明知高下識重輕出土黄金重長價離雲皎月倍清明重成新事業再整舊門庭曰福曰禁自有順天之慶常安常樂豈無福地之深福布江山外名聞湖海中兩都秋色皆喬木耆舊風流有幾人身將隱矣文何用人不知之味更真但願粟陳井貫朽任他身外却無名此則穩厚之命鴛幃重合瓞子嗣桂蘭榮運行

初癸丑上人庇下化日陽春甲寅運中世情濃又淡淡處又還濃乙卯運中萬疊好山雲乍斂一輪明月雨初晴丙辰運中威權有布人欽服才帛興隆福祿增丁巳運中風雪初晴後滔滔福祿增戊午運中延賓玩物會友開樽己未運中享子孫之福慶庚申運中夢杳杳之佳城

壬申年　壬子月　戊申日　壬子時

此八字戊申長生之日食神助才之格人生得此生於右族長於高門鴻鴈幾群各奮椿萱一享期頤其為人也丰姿清秀天性聰明妍窮今古涉獵詩書定擬當朝顯朱紫堂教南畝務耕鋤一朝但得風雲便九天雨露沐恩歸此則榮貴之命兒央得配名門女子嗣生成貴顯運行初癸丑上人庇下未斷高低癸丑運中斈業必須窮六籍光陰何夢措三餘甲寅運中霹靂一声雲露合崢嶸頭角拜天威乙卯運中已把嚴威推酷吏更擲得

政釋寃危丙辰運中皇恩清海岱高雨潤黔黎丁巳運中一番風雪過双旗出鳳池戊午運中正宜食祿未許懸車己未運中春光都去也一枕入仙衢

壬申年　壬子月　壬戌日　辛亥時

此八字壬戌日德之辰相配柱中火木才殺之格非格非局見之焉得為業主人生於右族長於仁門嚴慈晚方別鴻偶各行飛其為人也丰姿清秀氣禁高奇般般捎覽件件頗知頗知礼義粗識詩書心不受觸性不藏機見善則持於己當仁不讓於師重成新事業再整旧根基雖不逢侯封爵自然四海光輝此則穩厚之命鸞幃育犯丙逢巳配始齊眉子嗣有成綵綵班衣存晚節運行初癸丑上人庇下未斷高低甲寅運中片雲掩月景色昏迷乙卯運中洛陽三月花如錦桃花開過牡丹非丙辰運中雖則行藏有慶还愁事有盈虧丁巳運中財源富足家居好果然凡百勝當時戊午運中歲寒松尚茂秋老菊猶奇己未運中晚年開快樂會友以圍棋庚申運中清風明月不用買玉山自倒非人推

壬申年　壬子月　丙寅日　己亥時

此八字丙寅長生日相配柱中水木殺生印綬格女人得此生於右族長於高堂椿萱双晚茂鴻鴈各翱翔其為人也姿容清秀髮貌異常有針綴之巧立業之勤風送芰荷香滿院日匀花蕚發新粧心靜似月明雲漢性急如風捲滄浪深明閨壼理洞識古今章雖不鳳冠帔服自然福祿汪洋此則旺益之命良人火命須年長子嗣秋来朵朵香運行初辛亥上人庇下毓秀蘭房庚戌運中竹戀花蝴蝶花含竹鳳凰須叟風雨幸不成傷己酉運中正在平生光霽景還愁風雨暗滄浪戊申運中羅綺千搬色亦羞百味香丁未運中春草春江相妬綠新鶯新柳競爭黃丙辰運中才源旺足福祿異常乙巳運中老年多快樂春光去矣一枕難醒

壬申年　壬子月　丁巳日　壬寅時

此八字丁火日元相配柱中偏相旺官之格人生得此生於名族長於名門椿父先燼萱耐晚天遺鴻雁各行鳴其爲人也平姿清秀天性老成頗知禮義稍識古今知高下識重輕祖業須重立根原再整新月掛碧天多皎潔名揚湖海有光榮時來才祿旺運至福元興花無桃李非春色人有望歟是太平莫思仕路登雲際但欲才源晚節豐此則穩原之命鶯啼春麗須年畝子嗣榮門第且忠運行初癸丑上人庇下雲月朦朧甲寅運中風帶雪來應覺冷鳥啼花落始知春乙卯運中西風吹過天邊雪從此滔滔福祿增丙辰運中門前田畝千年計庭間花木四時春丁巳運中才如春水滔滔長祿似秋蟾皎皎明戊午運中如松含晚翠似菊吐金英己未運中春光已去一枕巫峯

壬申年　壬子月　甲戌日　己巳時

此八字乙木日元相配柱中金木偏官助印之格女人得此生於右族長於名門椿萱雙晚茂鴻雁鮮聯群其爲人也姿容清秀天性聰明勝丈夫之氣槩有君子之材能一究杏桃鋪錦繡滿山松栢映幃屏明月當天生氣秀光華萬象色尤新有遺訓斷機之智氣相夫教子之材能克勤而克儉易喜而易嗔楊柳無風枝嬝娜梅花有月夢精神但願財源富足何須愧服榮身此則益旺之命良人同屬方偕老子嗣森枝晚節馨運行初辛亥上人庇下天朗氣清庚戌運中路入桃源花爛熳橋横銀漢水澄清己酉運中萬疊好山雲乍斂一輪明月雨初晴戊申運中天上三陽泰人間五福增丁未運中滔滔無阻滯步步助夫門當此之際風雪滿庭丙午運中晚年子貴夫賢樂乙巳運中一枕黃粱夜不醒

壬申年　壬子月　戊申日　壬戌時

此八字戊申長生之日相配柱中金水傷官助才之格才盛生官終身有慶主人生於右族長於高門椿萱有倚難雙蓋天邊鴻鴈各行嗚其為人也丰姿清秀天性聰明頗知禮義稍識古今有抵雪欺霜之志截長補短之能笋長名園過舊竹花開上苑勝先春鼓樾清韻動石擊紫烟生着意求名名必達用心覓利利還豐君若有心於仕路也應祿馬旺前程不費區區力終為隱跡人此則擊石生烟之命鴛幃有犯須招副子嗣秋來有挺榮運行初癸丑上人庇下未断平生甲寅運中欲速不達揚帆待風乙卯運中時來謀望就祿馬旺前程丙辰運中問名則名顯達問利則利豐盈丁巳運中威權有布人欽服才帛豊隆福祿增戊午運中才權秉美福祿無窮己未運中晚年閑快樂庚申運中一枕了平生

壬申年　壬子月　丙寅日　己丑時

此八字丙寅長生之日相配柱中金水才殺之格人生得此生於右族長於名水金椿萱帶疾前虧毋天边鴻鴈各行嗚其為人也丰姿清秀天性聰明世事頗能將就般般學不精通有近貴親賢之德應上和下之能祖業添親慶根原勝旧風有心於貨利無意慕功名月掛碧天雲皎潔名揚湖海有聲榮消閑棊一局過興酒三盃朝中無姓字囊底有珠环但願商居多快樂何必天边沐寵榮此則穩厚之命鴛幃有犯須同屬子嗣秋來朶朶榮運行初癸丑上人庇下未断平生甲寅運中春囯雖雨過桃李未生英乙卯運中寒向梅中盡春從柳上生丙辰運中雖則行蔵有慶幾多人事虧盈丁巳運中才源滾滾家居好風雪飛來尚怯人戊午運中門招壯觀樓閣凌雲己未運中晚年閑快樂會友以閑樽庚申運中夕防有很春暫無憑

壬申年　壬子月　丁巳日　壬寅時

此八字丁巳日元相配柱中水木發生印綬之格人生得此生於右族長於高門同屬椿萱一期壽天邊鴻鴈各行鳴其為人也丰姿清秀天性聰明般般稍覺件件不精行識果斷作事老誠有近貴親賢之德應上和下之能祖葉添新慶根源勝舊風福布江山生秀麗名聞湖海有光榮身將隱矣文何用人不知之味更真酒解平生恨衣沾上國塵施恩慈恕布德成嗔滿世功名身外事五湖風月樂怡情此則豐潤之命駕帏水命須年小子嗣金風孝且忠運行初癸丑上人庇下未斷平生甲寅運中世事宛如春夢人情薄似秋雲乙卯運中雖則遨遊湖海幾多人事亏盈丙辰運中才源富足家居好須臾素耗尚愁人過此丁巳運中桃李千谿錦江山一盃屏戊午運中軒開化日千祥集簾捲香風百福增己未運中晚年多快樂庚申運中一枕了平生

壬申年　壬子月　甲寅日　己巳時

此八字甲寅專祿之日相配柱中金水備官助印之格人生得此生於武官長於將門椿親耐晚萱母先別天邊鴻鴈我占前鳴其為人也丰姿清雅天性聰明頻頻窮今古畧稍識聖賢經笋長名園過旧竹花開上苑勝先春字是成仕業承遺蔭功名三跳御講名德振千辛之中獨我尊對月夜窮黃石畧望雲狀狀計程山晚年機會重疊疊祿元陞此則武貴之命鴛帏有犯須招正子嗣萊門孝義深運行癸丑上人庇下未斷平生甲寅運中續續黃黃登上國相繼祖先功乙卯運中千辛軍中瞻琚步須臾風雨不為警丙辰運中自有無心機會何愁不顯功名丁巳運中耿耿声名重滔滔福位陞戊午運中榮中生阻勘何不早見尋己未運中英雄傳令器籬下樂高情庚申運中一夕無限到落花流水西沱

壬申年　壬子月　己酉日　丙寅時

此八字己酉日元相配柱中水木財旺生官之格財盛生官終身有慶女人得此生於右族長於名門椿萱双晚茂鴻鴈各行鳴其為人也丰姿清秀髮皃精神有針綫之巧立業之勤雲收華岳千山秀水到湘江一様清翁姑姑有倚妯娌尚情軽箕箒頻繁存礼鄭相夫教子蹈賢明風送芙荷香滿院日勺花蕚發新紅難觸難犯易喜易嗔佇看夫栄子貴也應同沐皇恩此則栄顕之命良人連珠髙一載子嗣生成貴顯人運行初辛亥上人庇下毓秀閨門庚戌運中紅葉灘中傳寄意賔緣紅葉結良姻己酉運中雖則夫門多快樂幾多人事尚虧盈戊申運中藁砧沾沛澤福祿事無窮丁未運中光華疊疊沛澤紛紛丙午運中羅綺千般色珎羞百味新乙巳運中子貴晚年栄又贈甲辰運中春光去也花落鳥無声

壬申年　壬子月　丙寅日　癸巳時

此八字丙寅日元相配柱中水木煞生印綬之格官煞混雜減我功名主人生於右族長於高門椿親耐晚萱先別天邊鴻鴈各行鳴其為人也丰姿清秀天性聰明般般梢覽件件不精風月處交消洒客情祖業添新變根源勝舊風福布江山外名聞湖海中水光浮座盃盤榮花氣侵人咲語欣雜不成名利生涯近貴人花無桃李非春色人有笙歌是太平施恩惹怨布德成嗔但顧一生財祿旺何必天邊沐寵榮此則豊盛之命篤幃有犯須招副子嗣秋来朵朵成運行初癸丑上人庇下未斷平生甲寅運中青歸柳葉晴初变紅入桃花煖未匀乙卯運中既濟尤防未濟得經尤慮失經丙辰運中財源旺足家居好風雪閑非尚惱人丁巳運中天上三陽泰人間五福齊須曳風雨雨過山青戊午運中晚年多發福微雨弄晴空己未運中無思無慮庚申運中花落月沉

壬申年　壬子月　癸亥日　壬戌時

此八字癸亥日元相配柱中火土才官之格土止水流全全福壽主人生於右族長於名門椿父先歸萱耐茂天邊鴻鴈有飛騰其為人也丰資清秀天性聰明般般稍覽件件不精有近貴親賢之德應上和下之能第長名園過舊竹花開上苑勝先春終是功名之客豈為田舍之翁不廢十年苦學定宜三載成名時来機會好遇貴便成名此則榮貴之命鴛幃有犯須年敵子嗣秋来桑桑榮運行初癸丑上人榮庇霽月光風甲寅運中雪晴天未暖行樂未如心乙卯運中機會来時逢貴助也應從事入公門丙辰運中有時堪嘆位卑職却与豪翁促去程丁巳運中百萬粮儲吞戢掌除邪握惡又加陞當此之際風雪滿庭戊午運中佐政琴堂民悦服須臾風雪不為驚己未運中晚年閑故里

庚申運中一枕入巫峯

壬申年　壬子月　癸丑日　庚申時

此八字合祿之格喜生冬月其貴自然土水椿萱俱白首西風鴻鴈後成聯其為人也手姿秀奐天性英賢誠古今之事理讀淺深之書篇時至時来定擬揚名播德地靈人傑豈效鑿井耕田一朝機會從天降騰踏飛黃上九天此則貴人之命鴛幃得配良門女子嗣生成奪錦仙運行初癸丑上人庇下春苑春山甲寅運中利腹螢窓應繼夜埋頭螢案不知寒乙卯運中報道是龍還不信果然頭角聳巍然丙辰運中政令諸方布仁風四境傳丁巳運中衣冠正在風光處風雲飛来恨慘然戊午運中皇恩有感祿位高廷己未運中春光若短夢入九泉

壬申年　壬子月　丙寅日　庚寅時

此八字丙寅之日相配柱中水木雙生印綬之格人生得此生於右族長於仁門椿丈先歸萱耐歲天邊鴻鴈不同群其爲人也丰姿清雅性格昏沉頗曉三分道理文章一竅不通自有順天之度豈無福地之深親貴客近高人是非莫管門前客得失須憑塞上翁田園有意公卿小廊廟無心宇宙軒逢險終無險逢凶喜不凶但頗時來多發福何必天邊沐寵榮此則豐饒之命鴛幃木命須年小子嗣秋來有栗英運行初癸丑上人旋下未斷乎生甲寅運中登臨住雪賞翫春陰乙卯運中乍雨乍晴留客景或寒或煖困人春丙辰運中正是太平光景還愁風雪尚非生過此丁巳運中成四時佳趣立萬古門庭戊午運中天上三陽泰人間五福增己未運中心事數莖之白髮生涯一片是閒情庚申運中落花片片流水滔滔

壬申年　壬子月　丙午日　丁酉時

此八字丙午日祿之辰偏官之格丁壬作合有功主人攀萱喬逸双双老耄鴻鴈奚能隊隊飛其爲人也丰姿清秀天性操持有李白分清之志高謀遠見之機祖業宜再整事業必添齊花盈花上死果盈園稻瀰平疇水滿池塘挺豐城爲得劍不敲水府怎逢珠留心仕路名終顯晋得麻衣換綠衣此則淘沙之命兆幃連理子嗣秀拔運行初癸丑淡烟迷弱柳微雨洒揚枝甲寅運中漸漸精神爽看看氣象輝乙卯運中声名布瑞威推重才帛興福祿齊丙辰運中一番風雪過依舊樂怡怡丁巳運中富貴榮華當此際綠槐門外馬頻嘶戊午運中人生從此別無復見刑綜

壬申年　壬子月　辛未日　辛卯時

此八字辛未日元相配柱中水木傷官助才之格傷官
者剛毅之物也主人生於古族長於仁門椿萱双晚别
鴻雁各行鳴其為人也丰姿清秀天性聰明雖無讀
書志生平近貴人万里無雲天一色三秋好景月長明
般般稍覽件件不精風月處友消洒客情有近貴親賢
之德應上和下之能祖基宜再整事業必重增施恩惹
怨布德成嗔筆下有救人之意心中無毒害之情時至
運通管取才源富足地灵人傑自然福禄無窮此則穩
盛之命兆幃有犯須招副子嗣金風孝且忠運行初癸
丑上人庇下未断平生甲寅運中娟娟雲裏月灼灼葉
中英乙卯運中綉花看有艷盈水听無聲丙辰運中
不意之中曾得意用心之處不如心當此之際須叓素耗
非晦还生丁巳運中到此始知時運好家業光荣百事
通梨花舞雪頃刻逡巡戊午運中成四時佳趣立萬
古門庭己未運中富連阡陌楼閣凌雲庚申運中安
閑晚景會友開樽辛酉運中春光去也花落月沉

壬申年　壬子月　壬申　辛丑時

此八字壬申長生之日飛天禄馬之格陽刃持令
減我功名主人生於右族長於仁門椿萱分别先
尅父天邊鴻鴈各行鳴其為人也丰姿清秀天性
英能頗知礼樂稍識古今有近貴親賢之德應上
和下之能水光浮座盃盤瑩花氣侵人咲語馨祖
業有倚須别立財源厚積旺豐盈是非莫晋門前
容得失須憑塞上翁拙於自己巧與他人月掛碧
天月皎潔名揚湖海有光荣時来財禄旺何必慕
功名此則旺盃之命鸞幃有犯須年敵子嗣秋来
朶朶荣運行初癸丑上人庇下未断平生甲寅運
中春園雖雪過桃李未生英乙卯運中人生正在
風光處只恐須史素耗生丙辰運中財源有進行
蔵好晦耗趦趄花遇風過此丁巳運中到此始知
時運好萬里光華百事通片時風雨雨過山青福
若泉源湧財如春氣生戊午運中天上三陽春人
間五福增己未運中晚年閑快樂會友以開樽庚
申運中

壬申年　壬子月　戊午日　乙卯時

此八字壬子日相配柱中之水財旺生官之格人生得此丰姿美雅處置多方椿萱有倚分年並鴻鴈無情各奮翱有賢良之志粗知禮義之方祖業重加豐財囊自積成但願江湖尊德望何須天府沐恩光此則富旺之命鴛幃命徤双偕老桂子秋來朶朶芳運行癸丑上人庇下何論炎凉甲寅運中有心生償利無志讀文章乙卯運中兩過萬重山有色雲開千里月多光丙辰運中兩花生錦繡風竹動琳琅丁巳運中家業多豐富風霜惱一場戊午運中孫榮子秀輝煥門墻己未運中依然慶樂庚申運中夢入仙鄉

壬申年　壬子月　丁卯日　庚戌時

此八字丁卯日元相配柱中旺水偏官之格人生得此生於右族長於名門椿萱榮倚難双耋天邊鴻鴈各博風其為人也丰姿清秀天性剛忠胸藏峥嶸書萬卷英材敏捷壓群倫喜則春陽和煦怒則雷掣雷轟風月處友瀟洒客情終是皇朝榮貴客豈為田舍鑿耕人雲程坦坦登天去舉足悠悠名利成一日風雲相際會九天雨露沐皇恩此則榮貴之命鴛幃宜有贈子嗣晚光榮運行初癸丑上人庇下淡淡青雲甲寅運中欲向雲中舉足須從灯下留心乙卯運中幾欲思高纂遠時來頃刻升騰須吏風雨而過山青丙辰運中報道是能還不信果然奪得錦標新丁巳運中處事但憑三尺法理刑渾似一團春戊午運中有材應大用未許便辭榮己未運中夕陽有限春夢無憑

子平遺書　三二

壬申年　壬子月　乙酉日　丁亥時

此八字乙酉專權之日相配柱中金水殺生印綬之格水泛木浮藏吾貴氣主人生於良族長於仁門椿萱雙既別鴻鴈有隨鳴其為人也丰姿清秀天性聰能活情活脫自是自能頗知禮義稍識古今祖業添新慶財源既倍增是非莫管門前客得須憑鑾上翁遇途終無險差出幸不出田園桑柘茂畝畝稻粱馨拙於自己巧與他人一業隨身天賦與何須跨馬入青雲此則穩厚之命鴛幃土命須年敲子嗣秋来旺宅門運行初癸丑上人庇下

未斷平生甲寅運中春園雖雨過桃李未生英乙卯運中雖則行藏丙有慶還忌閑非素耗生丙辰運中財旺囊充家居好風雪須吏晦耗生丁巳運中成四時佳趣立萬古門庭一番風雨頃刻邊巡戊午運中有茶留客有酒盈樽己未運中無思無慮庚申運中春夢無憑

壬申年　壬子月　己巳日　丙寅時

此八字己土日元相配柱中木火財官之格喜逢印綬生身遇斯命者生於右族長於名門椿父先帰萱耐晚天边鴻鴈後先鳴其為人也丰姿清秀天性聰明少知禮義稍知賢聖學熟讀呂公文行藏覔瀟洒咲傲甚枯榮終是功名之客豈為避世之靈雖不文場鏖戰自然承蔭光榮仰看御溝三跳滔滔雨露紛紛晚年光霽景疊疊祿元作此則武顕之命外幃有犯雖招副子嗣秋来有提榮運行初癸丑上人庇下風雪未晴甲寅運中族王登

上国相継祖先功乙卯運中心源落落堪為將膳氣堂堂合用兵丙辰運中萬馬不斷聽號令諸藩無事樂耕耘丁巳運中德仁撫軍卒催牽烽边戎戊午運中正宜輔國未許辞榮己未運中英雄傳令氣羅下樂高情庚申運中春光去也一桃無風

壬申年　壬子月　戊辰日　甲寅

此八字戊辰日德之辰時工偏官之格食神助才之論主人生於仁門長於盛族椿萱不逮祖卷鴻鴈有不駢群其為人也精神炯炯智慧明明詩書博覽今古皆通筆掃千軍跳龍門之三級源流三峽達天府之九重長安春似海花映彩旗紅此則榮貴之命鴛幃春色麗子嗣祿元新運行初癸丑工人庇下未斷升沉甲寅運中問詩季礼負笈趨庭乙卯運中龍門变化三春浪鵬路消遥萬里程丙辰運中亂浪怒虎風生重重重榮威布一方丁巳運中雲消雲始散依舊秉權衡戊午運中仍有官封三級酌然祿享千鍾己未運中帰去也

壬申年　壬子月　癸酉日　乙卯時

此八字癸酉日元相配柱中乙木食神助才之格水居冬旺生平樂自無憂人生得此生於右族長於高門萱毋早帰重有継天邊鴻鴈各行鳴其為人也丰姿清秀天性聰明頗知礼義稍識古今有近貴親賢之德應上和下之能祖業添新慶根源勝舊風田園桑柘茂畝畝稻梁馨福布江山外名聞湖海中消閑棊一局遣興酒三鍾水光浮座盃盤瑩和氣侵人咲語馨拙於自己巧於他人但顧粟陳貫朽自然潤屋潤身此則富貴之命鴛幃筆長尤年歡子嗣秋来果各成運行初癸丑椿親庇下風雪滿庭甲寅運中春帰柳葉晴初变紅入菲花煖未匀乙卯運中雖則行藏有慶還愁人事虧盈丙辰運中豐年田舍禾盈譽臘日山家酒斟辰字之中花放風生丁巳運中不獨才源富足尚祈声勢高洪片時素耗須刻逡廵戊辰運中庭前何報平安日檻外花開富貴春己未運中晚年閑快樂會友以開樽庚申運中夕陽有限春夢無憑

壬申年 壬子月 乙巳日 乙酉時

此八字乙木配予金水殺印之格其為人也丰姿清秀天性聰明椿萱有倚分中道鴻鴈天邊有列群理究古事莫今事書對賢經與聖經馬蹄塵土三千里鵬翼風雲九萬程腰橫金作帶符剖玉為麟此則宮達命之鴛幃全正副子嗣彩衣新運行初癸丑上人庇下貞安趨庭甲寅運中雲程坦坦登天去峯足悠悠名利成乙卯運中埋輪却使奸邪伏攬轡能令宇宙清丙辰運中雪晴開闔金紫戢加陞丁巳運中山河歸旧国霄篇換離宮戊午運中夕陽有限春夢無憑

壬申年 壬子月 甲子日 丁卯時

此八字甲子之日相配柱中金水然生印綬之格水浮木減我貴氣生人生於右族長於仁門土命椿萱連珠屬天邊鴻鴈各摶風其為人也丰姿清白世事頗能將就掀掀學欠精通有應上和下之機裁長補短之志是非莫管門前客得失須憑塞上翁消閑恭一局遺與酒三巵淄世功名身外事五湖風月樂平生此發祿之命鴛幃有犯相敵子嗣秋来有継榮運行初癸丑上人庇下未断平生甲子運中花灼灼而滯雨柳依依而帶金風乙卯運中寒向梅中尽春從柳上生丙辰運中梅須遜雪三分白雪亦輸梅一段馨丁巳運中才權秉羨祿福戊午運中雪晴天未燬行樂未如心當此才源生進退家業又重新已未運中晩年多快樂庚申運中一枕清風

壬申年　壬子月　辛亥月　丙申時

此八字辛金相配柱中水火傷官之格金水傷官喜見官人生得此生扵名望之族長扵温潤之門椿親微貴萱难並天邊鴻鴈不聯群丰姿清秀天性聡明窮書覽史博古通今終是功名之客豈為田舍之人平日風雲相際會九天雨露沭深恩此則継榮之翁鴛幃全正副子嗣襁衣新運行初癸丑上人庇下未断平生甲寅運中聞礼聞詩負笈趨庭乙卯運中到此始知文學好長安道上馬啼輕丙辰運中一番風雨晴明後依旧天門沭寵榮丁巳運中耿耿声名重滔滔禄位陞戊午運中冲擊之所胜处生驚巳未運中花落水流春去後蘭摧玉折恨何明

壬申年　壬子月　庚申日　癸未時

此八字庚申専禄之日相配柱中水木傷官助才之格幸逢時值貴人遇斯命者生於右族長於名門椿萱双晚茂棠棣各敷榮其為人也丰資清秀天性聡明窮書攬史學足三冬錦繡胸藏聖賢學珠璣口吐武文風驪珠照衛光難掩雷劍生豐氣自充終是榮華之命豈為田舍之翁奮身辭白屋平步入青雲一日風雲相際會九天雨露沐寵榮此則榮貴之命鴛幃春色黑子嗣有光榮運行初癸丑上人庇下未断平生甲寅運中欲得雲中傘足須從窓下留心當此之際花放風生乙卯運中報道是龍還不信果然奪得錦摽新丙辰運中寒拂紫衣催驪驪光生玉節下雲層丁巳運中既沐皇恩重還愁白髮親戊午運中重重禄位耿耿声名巳未運中歸去松筠三逕足倘来軒冕一毫輕庚申運中春光去也花落日沉

壬申年　壬子月　壬申日　甲辰時

此八字壬申長生之日相配柱中辰土時上一位貴格女人得此生於右族配於名門萱毋先帰椿耐悗天边鴻鳫各行鳴其為人也姿容清秀髮皃精神勝丈夫之氣際有男子之材能一苑杏桃鋪錦绣满山松栢映幨屏萬里無雲天一色三秋好景月長明箕箒頻繁有礼節相夫教子蹈賢明克勤而克儉易喜而易嗔雖不鳳冠帔服自然福祿榮門此則穏享之命良人驪珠高一載子嗣秋未桑桑榮運行初辛亥上人庇下未断生平庚戌運中

雖則夫門才禄旺旺中尚有事虧盈己酉運中戊度樂中有問敎畨静東夏生戊申運中天上三陽春入問五福增丁未運中羅綺千般色珍羞百味新丙午運中愈老黄花徧色秀歲寒松柏耐長青乙巳運中華堂享福甲辰運中花落月沉

壬申年　壬子月　甲子日　乙亥時

此八字甲木相配柱中金水殺生印綬之格本顯功名柰何水泛木浮減吾貴氣主人生於右族長於名門木火椿萱雙晚茂天邊鴻鳫有行鳴其為人也丰姿清秀天性聪明知礼義識古今祖業增華麗才源厚存積季倫錦幛何為貴蕭帝阿房未足𥝠何用三登金紫貴有財有案也光榮此則榖富之命鴛幨金玉潤子嗣桂蘭馨運行初癸丑上人庇下享福無穷甲寅運中雲籠皓月水泛浮萍乙卯運中近水楼臺先得月向陽花木早為春丙

辰運中水池雨過添新绿深谷春来發舊榮丁巳運中人生正是乱光怨雨風吹雪满門庭戊午運中富則以潤其屋名則以顯其身己未運中白髮龐眉斟壽酒庚申運中春残啼鳥绝無聲

壬申年　壬子月　戊申日　壬子時

此八字戊申長生之日相配柱中金水食神助才之格女人得此生於右族長配名門椿萱有倚先亡父天边鴻鳫各行鳴其為人也姿容清秀髮皃精神女工機巧皆全曉婦道蘋蘩蓋頗能翁姑翁有倚妯娌尚分英有遺訓斷機之志相夫教子之能萬里光華沾沛澤四時佳趣瑞祥生性急如風播浪底時怒起片時停才源富足金谷豐盈晚年子貴顯封贈也光荣此則益旺之命良人木命須聯属子嗣枝枝有茂荣運行初辛亥未斷平生庚戌運中匹配名門友花從錦上增巳酉運中柳嫩不禁三月雨花嬌尤忌五更風戊申運中錦綉滿自扶不起金蓮無力勢娉婷丁未運中錦囊玉軸多餘積翠袖金釵日日春子荣夫顯福祿無窮丙午運中祿中添祿慶紅上贈紅英乙巳運中晚年快樂甲辰運中花落月沉

壬申年　壬子月　辛亥日　己丑時

此八字傷官之格傷官傷盡女人得宜主人生於平淡之族配於深邃之居椿萱有倚成無倚鴻鳫聯飛又各飛姿顏清秀髮皃不俗有針黹之巧立業之機一苑杏花鋪錦綉滿山松柏映屏幃食也足衣也足本好聰明伶俐女命配人家作次妻此則旺足之命良人配合須早長子嗣生成奪錦兒運行初寅亥上人庇下蔭樂月如癸戌運中蒸蒿花深鴛鴦並立梧桐枝穩鳳雙棲己酉運中風雲蔽日依舊晴輝戊申運中天上三陽泰人間五福齊丁未運中楊柳舞風枝婀娜梅花有月夢光輝丙午運中沖破明月入雲衢乙巳運中花已落月尤西

壬申年　壬子月　癸亥日　甲寅時

此八字癸水天元相配柱中之木傷官之格亦有刑合之意女人得此心慈性急德茂行真金土擡蓋及皓首天邊鴻雁少聯行治家近禮屢事適勻翁姑稍倚妯娌分群深明閨壼理調識古今文一苑杏桃鋪錦綉滿山松柏映幃屏紛紛沛澤疊疊光榮此則榮顯之命良人豪傑霜添鬢子嗣榮門第宅興運行初辛亥只宜庭下化日陽春庚戌運中紅葉溝中流蜜意赤繩月下結良姻己酉運中春入桃源花熳爛橋橫銀

漢水澄清戊申運中幾多叢雜數次逡巡丁未運中才源滾滾福祿駢臻丙午運中沖擊之所月入雲屏乙巳運中晚年當享福甲辰運中無常又促程

壬申　壬子　甲子　辛未

此八字甲木日元相配柱中金水煞生印綬之格喜逢時值貴人女人得此生於右族長配名門椿萱双晚茂棠棣各敷榮其為人也丰姿清秀天性聰明勝丈夫之氣象有男子之材能一苑杏桃鋪錦綉滿山松柏映幃屏翁姑有倚妯娌行輕箕帚蘋蘩存禮節相夫教子毓賢明情若寒潭月心如古井氷財源旺足家業餘盈若非二次明花烛天定生來配舊婚此則助旺之命良人配舊須招長子嗣榮門桑桑馨運行辛亥上人庇下毓秀閨門

庚戌運中匹配名門友花開錦上增己酉運中滔滔無阻滯步步助夫門須臾風雨雨過山青戊申運中羅綺千箱色珠羞萬味新當此之際風雪滿庭丁未運中一輪明月當秋夜無限花正遇春丙午運中夫賢子顯樂意忘情乙巳運中晚年閑快樂甲辰運中一夢難醒

壬申年　壬子月　戊午日　壬戌時

此八字戊午日丑之辰相配杜中旺水才旺生官之格才盛生官終身有慶遇斯命者生於良族長於仁高門椿萱中道別鴻鴈各搏風其爲人也手姿清秀天性聰明知高識下理白分清機謀輙服斧用人欽萬里春風行樂頌四時佳趣瑞祥生重成新事業再整舊門庭福布江山外名聞湖海中兩都秋色皆喬木奇舊風流有幾人不以功名為念豈將冠冕磨礱得意江山詩句絕忘情日月酒盃深花無桃李非春色人有室歡是太平滿世功名身外事五湖風月樂怡情此則穩厚之命鴛幃宜有贈子嗣耽光榮運行初辛丑淡淡清風甲寅運中春園雖雨過桃李未生英乙卯運中水向石邊流出冷風從花底過來香丙子運中才源雖旺足風雨不爲驚丁巳運中軒開化日千祥集簾捲香風百福增戊午運中日辰重併如月入雲己未運中落花片片流水沄沄

壬申年　壬子月　丙午日　己亥時

此八字丙午日丑之辰相配杜中旺水偏官之格人此得此生於右族長於名門棠棣有新榮其爲人也丰姿清雅性格志誠異常學問敏捷才能筆底詞源三峽遠胸中華錦一天星衣冠濟濟人中傑和氣怡怡座上傾終是功名之客豈爲田舍之翁鵬路高摶知鍵翼龍門深躍見鱗鬣一從姓字傳揚後九天雨露沐皇恩此則榮貴之命鴛幃有犯須年長子嗣金風孝且忠運行初癸丑上人庇下未斷平生甲寅運中十年窓下業時至始成名乙卯運中到此始知文學好常安道上馬蹄輕丙辰運中折戟從今不許見九天雨露自加陞當此之際花放風生過此丁巳運中佇看官封三級的然祿享千鍾戊午運中有材應大用何事便辭榮己未運中春光如過隙一枕了平生

壬申年　壬子月　甲子日　丁卯時

此八字甲子日元相配柱中旺水相生印綬之格殺印相生功名顯達只嫌水泛木浮運行南方主人生於右族長於名門椿萱難並視鴻鴈各搏風其為人也丰姿清秀天性聰明知高下識重輕頗知禮義熟味古今華長名園過舊竹花開上苑勝先春終是功名之客豈為田舍之翁時際風雲會晉取拜恩深鳳闕均沾雨露豈無名顯天庭此則榮貴之命鴛幃應有贈子嗣晚光榮運行初癸丑上人庇下淡淡青雲甲寅運中欲其登仕路須用

對青燈乙卯運中刻鵠不就畫虎不成丙辰運中時來名始就天府沐皇恩已巳運中仁風施遠近德化洽西東戊午運中雪晴重狀觀雲散又加墜已未運中解組田田里離邊享快情庚申運中花落月沉

壬申年　壬子月　乙丑日　甲申時

此八字乙丑日元相配柱中金水官印之格人生得此生於右族長於名門椿萱難並老鴻鴈各行鳴其為人也丰姿清秀發貌精神有針綴之巧立業之勤雲收華岳千山秀水到江湖一樣新每懷丸膽意特抱潭隣心楊柳無風枝嬝娜梅花有月拳精神相夫多有道訓子總成名難觸難佗易喜易嗔但顧財源富足何須披服榮封此則發旺之命良人火命須年長子嗣秋來有異榮運行初辛亥上人庇下毓秀閨門庚戌運中紅葉溝中傳密意赤繩月下結良姻己酉運中雖則夫門多快樂幾多人事尚虧盈戊申運中桃李千般錦江山一畫屏丁未運中羅綺千般色群釵化日明丙午運中子貴夫榮家業旺乙巳運中春歸花落鳥無声

壬申年　壬子月　辛亥日　戊子時

此八字辛金相配柱中旺水傷官之格傷官傷盡豈不為榮人生得此生於文望之族長於閥閱之門椿萱榮倚先虧父鴻鴈天邊各奮騰丰姿磊落天性爭能胸羅今古事學識聖賢心萬里扶搖驚睡蟄一聲霹靂躍潜鱗赤心扶日月素志展經綸此則榮貴之命鴛幃連理合子嗣長全英運行初癸丑上人庇下樂享無窮甲寅運中明窓淨几暮史朝經乙卯運中到此始知文學好長安道上馬蹄輕丙辰運中雖則金甌拜命還愁舞雪謾空丁巳運中依然光彩倍振權衡戊午運中正宜忠君輔國豈教解組思蓴己未運中榮回田里庚申運中花落月沉

壬申年　壬子月　壬子日　戊申時

此八字壬子日月之辰相配柱中金土殺印綬身旺無依非格非局滅我功名主人生於右族長於仁門椿萱雙晚茂鴻鴈各行鳴其為人也丰姿清秀立性聰明有近貴親賢之德應上和下之能重成新事業再整舊家風福布江山外名聞湖海中是非莫問門前客得失須憑塞上翁不以功名為念豈將冠冕慶磬時至自然財祿旺何必天邊沭寵榮此則發福之命鴛幃有犯須年敵子嗣秋來朵朵馨運行初癸丑上人庇下淡淡青雲甲寅運中登臨雨潭賞玩春陰乙卯運中寒向梅中晝春徙柳上生丙辰運中三陽開泰運一氣轉鴻鈞丁巳運中雖則行藏有慶還愁風雪滿庭戊午運中滚滚財源旺滔滔福祿增己未運中松尚茂柏尤青庚申運中人生從此別無復見儀刑

壬申年　壬子月　庚戌日　辛巳時

此八字庚戌魁罡之日相配柱中水火傷官制殺之格喜逢見官人生得此生於右族長於名門椿萱雙晚茂鴻鴈各行鳴其為人也丰姿清秀天性聰明五車書富三冬足兩石弓當萬騎衝太山比斗千年在和氣春風四座傾終是功名之客豈為田舍之翁三級浪中龍變化九霄雲外鳳飛騰一朝騰達飛黃去濟濟衣冠拜聖明此則榮貴之命鴛幃重合否子嗣晚來榮運行初癸丑上人庇下未斷平生甲寅運中篤志十年窗下時來穩步蟾宮乙卯運中到此始知文學好長安高跨五花驄丙辰運中慶事但憑三尺法理刑渾似一團春當此之際風雪滿庭丁巳運中職位兩遷金紫貴山河十郡仰威風戊午運中明時拄石威世股肱己未運中晚年開故里會友以開樽庚申運中夕陽有限春夢無憑

壬申年　壬子月　乙巳日　癸未時

此八字乙巳日元相配柱中金水官印之格女人得此生於右族長於名門椿萱雖並耄鴻鴈各行鳴其為人也姿容清秀駿貌超群有針線之巧立業之勤雖是女流之輩過如男子之能雪為輕粉憑風傳霞作胭脂仗日匀莫篆蘋蘩存礼節相夫教子道賢明難觸難犯易喜易嗔若非二次明花燭天定生來配舊婚才源富足衣食豐盈此則穩厚之命良人水命殘婚客子嗣生成貴顯人運行初辛亥上人庇下未斷晴明庚戌運中雖則夫門多快樂幾多人事尚豐盈己酉運行羅綺千般色珍羞百味新須臾風雨過山青戊申運中天上三陽泰人間五福增丁未運中福若泉源湧才如春氣生丙午運中沖擊之所如月入雲乙巳運中一宵春夢斷萬事總成空

壬申年　壬子月　壬子日　庚子時

此八字壬子日元飛天祿馬之格人生得此生於良族長於名門椿萱雙𣈆列鴻鴈各行飛其為人也丰姿清秀天性操持頗知礼義稍識詩書有近貴親賢之德應上和下之能萬里無雲天一色三秋好景月揚輝豈無高仕敵時有貴人携不就三場選好將刀筆施一朝但得風雲便九天雨露沐恩波此則成名之命鴛幃土命須招小子嗣秋來有出奇運行癸丑上人庇下未斷高低甲寅運中渶烟楊柳岸薄霧杏花堤乙卯運中貴人相指引揮筆入曹司丙辰運中嚴霜積雪都經過疥馬天邊正得宜辰字之中須史風雨丁巳運中皇恩應有用麻衣換綠衣戊午運中到此始知時運好拜授除官雨露濡己未運中榮歸故里美酒盈卮庚申運中歸去也

壬申年　壬子月　己卯日　甲戌時

此八字專祿之日相配柱中水木才殺之格值斯命者本像得祿功名只嫌才多身弱有傷貴氣主人生於右族長於名門椿萱一享期頤壽鴻鴈天邊共不翔其為人也丰姿清秀天性果剛有擺布有紀綱揚善抑惡傲雪期霜學問不親顏孟業生涯常履貴人堂運至時通整頓四時之佳趣天寧地泰安排萬古之門墻不是錦衣騎馬客也應金玉積盈囊此則富足之命鴛幃燭夜添新慶子嗣班衣孝義昌運行初癸丑上人庇下或慘或涼甲運中雨過山方秀雲開月有光乙卯運中雖則經蔵有憂幾多人事虧盈丙辰運中才源如潮來須還毬柳繁盈橋丁巳運中富春榮華當此際綺羅叢裏恭芙蓉當此之際風雪滿墻戊午運中門迎珠履三千客屏列金釵十二行辛己未運中歸去也

壬申年　壬子月　戊申日　壬戌時

此八字戊申長生之日相配柱中金水食神制殺之格女人得此生於右族長於名門椿萱难並耄鴻鴈各行鳴其為人也姿容清秀髮皃超群有針綴之巧立業之能一苑杏桃鋪綉滿山松柏映帏屏玉產崑崙藏鹽色蘭生楚澤散清馨萬里無雲添一色三秋好景月常明深明閨壼理洞識古今情性急如風翻浪心安似月離雲雖不鳳冠帔服自然福祿駢臻此則穩旺之命良人土命須年長子嗣生成貴顯人運行初辛亥運中上人庇下無秀閨門庚戌運中契合翠鸞成好慶龥緣紅葉是良姻巳酉運中嫩柳不驚三月雨花嬌猶忌五更風過此戊申運中萬疊好山雲乍歛一番風月雨初時丁未運中福若泉源湧才如春水生丙午運中晚年開快樂子貴也光榮乙巳運中春光去也花落月沉

壬申年　壬子月　癸丑日　壬子時

此八字癸丑日元相配柱中飛天祿馬之格水居冬旺生平樂自無憂主人生於右族長於名門水命椿萱耐晚天邊鴻鴈聯群其為人也丰姿清秀天性聰明頗知礼義稍識古今世事每從忙裏就才源自向遠方生水光浮座盃盤瑩花氣侵人笑語馨門楣壯觀樓閣凌雲消閑碁一局遣興酒三鍾身將隱矣文何用人不知之味更真淌世功名身外事五湖風月樂忙情此則穩厚之命鴛幃有犯須相敵子嗣秋來朶朶榮運行初癸丑幼年之下淡淡青雲甲寅運中春園雖雨過桃李未生英乙卯運中隱隱輕雷抽碧笋微微細雨潤紅英丙辰運中正是太平光霽景还愁花放尚風生丁巳運中雪晴雲散天如洗從此才源倍有增戊午運中延賓玩物會友開樽巳未運中夕陽有限春慶無憑

壬寅年　壬子月　丁丑日　辛亥時

此八字丁火相配柱中旺水蓄藏赤之格丁壬作合有功人生得此生於良族長於高門椿萱半道先亡父夭邊鴻雁有聯群半姿清雅恩愽聰明般般好事件件不精頗知玄妙術廣習聖賢經欲為商賈思營功名遊山翫水携詩卷對月觀花把酒斟雖不成名利生平作貴人因園桑柘茂稿畝猶景馨鄉黎民推頌袖也應潤身晚年有子承恩日白髮烏沙受贈封此則豊饒之命鴛幃全正嗣子嗣有光榮運行初癸丑上人庇下未斷平生辛亥運中人情似帋張薄世事如碁局局未已卯運中雖則行藏有慶还愁人事之盈丙辰運行精神又憔悴憔悴又精神丁巳運中崎岖都歷過方竟瑞祥生戊子運中子貴孫賢家業旺喧喧車馬集門庭巳丑運中恩沾雨露庚申運中一枕准醒

壬申年　壬子月　庚戌日　丁亥時

此八字庚戌魁罡之日相配柱中水火傷官之格女人得此生於右族長配高門椿萱難並耋鴻雁各行鳴其為人也姿容清秀髮貌精神勝丈夫之氣槩有男子之材能雲收華岳千山秀水到湘江一樣清每懷九膽意時抱擇憐心憂禍自能辭閨味愛琴聽群辨絃聲雖不鳳冠帔服自然福禄駢臻此則益旺之命良人得配名門友子嗣生成貴顯人運行初辛亥上人庇下毓秀閨門庚戌運中不用高燒銀燭月明添倍精神己酉運中雖則夫門閑快樂幾多人事尚斷盈戊申運中精神又憔悴憔悴又精神丁未運中羅綺千般色珍羞百味新丙午運中冲擊之形如月入雲乙巳運中無恩無慮甲辰運中一枕清風

壬申年　壬子月　己巳日　辛未時
此八字巳土日之相配柱中旺水財旺傷官之格女人得此豈不為良生於右族長於名門椿萱双晩別鴻雁不同郡姿顔開朗俊貌超群有針線之巧高業之能一苑杏花鋪錦綉滿山松柏映幃屛翁姑有倚妯娌情軽難觸難犯易喜易嗔才源高足家業盈經可惜青春年少女却将玉体伴残婚雖不風雲際眼自然金谷滿盈此則旺益之命良人金命残婚魁子嗣秋枝有鳳麟巳卯運中工人印下毓秀行藏庚戌運中雖則夫門才禄旺只恐花開又過風巳酉運中万疊好山雲下領一經明月雨还晴戊申運中軒開化日雲佔集蘆絶香風百福增丁未運中羅綺千般色停百味新丙午運中冲霄之所如月入雲乙未運中財源滾滾家居好甲辰運中楚亭難成

壬申年　壬子月　丁巳日　戊申時
此八字丁火日元相配柱中旺水露官藏殺之格人生得此生於右族長於高門金木椿萱萱茂長天邊鴻雁後行群其為人也丰姿磊落智恵明明學問有成筆底詞源三峽水英材敏捷胸中瑩潔一天星衣冠濟濟人中傑和氣怡怡席上珍萬里扶揺驚睡蟄一聲霹靂躍潜鱗揚清激濁祛悪除兇清名已在雲霄在逸氣還充宇宙中緋衣日煥邀金闕寶殿雲開識聖明望尊四海禄享千鍾此則栄貴之命鴛幃有碍須招副子嗣金風孝且忠運行初癸丑上人庇下化日陽春甲寅運中十年窓下業黄卷與青燈乙卯運中折桂場中誇妙手標名雁塔振蜚聲丙辰運中已把嚴威摧酷吏更将仁政撫黎民丁巳運中職遷金紫宇内澄清戊午運中錦衣肥馬重重貴天上恩波浩浩新當此之際風雪盈庭己未運中山河開十郡未許便辭栄庚申運中有材胥大用未許便辭栄辛酉運中栄回故里壬戌運中一枕清風

壬申年　壬子月　乙丑日　丙子時

此八字乙木相配柱中金水官印之格亦有夙貴之意人生得此生於盛族長於高堂木命椿萱雙挽翠天邊鴻鴈各分行其為人也丰姿清秀天性果剛稍有賢良之智粗知禮義之方聲名播湖海姓字振鄉邦雖不恩沾雨露自然財帛盈囊此則旺足之命雋沛正副方偕老子嗣生成貴顯郎運行初癸丑上人庇下其樂何當甲寅運中雨晴山岱翠雲散月揚光乙卯運中春園雨過花木芬芳丙辰運中快樂當斯際行藏陪勝常丁巳運中戌

四時佳趣立萬古門墻戊午運中觥籌交錯賓朋羨一度風波幸不妨己未運中春光去也流水湯湯

壬申年　壬子月　乙丑日　丁丑時

此八字乙丑日元相配柱中金水官印之格女人得此生於右族長於仁門椿父先亡萱耐晚天边鴻鴈各行群其為人也姿容清秀髮鬒精神有針線之巧立業之勤衣冠濟濟三從倫家業昂昂四德新万里无雲天一色三秋好景月長明斷機之吴九勝之勤明月當天生氣爽光華方豈色尤新难欺难犯易喜易嗔虽不鳳冠披服自然福禄余盈此則益旺之命良人同屬如魚水子嗣生成貴显人運行初辛亥上人庇下毓秀閨門庚戌運中

運中匹配名門友花從錦上增須臾風雨頃刻送迍己酉運中片雲能發千山雨雨過千山依旧晴戊申運中虽則夫門多快樂幾番微雨幾番晴丁未運中羅綺满身扶不起金蓮逼首戴婷婷一番風雨过依然祥瑞生丙午運中夫吴子貴乙巳運中花放風生

壬申年　壬子月　己未日　乙丑時

此八字己未陰刃之日相配柱中水木才殺之格人生得此生於右族長於高門士命椿萱榮晚別天邊鴻雁各行鳴其為人也丰姿清秀天性聰明胸羅今古事孝識聖賢心麗句妙為天下白高材俊似海東青終是文場折桂豈為田舍鑿耕人鵬路高搏知健翼龍門深躍見脩鱗一從姓字傳揚後九五天門面聖容此則榮貴之命鴛幃有犯須招硬子嗣榮門孝義深運行初癸丑上人庇下未斷平生甲寅運中何事不辞今日苦時來頃刻躍潛鱗乙卯運中足履三千階後學摶風九萬即前程丙辰運中自錫瓊林後威飛郡縣鴛丁巳運中戦廷金紫声名显風雪飛來倍惨情戊午運中赤心扶日月素志展經綸己未運中晚年籬下樂會友以開樽庚申運中春光去也花落月沉

壬申年　壬子月　癸酉日　辛酉時

此八字癸酉之日相配柱中旺金印綬之格人生得此生於右族長於名門椿萱水金双有晚天邊鴻雁各行鳴其為人也丰姿清秀天性聰明般般精曉件件欠精顔曉三分道理文章一竅不通萬里清風行樂須四時佳趣瑞祥生祖業添新慶才源自晚成兩鄙秋色皆喬木老得風流有幾人不向仕途求顕達却來海湖覓黄金時至自然才祿旺運來福祿自駢臻此則積厚之命鴛幃有配須年小子嗣生成貴顕人運行癸丑上人庇下未斷升沉甲寅運中春園雖雨過桃李未生英乙卯運中沿堤柳色添新綠故園梅發舊時春丙辰運中才源亨足家業倉盈丁巳運中人生正在風光勳只恐天邊天邊雪滿庭戊辰運中滚滚才源旺滔滔福祿增己未運中晚年快樂庚申運中一枕清風

壬申年　壬子月　癸丑日　癸丑時

此八字癸水日元相配柱中金土來生印綬之格女人得此生於良族配於高門姿容清雅天性兼能有針綴之巧立業之勤萬象光華沾沛澤四時佳趣瑞祥生助勤毋劬和態膽剪髮能傳侃母心才源旺足生平樂月老傳留配二婚此則旺益之命良人年長殘婚友子嗣生成俊秀人運行初辛亥上人庇下未斷平生庚戌運中契合翠鴛成好夢爲緣紅葉是良姻己酉運中片雲能發千山雨雨過千山依舊青戊申運中濟濟裙釵約日輝輝羅綺臨風丁未運中才源浩渺福祿駢臻丙午運中子榮夫樂樂意忘情乙巳運中春光去也一道訃音

壬申年　壬子月　庚申日　壬午時

此八字庚申專祿之日傷官之格金水傷官喜見官女人得此生於茂族配於名門姿容闓朗天性聰明治家維畫礼訓子總成群璀鏑雅犯易喜易嗔萬象光華沾沛澤四時佳趣瑞祥生才源旺足福祿駢臻錦綉花開家富貴琅玕竹報日昇平此則旺福之命良人年少名門友子嗣生成貴顯人運行初辛亥上人庇下毓秀閨門庚戌運中匹配名門友花從錦上增己酉運中爆竹声催殘臘盡折梅香引早春逢戊申運中簾捲香風生百福新開化日祿元增丁未運中才旺生官家業長福生昭照喜非輕丙午運中沖擊之亦如月入雲乙巳運中桑榆暮景甲辰運中臺鏡空明

壬申年　壬子月　甲寅日　丙寅時

此八字甲寅專權之日相配柱中金水殺生印綬之格人生得此生於右族長於名門木火播萱双說別天邊鴻鴈各行鳴其爲人也丰姿清秀天性聰明般般精覽件件不精有理白分青之志栽長補短之能高人所敬貴客相欽祖業添新慶根源勝舊風不向仕途求問達卻來湖海覓黃金花無桃李飛春色人有笙歌是太平財源富足家業餘盈酒解平生之恨衣沾湖海之塵但願粟陳貫朽自然鄉黨推尊此則穩厚之命駕幃水命須招小子嗣生成貴量門運行初癸丑上人庇下未斷外況甲寅運中已欲思高着遠着成捉月捕風乙卯運中雖則打藏有慶幾番人事虧盈梨花舞雪雨過山青丙辰運中成四時佳趣立萬古門庭丁巳運中天上三陽泰人間五福增戊午運中晚年閑快樂會友以開樽已未運中春光去也一枕清風

壬申年　壬子月　癸酉日　庚申時

此八字癸丑日元相配柱中金土印綬之格水居冬旺生平樂自無憂主人生於右族長於名門火土播萱双脫茂天邊鴻鴈不同鳴其爲人也丰姿清秀天性聰明頗知禮義稍識古今親賢近貴自是自能萬里春風行樂頌四時佳趣瑞祥生終是功名客豈爲田舍翁不貴十年苦學定應三載成名佇看頭角聳光耀舊門庭此則榮貴之命鴛幃宜有贈子嗣脫光榮運行初癸丑上人庇下襁褓平生甲寅運中莫道儒冠悞螢窗患不勤乙卯運中時來逢貴助從事入公門丙辰運中跨馬起程登上國始知冠冕可榮身丁巳運中皇恩有感聲名顯紛紛德澤惠黎民當此之際風雪還侵戊午運中正宜加爵祿未許拒歸榮己未運中晚年閑故里子貴又沾榮庚申運中歸去也

壬申年　壬子月　己未日　乙亥時

此八字己未陰刃之日相配柱中水木財殺之格人生得此生於右族長於仁門萱母先歸椿耐既森飛鴻鴈各前鳴其為人也丰姿清秀性格聰明斷高理直處事公平頗知礼義稍識古令行藏覺瀟洒咲傲任枯榮福布江山外名聞湖海中祖業添新慶根源勝舊風花無飛李非春色人有笙歌是太平但顧一生財祿旺何須騎馬入青雲此則穩足之命鴛幃配合須年長子嗣森枝有挺榮運行初癸丑上人庇下化日陽春甲寅運中雪晴天

未煖行樂未如心乙卯運中春風播爽微雨乍晴丙辰運中財源滾滾家居好尚有趣趄未順情丁巳運中成四時佳趣立萬古門庭當此之際一番風雪戊午運中簾捲香風生百福軒開化日祿元增己未運中約梅同醉引鶴徐行庚申運中楚之臺雲散空留夢漢苑香銷不返魂

壬申年　壬子月　壬申日　甲辰時

此八字壬申長生日配乎柱中木土食神制殺之格人生得此生於右族長於高居椿萱有倚成無倚鴈鴻聯飛又斷飛其為人也丰姿清秀天性能為般般稍覺件件粗知豈無高仕敬時有貴人驚見喜則歸於己當仁不讓於師萬里無雲天一色三秋好景月揚輝田園桑拓茂畝畝稻粱肥親不我疏而自遠祖非我破已遷移消閑碁一局遣興酒三巵終身寄托妻身倒折取梅枝作柳枝時來才祿旺運至福元增此則離祖成家之命鴛幃有

犯年依女子嗣生成孝感見運行初癸丑上人庇下有何是非壬寅運中寒向梅中盡春從柳上生辛卯運中雖則行藏有慶幾多人事虧盈庚辰運中才源旺足家居好還愁素耗與閑非己巳運中既濟須防未濟得經尤慮失經巳字之中花放風生戊午運中到此始知時運好萬物光華百事通丁未運中成四時佳趣立萬古門庭丙申運中花放風生乙酉運中花落月沉

壬申年　壬子月　癸亥日　壬子時

此八字癸亥日元相配柱中從旺飛天祿馬之格
女人得此生於右族長於衣纓萱母先歸椿耐晚
天邊鴻鴈各行鳴其為人也資容清秀髮貌精神
勝丈夫之氣緊有男子之才能雲妝華岳千山秀
水到湘江一樣清斷機曾效軻親訓剪髮能傳侃
母心難觸難犯易喜易嗔可惜青春年少女却將
玉體配殘婚住看夫榮子貴也應帔服榮封此則
榮貴之命良人木命乘龍客子嗣秋來有繼榮運
行初辛亥上人庇下毓秀閨門庚戌運中詠桃夭
之化洽魚水之情己酉運中帔服榮封當此際須
臾風雨尚愁人戊申運中光華疊疊沛澤紛紛須
臾風雨兩過山青丁未運中彩中加彩色紅上贈
紅英丙午運中沖擊之所如履薄冰乙巳運中夕
陽有限春夢無憑

壬申年　壬子月　丙午日　壬辰時

此八字丙午日刃之辰相配柱中旺水偏官之格
人生得此生於右族長於名門椿萱双晚茂棠棣
各數荊其為人也丰姿清秀天性聰明般般精曉
件件不精謀動君子威伏小人萬里無雲天一色
三秋好景月長明欲為商賈思等功名時来自有
淵淵福運至還教路路通一朝謀望如心意也應
福祿旺前程能盡區區力終為發福人此則磐石
生烟之命鴛幃有把須重續子嗣秋来有挺榮運
行初癸丑上人庇下未斷升沉甲寅運中幾欲思
高慕遠番成弦斷重新乙卯運中時来逢貴助揮
筆入公門當此之際風雪滿空丙辰運中雖則崢
嶸頭角還愁花放風生丁巳運中皇恩重有感德
澤惠黎民戊午運中耿耿聲名重滔滔祿位陞己
未運中春光無限一梦無憑

壬申年　壬子月　丙寅日　辛卯時

此八字丙寅長生日相配柱中水木來生印綬之格殺印相生功名顯達生於右族長於名門椿萱金水双晚贈天邊鴻鳳有行鳴其為人也丰姿清秀天性聰明千古文章逞榮耀一天星斗煥心胸驪珠照耀光难掩雷劍生豐氣自充終是功名之客豈為田舍之翁三級浪中龍变化九霄雲外鳳飛騰一朝騰踏飛黄去金紫榮看次第陞此則榮貴之命鴛幃全正副子嗣晚光榮運行初癸丑上人庇下未断平生甲寅運中十年窓下業黄卷與

青燈乙卯運中莫愁雪阻藍關道時來頃刻躍潜鱗丙辰運中禹浪三重都躍過兼芴天門面聖容丁巳運中職遷金紫貴風雪尚愁人戊午運中赤心扶日月素志展經綸己未運中晚年多快樂會友以開尊庚申運中春光盡花落月沉

壬申年　壬子月　甲寅日　庚午時

此八字甲寅專祿之日相配柱中金水殺生印綬之格人生得此生於右族長於高門萱母先歸椿耐晚天邊鴻鳳各行群其為人也精神烱烱智慧明明頗知禮義稍識古今有近貴親賢之德應上和下之能祖業須重立根原勝舊風世事每從忙裏就才源自向遠方生得意江山詩句絶忘情日月酒盃深不須窮書史何用慕功名時至才源富足運來福祿無窮江湖有意公卿小廊廟無心宇宙輕此則發福之命鴛幃重合定子嗣晚森英運

行初癸丑上人庇下未断平生甲寅運中雪晴天未暖行樂未如心乙卯運中嚴霜積雪都經過從此才源頗有增丙辰運中福若泉源滚才如春氣生當此之際素耗還生丁巳運中成四時佳趣立萬古門庭戊午運中樽罍有酒延佳客蘭室存書教子孫己未運中春光去也花落月沉

壬申年　壬子月　壬戌日　戊申時　酉時夭貧之斷

此八字壬戌日德之辰特上偏官之格水歸冬旺生平樂自無憂過斯人者生於良族長於仁門椿萱雙挽茂棠棣苑邊青其為人也丰姿清秀天性聰明行藏果斷作事爭能祖業添新立根源勝舊春入水光成嫩綠日匀花蕚發新紅劉石終逢玉淘沙始見金有意求名名必顯用心覓利利還盈莫教徒誤青年志懶掘豐城劍豈明此則擊石生烟之命鴛幃重合會子嗣秀還馨運行初癸丑上人庇下未斷平生甲寅運中詩礼從易訓安滞未能伸乙卯運中到此始知特近好果然名利兩興隆丙辰運中一番風雪過依舊福祿臻丁巳運中天上三陽泰人間仕路通戊午運中冲擊之所如月入雲己巳運中春光去也一枕難醒

壬申年　壬子月　癸丑日　癸丑時

此八字丑遥巳之格亦有飛天祿馬之意主人生於良族長於仁門椿萱有倚一朋壽天邊鴻鴈奮長空其為人也丰姿清秀天性老誠頗知三分道理文章一竅不通萬里春風行樂頌四時佳趣瑞祥生祖業須重立根源勝舊風生涯湖海上道路或西東是非莫管門前客得失須憑寨上翁不必琴鶴登上国但願財祿足豐盈此則穩旺之命鴛幃有紀須年小子嗣秋來始有成運行初癸丑上人庇下未斷平生甲寅運中雲開山嶺秀雨過草重青乙卯運中行藏有慶家居好此時風雪不為驚丙辰運中財源旺足素耗還生過此丁巳運中堤防已數新幹綠園梅不改舊時馨須臾風雨雨過山青戊午運中門楣壯觀福祿駢臻午字之中如履薄冰己未運中夕陽有限春夢無憑

壬申年　壬子月　戊午日　癸亥時

此八字戊午日刃之辰相配柱中旺水食神助才之格人生得此生於右族長於名門萱母先歸椿府晚天邊鴻雁各行鳴其為人也丰姿儒雅天性老誠雖無(深)計較稍有淡聰明學問不覯顏孟筆鋒稍有威稜終是功名客豈為田舍翁一旦謀為遠還揭九載名行看頭角嶄光耀祖門庭此則吏貴之命鴛幃有犯須招土子嗣生成貴顯人運行初癸丑上人庇下未斷平生甲寅運中雪晴天未煖揮筆入公門乙卯運中雪晴雲路遠跨馬入神京

丙辰運中雖則恩沾雨露還悲省祭家門丁巳運中皇恩重有感德澤惠黎民戊午運中紅蓮幕下聲名播進中還退事殷脩己未運中子貴沾重贈

庚辰運中春歸去也萬事成空